■2025年度高等学校受験用

佼成学園高等学校

収録内容一覧

★この問題集は以下の収録内容となっていま　、解答用紙を省略させていただいている場合もございますのでご

（〇印は収録、一印は未収録）

入試問題と解説・解答の収録内容		解答用紙
2024年度	英語・数学・国語	○
2023年度	英語・数学・国語	○
2022年度	英語・数学・国語	○
2021年度	英語・数学・国語	○
2020年度	英語・数学・国語	○
2019年度	英語・数学・国語	○

★当問題集のバックナンバーは在庫がございません。あらかじめご了承ください。

●凡例●

【英語】

≪解答≫

〔　〕　①別解
②置き換え可能な語句（なお下線は置き換える箇所が2語以上の場合）
(例) I am〔I'm〕glad〔happy〕to ~

(　)　省略可能な言葉

≪解説≫

1, 2… 本文の段落（ただし本文が会話文の場合は話者の１つの発言）

〔　〕　置き換え可能な語句（なお〔　〕の前の下線は置き換える箇所が２語以上の場合）

(　)　①省略が可能な言葉
(例)「(数が）いくつかの」
②単語・代名詞の意味
(例)「彼（＝警察官）が叫んだ」
③言い換え可能な言葉
(例)「いやなにおいがするなべにはふたをするべきだ（＝くさいものにはふたをしろ）」

//　訳文と解説の区切り

cf.　比較・参照

≒　ほぼ同じ意味

【数学】

≪解答≫

〔　〕　別解

≪解説≫

(　)　補足的指示
(例)（右図１参照）など

〔　〕　①公式の文字部分
(例)〔長方形の面積〕=〔縦〕×〔横〕
②面積・体積を表す場合
(例)〔立方体 ABCDEFGH〕

∴　ゆえに

≒　約、およそ

【社会】

≪解答≫

〔　〕　別解

(　)　省略可能な語

___　使用を指示された語句

≪解説≫

〔　〕　別称・略称
(例) 政府開発援助〔ODA〕

(　)　①年号
(例) 壬申の乱が起きた（672年)。
②意味・補足的説明
(例) 資本収支（海外への投資など）

【理科】

≪解答≫

〔　〕　別解

(　)　省略可能な語

___　使用を指示された語句

≪解説≫

〔　〕　公式の文字部分

(　)　①単位
②補足的説明
③同義・言い換え可能な言葉
(例) カエルの子（オタマジャクシ）

≒　約、およそ

【国語】

≪解答≫

〔　〕　別解

(　)　省略してもよい言葉

___　使用を指示された語句

≪解説≫

〈　〉　課題文中の空所部分（現代語訳・通釈・書き下し文）

(　)　①引用文の指示語の内容
(例)「それ（＝過去の経験）が ～」
②選択肢の正誤を示す場合
(例)（ア，ウ…×）
③現代語訳で主語などを補った部分
(例)（女は）出てきた。

／　漢詩の書き下し文・現代語訳の改行部分

佼成学園高等学校

所在地	〒166-0012 東京都杉並区和田2丁目6番29号
電　話	03-3381-7227
ホームページ	https://www.kosei.ac.jp/boys/
交通案内	地下鉄丸ノ内線 方南町駅出口1より徒歩5分

応募状況

年度	募集数		受験数	合格数	倍率
2024	推薦	30名	52名	52名	1.0倍
	一般①	90名	83名	77名	1.1倍
	一般②		99名	94名	1.1倍
2023	推薦	30名	55名	55名	1.0倍
	一般①	90名	77名	70名	1.1倍
	一般②		89名	72名	1.2倍
2022	推薦	30名	62名	62名	1.0倍
	一般①	90名	68名	65名	1.0倍
	一般②		101名	92名	1.1倍

＊各コースの合計で，合格者数はスライド合格を含む。

試験科目（参考用：2024年度入試）

推薦：作文，面接
一般：国語・数学・英語

建学の精神

本校は，自らの価値を知ること，周囲の人々に感謝すること，思いやりの心を表すことの大切さを建学の精神の基盤とし，「平和な社会の繁栄に役立つ若者の育成」をめざしている。校訓には，体験と学問の両立に励む「行学二道」を掲げ，教育を展開している。

特　色

［3つのコース］

難関国公立コースは，最難関の国公立大学合格を目指す進学に特化したコースで，高校入学生と中高一貫生が1年次から同じクラスで学ぶ。週3回，予備校講師も加わるトップレベル講習（佼成学園女子高の成績上位者と合同）も実施。**総合進学コース**は，難関大学への現役進学をめざす。習熟度別授業や希望講習なども積極的に取り入れている。総合型選抜，学校推薦型選抜にも対応し，多様な進路実現が可能。**グローバルコース**は，世界的な問題に目を向けた課題解決型授業を実施し，グローバル社会で通用する英語力と起業家精神を養成し，真のグローバルリーダーの育成をめざす。1年次はベトナム，2年次はアメリカを訪問する。

［ICT教育］

一人1台iPadや電子黒板を導入し，協働学習やプレゼン活動に活用するなど，ICTを生かして21世紀型能力を育成する。

［国際感覚の育成］

希望者を対象に，イギリスまたはフィリピン・セブ島での語学研修を行う。また，ニュージーランドへ1年間の留学制度もある。

進　路

自習室は学年ごとに用意され，休日も開放。大学生チューターも常駐している。「男子校」「先進的教育」「進学校」といった3つの強みを生かし，毎年良好な進学実績をあげている。

【主な大学合格実績　2024年4月現在】
北海道大2名，東京外国語大1名，筑波大1名，横浜国立大1名，千葉大2名，電気通信大1名，東京藝術大1名，東京都立大3名，早稲田大18名，慶應義塾大10名，上智大8名，東京理科大26名，国際基督教大2名，明治大35名，立教大22名，青山学院大19名，中央大23名，法政大32名，学習院大6名ほか

編集部注一本書の内容は2024年5月現在のものであり，変更されている場合があります。正確な情報は，学校のホームページ等で必ずご確認ください。

出題傾向と今後への対策

出題内容

	2024	2023	2022
大問数	4	4	4
小問数	28	24	25
リスニング	×	×	×

◎大問４題，小問数20～30問程度である。出題構成は，書き換えまたは整序結合１題，誤文訂正１題，長文読解２題である。

2024年度の出題状況

1 長文読解総合―説明文

2 長文読解総合―説明文

3 整序結合―グラフを見て答える問題

4 誤文訂正―対話文

解答形式

2024年度	**記述**（○）／マーク／併用

出題傾向

問題数は少ないが，記述式が多く日本語での正確な表現力が求められている。長文読解は標準的な長さだが，内容真偽や適語・適文選択に加えて内容を日本語で説明する設問と50語程度のテーマ作文がよく取り上げられている。文法問題は適語補充の書き換えと会話文中にある文法上の誤りを適切な形に直す誤文訂正の問題が出題されている。

今後への対策

記述式問題が多いので，自分の力で文章を書けるようにしておくことが大切である。教科書で単語や重要構文をまとめ基礎固めをしたら，問題集を繰り返し解こう。記述式の問題は，英作文も含めて自分の解答があっているかどうか先生などにチェックしてもらうと良いだろう。過去問題集では問題形式と時間配分を確認しておこう。

◆◆◆◆◆ 英語出題分野一覧表 ◆◆◆◆◆

分野		年度	2022	2023	2024	2025 予想※
音声	放送問題					
	単語の発音・アクセント					
	文の区切り・強勢・抑揚					
語彙・文法	単語の意味・綴り・関連知識		●			△
	適語(句)選択・補充					
	書き換え・同意文完成					
	語形変化					
	用法選択					
	正誤問題・誤文訂正		●	●	●	◎
	その他					
作文	整序結合		●	●	●	◎
	日本語英訳	適語(句)・適文選択				
		部分・完全記述				
	条件作文					
	テーマ作文		●	●	●	◎
会話文	適文選択					
	適語(句)選択・補充					
	その他					
長文読解	内容把握	主題・表題				
		内容真偽	■	■	■	◎
		内容一致・要約文完成				
		文脈・要旨把握	●	●	■	◎
		英問英答		●		△
	適語(句)選択・補充		●			△
	適文選択・補充					
	文(章)整序					
	英文・語句解釈(指示語など)		●	●	■	◎
	その他					

●印：１～５問出題，■印：６～10問出題，★印：11問以上出題。
※予想欄　◎印：出題されると思われるもの。　△印：出題されるかもしれないもの。

出題傾向と今後への対策

出題内容

2024年度 作 証 グ

大問４題，16問の出題。1は小問集合で，８問。数と式，方程式の計算・応用問題，確率，平面図形，空間図形からの出題。2は関数で放物線と直線に関するもの。図形の知識も要する。3は平面図形で円と三角形を利用した計量題３問。4は空間図形で，正多面体に関する問題。オイラーの多面体定理を利用して，正多面体について考える問題。

2023年度 作 証 グ

大問４題，17問の出題。1は小問集合で，８問。数と式，方程式の計算・応用問題，確率，平面図形，空間図形からの出題。2は関数で放物線と直線に関するもの。回転体の体積を求めるものも出た。3は数の性質に関する問題。２乗しても下１けたの数が変わらない２けたの自然数や，下２けたの数が変わらない２けたの自然数について問われた。4は空間図形で，三角形を折り曲げてつくった四面体を利用した計量題３問。

作…作図問題　証…証明問題　グ…グラフ作成問題

解答形式

2024年度	記　述（○）／マーク／併　用

出題傾向

近年は，大問４題，設問16～19問の出題で，1は小問集合８問，2～4は関数，平面図形，空間図形の総合題となることが多い。小問集合は幅広い分野から基礎知識を問うものが中心。2以降の総合題は，頻出パターンの問題が多い。証明問題や説明する問題が出題されることもある。

今後への対策

教科書の章末問題や練習問題はひと通り解いて，基礎事項を確認しよう。解けない問題は教科書で再確認を。基礎を確認したら演習をして問題に慣れていこう。初めは基礎を定着させるために基本問題集で，その後標準レベルの問題集を用いて演習を積むようにするとよい。

◆◆◆◆◆ 数学出題分野一覧表 ◆◆◆◆◆

分野		2022	2023	2024	2025予想※
数と式	計算，因数分解	★	■	■	◎
	数の性質，数の表し方	■	■	●	◎
	文字式の利用，等式変形				
	方程式の解法，解の利用		●	●	◎
	方程式の応用	●	●	●	◎
関　数	比例・反比例，一次関数	●			△
	関数$y=ax^2$とその他の関数	★	★	★	◎
	関数の利用，図形の移動と関数				
図　形	（平面）計　量	■	■	★	◎
	（平面）証明，作図				△
	（平面）その他				
	（空間）計　量	★	★	★	◎
	（空間）頂点・辺・面，展開図				
	（空間）その他				
データの活用	場合の数，確率	●	●	●	◎
	データの分析・活用，標本調査				
その他	不 等 式				
	特殊・新傾向問題など				
	融合問題				

●印：１問出題，■印：２問出題，★印：３問以上出題。
※予想欄　◎印：出題されると思われるもの。　△印：出題されるかもしれないもの。

出題傾向と今後への対策

出題内容

2024年度

一 小説　二 論説文　三 古文　四 漢字

課題文

一早見和真『それからの家族』
二茂木健一郎『挑戦する脳』
三『宇治拾遺物語』

2023年度

一 小説　二 論説文　三 古文　四 漢字

課題文

一湯本香樹実『緑の洞窟』
二白井　聡「技術と社会」
三『沙石集』

2022年度

一 小説　二 論説文　三 古文　四 漢字

課題文

一重松　清『タカシ丸』
二中屋敷均『科学と非科学』
三『宇治拾遺物語』

解答形式

2024年度	記　述／マーク／併　用

出題傾向

近年，問題構成に大きな変化はない。設問は，現代文の読解問題にそれぞれ８問程度，古文の読解問題に７問程度，漢字に10問出題されており，全体で35問程度の出題となっている。設問のレベルは，標準的であるが，課題文の分量が比較的多めである。30～90字程度の記述式解答を求める設問や作文も出される。

今後への対策

現代文・古文ともに，課題文の分量がやや多いのと，設問のほとんどが内容理解に関するものなので，文章を速く正確に読む力が必要である。こうした力をつけるには，基礎学力を養成するためのものでよいから，問題集をできるだけたくさんこなすのがよい。また，漢字は，問題集を使ってしっかりと復習しておくこと。

◆◆◆◆◆ 国語出題分野一覧表 ◆◆◆◆◆

分野		年度	2022	2023	2024	2025予想※
現代文	論説文・説明文	主題・要旨	●		●	◎
		文脈・接続語・指示語・段落関係	●	●	●	◎
		文章内容	●	●	●	◎
		表現				
	随筆・日記・手紙	主題・要旨				
		文脈・接続語・指示語・段落関係				
		文章内容				
		表現				
		心情				
	小説	主題・要旨				
		文脈・接続語・指示語・段落関係				
		文章内容	●	●	●	◎
		表現				
		心情	●	●		◎
		状況・情景				
韻文	詩	内容理解				
		形式・技法				
	俳句・和歌・短歌	内容理解				
		技法				
古典	古文	古語・内容理解・現代語訳	●	●	●	◎
		古典の知識・古典文法	●	●	●	◎
	漢文	(漢詩を含む)				
国語の知識	漢字・語句	漢字	●	●	●	◎
		語句・四字熟語	●	●	●	◎
		慣用句・ことわざ・故事成語		●		△
		熟語の構成・漢字の知識				
	文法	品詞				
		ことばの単位・文の組み立て				
		敬語・表現技法				
	文学史					
作文・文章の構成・資料			●	●	●	◎
その他						

※予想欄　◎印：出題されると思われるもの。　△印：出題されるかもしれないもの。

合格を勝ち取るための

本書の使い方

本書に掲載されている過去問をご覧になって，「難しそう」と感じたかもしれません。でも，大丈夫。ほとんどの受験生が同じように感じるのです。高校入試の出題範囲は中学校の定期テストに比べて広いですし，残りの中学校生活で学ぶはずの，まだ習っていない内容からも出題されているかもしれません。

ですから，初めて本書に取り組む際には，点数を気にする必要はありません。点数は本番で取れればいいのです。

過去問で重要なのは「間違えること」です。自分の弱点を知るために，過去問に取り組むのです。当然，間違った問題をそのままにしておいては意味がありません。

本書には，長年にわたって高校受験に関わってきたベテランスタッフによる詳細な解説がついています。間違えた問題は重点的に解説を読み，何度も解きなおしてください。時にはもう一度，教科書で復習するのもよいでしょう。

別冊として，抜き取って使える解答用紙を収録しました。表示してあるように拡大コピーをとれば，実際の入試と同じ条件で，何度でも過去問に取り組むことができます。特に記述問題では解答欄の大きさがヒントになる場合があります。そうした，本番で使える受験テクニックの練習ができるのも，本書の強みです。

前のページにある「出題傾向と今後への対策」もよく読んで，本校の出題傾向に慣れておきましょう。

2024年度 佼成学園高等学校

【英　語】（50分）〈満点：100点〉

〈編集部注：実物の入試問題では，3の料金表とスケジュールはカラー印刷です。〉

1　次の英文を読み，問いに答えなさい。

ChatGPT is an AI language tool that is becoming more popular in various fields. Recent examples are customer service, healthcare, and education. ChatGPT is able to copy human conversations. This has started many discussions and debates. Some people think that *hackers will use this technology to do bad things. In this article, we will take a look at (1)the pros and cons of ChatGPT in today's online world. ChatGPT has many advantages like providing quick and effective customer service and unique learning experiences. However, most technologies also have negative things to consider, such as privacy and security problems.

Pros of ChatGPT

(2)One of the major pros of using ChatGPT is its ability to give unique service. AI *chatbots can automatically give quick and effective customer service all day. The chatbot can use data about customers to give each person a different experience. This improves their online experience. It also makes them happy and reduces waiting time to get the answers they want. It is easy to believe that using ChatGPT to answer simple questions can increase work effectiveness. For example, employees can focus on more important tasks. Also, using things like ChatGPT can save money for businesses. It reduces the need for human customer service workers, and *expenses for businesses.

Moreover, ChatGPT can understand and communicate in many different languages. That's really useful for workers in international companies all over the world. By being able to understand many languages, it helps them understand what their customers need, and also it helps them make their customers happy.

ChatGPT is really helpful for doctors and people who work in hospitals. It can look at lots of information about a person's health, their family history, and *test results. Then, it gives a short summary. Through this process, a doctor can easily figure out what's wrong. (3)In schools, ChatGPT can help students learn in a fun way. It can talk to them like a friend and help them remember things better. It can also give them quick feedback on their work they do and help them right away.

Cons of ChatGPT

(4)We need to think about some problems with ChatGPT. First of all, hackers can use it to *trick others and to do bad things. They can make fake emails or messages that look real. People are sometimes tricked by these fake emails and messages, and then share private information with hackers or download bad software. These messages we make by ChatGPT look real. Even if they are fake, it's hard to find out. Next, ChatGPT can even make bad software by itself and attack lots of people's computers. It may be hard for people to stop the attacks and protect their computers. So, we need to be careful when we use ChatGPT and be careful about sharing personal information or downloading things from it.

Another thing we need to think about is keeping our personal information private. When we use ChatGPT for customer service, others may see our private information. This includes things like our name and email address. Hackers may try to steal this information or do bad things with it, like *hacking into our bank *accounts. So, we need to be very sure that our information is safe and protected.

ChatGPT is a special computer program that can help us make customers happy. It's really good at talking to people and giving them things that they need. But sometimes it doesn't understand things that are too hard or difficult. When that happens, a real person needs to help. This may give customers a negative experience. For example, it may take more time to get the response they want. Also, ChatGPT doesn't understand people's feelings. So sometimes it doesn't say the right thing to make people happy. That's why it may not always be the best at understanding how people feel.

ChatGPT is a smart helper, but it only knows the things people have taught to it. If the things it learned are not very good or not true, then ChatGPT's answers may not be correct.

ChatGPT has good and bad points. It's a good tool that has become popular in the technology world. When it was released in November 2022, one million people started using it in just five days! It can do lots of helpful things like improving customer service, helping doctors, and making learning fun. It's an amazing invention! However, before people and companies start using it, they need to think about keeping things safe. They have to be careful about hackers who are trying to trick them. They also have to be careful about the things they do in order to keep personal information safe. Also, the people who make the chatbots need to use good information. By using good information, users can get the right answers from them.

＊hacker　ハッカー　＊chatbot　チャットボット（会話を自動的に行うプログラム）　＊expense　費用，出費
＊test　検査　＊trick～　～をだます　＊hack into～　～に不正アクセスする　＊account　口座

問１　**本文全体の内容をふまえて**，下線部(1)とほぼ同じ意味を表すものを**連続する英単語４語**で本文から抜き出しなさい。

問２　下線部(2)の具体例に**当てはまらないもの**を１～４から１つ選び，番号で答えなさい。

1　People can get different experiences with ChatGPT, and this reduces waiting time.
2　People can get different experiences with ChatGPT, and this improves their online experience.
3　ChatGPT can answer simple questions and improve work effectiveness, so employees can focus on easier tasks.
4　ChatGPT can answer simple questions and improve work effectiveness, so companies can save money by reducing the need for customer service workers.

問３　ChatGPTが世界中の国際的企業の従業員にとって役立つものであるのはなぜか。本文の内容に即して，「ChatGPTは」という書き出しにつながる**日本語**で答えなさい。

問４　下線部(3)の内容として適切なものを１～４から１つ選び，番号で答えなさい。

1　ChatGPT is able to teach students everything they want in schools because it knows everything.
2　Students can communicate with ChatGPT like their teachers, so they can remember things easily.
3　Students can chat with ChatGPT, and can get feedback from it as soon as they send their work to ChatGPT.

4　When students ask easy questions to ChatGPT, they are able to find out what's wrong with their learning process easily.

問５　下線部(4)の内容として適切なものを１～４から１つ選び，番号で答えなさい。

1　ChatGPT tries to trick people by itself, so they have to be careful about using it.

2　It is hard for ChatGPT to understand difficult things, so people have to ask simple questions.

3　ChatGPT only knows things that people have taught to it, so they should use other chatbots to check the answers ChatGPT has made.

4　Other people may get our private information when we use ChatGPT for customer service, so we have to be careful about keeping our private information safe.

問６　次の文が本文の内容と一致していれば○，そうでなければ×と答えなさい。

1　ChatGPT is becoming more popular in various fields because it can give quick and effective customer service with human support.

2　When doctors use ChatGPT in hospitals, they are able to get a short summary based on a person's health, their family history, test results, and their feelings.

3　ChatGPT can make bad software by itself and may sometimes attack our computers, so we have to be careful about using ChatGPT.

4　ChatGPT is good at talking with people and giving them things they need, but it is not good at understanding how they feel.

5　If people who make chatbots can prepare good and right information, people who use them can gather right answers to the questions they ask.

2　次の英文を読み，問いに答えなさい。

What does the word (1)"poverty" mean to you ?　Many people in the United States believe that poverty only affects a few countries in Africa and Southeast Asia.　They think that most of the people in the world have similar lifestyles and don't worry about lack of food or being hungry. However, this idea of poverty isn't close to the truth.　Actually, nearly three billion people survive with less than two dollars *a day.　That's almost half of the world's population !　Half of the world's children also experience poverty.　More than 10 million children under five years old died because of poverty in 2010s.

So, what does poverty mean ?　Poverty means there are not enough resources to get basic needs like food, water, healthcare, and education.　Without education, most people don't have hope to improve their life and escape from poverty.　Offering education is the most important way to help a community or a country get out of poverty.　Many people believe that the best way to help poor people is to send them food.　However, doing that may make the situation worse !　Why ?　There is (2)an old Chinese saying that says "Give a man a fish, and you feed him for a day, but teach a man how to catch fish, and you feed him for a *lifetime."　Providing food to poor people only helps them until they eat all their food.　They need to learn how to use agriculture and keep animals for food. If we can teach people in poor countries how to improve farming methods, help them develop stronger *economies, and support them to make schools for children to learn, their lives will improve for a long time.　This is called "sustainable development."

So, why do some places experience poverty ?　There are many reasons.　For example, some places are dry with little rain, have limited access to education, have bad governments, or have unfair economic conditions. There is one main reason for poverty: rich people are getting richer, and poor people are getting poorer. Did you know that the three richest people in the world together have more money than the poorest 48 countries? That is almost 25% of all the countries in the world! In many countries, a few wealthy people have most of the country's money, and most of the population lives in poverty. This is a big problem in Latin America especially. These nations have almost no middle class. This unfair situation happens not only in poor countries but also in the United States. The wealthiest 10% of Americans earn nearly 33% of the country's money. As this unfair situation increases, the middle-class population gets smaller, and the number of people living in poverty increases.

(3)Fixing poverty will not be easy. There will be some steps taken to do it. First, we have to help people in rich countries understand the real situation. If they think that there are not many poor people in the world and that their lives are similar to rich people's, they are wrong. Did you know that almost half of the people in the world have never even used a telephone? The next step is to have more cooperation from kind people all over the world in order to improve poor communities. This may include improving agriculture for their food supplies, giving medicine to treat some diseases, and training new teachers to improve education for children. Can you think of any other ideas that can help us end poverty in the world?

＊a day　1日当たり　＊lifetime　生涯　＊economy　経済

問1　下線部(1)"poverty"の内容として適切なものを1～4から1つ選び，番号で答えなさい。

1　Ten million or more five year old poor children died in 2010s.
2　People living in Africa and Southeast Asia are not suffering from poverty.
3　Nearly half of the people in the world cannot live for a day with only two dollars.
4　Many people in the United States don't know well about the real situation of poor people.

問2　下線部(2)の内容を，poverty**に当てはめて述べた**下記の英文について，本文の内容に即して空所［A］～［D］に入る語句として適切なものをそれぞれ1～4から1つ選び，番号で答えなさい。

Give poor people ［　A　］, and you feed them ［　B　］, but teach poor people ［　C　］, and you feed them ［　D　］.

A：1　a fish　2　many fish　3　food　4　a lot of food
B：1　for a week　2　for many days
　　3　all of their life　4　until they eat it all
C：1　how to share fish　2　how to catch fish
　　3　how to share food　4　how to make food
D：1　for a day　2　for a few weeks
　　3　all of their life　4　until they eat it all

問3　本文の内容に即して，povertyの原因として当てはまるものを1～5から**2つ**選び，番号で答えなさい。

1　There are many countries that don't have a middle class at all.
2　Limited education sometimes causes bad governments and unfair situations.
3　In some areas people cannot get enough water to live because of the dry climate.
4　Because a few rich people have lots of money, others cannot get enough money.
5　The difference between rich countries and poor countries is getting bigger in Latin America.

問4　本文の内容に即して，下線部(3)の内容として正しいものを1～4から1つ選び，番号で答えなさい。
1　to know how many people in the world are using telephones
2　to have more cooperation from poor people to make their communities better
3　to improve food supplies, give medicine to sick people, and make better schools for children
4　to help rich people know that many people actually have similar lifestyles in many countries

問5　本文の内容と一致しているものを1～5から**2つ**選び，番号で答えなさい。
1　About half of the world's population is probably in poverty.
2　Real poverty does not mean a lack of education, but a lack of food or water.
3　Teaching poor people how to improve their lives is one of the ways of sustainable development.
4　The three richest countries in the world together have more money than the 48 poorest countries.
5　Giving food to the people who need it is the best step to help poor people.

問6　あなたの身の回りで不公平と感じたことを1つあげ，その内容を具体的に**30～40語前後の英文**で説明しなさい。なお「，」「．」「“　”」等の記号は語数に含めないこととします。

3　次のホテルの料金表とYutaのスケジュールを見て，下の1～3の(　)内の英語を並べかえなさい。ただし，**それぞれ1つずつ不要な語句があります。**

Hotel	Date(s) of Stay (Day of Week)	Cost (Per Night)	Add Breakfast
Hotel A	Monday − Thursday	¥8,000	+ ¥1,000
	Friday	¥9,000	
	Saturday − Sunday	¥11,000	
Hotel B	Monday − Thursday	¥6,000	+ ¥2,000
	Friday	¥8,000	
	Saturday − Sunday	¥9,000	

★ If you stay between 8/11 − 16, ¥3,000 is added to the total cost.

★ You can get 10% discount from the total cost if you were born in August.

【Yuta's August Schedule】

Sun	Mon	Tue	Wed	Thur	Fri	Sat
July 28	July 29 My Birthday!	July 30	July 31	1 Club	2 Club	3 Club
4 Club: Practice Game	5	6	7 Club: Camp 1	8 Club: Camp 2	9 Club: Camp 3	10 Club: Camp 4
11	12	13	14	15	16	17 Club
18 Club: Tournament	19 Club: Tournament	20 Travel Hotel B →	21	22 Club	23	24 Club
25 Club	26 Summer Classes 1	27 Summer Classes 2	28 Summer Classes 3	29 Summer Classes 4	30 Summer Classes 5	31

1 When breakfast is included, it is (who / Hotel B / to stay / to choose / cheaper / Hotel A / want / on Sunday / for people).

2 If Yuta's birthday were in August, (¥8,000 / with / the total / ¥7,200 / be / breakfast / cost / would).

3 In August, (is / day / the / expensive / the 16th / the 11th / most) for both hotels.

4 次の英文は，佼成学園の教員であるMr. Jamesと佼成学園に入学したばかりのRuiの会話です。英文の下線部①～⑫の中には**不適切なものが4つ**含まれています。その番号を指摘し，それぞれ**最も適切な語(句)**に書き改めなさい。

Mr. James：This year, Kosei Gakuen has ①its memorial birthday. Do you know how old ②will it be?

Rui：No, I don't. How old?

Mr. James：It will be 70 years old. It was born on September 7, 1954. Mr. Nikkyo Niwano *founded it and he became the first *principal of Kosei Gakuen. He worked hard for peace and was the first Japanese person to *be awarded *the Templeton Prize. The Templeton Prize ③is known as "the Nobel Peace Prize for *religion."

Rui：I heard about that when I joined the *school information meeting. I really liked this school then and decided ④to take the entrance examinations. I'm very glad to be a member of Kosei Gakuen!

Mr. James：Congratulations! I have been ⑤worked for Kosei Gakuen ⑥since 2011, and I have seen lots of things here. In 2015, *Nankan Kokkoritsu* Course was made and an iPad for each ⑦student started. The next year, the Global Leader Project started at the junior high school and the American Football Club won the championship in their first national competition.

Rui：I know! They became the national champions many times since then! I wonder how they've been so strong for so many years.

Mr. James : Yes. I was very ⑧exciting when they became the champions for the first time. And in 2021, Kosei Gakuen made a new course ⑨called the Global Course for the junior and senior high school. Almost three years have passed since it started, and it's been very active. At the high school especially, more and more students who belong to the class ⑩is improving their skills and receiving awatds.

Rui : Interesting. Kosei Gakuen ⑪keeps evolving!

Mr. James : That's right! Kosei Gakuen's *school motto is *Gyogakunido*, "*Exert yourself in the two ways of '*practice' and 'study.'" 'Practice' and 'study' are like the *wheels of a car or the wings of a bird. Both are important for your growth and students need to do their best to achieve it.

Rui : I see. I will also do my best to exert myself in the two ways of 'practice' and 'study.' I'm looking forward ⑫to my own high school life!

Mr. James : Go for it! All the best!

* found ～：～を創立する　* principal：校長　* be awarded：受賞する

* the Templeton Prize：テンプルトン賞　* religion：宗教　* school information meeting：学校説明会

* school motto：校訓　* exert oneself：努力する　* practice：行い，実践

* Exert yourself in the two ways of 'practice' and 'study.'：行学の二道に励むべし。　* wheel：車輪

【数　学】（50分）〈満点：100点〉

（注意）　1．**2**～**4**は答えが出るまでの過程もしっかり書きなさい。

2．円周率はすべてπを使用しなさい。

1　次の各問いに答えなさい。

(1)　$(3x^3y)^2 \div \left(-\dfrac{3}{8}x^2y^3\right) \times \left(-\dfrac{1}{2}xy^2\right)^3$を計算しなさい。

(2)　$(x+y)(x+y-6)+9$を因数分解しなさい。

(3)　次の連立方程式を解きなさい。

$$\begin{cases} 2x-\sqrt{2}y=3 \\ \sqrt{2}x+2y=3 \end{cases}$$

(4)　A君の走り幅跳びの記録を測り，その小数第3位を四捨五入した近似値が6.04mでした。この記録をa mとするとき，aのとり得る値の範囲を不等号を使って表しなさい。

(5)　8％の食塩水500ｇから100ｇの水を蒸発させた後，50ｇの食塩水を混ぜたところ11％の食塩水ができました。このとき，混ぜた食塩水の濃度を求めなさい。

(6)　下の図1の円周上の異なる6つの点から，大，中，小の3個のさいころを1回ずつ投げて出た目の数と同じ数の点を選びます。このとき，選ばれた点からでは三角形が作れない確率を求めなさい。

(7)　下の図2の△ABCで，辺AB，辺ACの中点をそれぞれM，Nとし，線分BNと線分CMの交点をGとする。△GMNの面積が5 cm²のとき，△ABCの面積を求めなさい。

図1

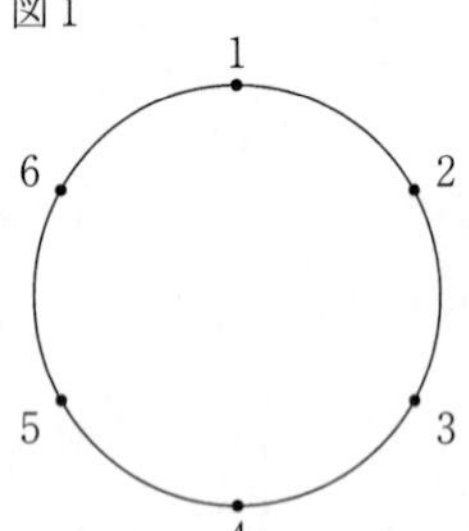

図2

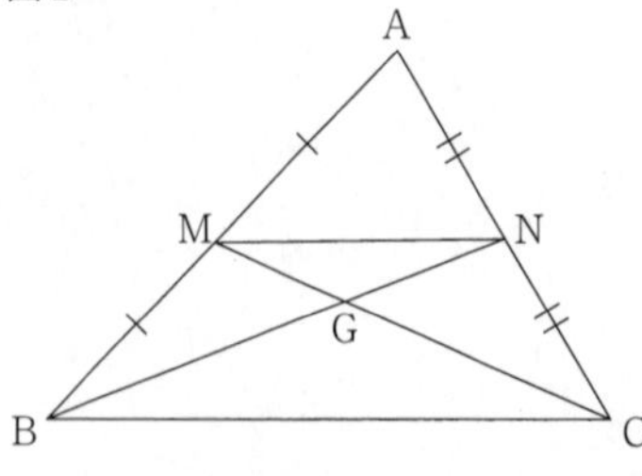

図3

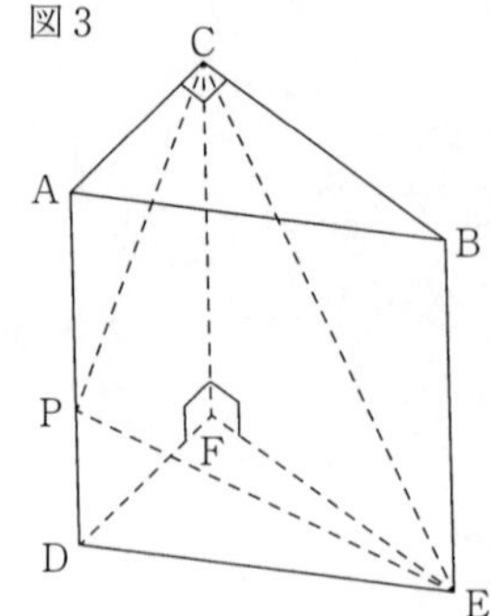

(8)　右の図3の三角柱は，AC＝4 cm，BC＝6 cm，AD＝8 cmである。この三角柱ABC-DEFの辺AD上にAP＝5 cmとなる点Pをとり，3点P，C，Eを通る平面で三角柱を切る。このとき，頂点Fを含むほうの立体の体積を求めなさい。

2　右の図のように，直線lが2つの放物線$y=\dfrac{1}{2}x^2$…①，$y=\dfrac{1}{4}x^2$…②と，それぞれ2点Q，Rと2点P，Sで交わっている。点P，Rのx座標がそれぞれ−2，2のとき，次の問いに答えなさい。

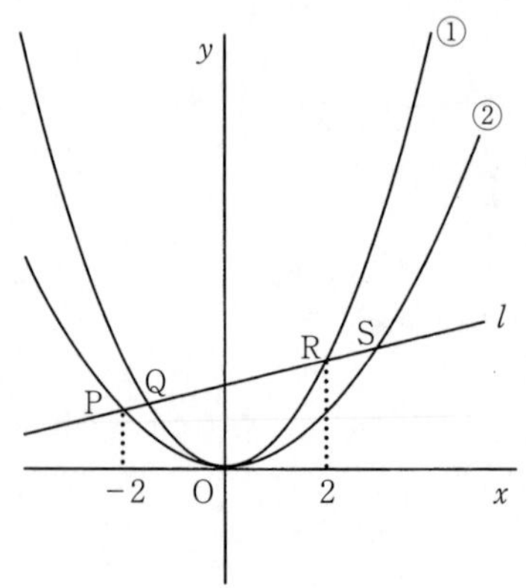

(1)　直線lの式を求めなさい。

(2)　点Sのx座標を求めなさい。

(3)　3つの三角形△OPQ，△OQR，△ORSの面積の比を，最も簡単な整数の比で表しなさい。

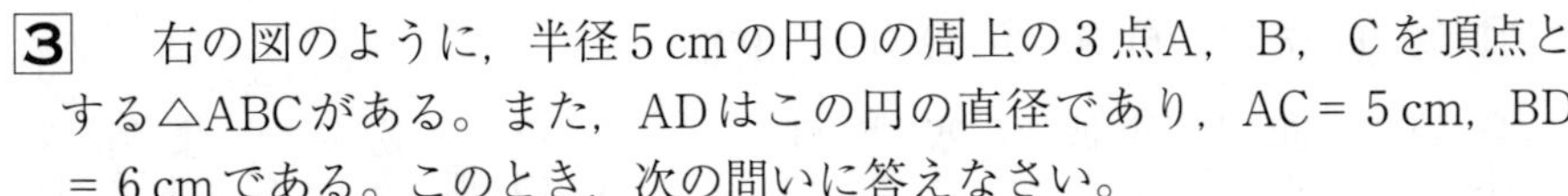

3　右の図のように，半径5cmの円Oの周上の3点A，B，Cを頂点とする△ABCがある。また，ADはこの円の直径であり，AC＝5cm，BD＝6cmである。このとき，次の問いに答えなさい。

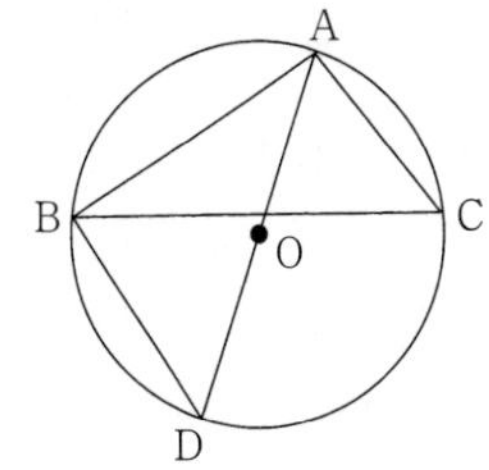

(1)　ABの長さを求めなさい。

(2)　∠ABCの大きさを求めなさい。

(3)　△ABCの面積を求めなさい。

4　次の文章を読み，以下の問いに答えなさい。

多面体のうち，すべての面が合同な正多角形で，どの頂点に集まる面の数も等しく，へこみのないものを正多面体という。正多面体は5種類であることをオイラーの多面体定理を利用して考えてみたい。

> 〔オイラーの多面体定理〕
> 　へこみのない多面体において，
> 　　(頂点の数)＋(面の数)－(辺の数)＝2
> が成り立つ。

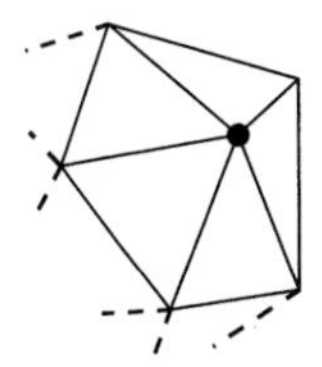

右の図の正多面体は1つの頂点に5個の面が集まっているが，一般に正多面体の1つの頂点に集まる面の数は最低でも［ア］個である必要があり，それらの1つの内角の大きさをそれぞれ足し合わせると［イ］°より小さくなければ正多面体にはならない。

例えば，正三角形の1つの内角の大きさは60°であるから，1つの頂点に［ウ］個の正三角形が集まると平面になってしまう。よって，1つの頂点に［ウ］個以上の正三角形が集まると正多面体にはならない。

また，正六角形，正七角形，正八角形……では，1つの内角の大きさが120°以上になるので，1つの頂点に［ア］個以上集めようとすると立体ができなくなる。

したがって，正多面体の面になる正多角形は，正三角形，正方形，正五角形の3種類に限られる。

そこで，この3種類の正多角形が面になる正多面体を場合分けして，オイラーの多面体定理を利用して考えてみる。

(i)　面が正方形で作られる正多面体は，
　1つの頂点に集まる面の数は［エ］個であるから，この正多面体の面の総数をxとすると，xを用いて頂点の総数は［オ］個，辺の総数は［カ］個とそれぞれ表される。したがって，オイラーの多面体定理を利用すると，
　方程式［オ］＋x－［カ］＝2が成り立ち，これを解くとx＝［キ］となる。
　ゆえに，面が正方形である正多面体は正［キ］面体になる。

(ii)　面が正五角形で作られる正多面体は，
　(i)と同様にして求めると，正［ク］面体になる。

(iii)　面が正三角形で作られる正多面体は，
　1つの頂点に集まる面の数で場合分けをして，(i)と同様にして求めると，面の総数が少ない順に，正［ケ］面体，正［コ］面体，正［サ］面体となる。
　(i)，(ii)，(iii)より，正多面体は以上の5種類である。

(1)　［ア］～［サ］にあてはまる値や式を答えなさい。

(2)　(iii)の**波線**にしたがって［ケ］～［サ］の値を求める過程を書きなさい。

イ　越前守は侍の歌に対して賛辞を送り、侍の仏道修行の願いを叶えようとしたが、侍はその思いを裏切って姿をくらましてしまった。

ウ　侍は法師になりたいと考えていながらどうすることもできずにいたが、歌が越前守に高く評価されたことをきっかけとして、最終的に仏門に入ることができた。

エ　越前守は侍の歌に触れたことで和歌の素晴らしさに魅了され、その役職を解かれた後には世俗を離れて北山にこもり、歌人としての生涯を全うした。

四　次の――線部について、漢字をひらがなに、カタカナを漢字に直しなさい。

① 雲が一面を覆っている。
② 寒さがめっきり緩んできた。
③ 暫定的な処置をとる。
④ 彼とは懇意の間柄だ。
⑤ 国語審議会に諮問する。
⑥ キフクの多い道が続く。
⑦ 諸国ルロウの詩人。
⑧ シツドの高い地域。
⑨ 遠くでキテキが鳴っている。
⑩ 身体検査をジッシする。

年を追ひてまさる。この生の事は益(やく)もなき身に候(さぶらふ)めり〔現世の私は役にも立たない身であるようです〕。後生(ごしやう)をだに〔せめて後生だけでも〕いかでと覚えて〔なんとかして助かりたいと思って〕、③法師にまかりならんと思ひ侍(はべ)れど、※5戒師(かいし)に奉(たてまつ)るべき物の候(さぶら)はねば、今に過(すぐ)し候(さぶら)ひつるに〔今まで過ごしてまいりましたが〕、かく思ひかけぬ物を賜(たま)りたれば、限(かぎり)なく嬉しく思ひ給(たま)へて、これを※6布施(ふせ)に参らするなり」とて、「法師になさせ給へ〔法師にさせてください〕」と涙にbむせかへりて、泣く泣くいひければ、聖いみじう貴みて、法師になしてけり。さてそこより行方もなくて失(う)せにけり。在所(ありどころ)知らずなりにけり。

（『宇治拾遺物語』より）

※1　越前守…現在の福井県北部地方を治めるために都から派遣された役人。

※2　帷…夏に着る裏地のない薄手の衣服。

※3　北の方…越前守の妻。

※4　侍…侍所(さむらいどころ)。警護の武士がひかえる場所。

※5　戒師…出家を望む者に戒律を授ける師となる僧。

※6　布施…僧に金銭や品物などを進んで施すこと。

問一　二重傍線部a「いひけるやう」、b「むせかへり」の読みをそれぞれ現代仮名づかいで答えなさい。

問二　傍線部Ⅰ「取らせ」、Ⅱ「取らせ」の主語として適当なものを次の中からそれぞれ選び、記号で答えなさい。

ア　越前守　　イ　不幸なりける侍　　ウ　北の方　　エ　聖

問三　傍線部①「物の憑きたるやうに震ふ」とありますが、それはなぜですか。その理由として最も適当なものを次の中から選び、記号で答えなさい。

ア　貧乏でみっともない姿で働いていることが恥ずかしかったから。

イ　季節外れの裏地のない衣服しか着ていなかったので寒かったから。

ウ　不自然な衣服を着ていることを越前守にとがめられると思ったから。

エ　普段は話すこともできない越前守と急に話すことになって緊張したから。

問四　傍線部②「守いみじくほめて、着たりける衣を脱ぎて取らす」とありますが、「守」が侍に対してそのような行動をとったのはなぜですか。その理由として最も適当なものを次の中から選び、記号で答えなさい。

ア　歌の中の「消え」には、仏の教えを従順に信仰するという意味の「帰依(きえ)」が掛けられており、侍をやめてまで法師になりたいという侍の強い願いに応えてあげたいと思ったから。

イ　歌の中の「はだかなる我が身」には、何があっても必ず主人を守り抜くという家来の心構えが表れており、その侍の忠誠心に感激したから。

ウ　歌の中の「ふるへ」には、寒さへの震えと、暗い将来を恐れる意味での震えが掛けられており、自分の衣を与えることで侍の暮らしを支援しようと考えたから。

エ　歌の中の「白雪」には、自分が貧しいまま老いて白髪となってしまったことがたとえられており、とっさにこれほど見事な歌を詠んだ侍に感服したから。

問五　傍線部③「法師にまかりならん」とは「法師になり申し上げよう」という意味ですが、そう考えていた侍がそれまで「法師」にならなかったのはなぜですか。二十字以内で答えなさい。

問六　本文の内容として正しいものを次の中から一つ選び、記号で答えなさい。

ア　侍は不幸で貧しい生活を送っていたが、越前守にその和歌の高い才能を見出されたことで、高名な歌人としての地位を築くことができた。

はどういうことですか。その説明として最も適当なものを次の中から選び、記号で答えなさい。

ア　インターネットは相互の物理的、感覚的な距離を縮め、人と人とが出会える可能性を広げたことで、新たなビジネスチャンスを生み出すことを助けたということ。

イ　インターネットが異なる文化や国をつなぎ、一部の企業や職種が独占していた利権を排除し、新たな発想や画期的なサービスを生み出すことにつながったということ。

ウ　インターネットがこれまで至る所に存在していた境界を乗り越え、過去の経験も利用しながら新たな発明品を生み出したということ。

エ　インターネットが国家や文化の境界を無効化し、従来の身分制度を壊すことで、誰もが新しいことに挑戦しやすい環境を生み出し始めているということ。

問七　本文の内容として**適当でないもの**を次の中から一つ選び、記号で答えなさい。

ア　アメリカや一部のアジア諸国の社会制度が前提としている偶有的性格が、若者たちが積極的に新しいことに挑戦し、成長する機会を用意している。

イ　世界の常識から取り残された日本ではものづくりの文化も衰退の一途をたどっており、新たな挑戦をしていくことでしか今後のものづくりを発展させていくことはできない。

ウ　ミトコンドリアはもともと別の生命体であったが、宿主の細胞に寄生して共生、進化したことで、今日の生物の生命活動の維持に必要不可欠な存在となった。

エ　一介の役所である文部科学省の指示に、アカデミズムの旗手であるはずの大学教授たちが従順に従っているところに、日本における学問というものへの根本的な認識の誤りがある。

問八　波線部「偶有性の海に飛び込み、未知の領域に挑戦する」とありますが、これまであなたが「偶有性の海に飛び込み、未知の領域に挑戦」した経験を一つ挙げ、その際に感じた苦労や学びを具体的に答えなさい。

三

次の文章を読み、後の問いに答えなさい。

今は昔、高忠といひける※1越前守(あちぜんのかみ)の時に、いみじく不幸なり(きわめて不幸な侍で)ける侍の、夜昼まめなる(夜昼まじめに働いていた者が)が、冬なれど、※2帷(かたびら)をなん着たりける。雪のいみじく(ひどく)降る日、この侍、清めすとて(掃除をするといって)、①物の憑(つ)きたるやうに震ふを見て(震えているのを見て)、守(かみ)、「歌詠(よ)め。をかしう(見事に)降る雪かな」といへば、この侍、「何を題にて仕(つかまつ)るべき(何を題にして詠みましょうか)」と申せば、「裸なる由(よし)を詠め(裸であるということを詠め)」といふに、程もなく震ふ声をささげて詠みあぐ(はりあげて詠み出した)。

はだかなる我が身にかかる白雪はうちふるへども消えせざりけり

と誦(よ)みければ(と詠んだので)、②守いみじくほめて、着たりける衣(きぬ)を脱ぎて取らす。※3北の方も哀れがりて(気の毒に思って)、薄色(うすいろ)の衣のいみじう香ばしきを(たいそう立派なものを)Ⅰ取らせたりければ、二つながら取りて(二つとも受け取り)、かいわぐみて(丸めてたたんで)、脇に挟(はさ)みて立ち去りぬ。※4侍に行きたれば、居並(ゐな)みたる侍ども見て(居合わせた侍たちが見て)、驚き怪しがりて(驚き不思議がって)問ひけるに、かくと聞きて、あさましがりけり(みなあきれ感心した)。

さてこの侍、その後見えざりければ(のち姿が見えなかったので)、怪しがりて、守尋ねさせければ、北山に貴(たふと)き聖(ひじり)ありけり。そこへ行きて、この得たる衣を二つながらⅡ取らせて、aいひけるやう、「年まかり老いぬ(私も年老いてしまいました)。身の不幸、間同士がどこかでつながっていくという理論。

※6　ホームスクーリング…家庭に拠点を置いて学習を行うこと。

※7　坩堝…金属を溶かすのに使うつぼのこと。ここでは、さまざまなものが混ざり合っている様子を表す。

※8　趨勢…物事がこれからどうなっていくかというなりゆき。

※9　ＧＤＰ…国内総生産のこと。

問一　（Ⅰ）～（Ⅲ）に当てはまる言葉として最も適当なものを次の中からそれぞれ選び、記号で答えなさい。

ア　あるいは　　イ　しかし

ウ　だから　　エ　たとえば

問二　傍線部①「日本の常識が、世界の非常識になってしまっている」とありますが、「日本の常識」とはどのようなことですか。その説明として最も適当なものを次の中から選び、記号で答えなさい。

ア　予想できることばかりでなく、思いもかけぬことがあるという偶有性に適応し、そこから学ぶこと。

イ　メディアが流す情報を正しいものだと考え、無批判に受けいれてしまうこと。

ウ　何が起こるかわからない偶有性を恐れ、想定された人生の正解ばかりを追い求めること。

エ　唯一の正解のような人生があると信じ込み、そこから外れた人々を負け組として見下してしまうこと。

問三　傍線部②「このような時代」とありますが、このような時代にどのようなことが求められていると筆者は考えていますか。その説明として最も適当なものを次の中から選び、記号で答えなさい。

ア　インターネット上に氾濫する誤った情報に惑わされることなく、正しい情報だけを選び取ることで自らの行動を決定していくこと。

イ　インターネットによって多くの情報から必要なものを主体的に選び取ることで行動を決定し、多様な世界とつながっていくこと。

ウ　インターネットによって世界中のさまざまな地域、人々、文化とつながることで、これから自分の周囲に起こることを予測すること。

エ　インターネット上に存在する大量の情報の中から取捨選択し、自らの行動を決定していくことで何が起こるかわからない偶有性を避けること。

問四　傍線部③「旧態依然の教育観、学力観によって、時代遅れの教育が行われているのである」とありますが、ここでいう「時代遅れの教育」とはどのようなことですか。その説明として最も適当なものを次の中から選び、記号で答えなさい。

ア　社会から要請される個人の資質や能力は一様ではないにもかかわらず、日本の教育制度は個人の資質や能力ではなく、全体を一括り（ひとくく）にして評価する傾向があるということ。

イ　世界の教育現場では多様な情報を自ら活用していくことが求められているのに対し、日本では教師から与えられた情報を従順に記憶することばかりが求められているということ。

ウ　世界では多様な考え方に触れながら自分の意見を形成していくことが重視されているが、日本では個人の意見を押し殺して標準的な意見に合わせることが求められているということ。

エ　予測不能なものに挑戦することが求められる流れの中で、日本では標準化と管理を重視する旧来型の教育が続いているということ。

問五　傍線部④「私は、『偶有性忌避症候群』を日本の風土病と書いた」とありますが、筆者はなぜ「偶有性忌避症候群」を「日本の風土病」だと表現しているのですか。その理由を三十字以内で答えなさい。

問六　傍線部⑤「インターネットは、境界を破壊し、既得権を過去のものとし、新たな創発のプロセスを作る」とありますが、これのであるということが、いわば暗黙の前提とされてしまっているのだろう。

日本の教育の「標準化」は、初等、中等、高等教育の現場だけでなく、大学にまで及んでいる。文科省が「定義」する講義時間を確保するため、最近の大学では、国が定めた祝日にまで講義をするのだという。最初にそれを聞いたときには冗談かと思ったが、現場では実際に遵守されているらしい。一番不気味に感じたことは、大学教授たちが、とりたてて文句を言わずにいるらしいということだった。

文部科学省がアカデミズムの旗手であるはずの大学教授たちに授業日数についての「指示」を出し、それに教授たちが黙々と従う。ここには、日本の「学問」というものの、どこか根本的な測り間違いが象徴的に表れている。

そもそも、私たちの生命の根本には偶有性がある。一つひとつの生物の背後に、偶有性との長い付き合いの歴史がある。たとえば、今日酸素呼吸の担い手として欠かすことのできない「ミトコンドリア」は、もともとは他の生命体だったものが細胞内に共生したものと考えられている。進化の過程では、思いもかけぬ事態＝偶有性が避けられない。偶有性から離れるとき、私たちは生命の最も根源的な輝きを失ってしまう。

日本人の「偶有性忌避症候群」の背後には、おそらくは大いなる不安があり、怖れがある。「人生の正解」から外れてしまうことへの恐怖。所属すべき「組織」や、自分が拠って立つべき「肩書き」を失うことへの不安。どの国、どの文化にもそのような傾向はある程度見られるが、日本人においては、「偶有性忌避症候群」がとりわけ強い。

この章の冒頭で、④私は、「偶有性忌避症候群」を日本の風土病と書いた。現状を見れば、そのように断ぜざるを得ない。インターネット文明の母国であるアメリカでは、そもそも社会制度そのものが偶有性の存在を前提に組み立てられている。アジア諸国でも、成長に沸き立つ韓国、中国、台湾、シンガポールには、偶有性の海に喜んで飛び込んでいく若者たちがいる。

⑤インターネットは、境界を破壊し、既得権を過去のものとし、新たな創発のプロセスを作る。世界中の人々が、国境や文化の違いを乗り越えて、ヴァーチャルに、（Ⅲ）物理的に大移動し、溶け合おうとしている。新しい文明を生み出す巨大な「※7坩堝」に、才能があり、意欲にあふれた人たちが次々と飛び込み、切磋琢磨している。サッカーのワールドカップで選手たちが必死になってピッチの上を駆けめぐるように、全力疾走している。

一方の日本人は、自分たちが偶有性との間に作った「障壁」を前にして、ただ佇んでいるだけのように思われる。経済の不調よりも何よりも懸念すべきなのは、日本人の行動が、世界の※8趨勢と無関係なものになってしまうことである。こうして、日本列島が「偶有性忌避症候群」の中で静止している間も、世界の心ある人たちは、偶有性と直接向き合っている。そこから多くのことを学び、明日への成長の糧を得ている。

経済の不調で失われた※9GDPよりも恐ろしいのは、日本人が来るべき偶有性の文明へ移行する上で不可欠な学習機会を失うことだろう。偶有性の海に飛び込み、未知の領域に挑戦することでしか、今の苦境を脱することはできない。日本人の「挑戦する脳」が本気になるべきときが来ている。

（茂木健一郎『挑戦する脳』集英社より）

＊本文は設問の都合上、一部表記を改めてあります。

※1　フェアウェイ…ゴルフで芝生が短く刈りそろえられた区域のこと。もともとは「安全な航路」を意味する言葉。

※2　ものづくり2．0…情報ネットワークと結び付いたものづくりの新しい段階を意味する言葉。

※3　ダイナミクス…動きを生み出す力のこと。

※4　ノード…コンピュータネットワークの中での結び目のこと。

※5　スモール・ワールド・ネットワーク…一見全くつながっていない人

「偶有性」に対する恐怖感は、日本の社会の隅々まで浸透している。それは、日本人が、知らず知らずのうちに世界を見る際の癖となってしまっている「マインドセット」である。①日本の常識が、世界の非常識になってしまっていることに気付かないのである。

本来、人間の脳の最もすぐれた能力は、何が起こるかわからないという生の偶有性に適応し、そこから学ぶことである。予想できることばかりではなく、思いもかけぬことがあるからこそ、脳は学習することができる。予想できることとできないことが入り混じっている状態は、いわば、学習し「挑戦する脳」にとっての「空気」のようなものである。日本の教育現場は、行き過ぎた標準化、管理によってこの大切な「空気」を奪い、脳を「窒息」させて、その成長する力を奪ってしまっている。

日本の教育界全体には、文部科学省による標準化、コントロールの思想が行き渡っている。ある程度標準化され、「レベル」が保証された学力の子どもたちを育てることは、「ものづくり」や「事務」が日本における働き手の中心だったころは良かった。（Ⅱ）、時代は変わり、今や世界を結ぶインターネットが、グローバルな情報流通の経済を生み出している。②このような時代には、グーグルやヤフー、ツイッターに代表されるような革新的なネット上のプラットフォームや、iPhone、iPadのようなネットワークと結び付いてその機能を発揮する商品でなければ、付加価値を生み出す爆発的な力を持たない。「ものづくり」は、今や「※2ものづくり2．0」へと進化したのである。

インターネットは、偶有性の※3ダイナミクスそのものである。一つのキーワードで検索（けんさく）すると、予想できる結果もあるが、同時に思いもかけぬ結果も出てくる。そのような「予想できること」と「予想できないこと」が入り混じったような状況が常態化しているのが、インターネットという現場なのである。

インターネット上では、構造的に世界中のさまざまな地域、人々、文化が、少数の「※4ノード」を経由して結ばれる、いわゆる「※5スモール・ワールド・ネットワーク」が実現している。このような「スモール・ワールド・ネットワーク」は、必然的に偶有性を運んでくる。自分の周囲を、予測できることばかりで固めることはできない。そうすることは不可能なだけでなく、不適切である。偶有性を避けることはできない。「偶有性の海」に飛び込んでこそ、画期的な新しい商品を生み出すことができるし、世界に広がるサービスも創造できる。

このような「偶有性」の時代に求められているのは、ある決まった知識を身に付けることではない。むしろ、大量の情報に接し、取捨選択し、自らの行動を決定していく能力である。異なる文化的バックグラウンドの人たちと行き交い、コミュニケーションしていく能力である。

そのような時代に、日本の教育現場の実態は「偶有性」から逃げてばかりいる。初等教育から高等教育まで、「標準化」と「管理」が支配的なモチーフであり、子どもたちが偶有性に適応するための能力が磨かれていない。③旧態依然の教育観、学力観によって、時代遅れの教育が行われているのである。それでは「挑戦する脳」は育たない。

今や、日本の常識は、世界の非常識。このさまざまな分野で成り立つ命題が、教育においても該当する。よほど根本的なところから、日本の制度、日本人のマインドセットを作り直さなければ、日本の再生は望めない。教育は、いわば将来の日本人のマインドセットを作っていくプロセスだけに、その影響は重大である。

（中略）

しばらく前、私はある講演会の控え室で、文部科学省の人に、「アメリカでは、※6ホームスクーリングで学ぶ子どもがいるけれども、あのようなやり方について、文科省としてはどのように考えているのか」と質問した。そうしたら、そんなことは想定外だというような表情をした。日本の文部科学省のマインドセットの中では、教育は「検定教科書」に基づき、「指導要領」に従って行われるもりますが、俊平は何に驚いたのですか。最も適当なものを次の中から選び、記号で答えなさい。

ア　闘病生活の中で変わってしまった母に対しても、父は以前と変わらぬ高圧的な態度で接していたこと。

イ　闘病生活の中で変わってしまった母を父は無条件に受け入れ、以前とは見違えるほど思いやりを持っていたということ。

ウ　闘病生活の中で変わってしまった母が、父の中では今でも昔のままの姿でいるのだということ。

エ　闘病生活の中で変わってしまった母に対して、父は悪びれることもなく冷たい言葉をかけていたこと。

問八　傍線部⑦「別室から聞こえてきた情けない父の泣き声も、あの日の強烈な雨音とともにあざやかに心に残っている」とありますが、これはどういうことですか。その説明として最も適当なものを次の中から選び、記号で答えなさい。

ア　喪主としての役割も果たせずに号泣する父の泣き声は、母との生活を思い出させる大切なきっかけになっているということ。

イ　一見情けなく見える父の泣き叫ぶ姿も、母のことを深く愛する父の姿として「僕」の心に強く刻まれているということ。

ウ　最後まで頼りない父の代わりに、この一家を支えられるのは長男である自分しかいないと改めて決意をしているということ。

エ　母の生前の願いを叶えられなかった父の悔しさに同情し、役に立てなかった「僕」も責任を重く感じているということ。

二　次の文章を読み、後の問いに答えなさい。

日本社会の調子が、相変わらず良くない。一九九〇年代から日本経済はずっと停滞している。社会全体の方向を導くようなヴィジョンも欠如し、若者たちの間には、現状に対する不満が募ってきている。

私の見立てでは、日本の不調は、たった一つの理由に基づいている。すなわちそれは、「偶有性忌避症候群」(contingency avoidance syndrome)である。この症候群は、もはや日本の風土病とでも言うべきもので、社会のあらゆる場所に蔓延(まんえん)し、人々の思考力を低下させている。日本が、世界をグローバルなネットワークで結ぶインターネットの存在がもたらした「新文明」に移行することを妨げているのだ。

何が起こるかわからないという「偶有性」の状況。「偶有性」は、生命そのものの本質であり、環境との相互作用において、私たちの脳を育む大切な要素である。その大切な「偶有性」から目を逸(そ)らし、そこから逃走してしまうことで、日本人の脳は成長の機会を奪われている。

人生には、最初から決まった正解などない。なのに、あたかも正解があるかのような思い込みをして、自分自身がその狭い「※1フェアウェイ」を通ろうとするだけでなく、他人にも、同じ道を通ることを求め、強制する。それは「挑戦する」という脳の本質からかけ離れている。

（　Ｉ　）、子どもたちは小さなころから「お受験」に駆り立てられる。「進学校」に合格し、最終的には「一流大学」に入ることが目標とされる。大学に入ることの意味は、医者や弁護士、官僚といった「望ましい」職業に就くか、あるいは「大企業」に就職することである。

想定された「正解」の軌跡から外れてしまうのは、「負け組」になり、「下流」に落ちることだとの強迫観念にかられる。マスメディアも、無反省に、相変わらずの「人生の正解」を垂れ流す。何しろ、大手新聞社やテレビ局などに入社した人たちは、自分たち自身が「進学校」から「一流大学」、そして「大企業」へと進む「人生の正解」を歩んできた。「人生の正解」がここにあると繰り返すことは、自分たちのこれまでの人生を肯定することにつながる。一方で、そのような報道が、そうしたルートから外れてしまった人たちに対して、いかに「抑圧的」に働くかということについては、想像力を持たない。

イ　考え抜いた末に語り始めた
ウ　口裏を合わせて話し出した
エ　核心をついて言った

問二　傍線部①「それまでかろうじて抱いていた父に対する、あるいは父性といったものに対する僕の幻想はあの頃完全に消え失せた」とありますが、それはなぜですか。その理由として最も適当なものを次の中から選び、記号で答えなさい。

ア　当初は母や自分たち家族のために苦心していた父が、次第に家族を遠ざけようとし始めたから。
イ　一家の有事に際しても父は危機感を募らせることなく、かえって楽天的にふるまい続けたから。
ウ　昔は心身ともにたくましい父に憧れていたが、実際はそれほど頼れる存在ではなかったということに気付いてしまったから。
エ　母が病床に伏して大変だというのに、父は適切に判断したり行動したりすることができずに失敗を繰り返していたから。

問三　傍線部②「ずっと見て見ぬフリをしてきたこと」とありますが、これはどういうことですか。その説明として最も適当なものを次の中から選び、記号で答えなさい。

ア　旧態依然とした家族の枠組みを批判的に捉えていながら、心のどこかで強くて頼りになる父を求めていたのだということ。
イ　大家族の末っ子として愛情を注がれてきた父を、長男の自分が心のどこかでうらやましく思っていたのだということ。
ウ　一人おろおろし続ける父を呆(あき)れながら見てはいたものの、心の奥底では父を尊敬していたのだということ。
エ　母の不在によって次々と明らかになった家族の問題は、すべて父に原因があるとわかっていたということ。

問四　傍線部③「変化の兆し」とありますが、これはどのようなことを指していますか。その説明として最も適当なものを次の中から選び、記号で答えなさい。

ア　それまでふがいなかった三人が、母の入院という家族にとっての緊急事態を経験したことで、それぞれが役割を自覚して行動できるようになってきたということ。
イ　それまで会話もままならなかった三人が、母なき家族のあり方を真剣に考えたことで、お互いの心の中の思いを口に出すことができるようになってきたということ。
ウ　それまで息の詰まるような家族関係に苦しんでいた「僕」が母の闘病を支えるために協力し合ったことで、お互いのことを少しずつ受け入れられるようになってきたということ。
エ　それまで父や弟とは考えが合わないと思っていた「僕」が、母を救うために旧態依然の家族関係を打破し、新しい家族の形を考えられるようになってきたということ。

問五　傍線部④「父の変化を感じずにはいられなかった」とありますが、このときの「僕」が感じた父の変化の内容として最も適当なものを次の中から選び、記号で答えなさい。

ア　これまではいろいろな場面で頼りなく、うまくいかないことも多かった父が、自分から率先して動いて主体的に物事を決められるようになっていたこと。
イ　これまでは優柔不断で子どもにばかり判断を委ねていた父が、母の今後の治療方針については強い信念を持って自分一人で決断しようとしていたこと。
ウ　これまでは周囲の評価ばかりを気にしていた父が、母の病気をきっかけにして家族の大切さやありがたみに気が付いたということ。
エ　これまではメールに対して電話でしか答えられないほど機械音痴だった父が、今では返信を二人に同時に宛てるという技術を習得していたこと。

問六　傍線部⑤「お母さんを、お母さんのまま見送れたらと思ってる」とありますが、「お母さんを、お母さんのまま見送」るとは具体的にどういうことですか。二十五字以内で答えなさい。

問七　傍線部⑥「俺、あのときはマジで自分の耳を疑ったよ」とあ

「だって、俺も兄貴もほとんど諦めちゃってたわけじゃない？　もう以前のオフクロは戻ってこない、もう俺たちの知っているお母さんとは別人なんだって、勝手に決めつけて諦めちゃってた。でも、親父はそうじゃなかったんだ。っていうか、親父にはいまも昔もない。あの人にあるのは、いつまでもかわいいお母さんであってほしいっていう願いだけ。それってちょっとすごくない？　なんかめちゃくちゃ愛だなって」

　正直、僕にはよくわからなかった。俊平が感動したという理由も、父の振るまいが正しいのかも、それが愛によるものなのかも、何もわからなかった。

「お父さん、少しは変わったと思うか？」

　しばらくの沈黙のあとⅡ口をついた質問に、俊平はおどけたように首を振った。

「さぁね。そもそも俺は変わってほしいとなんて思ったことないし」

「そうなの？　なんで？」

「なんでって、俺べつに親父のこと嫌いじゃないもん」

「好きとか、嫌いとか、そんな話はしてないだろう。じゃあ、お前はお父さんのことを尊敬できるのかよ」

「はぁ？　尊敬ってなんだよ？　兄貴ってあいかわらずおもしろいこと言うよな。俺は親父を尊敬したいと思ったことなんて一度もない。尊敬とかしないでいい父親で良かったなぁって思うくらいだ」

「なんだよ、それ」

「何が？」

「なんていうか。すごくお前らしいっていうか……」

「いやいや、兄貴の方が兄貴らしいんだって。親父を尊敬って、いつの時代の話だよ。俺はむしろそんなこと言ってる兄貴の方を尊敬するよ」

　さすがにポイ捨てまでしたら説教しようと思っていたが、俊平はバッグから携帯灰皿を取り出し、入念に火を揉み消した。

　次に俊平と二人きりで話をしたのは、その半年後、母が息を引き取った日の夜だった。「家族みんなで海のそばに住んでみたい」「大きい家で暮らしたい」という夢を叶えてやることはできなかったが、病気をしたあとにできた新しい家族にも見守られて、最期は微笑むようにして眠りに就いた。発病から六年半後のことだった。

　通夜の晩は嵐のような雨風が吹き荒れていた。変化を望んだ僕と、望まなかった俊平。兄弟の間に正反対の二つの願いがあったのだとしたら、父が叶えたのは弟のものだった。

　重苦しい空気が充満する真夏の葬儀場で、※3喪主としてマイクの前に立った父は、涙を堪えることができなかった。

　用意していた紙を手にし、なんとか口を開こうとするものの、言葉が出てこない。孫の健太の「じいちゃん！　がんばれ！」のかけ声もむなしく、ついにみんなの前で号泣し始めた父は、「浩介、すまん。あとは頼む」という一言を残して、逃げるように奥の部屋へ引っ込んでしまった。

「兄貴はこれからも大変そうだな。引き続き若菜家をよろしく頼むな」という小馬鹿にした俊平の声が、いまも耳に残っている。

　⑦別室から聞こえてきた情けない父の泣き声も、あの日の強烈な雨音とともにあざやかに心に残っている。

（早見和真『それからの家族』朝日新聞出版より）

※1　寡黙…口数が少なく、だまりがちなこと。
※2　元の木阿弥…いったんよくなったものが再び元の状態に戻ること。
※3　喪主…葬儀をとりおこなう責任者のこと。

問一　二重傍線部Ⅰ「飄々とした」、Ⅱ「口をついた」の意味として最も適当なものを後の中からそれぞれ選び、記号で答えなさい。

Ⅰ　飄々とした
ア　落ち着いている　　イ　つかみどころがない
ウ　気が利かない　　エ　無責任な

Ⅱ　口をついた
ア　思いがけずに発せられた

治療を終えてアパートに帰ってきたときには、母はもう元の人間性を失っていた。

目の焦点はほとんど合わず、言葉も滅多に口にしない。かろうじて歩くことはできたが家事などできるはずもなく、そもそも火を扱わせるのがこわかった。

仕事は多忙を極めていたが、僕は折を見ては実家に帰った。妻の深雪もまだ幼かった息子の健太を連れてしょっちゅう様子を見にいってくれたし、俊平もたびたび二人を訪ねては何日か泊まっていったりもしていたようだ。

そんなときも、俊平は報告のメール一つ寄越さなかった。こちらから二人の様子を尋ねてみて、二、三日後にようやく『親父、はりきってて超ウケたわ』などという要領を得ない返信が来る程度だ。

父と僕、僕と俊平、あるいは父と俊平や、母や妻子を含めた家族みんなという形で顔を合わせることは何度もあったものの、きっとそんな機会が増えるだろうと期待していた男三人での食事などは結局ほとんど実現しなかった。

数少ないそのうちの一回は、母が四度目の治療を終えて退院して間もない頃だ。僕から父にこんなメールを送った直後だった。

『今日、俊平と話しました。もし次にまたお母さんが再発したとしても、僕たちはもう治療させたくないと思っています。これ以上、お母さんの人間性が失われるのがこわいから。でも、これを決断できるのはお父さんだけとも思っています。もしお父さんがそれでも治療を続けていきたいと思うなら、もちろん僕たちは賛成します』

丁寧語と普通語の入り乱れた、あいかわらず距離を取りあぐねたメールだった。父の反応は想像できなかったし、返信の仕方もまた想定外のものだった。

母が病気した直後はメールに対しても電話でしか応じられない人だったのに、僕と俊平の二人に宛てるという離れ業で返事を寄越してきたのである。

『その件に関してはきちんとお前たちと話し合いたいと思っている。近々一緒に帰ってこられないか？　三人で話せたら嬉しいです』

そうして久しぶりに会った父は、とても精悍な顔をしていた。母と二人きりの生活でさすがに逞しさを身につけたのか。そう思わせるほど力の漲った表情を浮かべていたし、俊平も父の姿を見て茶化すように口をすぼめた。

実家のすぐそばの中華料理屋で三人で卓を囲んだ。父が自分で席を予約してくれていた。そんな些細なことでさえ、成長といっていいのかはわからないけれど、④父の変化を感じずにはいられなかった。

沈黙に身を委ねる僕と、平然とタバコの煙をくゆらせる俊平。注文したビールで乾杯し、僕たちを交互に見やってから、父は宣言するように言い放った。

「俺も二人の意見に賛成だ。⑤お母さんを、お母さんのまま見送れたらと思ってる。だから俺は悔いのないようにこれからの時間を過ごしたい。お母さんにもいい時間を過ごさせてあげたいと思っている」

その日の帰り、一緒に最寄りの駅に向かう途中で、俊平はあっけらかんと口を開いた。歩きタバコを注意した僕を無視してまで口にしたのは、いつかのメールの『超ウケた』についての説明だ。

「あの日、親父のやつ、食べ物をこぼしたオフクロを目の色変えて叱ったんだよね。『お前、もう少ししっかりしてくれよ』『もっとシャキッとしてくれよ』って、一生懸命オフクロの洋服を拭きながら真剣に怒ってたんだ。⑥俺、あのときはマジで自分の耳を疑ったよ。シャキッとなんてできないに決まってるじゃん。四回も頭にがんができて、四回も治療してきてさ。髪の毛もほとんど抜けちゃって、肌はしわくちゃだし、何を見てるのかもわからないし、会話だってあんまり成立しない。昔のオフクロとはもう全然違う人なのに、親父の中ではいまでも明るく潑剌としたオフクロのままなんだって。驚いたのを通り越して感動したくらいだったよ」

「どういう意味だよ？」

二〇二四年度　佼成学園高等学校

【国　語】（五〇分）〈満点：一〇〇点〉

（注意）　句読点や記号も一字にかぞえること。

一　次の文章を読み、後の問いに答えなさい。

もう十年近く前の出来事だ。

中枢神経系悪性リンパ腫という脳の病に冒された母が、突然「余命」を宣告された。そのとき、山のような借金に夫婦仲、表層的な親子関係など、長く見て見ぬフリをし続けてきたいくつもの家族の問題が吐き出されるように噴出した。

母の存在を中心になんとか回っていた歯車だ。それが前触れもなく動きを止めようとしていることに、家族はみんな気づいていた。だからあのとき、僕たちは結託するより他なかった。ずっと距離感をつかみあぐねていた父と、人間的に合わないと思っていた弟と手を取り合うことで、軋む歯車をなんとか回し続けようとしたのだった。

振り返れば、ひどく類型的で、古い家族の姿だったと思う。※1寡黙な父と、すぐに責任を負いがちな長男である自分、何を考えているかさっぱりつかめないＩ飄々とした弟。そして、いまにも息が詰まりそうで、会話など成立したことのない三人の男の中心でいつもキラキラと笑っていた、太陽のような母。

その太陽がいまにも沈もうとしていたあの時期、次々と難題に直面する僕に寄り添い、頼りになったのはむしろ弟の俊平だった。物事を重く捉えようとしない軽薄さが当時はなぜか頼もしさに転換して、何度俊平に救われたかわからない。

一方の父は一人おろおろし続けた。旧態依然とした家族を作り上げていながら、期待した「俺に任せておけ」といった勇ましい言葉は最後まで聞くことができず、病院代の工面もままならなければ、間断なく迫られる判断も二人の息子に任せきり。呆れる気持ちを押し殺して何かを頼めばそそくさと動くものの、それさえも失敗し、さらに問題を上乗せして帰ってくる。

①それまでかろうじて抱いていた父に対する、あるいは父性といったものに対する僕の幻想はあの頃完全に消え失せた。いや、それこそが②ずっと見て見ぬフリをしてきたことの正体だったのかもしれない。旧態依然を批判する権利は自分にはないのだろう。

それでも、僕はやっぱり父に期待していたかった。

もっと言うなら、父を尊敬していたかった。

大家族の末っ子として育ち、周囲から愛されるのも、手を差し伸べてもらうのも当たり前のように感じている節があり、いつもニコニコ笑っていて、決して敵は作らない。

見た目も悪くないし、小さい頃はクラスの女子に「浩介くんのお父さんって俳優みたいでカッコいいね」と言われ、気分が良くなったこともある。

友だちとしてなら、僕はきっと父を好きになれた。でも、当然ながら「俳優みたいでカッコいい」ことで母を守ることはできないし、家族のピンチは救えない。子どもたちの尊敬は勝ち取れない。

「母のために」という一心で三人のふがいない男が結託し、なんとか「余命」の窮地を脱したあの頃、ほんの一瞬、僕たちの関係に③変化の兆しが見えた気がした。自分の弱さを平然と認められる父を少しだけ許すことができたし、物事と柔軟に向き合える俊平を素直にうらやましいと思えたからだ。

しかし、それは勘違いだった。僕たちは突然投げ込まれたお祭りにただ浮かれていただけだった。祭りが終わったあとは※2元の木阿弥。抗がん剤治療を終え、母が自宅に戻ってきた頃には、すでに息の詰まる関係に戻っていた。

当初告げられた余命は優に乗り越えてくれたものの、母はゆっくりと衰弱していった。計五回にわたって再発した脳腫瘍。四回目の

英語解答

1 問1　good and bad points

問2　3

問3　多くの言語を理解することができるので，従業員が顧客の必要とするものを理解し，顧客を幸せにすることを手助けするから。

問4　3　　問5　4

問6　1…×　2…×　3…○　4…○　5…○

2 問1　4

問2　A…3　B…4　C…4　D…3

問3　3，4　　問4　3

問5　1，3

問6　(例) I have a younger brother. When we eat something good, he always eats the last one. When we do something we want to do, he always does it first. My mother says it is because I am older. It is not fair at all. (44語)

3 1　cheaper for people who want to stay on Sunday to choose Hotel B

2　the total cost with breakfast would be ¥7200

3　the most expensive day is the 11th

4 番号…②　適切な語句…it will be

番号…⑤　適切な語句…working

番号…⑧　適切な語句…excited

番号…⑩　適切な語句…are

1〔長文読解総合―説明文〕

≪全訳≫**1**チャットGPTは，さまざまな分野で人気が高まっているAI言語ツールだ。最近の例には，顧客サービス，医療，教育がある。チャットGPTは，人間の会話を模倣することができる。このことが数多くの議論や討論を喚起している。悪事をはたらくために，ハッカーがこの科学技術を使うと考えている人もいる。この記事では，今日のオンラインの世界でのチャットGPTの良い点と悪い点を見てみよう。チャットGPTには，すばやく効果的な顧客サービスや独自の学習経験を提供するといった，数多くの利点がある。しかし，ほとんどの科学技術には，プライバシーやセキュリティーの問題といった，考えなければならないマイナス面もある。**2**チャットGPTの良い点／チャットGPTを使うことによる主な利点の1つは，独自のサービスを提供できる点だ。AIチャットボットは，すばやく効果的な顧客サービスを一日中自動的に提供できる。チャットボットは，顧客一人ひとりに異なる経験を提供するため，顧客に関するデータを利用できる。これによって，顧客のオンラインでの経験がより良いものとなる。またこれによって，顧客は満足し，自分が望む回答を得るのを待つ時間が短くなる。簡単な質問に答えるためにチャットGPTを使うことが労働の有効性を高めると考えるのは容易だ。例えば，従業員はより重要な業務に集中することができる。また，チャットGPTのようなものを使うことで，事業資金を節約できる。必要な顧客サービスの人員と事業経費を減らせるのだ。**3**さらに，チャットGPTは，数多くの異なる言語で理解をしたりコミュニケーションを取ったりすることができる。これは，世界中の国際的企業の従業員にとって本当に役立つ。数多くの言語を理解できることは，顧客が必要とするものを従業員が理解するのに役立ち，また，従業員が顧客を満足させるのにも役立つ。**4**チャットGPTは，医師や病院で働く人たちにも本当に役立つ。チャットGPTは，ある人の健康，家系，検査結果についてのたくさんの情報を読み取ることができる。そして，短くまとめてくれる。この過程を通じて，医師はどこに異常があるのかが簡単にわかる。学校では，生徒が楽しく学習するのにチャットGPTが役立つ。チャットGPTは友達のように生徒に話しかけ，生徒が物事をよりよく記憶するのを手助けできる。チャットGPTはまた，生徒が学習したことにすばやくフィードバックを行い，即座に生徒を手助けできるのだ。**5**チャットGPTの悪い点／私たちは，チャットGPTのいくつかの問題点についても考える必要がある。第一に，他人をだましたり悪事をはたらいたりするために，ハッカーはチャットGPTを使うことができる。本物のように見える偽物のメールやメッセージをハッカーはつくることができる。人々はこういった偽物のメールやメッセージにだまされて，ハッカーと個人情報を共有してしまったり，悪意のあるソフトウェアをダウンロードしてしまったりすることがある。チャットGPTを使ってつくられるこういったメッセージは，本物のように見えるのだ。たとえ偽物であったとしても，見破るのは難しい。次に，チャットGPTは悪意のあるソフトウェアを自ら作成し，たくさんの人々のコンピューターを攻撃することさえできる。人々がこの攻撃を阻止し，自分たちのコンピューターを守るのは難しいかもしれない。そのため，チャットGPTを使うときに私たちは注意する必要があり，個人情報の共有やチャットGPTからのダウンロードについて注意する必要がある。**6**もう１つ私たちが考える必要があるのは，個人情報を守ることだ。チャットGPTを顧客サービスのために使うとき，他者が個人情報を目にするかもしれない。これには，氏名やメールアドレスのようなものも含まれる。ハッカーはこの情報を盗んだり，銀行口座への不正アクセスのような悪事をはたらこうとしたりするかもしれない。そのため，私たちは自分の情報が安全に守られているのかをしっかりと確認する必要がある。**7**チャットGPTは，私たちが顧客を満足させるのに役立つ，特別なコンピュータープログラムだ。人々に話しかけ，人々が必要とする物を提供するのが本当に得意だ。しかし，チャットGPTはあまりにも難しい物事を理解できないこともある。そういったことが起こったら，本物の人間が手助けする必要がある。このことにより，顧客は不快な経験をするかもしれない。例えば，顧客が望む返答を得るのに時間がかかるかもしれない。また，チャットGPTは人間の気持ちが理解できない。そのため，人々を満足させるのにふさわしいことを言わないこともある。そんなわけで，チャットGPTは人々の気持ちを理解するのに常に最適であるとは限らないのかもしれないのだ。**8**チャットGPTは巧みに手助けしてくれるのだが，人間に教わったことしか知らない。チャットGPTが学習したことが，あまり良いことではなかったり真実ではなかったりする場合には，チャットGPTの回答は正しくないかもしれない。**9**チャットGPTには，良い点と悪い点がある。チャットGPTは，科学技術の世界で評判になっている優れたツールだ。2022年11月に公開されると，たった５日間で100万の人々がそれを使い始めた。チャットGPTは，顧客サービスを改善したり，医師を手助けしたり，学習をおもしろいものにしたりといった，たくさんの有益なことができる。驚くべき発明だ。しかし，使い始める前に，人々や企業は物事の安全性を確保しておくことについて考える必要がある。だまそうとしているハッカーに注意しなければならない。個人情報を守るため，自らの行動にも注意しなければならない。また，チャットボットをつくる人々は，優れた情報を使う必要がある。優れた情報を使うことによって，利用者はチャットボットから正しい回答を得ることができるのだ。

問１＜語句解釈＞下線部の具体的内容は直後の２文に書かれている。直後の文には「チャットGPT

には利点がある」とあり，次の文には「ほとんどの科学技術にはマイナス面もある」とある。本文では第２～４段落でPros「良い点」が，第５～８段落でCons「悪い点」が具体的に説明されており，これが改めて第９段落第１文でまとめられている。

問２＜要旨把握＞チャットGPTの利点の１つとして，第２段落最後から３文目に，「従業員はより重要な業務に集中することができる」とある。したがって，３.「チャットGPTは簡単な質問に答え，労働の有効性を高めることができるので，従業員はより簡単な業務に集中することができる」が当てはまらない。

問３＜要旨把握＞第３段落参照。その第１，２文は，チャットGPTが数多くの異なる言語で理解したりコミュニケーションを取ったりできることが，世界中の国際的企業の従業員にとって本当に役立つという内容になっている。そして，続く第３文にその理由が説明されているので，この文をまとめればよい。

問４＜英文解釈＞下線部に続く２つの文が，下線部の詳しい説明になっている。ここには，友達のように会話できることや記憶を手助けすること，すぐにフィードバックが行えることが書かれているのだから，３.「生徒はチャットGPTとおしゃべりすることができ，また，チャットGPTに学習内容を送るとすぐにフィードバックをもらうことができる」が適切。

問５＜英文解釈＞第５～８段落ではチャットGPTの悪い点が述べられており，その１つとして第６段落で個人情報の保護が挙げられている。４.「私たちが顧客サービスのためにチャットGPTを使うとき，他者が個人情報を入手するかもしれないので，私たちは自分の情報の安全性を確保しておくことに注意しなければならない」が，この段落の内容をよくまとめている。

問６＜内容真偽＞１.「すばやく効果的な顧客サービスを人の手を借りて提供することができるので，チャットGPTはさまざまな分野で人気が高まっている」…×　第２段落第２文参照。automatically「自動的に」とある。　２.「病院でチャットGPTを使うとき，医師は患者の健康，家系，検査結果，気持ちに基づく短い要約を受け取ることができる」…×　第４段落第１～３文および第７段落最後から３文目参照。チャットGPTは人の気持ちがわからない。　３.「チャットGPTは悪意のあるソフトウェアを自ら作成することができ，私たちのコンピューターを攻撃することがあるかもしれないので，私たちはチャットGPTの使用に注意しなければならない」…○　第５段落最後の３文に一致する。　４.「チャットGPTは人々と話をしたり，人々が必要とする物を提供したりするのが得意だが，人々の気持ちを理解するのは得意ではない」…○　第７段落第２文および最後から３文目に一致する。　５.「もしもチャットボットをつくる人々が優れた正しい情報を準備できれば，チャットボットを使う人々は自分たちがする質問に対して正しい回答を集めることができる」…○　第９段落最後の２文に一致する。

２〔**長文読解総合―説明文**〕

≪全訳≫❶「貧困」という言葉は皆さんにとってどんなことを意味するのだろうか。アメリカでは多くの人が，貧困はアフリカと東南アジアの数か国に影響を与えているだけだと思っている。世界の人々の大半は同じような生活をしており，食料不足や空腹を心配してはいないと，彼らは考えている。しかし，貧困についてのこのような考え方は，真実には近くない。実のところ，30億近くの人々が，１日当たり２ドル未満でなんとかやっている。これは，世界の人口のほぼ半分に当たる。世界の子どもたちの半数も貧困を経験している。1000万人を超える５歳未満の子どもたちが，2010年代に貧困が原因で亡くなっている。❷それでは，貧困とはどんな意味なのか。貧困とは，食料，水，医療，教育のような必要不可欠なものを手に入れるだけの資源がないという意味だ。教育を受けられなければ，ほとんどの人は生活を向上させたり，貧困から逃れたりすることを望めない。教育を提供することは，地域社会や国が貧困から抜け出すのを助ける最も重要な方法だ。貧しい人々を助ける最良の方法は食べ物を送ることだと思っている人は多い。しかし，そうすることは，状況を悪化させるかもしれないのだ。なぜだろうか。「魚を与えれば，その人に１日の食事を与えることになるが，魚の釣り方を教えれば，その人に生涯の食事を与えることになる」という中国の古いことわざがある。貧しい人々に食料を提供しても，その食料を食べてしまうまでを助けることにしかならない。彼らは，農業のやり方や食料にする動物の飼い方を学ぶ必要がある。もしも貧しい国の人々に農法の改善の仕方を教えたり，経済発展の手助けをしたり，子どもたちが学ぶ学校建設の支援をしたりすることができれば，彼らの生活は長期間にわたって向上するだろう。これは「持続可能な開発」と呼ばれている。❸それでは，なぜ貧困を経験する地域があるのだろうか。理由はたくさんある。例えば，雨がほとんど降らないため乾燥していたり，教育を受ける機会が限られていたり，悪政であったり，不公平な経済状態にあったりする地域がある。貧困の主な理由が１つある。それは，裕福な人々はさらに裕福になっており，貧しい人々はさらに貧しくなっているということだ。世界で最も裕福な３人が持つ財産の合計は，最も貧しい48か国が持つ財産よりも多いということを知っていただろうか。これは，世界の全ての国のほぼ25％に当たる。多くの国では，数少ない裕福な人々がその国の財産の大半を所有しており，ほとんどの人は貧しい暮らしをしている。これは，特にラテンアメリカで大きな問題となっている。これらの国には中流階級がほぼ存在しない。このような不公平な状況は，貧しい国だけでなくアメリカでも起こっている。アメリカ人のうち最も裕福な10％が，アメリカの財産の33％近くを稼いでいる。このような不公平な状況が進行するにつれ，中流階級の人口が縮小し，貧しい暮らしをする人の数が増えるのだ。❹貧困を是正することは簡単ではないだろう。是正するために踏むべき段階がある。第一に，裕福な国の人々が実情を理解するのを手助けしなければならない。もしも彼らが，世界には貧しい人は多くはなく，その人たちの生活は裕福な人々の生活と同じようなものだと考えているならば，彼らは間違っている。世界の人々のほぼ半数が電話を使ったことさえないと知っていただろうか。次に，貧しい地域社会を良くするため，世界中の思いやりのある人々からのいっそうの協力が必要だ。これには，食料供給のための農業の改善，病気の治療のための医薬品の提供，子どもたちの教育のための新たな教員の訓練が含まれている。皆さんは，私たちが世界の貧困を終わらせるのに役立つ，別の案を思いつけるだろうか。

問１＜語句解釈＞第１段落第２～４文参照。ここでは，アメリカの多くの人の貧困に対する認識が真実に近くないと説明されているので，４．「アメリカの多くの人は，貧しい人々の実情があまりわかっていない」が適切。

問２＜要旨把握＞中国の古いことわざは「魚を与えても１日食べられるだけだが，魚の釣り方を教えれば生涯食べ物に困らない」という意味で，これを貧困に当てはめているのが，第２段落最後から４，３文目である。　「貧しい人々に$_{\mathrm{A}}$<u>食べ物</u>を与えれば，$_{\mathrm{B}}$<u>食べてしまうまでの食事</u>を与えることになるが，貧しい人々に$_{\mathrm{C}}$<u>食べ物のつくり方</u>を教えれば，$_{\mathrm{D}}$<u>生涯</u>の食事を与えることになる」

問３＜文脈把握＞第３段落第３文に「雨がほとんど降らないため乾燥して」とあり，これは，３．

「乾燥した気候のために人々が十分な生活用水を得られない地域がある」に当てはまる。また，第3段落第7文に「数少ない裕福な人々がその国の財産の大半を所有しており，ほとんどの人は貧しい暮らしをしている」とあり，これは4.「少数の裕福な人々がたくさんの財産を所有しているので，ほかの人々は十分なお金を得られない」に当てはまる。

問4＜語句解釈＞貧困是正の具体策は，下線部の次の文以降で説明されている。その1つとして第4段落最後から2文目に，3.「食料の供給を改善し，病気の人々に薬を提供し，子どものためにより良い学校をつくること」と同じ内容が挙げられている。

問5＜内容真偽＞1.「世界の人口のおよそ半数は，おそらく貧困状態にある」…○　第1段落第5，6文に一致する。　2.「本当の貧困は，教育の不足ではなく食料や水の不足という意味だ」…×　第2段落第2文参照。教育は食料や水とともに，「必要不可欠なもの」の例として挙げられている。　3.「貧しい人々に生活の改善方法を教えることは，持続可能な開発を行う方法の1つだ」…○　第2段落最後の2文に一致する。　4.「世界で最も裕福な3か国を合わせると，最も貧しい48か国よりも財産が多い」…×　第3段落第5文参照。「最も裕福な3か国」ではなく，「最も裕福な3人」が正しい。　5.「必要とする人々に食料を与えることは，貧しい人々を助ける最良の手段だ」…×　第2段落最後から2～4文目および第4段落最後から2文目参照。食料を与えることは十分な支援ではなく，食料供給のための農業の改善などが必要だと述べている。

問6＜テーマ作文＞自分が不公平だと感じた出来事を1つ取り上げ，具体的に説明すればよい。解答例は「私には弟がいます。私たちがおいしいものを食べるときには，弟がいつも最後に残ったものを食べます。私たちがやりたいことをするときには，弟がいつも最初にやります。私の方が年上なのだからと，母は言います。これは全然公平ではありません」という意味。

3〔整序結合―表を見て答える問題〕

≪全訳≫ホテル／宿泊日(曜日)／宿泊料金(一泊)／朝食つき／ホテルA／月曜日～木曜日／8000円／金曜日／9000円／土曜日～日曜日／11000円／プラス1000円／ホテルB／月曜日～木曜日／6000円／金曜日／8000円／土曜日～日曜日／9000円／プラス2000円／★8月11日から16日にご宿泊の場合，合計金額に3000円が加算されます。／★8月生まれの場合，合計金額から10％の割引が受けられます。

1．与えられた語句から，日曜日の宿泊で朝食つきにしたとき，どちらのホテルが安いかを計算すればよいとわかる。ホテルAは12000円，ホテルBは11000円となるので，ホテルBの方が安い。また，与えられた語句から，'it is ～ for … to —'「…にとって—することは～だ」の形になると判断できる。it is の後は cheaper で，これに for people が続く。who は'人'を修飾するまとまりをつくる関係代名詞として用いる。関係代名詞 who の後には(助)動詞がくるので，people who want とする。want は want to ～「～したい」の形で使い，want に続く to不定詞には to stay が選べる。これに on Sunday を続け，最後は to choose Hotel B とすると，「朝食つきの場合，日曜日に宿泊したい人にとってはホテルBを選ぶ方がより安い」という文ができる。Hotel A が不要。

2．スケジュール表から，ユウタは火曜日にホテルBに宿泊すると判断できる。8月生まれの場合，合計金額から10％の割引が行われるため，支払いは(宿泊料金￥6000＋朝食￥2000)×0.9＝￥7200となる。ここから，「ユウタが8月生まれなら，朝食つきの合計金額は7200円になるだろう」といった文になると判断できる。the total cost「合計金額」の後に with breakfast「朝食つきの」を置き，would be ¥7200 と続ける。¥8000が不要。

3．1つ目の★から，8月11日から16日に宿泊の場合，合計金額に3000円が加算されることがわかる。また，11日（日曜日）の方が16日（金曜日）よりも料金が高い。これを与えられた語句から，「8月はどちらのホテルも一番高いのは11日だ」といった文になると判断できる。'the＋形容詞の最上級＋名詞' の形を使えばよい。the 16th が不要。

4〔対話文―誤文訂正〕

≪全訳≫❶ジェームズ先生（Mr）：今年は佼成学園にとって記念となる誕生の年なんだ。創立何周年になるか知っているかい？❷ルイ（R）：わかりません。何周年ですか？❸Mr：70周年だよ。1954年9月7日に誕生したんだ。庭野日敬氏が創立し，佼成学園の初代校長になった。彼は平和のために尽力し，テンプルトン賞を日本人で初めて受賞したんだ。テンプルトン賞は「宗教のノーベル平和賞」として知られているよ。❹R：学校説明会に参加したときにそのことを聞きました。そのとき僕は本当にこの学校が気に入って，受験することに決めたんです。佼成学園の生徒であることがとてもうれしいです！❺Mr：おめでとう！　私は2011年から佼成学園に勤務していて，ここでたくさんのことを見てきたよ。2015年には難関国公立コースができて，生徒1人にiPad 1台になった。翌年には，中学でグローバル・リーダー・プロジェクトが始まって，アメリカンフットボール部が第1回全国大会で優勝したんだ。❻R：知っています！　それ以来，アメリカンフットボール部は何度も全国制覇しましたよね！　どんなふうにして，何年もの間そんな強さを保っているんだろうと思っているんです。❼Mr：そうだね。初優勝のときは私も興奮したよ。それから，2021年には，佼成学園は中学と高校にグローバル・コースと呼ばれる新しいコースをつくった。開始からほぼ3年がたっているんだけれど，ずっととても活発だよ。特に高校では，技能を伸ばして賞を受賞するこのコースの生徒がますます増えているんだ。❽R：おもしろいですね。佼成学園は進化し続けていますね！❾Mr：そのとおり！　佼成学園の校訓は行学二道，つまり，「『実践』と『学業』の2つの道で努力せよ」なんだ。「実践」と「学業」は，車の車輪や鳥の翼のようなものだ。成長のためにはどちらも大切で，生徒は成長を遂げるためにベストを尽くす必要があるんだよ。❿R：わかりました。僕も「実践」と「学業」の2つの道で最善の努力をします。高校生活が楽しみです！⓫Mr：がんばって！　健闘を祈っているよ！

<解説>②Do you know に続く部分なので，'疑問詞＋主語＋(助)動詞...' という間接疑問の語順になる。　⑤'have/has been ～ing' の現在完了進行形にする。過去に始まった動作が現在まで続いていることを表し，「ずっと～している」という意味になる。　⑧exciting は「(人を)興奮させる(ような)」という意味であるのに対し，excited は「(人が)興奮して」という意味になる。主語が I なので，excited を用いる。　⑩この be動詞が対応している主語の中心となるのは students という複数名詞であるため，are が正しい。直前にある who belong to the class は，students を修飾する語句である。

数学解答

1 (1) $3x^7y^5$ (2) $(x+y-3)^2$

(3) $x=\frac{2+\sqrt{2}}{2}$，$y=\frac{2-\sqrt{2}}{2}$

(4) $6.035 \leqq a < 6.045$ (5) 19％

(6) $\frac{4}{9}$ (7) 60cm² (8) 44cm³

2 (1) $y=\frac{1}{4}x+\frac{3}{2}$ (2) 3

(3) 1：7：2

3 (1) 8 cm (2) 30°

(3) $8\sqrt{3}+6$cm²

4 (1) ア…3 イ…360 ウ…6 エ…3

オ…$\frac{4}{3}x$ カ…$2x$ キ…6 ク…12

ケ…4 コ…8 サ…20

(2) (例)ケ…1つの頂点に集まる面が3個のとき，$x+x-\frac{3}{2}x=2$ を解くと，$x=4$ コ…1つの頂点に集まる面が4個のとき，$\frac{3}{4}x+x-\frac{3}{2}x=2$ を解くと，$x=8$ サ…1つの頂点に集まる面が5個のとき，$\frac{3}{5}x+x-\frac{3}{2}x=2$ を解くと，$x=20$

1〔独立小問集合題〕

(1)＜式の計算＞与式 $=9x^6y^2 \div \left(-\frac{3x^2y^3}{8}\right) \times \left(-\frac{x^3y^6}{8}\right) = 9x^6y^2 \times \frac{8}{3x^2y^3} \times \frac{x^3y^6}{8} = 3x^7y^5$

(2)＜式の計算―因数分解＞$x+y=A$ とおくと，与式 $=A(A-6)+9=A^2-6A+9=(A-3)^2$ となる。よって，A をもとに戻すと，与式 $=(x+y-3)^2$ となる。

(3)＜連立方程式＞$2x-\sqrt{2}y=3$……①，$\sqrt{2}x+2y=3$……②とする。①×$\sqrt{2}$ より，$2\sqrt{2}x-2y=3\sqrt{2}$……①′とし，①′+②より，$2\sqrt{2}x+\sqrt{2}x=3\sqrt{2}+3$，$3\sqrt{2}x=3\sqrt{2}+3$，$x=\frac{3\sqrt{2}+3}{3\sqrt{2}}=\frac{\sqrt{2}+1}{\sqrt{2}}=\frac{(\sqrt{2}+1)\times\sqrt{2}}{\sqrt{2}\times\sqrt{2}}=\frac{2+\sqrt{2}}{2}$ となる。これを②に代入すると，$\sqrt{2}\times\frac{2+\sqrt{2}}{2}+2y=3$，$\sqrt{2}+1+2y=3$，$2y=2-\sqrt{2}$ より，$y=\frac{2-\sqrt{2}}{2}$ となる。

(4)＜数の性質＞小数第3位を四捨五入するとき，小数第3位の数が5以上の場合は切り上げ，5未満の場合は切り捨てになるから，a の小数第3位を四捨五入して6.04となるとき，a の範囲は，$6.035 \leqq a < 6.045$ となる。

(5)＜一次方程式の応用＞混ぜた食塩水の濃度を x％とする。はじめの8％の食塩水500gに含まれる食塩の量は，$500\times\frac{8}{100}=40$(g)で，100gの水を蒸発させると，食塩水の量は，$500-100=400$(g)となるが，含まれる食塩の量は40gで変わらない。また，混ぜた x％の食塩水50gに含まれる食塩の量は，$50\times\frac{x}{100}=\frac{1}{2}x$(g)と表せ，混ぜてできた食塩水の量は，$400+50=450$(g)，その濃度は11％だから，その中に含まれる食塩の量は，$450\times\frac{11}{100}=\frac{99}{2}$(g)である。よって，食塩の量について，$40+\frac{1}{2}x=\frac{99}{2}$ が成り立ち，両辺を2倍して解くと，$80+x=99$，$x=19$(％)となる。

(6)＜確率―さいころ＞大，中，小それぞれのさいころについて，目の出方は1～6の6通りあるので，3個のさいころの目の出方は，全部で，$6\times6\times6=216$(通り)ある。また，選ばれた点から三角形がつくれるのは，3つの目が全て異なる場合で，それ以外の場合，三角形はできない。3つの目が全て異なる場合，大のさいころの目は１～６の６通りあり，そのそれぞれについて，中のさいころの目は大のさいころの目以外の５通り，小のさいころの目は大，中のさいころの目以外の４通りあるから，３つの目が全て異なる場合，つまり，三角形がつくれる場合の目の出方は，$6\times5\times4=120$（通り）ある。よって，三角形がつくれない場合の目の出方は，$216-120=96$（通り）あるから，求める確率は $\frac{96}{216}=\frac{4}{9}$ となる。

(7)＜**平面図形―面積**＞右図１で，点M，Nはそれぞれ辺AB，ACの中点だから，中点連結定理より，MN∥BC，MN：BC＝1：2である。これより，△GMN∽△GCBだから，MG：GC＝MN：BC＝1：2となる。また，△GMNと△GCNは底辺をそれぞれMG，GCと見ると高さが等しいので，△GMN：△GCN＝MG：GC＝1：2となる。よって，△GCN＝2△GMN＝2×5＝10より，△CMN＝△GMN＋△GCN＝5＋10＝15である。同様に，△CMN：△AMC＝NC：AC＝1：2より，△AMC＝2△CMN＝2×15＝30となり，さらに，△AMC：△ABC＝AM：AB＝1：2だから，△ABC＝2△AMC＝2×30＝60（cm^2）である。

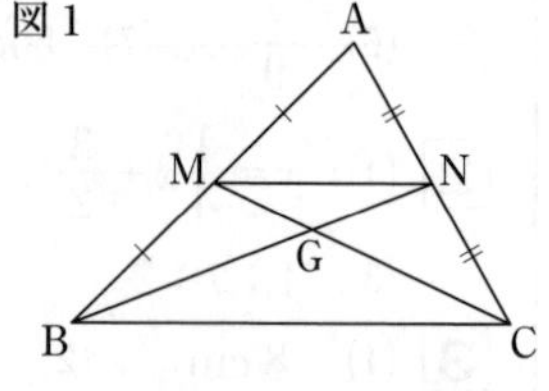

(8)＜**空間図形―体積**＞右図２で，３点P，C，Eを通る平面で切ったときの頂点Fを含む方の立体は，四角錐E-CPDFである。ここで，図２より，∠ACB＝90°なので，∠DFE＝90°となる。これより，〔面ADFC〕⊥FEだから，四角錐E-CPDFにおいて，底面を台形CPDFと見ると高さはFEとなる。〔台形CPDF〕$=\frac{1}{2}\times(\mathrm{CF}+\mathrm{PD})\times\mathrm{DF}=\frac{1}{2}\times(8+8-5)\times4=22$，FE＝6より，〔四角錐E-CPDF〕$=\frac{1}{3}\times22\times6=44$（$\mathrm{cm}^3$）である。

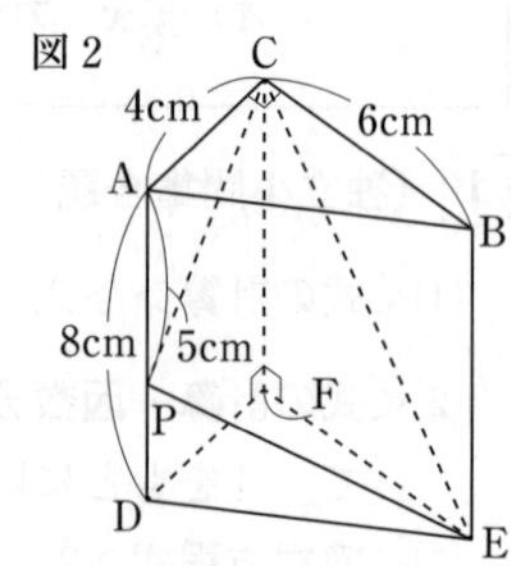

2〔関数―関数 $y=ax^2$ と一次関数のグラフ〕

(1)＜**直線の式**＞右図で，点Pは放物線 $y=\frac{1}{4}x^2$ 上にあり，x 座標が -2 なので，$y=\frac{1}{4}\times(-2)^2=1$ より，P$(-2,\ 1)$である。また，点Rは放物線 $y=\frac{1}{2}x^2$ 上にあり，x 座標が２なので，$y=\frac{1}{2}\times2^2=2$ より，R$(2,\ 2)$である。よって，２点P，Rを通る直線 l の傾きは $\frac{2-1}{2-(-2)}=\frac{1}{4}$ だから，その式を $y=\frac{1}{4}x+b$ とおくと，R$(2,\ 2)$を通るので，$2=\frac{1}{4}\times2+b$，$2=\frac{1}{2}+b$，$b=\frac{3}{2}$ より，直線 l の式は，$y=\frac{1}{4}x+\frac{3}{2}$ となる。

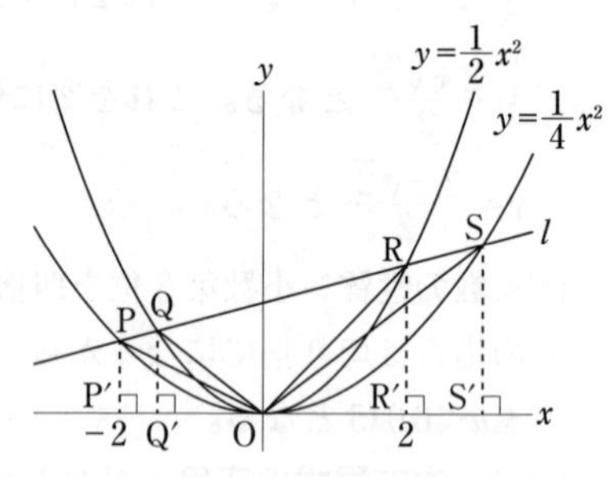

(2)＜**x 座標**＞(1)より，点Sは放物線 $y=\frac{1}{4}x^2$ と直線 $y=\frac{1}{4}x+\frac{3}{2}$ の交点なので，２式から y を消去して，$\frac{1}{4}x^2=\frac{1}{4}x+\frac{3}{2}$，$x^2=x+6$，$x^2-x-6=0$，$(x+2)(x-3)=0$ より，$x=-2$，３となり，$x=-2$ は点Pの x 座標だから，点Sの x 座標は３である。

(3)＜**面積比**＞右上図で，△OPQ，△OQR，△ORSは底辺をそれぞれPQ，QR，RSと見ると，高さが等しいので，△OPQ：△OQR：△ORS＝PQ：QR：RSである。また，点P，Q，R，Sから x 軸にそれぞれ垂線PP′，QQ′，RR′，SS′を引くと，PP′∥QQ′∥RR′∥SS′より，PQ：QR：RS＝P′Q′：

Q′R′：R′S′となる。点Qは放物線$y=\frac{1}{2}x^2$と直線$y=\frac{1}{4}x+\frac{3}{2}$の交点だから，2式から$y$を消去して，$\frac{1}{2}x^2=\frac{1}{4}x+\frac{3}{2}$，$2x^2=x+6$，$2x^2-x-6=0$，解の公式より，$x=\frac{-(-1)\pm\sqrt{(-1)^2-4\times2\times(-6)}}{2\times2}=\frac{1\pm\sqrt{49}}{4}=\frac{1\pm7}{4}$となる。よって，$x=\frac{1+7}{4}=2$，$x=\frac{1-7}{4}=-\frac{3}{2}$となり，$x=2$は点Rの$x$座標なので，点Qの$x$座標は$-\frac{3}{2}$である。したがって，点P，Q，R，Sの$x$座標より，P′Q′：Q′R′：R′S′$=\left\{-\frac{3}{2}-(-2)\right\}:\left\{2-\left(-\frac{3}{2}\right)\right\}:(3-2)=\frac{1}{2}:\frac{7}{2}:1=1:7:2$だから，△OPQ：△OQR：△ORS＝PQ：QR：RS＝P′Q′：Q′R′：R′S′＝1：7：2となる。

3〔平面図形―円と三角形〕

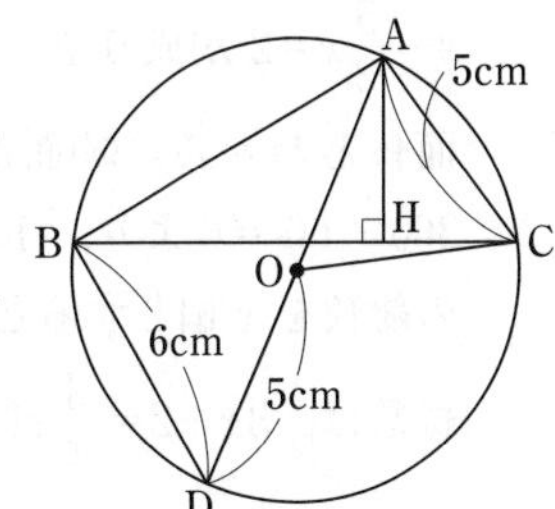

(1)＜**長さ**＞右図で，ADは半径5cmの円Oの直径だから，∠ABD＝90°，AD＝5×2＝10である。よって，△ABDにおいて，三平方の定理より，$AB=\sqrt{AD^2-BD^2}=\sqrt{10^2-6^2}=\sqrt{64}=8$(cm)となる。

(2)＜**角度**＞右図のように，点Oと点Cを結ぶと，OA＝OC＝AC＝5より，△OACは正三角形だから，∠AOC＝60°となる。よって，$\overset{\frown}{AC}$に対する円周角と中心角の関係より，$\angle ABC=\frac{1}{2}\angle AOC=\frac{1}{2}\times60°=30°$である。

(3)＜**面積**＞右上図のように，点Aから辺BCに垂線AHを引くと，△ABHは，∠ABH＝30°，∠AHB＝90°より，AH：AB：BH＝1：2：$\sqrt{3}$の直角三角形だから，$AH=\frac{1}{2}AB=\frac{1}{2}\times8=4$，$BH=\sqrt{3}AH=\sqrt{3}\times4=4\sqrt{3}$である。また，△AHCにおいて，三平方の定理より，$HC=\sqrt{AC^2-AH^2}=\sqrt{5^2-4^2}=\sqrt{9}=3$となる。よって，$BC=BH+HC=4\sqrt{3}+3$より，$\triangle ABC=\frac{1}{2}\times BC\times AH=\frac{1}{2}\times(4\sqrt{3}+3)\times4=8\sqrt{3}+6$(cm²)である。

4〔空間図形―正多面体〕

(1)，(2)＜**正多面体の構成**＞正多面体の1つの頂点に集まる面の数は最低3ア個ないと頂点はつくれない。また，1つの頂点に集まる面の内角を全てたした和が360°になると，1つの平面になってしまうから，それらの和は360°イより小さくなければならない。例えば，正三角形の1つの内角の大きさは60°であるから，360°÷60°＝6より，1つの頂点に6ウ個以上の正三角形が集まると，正多面体にはならない。また，正六角形，正七角形，正八角形，……では，1つの内角の大きさが120°以上になるので，1つの頂点に3個以上集めようとすると，その頂点に集まる面の内角の和が，120°×3＝360°以上となり，立体ができない。したがって，正多面体の面になる正多角形は，正三角形，正方形，正五角形の3種類に限られる。(i)面が正方形である正多面体において，正方形の1つの内角は90°だから，1つの頂点に集まる面が4個以上だと，1つの頂点に集まる面の内角の和が，90°×4＝360°以上となってしまう。よって，1つの頂点に集まる面の数は3エ個だから，正方形の頂点が3個集まって，正多面体の1つの頂点をつくっている。ここで，面の総数をx個とすると，正方形には頂点が4個あるので，x個の正方形の頂点の総数は$4x$個と表せる。正方形が3個集まって正多面体の頂点をつくるから，正多面体の頂点の総数は，$4x\div3=\frac{4}{3}x$オ(個)と表せる。また，x個の正方形の面の辺の総数も$4x$個で，これらが2個ずつ重なって正多面体の辺をつくるから，正多面体の辺の総数は，$4x\div2=2x$カ(個)と表せる。したがって，オイラーの多面体定理，〔頂点の数〕

＋〔面の数〕－〔辺の数〕＝2より，$\frac{4}{3}x+x-2x=2$ が成り立つ。これを解くと，$\frac{1}{3}x=2$，$x=\underline{6}_{キ}$となるので，面が正方形である正多面体は正六面体とわかる。(ii)面が正五角形である正多面体において，正五角形の1つの内角は，$180°\times(5-2)\div5=108°$ より，1つの頂点に集まる面が4個以上だと，1つの頂点に集まる面の内角の和が360°を超えてしまうから，1つの頂点に集まる面の数は3個である。面の総数を x 個とすると，x 個の正五角形の頂点の総数は $5x$ 個と表せ，正五角形が3個集まって正多面体の頂点をつくるから，正多面体の頂点の総数は，$5x\div3=\frac{5}{3}x$(個)と表せる。また，x 個の正五角形の辺の総数も $5x$ 個で，これらが2個ずつ重なって正多面体の辺をつくるから，正多面体の辺の総数は，$5x\div2=\frac{5}{2}x$(個)と表せる。したがって，オイラーの多面体定理より，$\frac{5}{3}x+x-\frac{5}{2}x=2$ が成り立つ。これを解くと，$x=12$ となるので，面が正五角形である正多面体は正$\underline{12}_{ク}$面体とわかる。(iii)面が正三角形である正多面体において，正三角形の1つの内角は60°だから，$360°\div60°=6$ より，1つの頂点に集まる面の数は6個未満で，3個，4個，5個が考えられる。面の総数を x 個とすると，1つの頂点に集まる面が3個のとき，頂点の総数は，$3x\div3=x$(個)，辺の総数は，$3x\div2=\frac{3}{2}x$(個)だから，$x+x-\frac{3}{2}x=2$ が成り立つ。これを解くと，$x=4$ となるから，できる正多面体は正4面体である。1つの頂点に集まる面が4個のとき，頂点の総数は，$3x\div4=\frac{3}{4}x$(個)，辺の総数は，$3x\div2=\frac{3}{2}x$(個)だから，$\frac{3}{4}x+x-\frac{3}{2}x=2$ が成り立つ。これを解くと，$x=8$ となるから，できる正多面体は正8面体である。1つの頂点に集まる面が5個のとき，頂点の総数は，$3x\div5=\frac{3}{5}x$(個)，辺の総数は，$3x\div2=\frac{3}{2}x$(個)だから，$\frac{3}{5}x+x-\frac{3}{2}x=2$ が成り立つ。これを解くと，$x=20$ となるから，できる正多面体は正20面体となる。したがって，面が正三角形である正多面体は，面の総数が少ない順に，正$\underline{4}_{ケ}$面体，正$\underline{8}_{コ}$面体，正$\underline{20}_{サ}$面体となる。

国語解答

一 問一 Ⅰ…イ Ⅱ…ア 問二 エ
問三 ア 問四 ウ 問五 ア
問六 母が人間性を保っているうちに死なせてあげること。(24字)
問七 ウ 問八 イ

二 問一 Ⅰ…エ Ⅱ…イ Ⅲ…ア
問二 ウ 問三 イ 問四 エ
問五 偶有性を避ける傾向は，日本特有の症状だと考えているから。(28字)
問六 イ 問七 イ
問八 (例)僕は学級委員を務めたことがあります。誰も立候補しなかったので思いきってやってみたのですが，やってみるとみんなから頼られるのがうれしくて，仕事に誇りも生まれました。この経験から何事もまずは挑戦することが大切なのだと学びました。

三 問一 a いいけるよう
b むせかえり
問二 Ⅰ…ウ Ⅱ…イ 問三 イ
問四 エ
問五 聖に差し出せる物がなかったから。
問六 ウ

四 ① おお ② ゆる ③ ざんてい
④ こんい ⑤ しもん ⑥ 起伏
⑦ 流浪 ⑧ 湿度 ⑨ 汽笛
⑩ 実施

一〔小説の読解〕出典：早見和真『それからの家族』。

問一＜語句＞Ⅰ.「飄々とした」は，普通とは異なっていて，とらえどころのないさま。 Ⅱ.「口をついた」は，次から次へと自然に言葉が出てくる，という意味。

問二＜文章内容＞母が病気になり，「次々と難題に直面」しているのに，父は「一人おろおろ」するだけで，何かを頼んでも失敗するので，「僕」は父に「父性」を全く認められなくなった。

問三＜文章内容＞父と「僕」と弟の三人は，「ひどく類型的で，古い家族の姿」で，「いまにも息が詰まりそう」な関係を続けて暮らしてきたが，「僕」はそんな「旧態依然」の家族をつくりあげてきた父に「俺に任せておけ」といった「勇ましい言葉」を期待していた。心のどこかで父を「尊敬していたかった」自分に気づいたので，「僕」は，「旧態依然を批判する権利」はないと思ったのである。

問四＜文章内容＞それまでの父と「僕」と弟は，「いまにも息が詰まりそう」な関係にあったが，「母のために」という一心で結託しているうちに，「自分の弱さを平然と認められる父」を許すことができるようになり，「物事と柔軟に向き合える」弟を「うらやましい」と思えるようになった。

問五＜文章内容＞それまでは何もできずに頼りなかった父が，二人の息子に宛てて，話し合いの場を設けたいという内容のメールをよこしてきた。父が自分で予約した中華料理屋で，父の「精悍」な表情を見た「僕」は，父の行動と様子に「変化」を感じた。

問六＜文章内容＞「四回目の治療」を終えて帰宅した母からは「もう元の人間性」が失われていた。父は，「人間性が失われるのがこわい」から「もう治療させたくない」という「僕」の申し出に同意し，少しでも母が「人間性」を保っているうちに死なせてやりたいと思ったのである。

問七＜文章内容＞「元の人間性」を失っている母を，父は「もう少ししっかりしてくれよ」と言ってしかった。弟は，父の中の母が「いまでも明るく溌剌とした」ままでいることに驚いた。

問八＜文章内容＞「僕」は，弟の「あの人にあるのは，いつまでもかわいいお母さんであってほしいっていう願いだけ」という言葉の意味を理解できないでいたが，通夜の晩に号泣している父の姿や，別室から聞こえる「泣き声」を聞いたとき，父がまだ母を深く愛していることを実感した。

二〔論説文の読解―社会学的分野―現代社会〕出典：茂木健一郎『挑戦する脳』。

≪本文の概要≫日本社会の不調が続いているのは，「偶有性忌避症候群」というたった一つの理由に基づいていると考えられる。何が起こるかわからないという偶有性は，私たちの脳を育む大切な要素だが，偶有性から逃げることで，日本人は，成長の機会を奪われている。人生に「正解」があるかのような思い込みをし，その「正解」から外れてしまうことに，日本人は恐怖感を覚える。日本の教育界には「標準化」と「管理」の思想が行き渡っているが，インターネットが発達した偶有性の時代に求められているのは，大量の情報に接し，取捨選択し，自分で行動を決定する能力である。偶有性を受け入れるという世界の動きの中で，日本列島は「偶有性忌避症候群」の中で静止している。偶有性の海に飛び込み，未知の領域に挑戦することでしか，今の苦境から脱することはできないのである。

問一＜接続語＞Ⅰ．他人にも「同じ道を通ること」を求めることが，「挑戦する」という「脳の本質からかけ離れている」ことの例として，日本の子どもたちが小さな頃から「お受験」にかり立てられていることが挙げられる。　Ⅱ．標準化され，「レベル」が「保証された学力の子どもたちを育てること」は，「ものづくり」が「日本における働き手の中心だったころは良かった」が，時代が変わり「インターネットが，グローバルな情報流通の経済を生み出している」時代では，「ものづくり」は「ネットワークと結び付いてその機能を発揮する商品」をつくる「ものづくり2.0」へと進化した。　Ⅲ．インターネットの発達した現代では，「世界中の人々が，国境や文化の違い」を乗り越えて，「ヴァーチャル」に，もしくは，「物理的」にも「大移動し，溶け合おう」としている。

問二＜文章内容＞人間の脳の最も優れた能力は，「何が起こるかわからないという生の偶有性に適応」し，その偶有性から「学ぶこと」にあるのに，日本人は偶有性に「恐怖感」を覚え，「人生の正解」と信じるものだけを追い求めて生きている。

問三＜文章内容＞「インターネットが，グローバルな情報流通の経済」を生み出す「偶有性」の時代に求められるのは「大量の情報に接し，取捨選択し，自らの行動を決定していく能力」や，「異なる文化的バックグラウンドの人たち」と交流し，「コミュニケーションしていく能力」である。

問四＜文章内容＞インターネットの発達した現代では，予測できない「偶有性」を受け入れることが求められているのに，日本の教育現場は「『偶有性』から逃げてばかり」で，「標準化」と「管理」の思想が中心となっているため，子どもたちの「偶有性に適応するための能力」が磨かれていない。

問五＜文章内容＞アメリカでは「社会制度そのものが偶有性の存在を前提に組み立てられ」ており，アジア諸国でも，「偶有性の海に喜んで飛び込んでいく若者たち」がいる。つまり，「偶有性忌避症候群」は，日本特有の症状であるといえる。

問六＜文章内容＞インターネットによって，「国境や文化の違いを乗り越え」ることが可能になり，それまで一部の企業などに固定されていたさまざまな利権はなくなった。そして，偶有性を運ぶインターネットによって，新しい文明や新たな発想が生み出されることとなった。

問七＜要旨＞アメリカでは「偶有性の存在を前提に」社会制度が組み立てられており，アジア諸国でも偶有性を歓迎する若者たちが多い(ア…○)。それに対して日本の教育現場は，「偶有性」を忌避して「標準化」が目指されており，大学でも文部科学省が決めたことを守り，教授たちも「とりたてて文句を言わずに」いる(エ…○)。「ものづくり」が働き手の中心だった時代は，「標準化」された教育でもよかったが，インターネットが発達した現代に求められているのは，偶有性を受け入れたうえでの進化した「ものづくり」である(イ…×)。もともとは他の生命体だったミトコンドリアが，人間の細胞内に共生しているということからも，人間の生命の根本には偶有性があり，その偶有性によって人間の生命も維持されているのである(ウ…○)。

問八＜作文＞予測不能なことに挑戦した経験を思い出し，そのときの気持ちを整理して書く。

三〔**古文の読解─説話**〕出典：『宇治拾遺物語』巻第十二ノ十二。

≪現代語訳≫今ではもう昔の話だが，高忠という人が越前守のときに，きわめて不幸な侍で，夜昼真面目に働いていた者が，冬なのに，帷を着ていた。雪がひどく降る日，この侍は，掃除をするといって(外にいたが)，もののけが取りついたように震えているのを見て，守が，「和歌をよめ。見事に降る雪であることよ」と言うと，この侍は，「何を題にしてよみましょうか」と申すと，「裸であるということを(題にして)よめ」と言うので，間もなく震える声を張りあげてよみ出した。／裸の私の身に降る白雪は，(私の白髪と同様に)いくら振り払っても消えないことよ／とよんだので，守はたいそう褒めて，着ていた衣を脱いで与えた。越前守の妻も(侍を)気の毒に思って，薄(紫)色の衣でたいそう立派なものを与えたところ，(侍は)二つとも受け取り，丸めてたたんで，脇に挟んで立ち去った。侍所に行ったところ，居合わせた侍たちが(衣を)見て，驚き不思議がって尋ねたところ，(侍が語った)事の次第を聞き，皆あきれ感心した。／そしてこの侍は，その後姿が見えなかったので，不思議に思って，守が(人に)探させたところ，北山に尊い聖がいた(とわかった)。(侍は)そこに行って，得た衣を二つとも(聖に)差し出して，言ったことには，「私も年老いてしまいました。身の不幸は，年を重ねるごとにひどくなります。現世の私は役にも立たない身であるようです。せめて後生だけでも何とかして助かりたいと思って，法師になり申し上げようと思っていましたが，戒師に差し上げるべき物がありませんでしたので，今まで過ごしてまいりましたが，このように思いがけぬ物をいただきましたので，このうえなくうれしく思いまして，これを布施として差し上げることにします」と言って，「法師にさせてください」と涙にむせびながら，泣く泣く言ったので，聖はとても尊いことと感じて，(侍を)法師にしてやった。そして(侍は)そこから行方も知らず姿を消してしまった。どこにいるかもわからなくなった。

問一＜歴史的仮名遣い＞歴史的仮名遣いの語頭以外のハ行は，原則として現代仮名遣いでは「わいうえお」になる。また，歴史的仮名遣いの「au」は，原則として現代仮名遣いでは「ou」になるので，「やう」は「よう」と読む。

問二＜古文の内容理解＞Ⅰ.「北の方」は，震えている侍のことを気の毒に思って，立派な「衣」を侍に与えた。　Ⅱ.「侍」は，北山の聖のところへ行き，もらった「衣」を聖に差し出した。

問三＜古文の内容理解＞侍は，雪の日に「帷」を着ていたので，寒くて震えが止まらなかった。

問四＜古文の内容理解＞侍は，役にも立たず，年老いてしまった自分の白髪を降っている雪になぞらえ，守の出した題のとおり見事な和歌をよんだ。その和歌に感心した守は，自分の着ていた「衣」を，脱いで侍にほうびとして与えた。

問五＜古文の内容理解＞侍は，「戒師に奉るべき物」がなかったので，法師になれないままでいた。

問六＜古文の内容理解＞侍は，法師になれないでいたが，よんだ和歌が評価されたことがきっかけで，衣を手に入れ，それを「布施」として納めることができて，法師になれた。

四〔**漢字**〕

①他の訓読みは「くつがえ(す)」。音読みは「覆面」などの「フク」。　②音読みは「緩和」などの「カン」。　③「暫定」は，正式に決定するまで，とりあえず一時的に定めること。　④「懇意」は，親しく交際していること。　⑤「諮問」は，有識者などで構成された機関に意見を求めること。　⑥「起伏」は，高くなったり低くなったりしていること。　⑦「流浪」は，住むところを定めずに，さまよい歩くこと。　⑧「湿度」は，空気中に含まれている水蒸気の度合いのこと。　⑨「汽笛」は，蒸気を噴出することによって鳴らす笛のこと。　⑩「実施」は，実際に行うこと。

2023年度 佼成学園高等学校

【英　語】（50分）〈満点：100点〉

〈編集部注：実物の入試問題では，3のグラフはカラー印刷です。〉

1　次の英文を読み，問いに答えなさい。

When I was in junior high school, I saw an amazing video that my friend put on Facebook. The video was about a man, Robert Mahar. He created a new fruit called "Baniwi." He *put half of a banana and half of a kiwi together and grew it. The outside looked like a banana, and the inside looked like a kiwi. Mr. Mahar said, "it tastes like the best flavors of both fruits."

It was so interesting! After I watched the video, I sent it to my friends. I also bought a banana, a kiwi and tools to make Baniwi. Later, I watched the original video. It was an April Fool's joke! It looked real. When I saw this video, I didn't think that it was *fake. I learned (1)something very important on that day. I thought that it was important to *make sure that the things were real. I also learned that it was dangerous for many people to share videos. (2)Mr. Mahar's video didn't hurt anybody, but some of his videos that share fake information did.

A journalist named Stephanie Busari told a story at a conference. In 2014, a *terrorist group *kidnapped more than 200 school girls in *Nigeria. Globally, the *hashtag #*BringBackOurGirls was used to show support. But in Nigeria, the government thought the kidnapping news was fake, and they didn't help the girls very quickly. In Mrs. Busari's speech, she showed that (3)the problem of fake news in Nigeria was serious. She said, "I think everyone shares some responsibility. We all have shared stories online. We need to think about the things that we share. Is it real? Is it true? Can it hurt anyone? Can it cause violence? We think that sharing stories affects people's lives."

The Yomiuri Newspaper recently had an interesting story about elementary and junior high schools in America. They started teaching students how to deal with the information that students can find online. They have classes that teach students how to learn the difference between real and fake news. I think these classes are good for many students. When people share fake news, sometimes they *violate the law and lose their jobs and money. By taking the classes, students can understand that sharing fake news is very dangerous.

What can we do to stop sharing fake news? First, people using the Internet need to learn about the different types of information that people can get. Some information is real and true, but some information is only for entertainment. There is also information that is *propaganda. The Internet has a lot of good and useful information, but it is easy to accept fake information *by accident. Second, we should try to search for the original sources, even when things are shared by friends. Recent research shows that fake information spreads *farther and faster than real information. We should take care of sharing information. When you find an interesting article on the Internet, please do not share it quickly. You should make sure that the information is true before you share it with your friends. These small actions can make the world better. The truth is important. The truth can help people change the world.

*put ～ together　～をくっつける　　*fake　偽の，嘘の　　*make sure that ～　～を確かめる
*terrorist　テロリストの　　*kidnap ～　～を誘拐する　　*Nigeria　ナイジェリア（西アフリカの国）

＊hashtag　ハッシュタグ　　＊BringBackOurGirls　我々の少女たちを取り戻そう
＊violate ～　～に違反する　　＊propaganda　特定の意図を持った宣伝
＊by accident　偶然に　　＊farther　より遠くに

問1　下線部(1)something very importantとあるが何が重要なのか。適切なものを1つ選び，番号で答えなさい。

1　to check that the things we saw are true
2　to share videos as soon as we watch them
3　to make an April Fool's joke which looks real
4　to buy a banana, a kiwi, and tools to make Baniwi

問2　下線部(2)の内容を説明するものとして適切なものを1つ選び，番号で答えなさい。

1　Mr. Mahar's April Fool's joke made many people unhappy, but some people felt happy.
2　No one was harmed by Mr. Mahar's April Fool's joke, but some of his videos hurt people.
3　People usually felt happy when they watched Mr. Mahar's video, but sometimes they didn't.
4　Some people shared Mr. Mahar's fake video because they understood that Mr. Mahar's video didn't hurt anybody.

問3　下線部(3)the problemとはどのような問題か。本文の内容に即して**40字程度の日本語**で具体的に説明しなさい。なお，句読点も字数に含めます。

問4　最終段落を読み，以下の質問の答えとして適切なものを**2つ**選び，番号で答えなさい。

What are the important things to stop sharing fake news ?

1　To remove fake articles from the Internet.
2　To accept the true information before we share it.
3　To print the real information and give it to friends.
4　To understand that there are many kinds of information.
5　To share the article with your friends soon and think about it.
6　To read the article and consider where the information comes from.

問5　次の文が本文の内容と一致していれば○，一致していなければ×と答えなさい。

1　Although the writer felt that Mahar's video was fake, he tried to make Baniwi.
2　Because the government in Nigeria knew that the information that they got was fake, they did not help the school girls quickly.
3　Fake news and articles are really dangerous, so everyone has a responsibility to find out what they share.
4　The school teachers in America try to find fake news for students.
5　If we make sure that the information is real, the world around us will be better.

2　次の英文を読み，問いに答えなさい。

In the ＊Nigerian Market, market clerks are trying to sell fruits and vegetables quickly. (1)＊Nigeria throws away or loses about 40 percent of the food produced in the country. ＊The World Bank says over 80 million people in the country don't have enough food to eat. This is a big problem.

There is a man trying to solve this problem. His name is Nnaemeka Ikegwuonu, and he has developed a new way to ＊fix the food waste issue. He has designed ＊solar-powered rooms to keep food cool at farms and markets. People named them "ColdHubs."

"Our goal is to reduce food waste by providing this kind of refrigerator at important places to *trade or sell food. In such places, we don't have refrigerators for food often," said Nnaemeka Ikegwuonu, *founder and CEO, ColdHubs.

Farmers and store owners can keep their food cool and fresh for 21 days, and it only costs about 25 cents per day.

"This cold room can hold and cool up to 3 tons of food. It can lower the temperature from about 30 degrees down to 10 degrees. It can keep fruits and vegetables fresh and good for up to 3 weeks in one of these rooms," said Ikegwuonu.

The *UN says that about 10 percent of *greenhouse gasses are caused by food waste. Solving this problem may be a big help in the fight against climate change.

"And by using solar energy, we can stop using *diesel *completely. One usual cold room needs 20 to 30 *liters of diesel every day. If we use only solar energy, we won't need diesel at all," said Ikegwuonu.

He wants the ColdHubs to have good social and environmental effects.

"We have created about 70 new jobs for women. This helps them get the power to make positive changes in their home and in the community," said Ikegwuonu.

Mr. Ikegwuonu lived on a farm when he was a child. He understands that food waste can be a very big problem.

"It is very difficult for Nigerian people working on a small farm to have good lives. It is almost the same as the hard work of climbing *Mt. Kilimanjaro. Climbers have to climb, and farmers have to produce food. If they cannot sell their food, they may lose their *motivation to be a farmer. We want to produce a lot of food, and give it to a lot of people."

"There are now 54 ColdHubs in 22 *states in Nigeria, and we are building more."

"We were able to store 42,042 tons of food in 2020. By using ColdHubs, we were able to sell all of the food without wasting it. Recently, we helped 5,250 farmers and sellers get ColdHubs' services. More people are joining us every day! We want to solve the problem of food waste in Nigeria. If we can grow and develop our technology, maybe we can solve the problem of food waste for all of Africa, too," said Nnaemeka Ikegwuonu.

*Nigerian ナイジェリアの　*Nigeria ナイジェリア(西アフリカの国)　*the World Bank 世界銀行
*fix 改善する　*solar-powered 太陽エネルギーを用いた　*trade 取引する
*founder and CEO 創業者で最高経営責任者　*UN 国連　*greenhouse gas 温室効果ガス
*diesel ディーゼル燃料　*completely 完全に　*liter リットル
*Mt. Kilimanjaro キリマンジャロ山　*motivation モチベーション　*state 州

問1　下線部(1)の原因として適切なものを１つ選び，番号で答えなさい。

1 Fruits and vegetables in Nigeria are not good to store.
2 Most farmers and sellers don't have devices to keep food fresh.
3 The rooms that people use to keep food are too small for all of it.
4 People cannot use enough refrigerators because diesel is expensive.

問2　本文の内容に即して，ColdHubsについての記述として正しいものを**2つ**選び，番号で答えなさい。

1 People can keep fruits and vegetables at lower than 10 degrees in a ColdHubs' room.
2 When people cannot sell some food, they can keep the food fresh for 3 weeks with ColdHubs.
3 ColdHubs are solar-powered and don't use diesel, so people can use them at no cost.

4　By developing ColdHubs, women's situation can get better at home or in their communities.
5　Ikegwuonu and his staff are now making 54 new ColdHubs in some Nigerian states.

問3　Ikegwuonuさんがこれから先の目標にしていることとして適切なものを1つ選び，番号で答えなさい。
1　Women can make ColdHubs by themselves.
2　ColdHubs services can help people in all African countries.
3　All farmers and sellers in Nigeria can have ColdHubs refrigerators.
4　The Nigerian government can sell ColdHubs to other African countries.

問4　本文の内容と一致しているものを**2つ**選び，番号で答えなさい。
1　According to the World Bank, nearly 80 million people in Africa cannot eat enough food.
2　Ikegwuonu thought people needed to have their own refrigerators to solve the food waste problems.
3　According to the UN, ColdHubs may be helpful in the fight against climate change because they can decrease greenhouse gasses.
4　Nigerian farmers get their motivation to produce food by climbing a high mountain such as Mt. Kilimanjaro.
5　By using ColdHubs, people didn't need to throw away more than 42,000 tons of food in 2020.

問5　社会貢献につながる行いとしてあなたが今取り組んでいること，またはこれから取り組んでみたいことを1つあげ，その理由を含めて**50語前後の英文**で説明しなさい。なお，「，」「．」「“ ”」等の記号は語数に含めないこととします。

3　以下は実店舗(brick-and-mortar store)とオンラインショップにおける購入者数を分野(category)別に示し，その店舗を選んだ理由を説明したものです。これらの表を読み取り，以下の1～3の空所内の英語を並べかえなさい。ただし，**それぞれ1つずつ不要な語または句があります**。また，文頭に来る語は大文字に直しなさい。

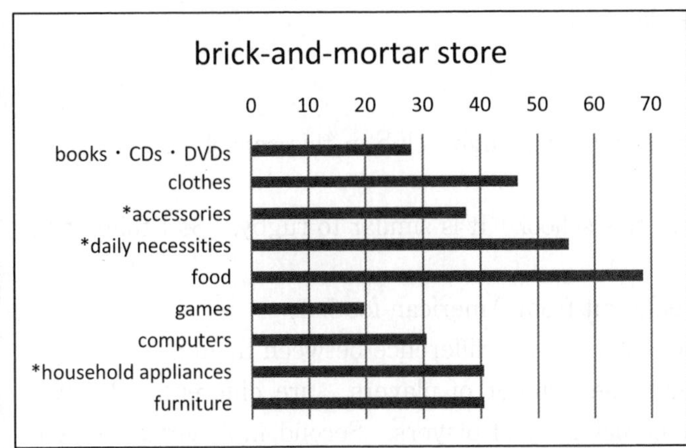

Why do you choose brick-and-mortar stores?
・Talk about the products with clerks
・Check the color or the size of products
・Buy products *on the spot

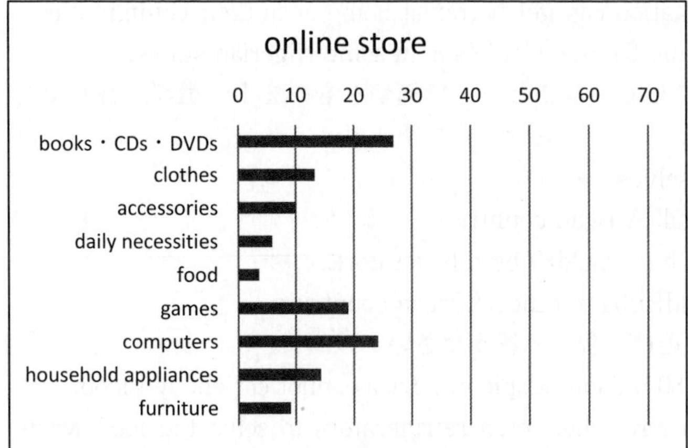

Why do you choose online stores?

・Get products at low prices

・Buy products even at night

・Receive all products at home

＊accessory　アクセサリー
＊daily necessities　日用品
＊household appliance　電化製品
＊on the spot　その場で

1　More people (at / buy products / like / online / brick-and-mortar / stores / to) for all categories.

2　(clothes / food / is / the largest / shows / that / the category) difference between brick-and-mortar stores and online stores.

3　If you have decided (about / to buy / enough information / the products / and / have / need / what), you should use online stores.

4　次の英文は，高校に入学し，これから入る部活動について話しているYutoとKentoの会話です。以下の下線部①～⑫の中には**不適切なものが４つ**含まれています。その番号を指摘し，それぞれ**最も適切な語または句**に書き改めなさい。

Yuto：Today, we will have the introduction of club activities in the afternoon. I didn't ①belong to any clubs, but I wanted to try something new. What club ②are you planning to join?

Kento：I am going to join the rugby club. Actually, I have played rugby ③since I was an elementary school student. So I want ④continue playing it.

After the introduction of club activities

Kento：I was very disappointed because there wasn't a rugby club in this school. I don't know ⑤what club I should try.

Yuto：There is an American football club at this school. It is similar to rugby. So I think it fits you.

Kento：Are you kidding? Rugby is quite different from American football.

Yuto：They look like the same sport to me. What is the difference between them?

Kento：There are a lot of differences. First, the number of players ⑥are different. Rugby is ⑦played by 15 players, and American football is by 11 players. Second, in American football, players must wear ＊protective gear such as ＊shoulder pads and ＊helmets.

Yuto：That's very easy to understand. I know that too. Are there more differences in the rules?

Kento：Well, when you pass the ball in rugby, you can only pass it to players behind you. Throwing a ball ＊ahead of you is against the rules. On the other hand, in American football, you can pass the ball ahead of you, but only once. Also, in rugby, you ⑧don't have to ＊block the players who aren't carrying the ball. Blocking such players is against the rules. But in

American football, you can block any player. That is why you must wear protective gear. There are a lot of differences such as *regulation time or the balls ⑨using in the games. Anyway, rugby and American football are quite different.

Yuto : I see. American football seems ⑩more interesting than rugby. I have not ⑪played it yet, but I think I'll *give it a try.

Kento : That's a nice idea. It will be good ⑫for me to try something new at a new school. Let's try together!

＊protective gear　防具　＊shoulder pad　ショルダーパッド　＊helmet　ヘルメット
＊ahead of ～　～の前方の　＊block　ブロックする　＊regulation time　試合時間
＊give it a try　やってみる

【数　学】（50分）〈満点：100点〉

（注意）　1．2～4は答えが出るまでの過程もしっかり書きなさい。

　　　　　2．円周率はすべてπを使用しなさい。

1　次の各問いに答えなさい。

(1)　$(\sqrt{55}+\sqrt{35})(\sqrt{77}-7)$ を計算しなさい。

(2)　次の２次方程式を解きなさい。
　$x(-4x+6)=x(-x-4)$

(3)　２つの数x，yに対して，$x◎y=x^2-xy+y^2$と定める。
　このとき，３◎（２◎１）を求めなさい。

(4)　ある中学校の生徒総数は，男女あわせて昨年度は850人でした。昨年度に比べて男子は８％減り，女子は６％増えたため，今年度の生徒総数は838人になりました。
　今年度の男子と女子の生徒数は，それぞれ何人ずつか求めなさい。

(5)　１枚のコインを３回投げる。表が出たときは200円もらえ，裏が出たときは100円払うゲームをするとき，ゲーム開始時と所持金が変わらない確率を求めなさい。

(6)　下の図１において，xの値を求めなさい。ただし，点Oは円の中心である。

(7)　下の図２において，AB//EF//CDであるとき，線分EFの長さを求めなさい。

図１

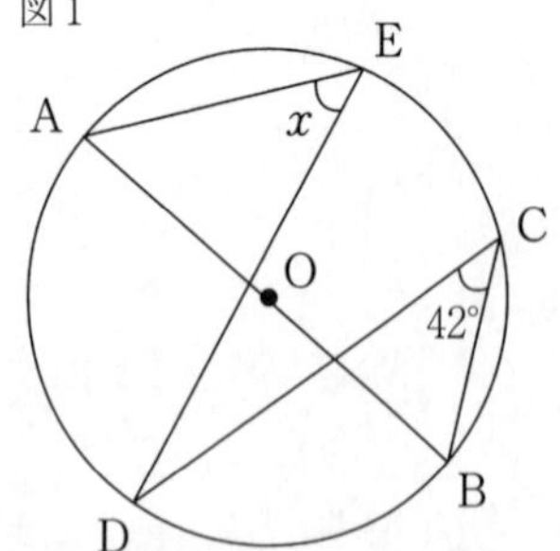

図２

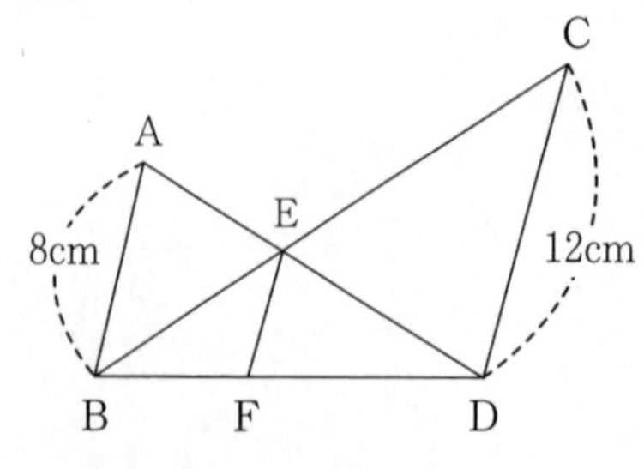

図３

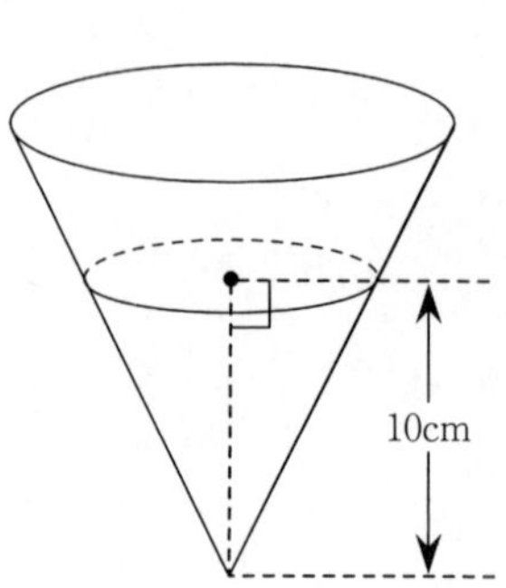

(8)　右の図３のような円錐の容器に250cm³の水を入れたところ，水面の高さは10cmになりました。
　水面をさらに２cm高くするためには，何cm³の水を加えればよいか求めなさい。

2　右の図のように，放物線$y=x^2$上にx座標が-4である点Aをとる。また，放物線$y=x^2$上を動く点Pをとり，点Pのx座標をt（$t>0$）とする。
　線分APとy軸との交点をQとするとき，次の問いに答えなさい。

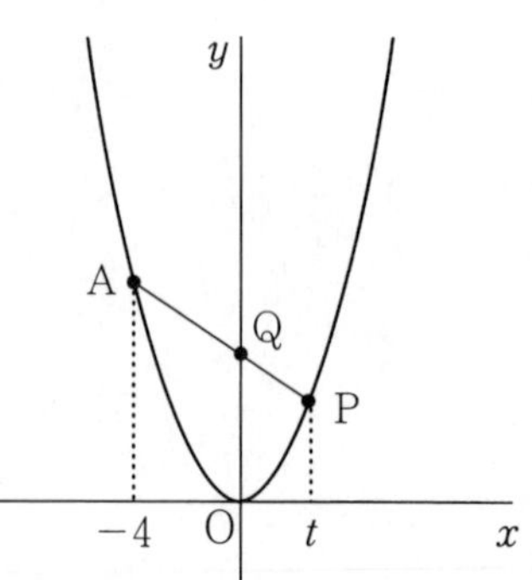

(1)　直線APの傾きをtを用いて表しなさい。

(2)　点Qのy座標をtを用いて表しなさい。

(3)　△POQの面積が30のとき，tの値を求めなさい。

(4)　(3)のとき，△AOQをy軸の周りに１回転させてできる立体の体積を求めなさい。

3 太郎君と次郎君は次の問題について話をしている。会話を読み，以下の問いに答えなさい。

> 問題
> (A) 2乗しても下1桁の数が変わらない2桁の自然数Nの個数を求めなさい。
> (B) 2乗しても下2桁の数が変わらない2桁の自然数Mを求めなさい。

太郎：自然数Nは2桁の数なんだよね。十の位の数をa，一の位の数をbとしてN^2をaとbを用いて表すと，$N^2=$ [　ア　] となるね。

次郎：(A)については，2乗しても一の位の数が変わらないということだから，$b=0$，1，5，6ということが分かるよね。十の位の数についても考えるとNの個数は [　イ　] 個であると分かるね。

太郎：(A)のように下1桁の数が変わらないだけなら分かるんだけど，(B)のように下2桁の数が変わらないのは難しいなあ。どうすれば良いんだろう。

次郎：Mの十の位の数をa，一の位の数をbとして，bの値を先に決めて，そのあとaの値の条件を考えてみようよ！ 下2桁の数が変わらないことから，$b=0$，1，5，6になるのは分かるよね？

太郎：なるほど。まず，$b=5$のときを考えてみるよ。(A)のように式を立てると$M^2=100a^2+100a+25$となるね。このときの下2桁の数は必ず25になることが分かるから，$M=$ [　ウ　] は2乗しても下2桁の数が変わらない2桁の自然数と言っていいね！ あと，$b=0$のときは$M^2=100a^2$だから下2桁の数が00になるけど，このような2桁の自然数はないから，Mの一の位の数は0ではないと分かるね！

次郎：次に，$b=1$のときは$M^2=$ [　エ　] となるね。ここで下2桁の数が変わらないということは，$a \leqq 4$のときはaについての等式 [　オ　] が成り立てば良いよね。さらに，$a \geqq 5$のときはaについての等式 [　カ　] が成り立てば良いよね。でも，この等式を解くとどちらの場合もaの値の条件にあわないから，Mの一の位の数は1ではないと分かるね！

太郎：なるほど！ 最後に$b=6$のときを考えてみるね。①いま次郎君に教えてもらったように，aの値で場合分けして等式を作って考えてみるよ！

(1) 空欄 [ア] ～ [カ] にあてはまる数や式を答えなさい。

(2) 波線部①について，一の位の数が6で，2乗しても下2桁の数が変わらない2桁の自然数Mを求めなさい。

4 右の図のようなAB＝AC＝6，BC＝4の△ABCがある。辺BC上にBD：DC＝3：1となるように点Dをとり，線分ADを折り目として平面ABDと平面ACDが垂直となるように折り曲げる。

このとき，4点を結んでできる四面体ABCDについて，次の問いに答えなさい。

(1) 辺ADの長さを求めなさい。

(2) △ABDの面積を求めなさい。

(3) 四面体ABCDの体積を求めなさい。

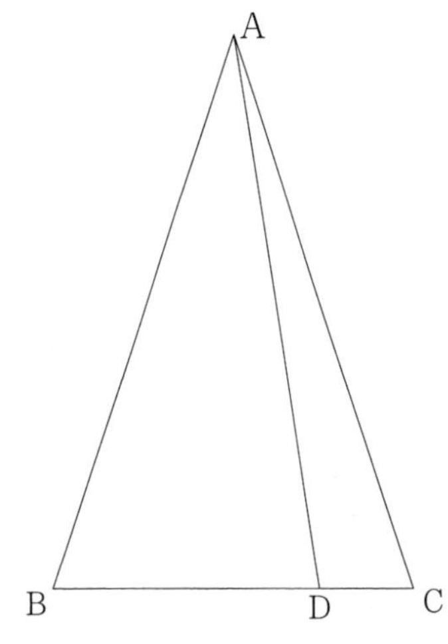

が、このとき笑っていた人々が気まずい思いをしたのはなぜですか。その理由として最も適当なものを次の中から選び、記号で答えなさい。

ア　自分たちが地頭の愚かさを公衆の面前で笑いものにしたところ、その意地の悪さを泰時にとがめられたから。

イ　自分たちは地頭の言動を笑ってしまったが、泰時は涙を流して地頭のことを賞賛していたから。

ウ　自分たちは泰時にほめられて涙ぐんでいる地頭の気持ちを理解することができず、見下していたから。

エ　自分たちは地頭の言動の過ちに気づいたが、泰時はまだその過ちに気づいていないようだったから。

問五　傍線部③「これこそ、負けたればこそ勝ちたれの風情なれ」とありますが、この話の中で「負けたからこそ勝った」とは、どのようなことを指していますか。三十五字以内で答えなさい。

問六　筆者がこの話を通して言おうとしていることは何ですか。最も適当な部分を文中から二十字以内で抜き出して答えなさい。

四　次の――線部について、漢字をひらがなに、カタカナを漢字に直しなさい。

① 気持ちが高揚する。
② 事実が誇張されて伝わる。
③ 自然の恵みを享受する。
④ 柔軟な発想。
⑤ 趣向を凝らす。
⑥ 新たな市場をカイタクする。
⑦ 事態のスイイを見守る。
⑧ オンケンな思想の持ち主。
⑨ 賃金の格差をゼセイする。
⑩ 飛躍的な進歩をトげる。

三　次の文章を読み、後の問いに答えなさい。

※1下総国に御家人ありけり。※2領家の代官と相論する事あって（訴訟することがあって）、度々問答しけれども、事ゆかずして（らちがあかず）、鎌倉にて対決しけり（鎌倉幕府で裁判を行った）。泰時、御代官の時なりけるに（北条泰時が執権の時代だったが）、※3地頭、領家の代官と重々問答して、領家の方に肝心の道理（領家の代官が筋道の通った重要な点）を申し述べたりける時、地頭手をはたと打ちて、泰時の方へ向きて、「あら負けや」（ああ負けたなあ）とⅠいひたりけるを、座席の人々一同に、「は」と咲ひける時（笑ったけれども）、①泰時うちうなづきて、「いみじく（みごとに）負け給ひぬる物かな。泰時御代官として年久しく、かくの如く成敗仕るに（このように問答を裁決してまいりましたが）、『aあはれ負けぬる物を』（「ああ負けたなあ」と聞こえた人でも）と聞く人も、叶はぬ物bゆゑに（自分の主張が通らないと）、一言も陳じ申す事にて（釈明を申し立てるもので）、よそよりこそ負けに落とさるれ（周囲から負けにされることはあるが）、我と負けたる人いまだ承らず。前の問答は、互ひにさもと聞えき（もっともなことだと）。今領家の御代官の申さるる所肝心と聞ゆるに、陳情（反論することもなく）なく負け給ひぬる事、返す返すいみじく聞え候ふ。正直の人にておはするにこそ（正直な人でおられるので）」とて、涙ぐみて讃められければ、②咲ひつる人々もにがりてぞ見えける（気まずくなったように見えた）。さて領家の代官、「日ごろの道理を聞きほどき給ひ、ことさらのひが事にはなかりけり（特別に道理に外れたことをしていたわけではなかったのですね）」とて、六年が※4未進の物、三年をばⅡ許してけり。情けありける人なり。③これこそ、負けたればこそ勝ちたれ（負けたからこそ勝った）の風情なれ。

されば、人は物の道理を知り、正直なるべき物なり。失（過ち）を犯しても、物の道理を知りて我がひが事（間違い）と思ひて、正直に失を顕はし恐れ慎めば、その失許さるるなり。失とも思はず、隠し、そら事（うそを言って）をもてあやまらぬ由をいふは、いよいよ失も重し。

（『沙石集』より）

※1　下総国…現在の千葉県北部に当たる地方。
※2　領家の代官…荘園領主に代わって年貢の管理などの仕事をしていた者。
※3　地頭…鎌倉幕府によって荘園に配置された御家人のこと。一行目の下総国の御家人と同一人物。領家の代官に年貢の一部を納めることになっていた。しかし取り決め通りに年貢を納めないこともあり、しばしば領家方との間で争いが起こっていた。
※4　未進…未納のこと。

問一　二重傍線部a「あはれ」、b「ゆゑ」の読みをそれぞれ現代かなづかいで答えなさい。

問二　波線部Ⅰ「いひ」、Ⅱ「許し」は誰の動作を表していますか。次の中からそれぞれ選び、記号で答えなさい。

ア　領家の代官　　イ　泰時
ウ　地頭　　エ　座席の人々

問三　傍線部①「泰時うちうなづきて」とありますが、このとき泰時がうなずいたのはなぜですか。その理由として最も適当なものを次の中から選び、記号で答えなさい。

ア　周りの人々から笑われても、地頭は態度を変えなかったから。
イ　地頭が幕府の下した判決に素直に従ったから。
ウ　地頭が反論することもなく、自らの負けを潔く認めたから。
エ　自分の思っていた通りに問答が決着したから。

問四　傍線部②「咲ひつる人々もにがりてぞ見えける」とあります

ア　人間と自然は対立する存在としてあるのではなく、人間は自然の一部として生きていく存在だと考えること。
イ　自分たち人間が管理する自然環境の保全に責任を持ち、あらゆる環境問題に対して当事者意識を持つようになっていくこと。
ウ　自分たち人間には理解できないものはなく、自然界のすべては科学的に説明することができると考えること。
エ　人間の興味や関心に従い、自然界のすべての現象を自分たちの研究の対象として捉えること。

問四　傍線部③「漠然とした不安の感情を行き渡らせてきた」とありますが、それはなぜですか。その理由として最も適当なものを次の中から選び、記号で答えなさい。
ア　高度な知能を持つ新技術に知的活動の機会を奪われ、偶然性を伴っていた人間本来の在り方まで操作されるようになったことで、人間の尊厳が冒されるように感じるから。
イ　新しい技術が人間の日常生活を快適なものにつくり変えていくことには満足しつつも、生殖や出生の場に遺伝子操作が介入することには倫理的な違和感を抱くから。
ウ　人間には操作不可能だったことを可能にする新しい技術の登場によって、人間が遺伝子テクノロジーなどの高度な知的活動の分野において役割を失いつつある事態を懸念するから。
エ　人工知能が普及することで社会の変化が引き起こされ、従来の価値観が根本から揺らいでしまう可能性に自分以外の誰も気がついていないから。

問五　傍線部④「私たちはいま、常識に引き戻されたのです」とありますが、ここで言う「常識」とはどのようなことですか。三十字以内で説明しなさい。

問六　傍線部⑤「この考え方は真実ではありません」とありますが、なぜ筆者はこのように述べているのですか。最も適当なものを次の中から選び、記号で答えなさい。
ア　科学技術が社会の要請に応じて変化するのではなく、科学技術の発展に対応するように社会が変わっていくから。
イ　科学技術によって社会を変えるのではなく、人間一人一人の意識によって社会を変えることが大事だから。
ウ　科学技術の発展が社会のあり方を決定するのではなく、社会のあり方が科学技術の発展の方向性を決定づけているから。
エ　科学技術の発展によって人間の立場が脅かされるのではなく、社会の必要に従って人間が科学技術を利用しているだけだから。

問七　傍線部⑥「『ポスト・ヒューマン』なる観念が、資本主義の過剰なまでの高度化の産物だということは明らかである」とありますが、筆者がそのように考えるのはなぜですか。最も適当なものを次の中から選び、記号で答えなさい。
ア　科学技術が発達することで資本主義社会の生産性も高まり、人々は過度な競争を強いられることによって人間らしさを失ってしまうようになったから。
イ　資本主義社会のなかで人々がより高度な生産性を求めてきた結果、進化した科学技術は人間の力をはるかに超えるようになり、暴走し始めるようになったから。
ウ　科学技術は万能であるという錯覚から資本主義社会は常識的な判断を失い、人間は欲望の赴くままに誤った方向へと突き進んでいくようになったから。
エ　資本主義社会では生産力を向上させることが絶えず求められるので、その実現のために科学技術は際限なく進化し、社会の中心的な存在であるかのようになったから。

問八　波線部「新型コロナウイルスの大流行によって、私たちは大いなる気づきの機会を与えられたと言うべきではないでしょうか」とありますが、あなたは「コロナ禍」を通してどのようなことに気がつくことができましたか。具体的な経験を挙げながら答えなさい。

く上げ続けなければならないメカニズムが、ビルトインされているからです。

　ですから、より高度な生産性の実現を求めて、技術革新もここでは際限のないものとなり、それがもたらす社会の変化も間断なきものとなります。しかし、こうして技術革新が社会の在り方を変え続けているように見えるけれども、本当のところは、そうした絶えざる革新を求めているのはその社会の在り方の根本（すなわち、資本主義社会であるという社会の在り方）なのですから、その根本が際限なく強化され続けているだけのことなのです。あらゆるものが変化しているように見えて実は何も変わってはいません。

　このように考えてみると⑥「ポスト・ヒューマン」なる観念が、資本主義の過剰なまでの高度化の産物だということは明らかであるように思われます。端的に言って、それは人間とその社会を技術に※4隷属させる非常識な考え方であり、その非常識を現代人の逃れられない宿命として押しつけてくるのです。

　してみると、新型コロナウイルスの大流行によって、私たちは大いなる気づきの機会を与えられたと言うべきではないでしょうか。感染症のメカニズムについて、また私たち自身の免疫系のメカニズムについて、人類がまだ知らないことは山ほどあるのです。そしておそらくは、私たちがそれについてまだ知らないということさえ知らないことも、数知れずあるに違いないのです。「自然の他者性」は、強烈なインパクトを伴いながら、私たちの許に返ってきました。私たちの社会が、人類の福祉と幸福のために、どのような知識や技術を発展させるべきなのかということが、あらためて問われているのです。

（白井　聡「技術と社会――考えるきっかけとしての新型コロナ危機」晶文社より）

＊本文は設問の都合上、一部表記を改めてあります。

※1　繰り返しますが…これより前の部分でも、筆者は感染症に対する人類の知識が限定的なものであることについて指摘している。

※2　GDP…「国内総生産」のこと。その国の経済力の目安として用いられる。

※3　衆愚制…自覚のない無知な大衆によってかたちづくられる社会の仕組み。

※4　隷属…他の支配を受けて、その言いなりになること。

問一　（Ⅰ）～（Ⅲ）に当てはまる言葉として最も適当なものを次の中からそれぞれ選び、記号で答えなさい。

ア　もちろん　　イ　しかし
ウ　つまり　　エ　むしろ

問二　傍線部①「学問の世界では『ポスト・ヒューマン』という概念・言葉がキーワードになってきていました」とありますが、それはなぜですか。その理由として最も適当なものを次の中から選び、記号で答えなさい。

ア　近代においては人間のつくり出した科学技術が評価されてきたが、現代ではその科学技術をつくり出した人間の方が評価されるようになってきたから。

イ　近代では人間が扱う科学技術によって自然の真理は解明できると考えられてきたが、現代では科学技術によって説明できない問題もあり、人間の万能性は疑わしくなってきたから。

ウ　近代では神が世界の中心を担ってきたが、現代では科学技術の発達によって神の影響力が失われ、人間が世界の中心であると信じられるようになってきたから。

エ　近代においては人間が科学技術を制御し利用してきたが、現代では科学技術が人間を超える力を持つと考えられるようになってきたから。

問三　傍線部②「『ポスト・ヒューマン』とは、『他者としての自然』が消滅した状況を指している」とありますが、他者としての自然が消滅するとはどういうことですか。最も適当なものを次の中から選び、記号で答えなさい。

が正しかったのかどうかもよくわかりません。仮に新型コロナの致死率がそれほど上がらないならば、経済縮小のために自殺に追い込まれる人の方が多くなってしまうかもしれません。もしそうならば、活動の縮小などしない方が正解だったということになります（現にスウェーデンはそのような判断を下して実行しています）。ですが、私たちは、あまりにもわからないことが多すぎて、「仮に」とか「もしも」とかいったかたちでしか考えられないのです。また、致死率を予測することもできなければ、ロックダウンがもたらす経済的苦境による自殺者の数も予測困難です。いわんや、それらを比較することなどできるはずがありません。後遺症の重症度や発生率もまだわかっていません。安全なワクチンができるかどうかも、まだわかりません。本当にわからないこと尽くしです。

こうした現実は、「私たちは自然を征服した」という「ポスト・ヒューマン」の観念を吹き飛ばすに十分なものではないでしょうか。AIが人間の思考を無用のものとする日を想像するよりも、ウイルスの変異メカニズムや、新型コロナウイルスをきわめて危険な感染症としている理由であるところの人間の免疫系の過剰反応（サイトカインストーム）の発生メカニズムを解明することの方が、はるかに重大な課題であることは言うまでもないでしょう。

もっと言えば、新型コロナによる危機が訪れる前、私たちはなぜ、「科学技術による自然の征服」という妄想にとり憑(つ)かれていたのか、立ち止まって考えてみるべきではないでしょうか。④私たちはいま、常識に引き戻されたのです。

技術の発展は社会の在り方をどんどん変えてゆく、すなわち社会の在り方はその社会の持つ技術によって決定される、という考え方は「技術決定論」と呼ばれます。新聞記事などでよく見かける「AIの進化によって社会は激変する！」といった考えは、典型的な技術決定論です。技術決定論は、技術を独立変数として設定し、社会の在り方をその関数としてとらえます。そして、技術は進化し続けるものと想定されます。ですから、「ポスト・ヒューマン」の観念も技術決定論の一種、そのかなり極端なヴァージョンであると言えるでしょう。技術は進化し続けて、人間に成り代わって世界の中心になると言うのですから。

しかし、⑤この考え方は真実ではありません。なぜなら、社会はその時々に利用可能な技術をすべて利用するわけではないからです。例えば、日本の江戸時代には、正確に時を刻むことのできる時計がすでにありました。（Ⅱ）それは広く使われることはなく、好事家(こうずか)の珍しい玩具として流通しただけでした。なぜなら、江戸時代の人々は、正確な時間を知る必要のある生活を送っていなかったからです。工業社会化しない限り、分単位の正確な時間を知ることなど全く必要ではないのです。

つまり、利用可能な技術のうち、どの技術が用いられ、どの技術が用いられないかを決めているのは、その社会の在り方なのです。このことは、技術の発展にも当てはまります。どんな技術が盛んに発展し、どんな技術が発展しないのかを決めているのは、技術そのものではなくて、その技術を利用する社会の在り方なのです。技術決定論の主張とは逆に、社会の在り方が独立変数であり、技術はその関数なのです。

（Ⅲ）、技術が社会の在り方に影響することは多々ありますが、それはその社会の中にすでに存在していたもの、すでに存在している傾向に刺激を与え増幅させる、ということにすぎません。身近な例を挙げるなら、SNSは※3衆愚制を生み出すのではなくて、衆愚制を活気づけ拡大するのです。

技術と社会のこうした関係が転倒して、技術が社会の在り方を決定しているように見えるのは、まさに社会が現実をそのように見せるような在り方をしているからです。そしてそれは、資本主義社会に特有の現象であると考えられます。というのは、資本主義社会では生産力を絶えず向上させることが至上命令になっているからです。「もう十分」とか「ほどほどにしておこう」といった常識に基づく判断は、資本主義社会では通用しません。生産力・生産性を際限なての人間」に対する態度が変わってきた、ということです。それは、自然物としての人間に対して手を入れる技術が飛躍的に発展してきたことと関係しています。臓器移植、遺伝子治療、遺伝子操作、脳科学による脳の操作等々、「生命の神秘」にかかわる領域の操作可能性が大幅に高まってきたのです。

これらの新しい技術発展による人間の身体に対する操作可能性は、近代社会が約束事として合意してきた「人間とは何か」という定義とぶつかり、その定義によって支えられてきた社会的ルールを揺るがせ、倫理的な葛藤を生じさせることになります。

例えば、「人間には理性がある（ゆえに、善悪の判断ができ、したがって罪を犯したときには責任を問われる）」という定義は、脳科学の使い方次第で変更可能になります。あるいは、人間の生殖・出生は操作できないからこそ、一人一人の人間の人としての価値には区別をつけられず、したがってあらゆる人間に対して等しく人権が認められるべきだという考えが通用してきたと思われますが、遺伝子操作によって生殖・出生に介入できるとなると、この考えが揺らいでくることにもなるはずです。どんな子供が生まれてくるかは偶然に委ねるほかないという意味で、生殖・出生はまさに強固な他者性を有していたはずなのですが、それが消滅しつつあるのです。いずれのケースも、ある人々を「非人間」と認定して社会から排除する（あるいは生まれさせない）ような状況が生じてくる可能性を示唆しています。

総じて言えば、ＡＩをめぐる狂騒、遺伝子テクノロジーをめぐる狂騒といった、喧伝されてきた「外なる自然の征服」と「内なる自然の征服」のプロジェクトは、新技術によって「より便利で安全で快適な暮らし」が可能になることを夢見させつつ、私たちの懐いてきた人間の定義をグラグラと揺るがせるがゆえに、③漠然とした不安の感情を行き渡らせてきたように思われます。

私の考えでは、新型コロナによる危機が吹き飛ばしたのは、こうした「人間の開発した技術は世界の謎を解明し尽くして、思うがままに自然を改変することができる」といった観念ではなかったでしょうか。※1繰り返しますが、感染症に対する人類の知識が限られていることには、驚きを禁じ得ません。新型コロナ危機に促されて、私も専門家が書いた本を読むなど感染症に関するにわか勉強を少々してみましたが、そこですぐにわかったことは、「感染症というものはよくわからないものだ」ということでした。

人類が意図的な努力によって撲滅できた感染症は天然痘ただ一つにすぎず、ペスト、エイズ、結核、エボラ等々の多様な感染症の問題は、画期的な薬やワクチンの開発によってその被害を食い止めることができるようになったものも多いとはいえ、根本的には何ら解決されていないのです。気が遠くなるほどの長い歳月にわたって、多くの優れた知性が時に自らの命を危険にさらしながら感染症の脅威と戦い、その正体を見極めようと努力を重ねてきたにもかかわらず、いまだにわからないことだらけで、ある感染症の流行が収束した理由もよくわからないものがほとんどなのです。例えば、約１００年前に起こったインフルエンザのパンデミック、いわゆるスペイン風邪（１９１８～１９２０年）は、全世界で１７００万人から５０００万人もの命を奪ったと見られますが、これが収まったのも集団免疫の獲得によってであろうということまではわかっていますが、なぜそのタイミングで、どのようにして収束したのか、またウイルスの起源も、いまだわかっていません。

そして、今回の新型コロナウイルスの登場です。いま世界中の専門家がこのウイルスの研究に取り組んでいますが、一筋縄ではいきません。なにせウイルスは次々と変異し、強毒化することもあれば、弱毒化することもあります。ですから、対処として何が正解であるのかも一概には言えません。ロックダウンのために、欧米では※2ＧＤＰが30％以上も下落しました。日本のＧＤＰも30％近い下落をマークしました。それほどまでに私たちは活動を縮小させて新型コロナウイルスに打ち克とうとしてきたわけですが、このやり方

問七　傍線部⑥「私なりに釣り合いがよいと感じられるある種の取り引きのようなものだった」とありますが、これはどういうことですか。最も適当なものを次の中から選び、記号で答えなさい。

ア　自分だけが知っている秘密をヒロオに差し出すことで、謝ることすらできていない自分の罪を許してもらおうということ。

イ　ヒロオを魅力的な緑の洞窟に連れて行くことで、失ってしまったヒロオからの信頼を取り戻そうということ。

ウ　とっておきの場所にヒロオを連れて行くことで、心から申し訳なく思っている気持ちを伝えようということ。

エ　神秘的な緑の洞窟の存在をヒロオに教えることで、ヒロオは過去のわだかまりを捨ててくれるだろうということ。

問八　傍線部⑦「私は目を覚ましたとき、自分が弟になったのだと思った。死んだのは弟ではなく、前の私なのだ」とありますが、このときの「私」の心情の説明として最も適当なものを次の中から選び、記号で答えなさい。

ア　ヒロオは自分のことを慕ってくれていたのに、自分は弟を疎ましく思って大切にできなかったことを後悔している。

イ　幼くして亡くなったヒロオの無念を思い、これからは弟の分まで明るく生きていこうと考えている。

ウ　ヒロオとの約束を不意に思い出し、楽しみにしていたキャンプに行けないまま亡くなった弟の不幸に胸を痛めている。

エ　どこかでヒロオのことを妬んでいた過去の自分と決別し、弟と一緒に新たな自分になっていくことを予感している。

二

次の文章を読み、後の問いに答えなさい。

ここ10年程の間、①学問の世界では「ポスト・ヒューマン」という概念・言葉がキーワードになってきていました。これは、近代＝人間中心主義（ヒューマニズム）の時代が終わったという時代認識を示しています。

前近代が神中心の時代だったのに対して、近代は人間中心の時代である。人間を世界の中心に据えたからこそ、「神をも畏(おそ)れぬ」仕方で自然に手を入れられるようになり、自然の法則を解明してそこに介入する技術が飛躍的に発展してきました。その結果、私たちの日常生活の有り様は、次々に激変してきたわけですが、多くの場合、これらの変化は「便利で安全で快適になった」ととらえられています。

こうして技術発展の万能性が信奉されるようになると、今度は世界の中心を占めるのは人間ではなく科学技術である、ということになってきます。こうした考え方の典型が、ＡＩ（人工知能）は人間を超えるといったような議論です。一部の論者によると、人間がやってきたさまざまな知的活動は、ＡＩによってことごとくとって代わられるのだそうです。もう人間は「世界の中心」ではない――これが「ポスト・ヒューマン」という言葉の核心にある考え方です。

しかし、「ポスト・ヒューマン」は同時に、極端なまでの人間中心主義（ヒューマニズム）でもあるのです。なぜなら、科学技術をつくり出すのはもちろん人間なのですから、科学技術が万能だとすれば、それは人間の万能性を意味するからです。

ただし、「ポスト・ヒューマン」を脱人間中心主義と見るにせよ、究極の人間中心主義と見るにせよ、ひとつのことは確実に言えると思います。それは、②「ポスト・ヒューマン」とは、「他者としての自然」が消滅した状況を指している、ということです。ここで言う「他者」とは、「自分の思う通りにはどうしてもならない相手」というような意味だととりあえず了解してください。近代の人間中心主義は、自然の他者性をどんどん縮減してきました。たとえ自然の成り立ちにわからないところがあっても、それは「まだ」わからないにすぎない（＝いつか必ずわかる）ものとしてとらえられるわけで、近代自然科学は自然の他者性を原理的には消去しているわけです。

こうして、近代の始まりと同時に自然の他者性は原理的に縮減し始めたわけですが、現代世界で起こった重要な変化は、人間の外界としての自然だけでなく、私たちの内なる自然、（　Ⅰ　）「自然とし

問二　傍線部①「そうすることで自分を守っているという朧気な自覚があった」とありますが、「自覚」の説明として最も適当なものを次の中から選び、記号で答えなさい。

ア　自分よりも体格や体力が劣っているヒロオの存在を利用することで、自分の方がヒロオより優れているという安心感を得ていること。

イ　生まれつき体が弱くて周囲から疎まれているヒロオをかばうことで、ヒロオを大事にするという両親との約束を守っていると感じること。

ウ　知的な活動においては優れているところもあるヒロオの長所を正当に評価することで、ヒロオの良き理解者としての役割を果たしていること。

エ　弱いヒロオを守ってほしいという周囲の期待にこたえることで、大人たちからの評価を得ながら自分の立場も守れていると感じること。

問三　傍線部②「そのまま体ぜんたいがひとまわり大きくなるかと思われた」とありますが、このときの「私」の感覚の説明として最も適当なものを次の中から選び、記号で答えなさい。

ア　いいところを見せようと上った滑り台のてっぺんから父が静かに喜ぶ姿を見つけると、自分が認められたような気がして満足感を覚えている。

イ　大きな遊具に恐怖心を抱いていたが、滑り台のてっぺんまで上ることに成功してみると、世界のすべてを見下ろしているような優越感を覚えている。

ウ　勇気を出して滑り台のてっぺんまで上ってみると公園全体を見渡すことができ、最も高い所にいる自分が特別な存在であるかのように感じている。

エ　自分一人では上れないと思っていた滑り台のてっぺんまで到達できたことを喜び、自分が成長していることへの確かな自信を感じている。

問四　傍線部③「けれどヒロオの前では口をつぐんだ」とありますが、皆がヒロオの前では口をつぐんだのはなぜですか。その理由を三十字以内で答えなさい。

問五　傍線部④「だが気づいたとき、私の手は弟の背を押していた」とありますが、「私」が弟の背を押したのはなぜだと考えられますか。その理由として最も適当なものを次の中から選び、記号で答えなさい。

ア　自分勝手な行動ばかりしているヒロオのことが許せず、怒ってしまったから。

イ　助けを待っているだけで済むヒロオのことを妬ましく感じ、嫌悪感を覚えたから。

ウ　もたもたしているヒロオのことが目障りに感じられ、いらだってしまったから。

エ　ヒロオが自分に張り合おうとしていることに気がつき、うっとうしく思えたから。

問六　傍線部⑤「今度こそ、失敗するまい」とありますが、このときの「私」の心情の説明として最も適当なものを次の中から選び、記号で答えなさい。

ア　この前は体の弱いヒロオを気遣うことができなかったが、今度はヒロオへの配慮を忘れず、危なくない遊び方を選ぼうと考えている。

イ　この前はヒロオに対して父親が期待するように振る舞うことができなかったが、次こそは父親に評価してもらえるような行動をとらなければならないと決意している。

ウ　この前はヒロオに対する自分の罪を白状することすらできなかったが、次に同じような場面に遭遇したら、きちんと謝罪しようと心に決めている。

エ　この前は調子に乗り過ぎたためにヒロオを泣かせ、父親を怒らせてしまったが、今度は節度を持って遊ぶことで父親の機嫌を損なわないようにしようと思っている。

しまった。どうしたのかと覗きこむと、「蜜豆の缶詰も」と言ってにっこりした。

〔小学校に入学してからもヒロオと一緒にいることの多かった「私」だったが、学年が上がるにつれて次第に忙しくなり、いつの間にかヒロオと遊ぶことも少なくなっていった。「緑の洞窟」でキャンプをするという約束も果たせないままになっていた。〕

成長して体力がつけば、普通のお子さんと同じになるから心配することはないですよ、という医者の見立ては当たらなかった。弟はいつもと同じような風邪から肺炎を起こし、あっけなく死んでしまった。小学三年の秋のことだ。結局、私が弟と一緒に過ごした、とほんとうに言えるのはあのひと夏だけだった。ふたりでアオキの葉むらに潜っていったとき、弟の目のなかにやがて来る運命の翳りはひとかけらもなかった。だがそれは突然やってきたわけではなく、少しずつ忍び寄っていたのだろう。私はそれを感じ取ることができなかった、ということだ。

弟が亡くなってからのいろいろな雑事がすむと、父は口をきかなくなった。もともと無口だったから、最初はまさか喋ろうにも声が出なくなっているとは母さえ気づかなかった。数ヵ月経って声を取り戻した父は、あるとき母に言ったのだそうだ。もっとやさしくしてやればよかった、たくさん声をかけてやればよかった、そう思ったら声が出なくなってしまった、と。父はその後も相変わらず無口だったが、沈黙が威圧感を持つことは二度となかった。ときには私に不器用な言葉をかけてくれるようにもなったけれど、私はずっと馴染めなかった。母は最初の落ちこみから脱すると、前よりお喋りになった。Ⅱ上滑りなお喋りの合間には、消しようのない怒りや苛立ちが顔をのぞかせたものの、父は不安な空白を母が埋めるに任せた。

弟の葬式の日、私は騒がしい家から抜け出して、アオキの木の下に潜りこんだ。ほんとうに久しぶりだった。深く身を沈めてしまえばそこは以前と変わらない、海の底のように静かな場所だった。私は鼻をつまみ、弟の教えてくれた耳抜きをしてみた。だが息が漏れるはずの右目は、みるみる涙でいっぱいになってしまった。

親類の大人に見つけられたとき、私は冷たい腐葉土の上でからだをまるめ、頬を涙の跡と泥で汚して眠っていた。奇妙なことにその男は、私を弟の名で呼んだ。単なる呼び間違いではあるけれど、⑦私は目を覚ましたとき、自分が弟になったのだと思った。死んだのは弟ではなく、前の私なのだ。悲しみのあまりおかしな考えにとりつかれたのかも知れない。だがアオキの木の下で、そのささやかな魔法が行われたのだと私は信じた。

（湯本香樹実 著「緑の洞窟」新潮文庫刊『夜の木の下で』所収より ※一部改変あり）

※1 黄泉の国…死後の世界のこと。
※2 ためつすがめつ…じっくりと見ること。
※3 モルモン教会…キリスト教系の宗教であるモルモン教の教会。
※4 アオキの木の秘密…「私」が住んでいた家の庭には隣り合って植えられた二本のアオキの木があり、その木の間の空間を「私」は「緑の洞窟」と呼び、自分だけの大切な場所にしていた。
※5 贖い…償い。

問一 二重傍線部Ⅰ「眉をひそめ」、Ⅱ「上滑りな」の意味として最も適当なものを後の中からそれぞれ選び、記号で答えなさい。

Ⅰ 眉をひそめる
ア あきれ果てる
イ 怒りを覚える
ウ 不快に思う
エ 慌てふためく

Ⅱ 上滑りな
ア 上品な　　イ 表面的な
ウ 退屈な　　エ 滑らかな

ことはできなかった。父の後ろ姿は曲がり角の向こうに消え、母親たちは散り散りになっていった。

それからの数ヵ月、たとえば算数のドリルを解いたり風呂に入ったり、何をしていようとふと気づくと、公園でのことを思い出している。「じぶんはたしかに弟の背中を押しました」と白状してしまえばよかったのだろうが、どうやって父に話しかけたらいいのかもわからない。それに今更そんなことをする勇気など到底なかった。

いつしか私は、こっそりと、弟のようすを窺い見るようになった。あのとき父の顔にあった、ふだんの父からは想像もつかない激しさ。そんなものをヒロオは引き出せるのだ。でも肝心の弟はあいかわらず昼寝用の毛布にくるまり、百回読んだ絵本をめくったりしている。入学するなり、小学校も休んでばかりだった。なにごとも人のいちばん後ろをついていければよしとする姿勢を淡々と守っているようすは、素直なのか頑固なのかよくわからなかった。たいていは機嫌がよく、気前もよく、いつも私と喋りたがった。私が背中を押したことはあっさり忘れてしまったか、もしかしたら押されたことがわかっていなかったのかもしれない。父のヒロオに対する態度も、何ひとつ変わらなかった。また熱を出していると聞けばⅠ眉をひそめ、ときどき母を「ヒロオを甘やかしすぎる」と叱った。

私は今か今かと待っていた。公園に連れていってやろう、と父が再び言い出すときを。⑤今度こそ、失敗するまい。けれど好景気のさなか、父が家にいる時間は減る一方だった。ああ今週も駄目だな、とわかるといつも、まるで他人の腕がくっついたみたいに腕がだるくなる。「おまえは弟の背を押した腕を脱ぎ捨てたいのだよ、どれひとつ私が切り落としてやろうじゃないか?」という意地の悪い声が耳もとにきこえてくる。それでも、不思議な力にとりつかれたように「諦めてはいけない」と自分を奮い立たせた。そして再びチャンスが巡ってくるまでの時を有意義に過ごすべく、自らに課題を与えた。子供用文学全集の第四巻(あるいは第七巻でも第十一巻でも)を読み終えること。アルファベットの練習帳を一ページでも多く埋めること(近所の※3モルモン教会で信者獲得のための無料の英語塾をやっていて、私と弟はそこに通っていた)。ひそかな取り決めが、私のなかに積もっていった。

結局、私の望みが叶わなかったのは、大雨で土砂崩れがおこり、ニュータウンの工事中の一棟と一緒にあの公園がなくなってしまったからだ。丘陵地を性急に造成した、工事の手抜きが取り沙汰された。失望すると同時に、私はほっとしてもいた。なくなってしまったのなら仕方がない……。

でも腕はあいかわらずだるかった。土砂崩れのニュースから少し経った頃、ヒロオの体調のよい日を見計らい、私はそれまで自分ひとりのものだった※4アオキの木の秘密を弟に明かした。それは※5贖いというよりは、⑥私なりに釣り合いがよいと感じられるある種の取り引きのようなものだった。

緑の洞窟のなかで、ヒロオはアオキのふたつの根もとをひとしきり眺め、私がいつもしていたように外に目をやり、それから声をひそめて「海底みたいだね」と言った。海底なんて行ったこともないくせに。でも言われてみると、そう思えてくる。それから「潜水するときものすごく大事な」耳抜きの方法を教えてくれた。ヒロオは子供向けのハウツー本をよく読んでいて、私の知らない変わったことをいろいろ知っていたのだ。鼻をつまんでやってみると、耳のなかでぱちぱち空気が弾ける音がした。やがて、耳からだけでなく片方の目頭からも、細い細い息の筋が流れ出ていることに気づいた。右目から、と私が言うと、ヒロオは白い顔を驚きに輝かせて「僕は左から」と言った。

「どうして」

「誰にも内緒だよ、トシは右で僕は左ってこと」

秘密だからだよ、と答えた声は真剣なあまり掠れていた。

「ここでキャンプしようか。お菓子と懐中電灯と蚊取り線香と……」

私がそんなことを言いだし、するとヒロオは瞬きして黙りこんでてっぺんまで来ると、公園中が見渡せた。金属の手摺りを摑み、おそるおそる背を伸ばし、すると冷たい空気に肺は膨らんで、②そのまま体ぜんたいがひとまわり大きくなるかと思われた。砂場で遊んでいる小さな子たちがいた。うんていにぶらさがっている、少し年上の子もいた。その公園でいちばんの高みにいるのは私で、ベンチでは父が静かに、眼鏡の奥の目を細めて煙草を吸っている。早く大人になりたい、と私は心のなかで唱えた。それはなかば習慣化した呪文のようなものだった。大人になったら、戦争で奪われた親たちの富や時間や幸福を※1黄泉の国から取り戻すのだ。戦争さえなかったら、祖父は財産を失わずにすみ、私がよく似ているという母の兄は命を失わずにすみ、父は学業を続けて望んでいた未来を失わずにすんだ……あの頃はそんな話を子守歌がわりにきいて大きくなった子供がたくさんいて、私もそのひとりだった。父の兄弟たちは私を※2ためつすがめつしては言う。俺たちは悪い時代に生まれたが、おまえは宇宙にだって行けるんだぞ……

③けれどヒロオの前では口をつぐんだ。皆の表情から力みが消え、言葉以前の仄暗い場所を胸のうちでさまよっていた。

風に頰をはたかれ、思い出した。上ったからには下りなくてはならないことを。えい、と滑って呆然となる。速すぎて、まるで時間が盗み取られたみたいだ。どこか納得がいかず、もう一度やってみずにはいられない。でも私ははやる気持ちを抑えてヒロオの手をとり、自分がいま征服したばかりの場所に導いた。いつもそうしているように。そしてヒロオもいつものように、私から与えられるものを信じきって受け取った。

すぐに二人とも夢中になった。流れるような感覚に身を任せ、着地すればまた梯子段に走り寄る。私が両腕を上げて滑ると、ヒロオも両腕を上げて滑った。私がインディアンの雄叫びをあげると、ヒロオも雄叫びをあげた。ヒロオが金属の手摺りのにおいを嗅ぐと私も嗅ぎ、そのときヒロオはいつもの子供用シロップのにおいでなく、果実のような汗のにおいがした。上っては滑る、滑っては上る、その繰り返しをどんどん早めてゆけば、トラがバターになってしまった話のように時間は溶けて、永遠に体いっぱい風を受けていられるかもしれない。

でも私が勢いづくのとは反対に疲れてきたのだろう、ヒロオは滑り台のてっぺんに座りこみ、からだの位置を定めるのに手間取っていた。私はその背中に向かって足を踏みならし、クラクションの口真似をして急かした。

待ってよトシ、もうすぐ、もうすぐだからね、さあもういいよ、オーケーだよ……

ヒロオの体は不安定に傾いで、左手は宙を泳いでいた。焦るあまり「もういい」などと言ったのだ。いつもなら簡単に、そう見きわめられるはずだった。④だが気づいたとき、私の手は弟の背を押していた。

泣き声があたりを切り裂き、私はまだ身動きできずにいた。父がヒロオを抱き上げ、額にできた擦り傷を確認して息をつく。「さあ立つんだ、自分で立ってごらん」

ヒロオは泣きながら、ふらつく足で立った。私は夢から覚めたように梯子段を下り、駆け寄った。ヒロオが泣いているのだ。そしてヒロオが泣いているときどうすればいいか、私は誰よりも知っているつもりだった。

「押したのか」

行く手に父が立ちはだかった。私はただ父の顔に目をこらしていたのだと思う。突然、頰が焼けるように熱くなった。何が起きたのかわかったのは、砂場のそばにいたよその母親たちが、じっとこちらを見ていることに気づいたときだ。だんだん痛みがやってくるなかで、これからどうすべきなのか誰かに教えてほしかったけれど、母親たちは目を逸らしてしまう。父は既に弟の手を取って、公園の出口に向かっている。頭のなかで何かがぐるりと一回転して、私は滑り台の梯子段を上った。滑り降りるとまた梯子段を上り、滑り降りた。脇目もふらずにそれを繰り返したところで、時間を巻き戻す

二〇二三年度　佼成学園高等学校

【国語】（五〇分）〈満点：一〇〇点〉

（注意）句読点や記号も一字にかぞえること。

一　次の文章を読み、後の問いに答えなさい。

日曜日だった。小学校の入学式を間近に控えていた。空は灰色の雲に覆われ、とても寒かった……そんなふうに小さな事柄を、水が渦を巻きはじめるときのようにゆっくり手繰ってゆくしかない。父は私たちを公園に連れて行ってくれた。私たち、というのは私と双子の弟のヒロオのことだ。生まれつき体の弱かったヒロオは、いつも家の中心にいるという意味では太陽のような存在だったけれど、それは弱々しい光を放つ冬の太陽で、家のなかには長い影が落ちていた……というよりヒロオそのものが慎ましい影のようなものだったのだ。その影がじつはやさしい木陰だと気づいたのは、ずっとあとになってからのことだ。

長身の父は大きな歩幅で歩いた。私はその父に遅れまいと、小走りについていった。そんなことははじめてだったのだ、父親と公園に行くなんてことは。父は印刷会社の勤め人で、けれど私にとってはもっと眩しくて奥深い何か……たとえば静かに漂う香ばしい煙草の煙であり、眼鏡をはずした途端に鋭さを露わにする、あの父特有の濡れたような目であり、門をくぐって踏み石を踏む、ただそれだけで家中に静けさと秩序をもたらす重みのある靴音だった。あの頃、父の顔を真正面から見た覚えがない。

ヒロオは私のように父のうしろを歩こうとはせず、道の反対側を遅れがちについてきた。何度か父は立ち止まり、「こっちに来なさい」と声をかけたけれど、弟は立ち竦み、じっとこちらを見つめて気まずい時間が過ぎてゆくのをただ待っている。何度繰り返しても、私は同じだった。無言で再び歩き出す父の後ろに付き従いながら、私はときどき振り返ってみずにはいられなかった。双子といってもヒロオは体格も体力も私に数段後れをとっている。骨が丈夫でないから知力もつかないのだ、というのが母の口癖だったけれど、頭が鈍かったとは思えない。むしろ私が見逃していることをよく見ていた。私はヒロオに対して、自分より弱い者に対する態度をとるよう周囲から求められ、そのようにしてきたが、①そうすることで自分を守っているという朧気な自覚があった。ヒロオは私自身よりずっとそういう私をわかっていて、私もまたヒロオがわかっているということを、どこかでわかっていた。

そのヒロオが父の言うことをきかない……！　私は理解に苦しみ、不安になった。自分は父と公園に向かっている、なにひとつ変わっていない、大丈夫だ、と胸のうちで確認しながらふと見れば、当のヒロオはうつむき加減で、道に落ちている何かに気を取られたりしながら、いつも膝を擂り合わせているような曲がった細い足をへなへなと動かしている。私と目が合うと、間のすいた前歯を見せてにこっとした。私は怒った顔をして目を逸らした。

私たちが赤ん坊だった頃はまだ、そのあたりの住宅地は暮れ時になると、群をなした野犬が駆け抜けていたらしい。夜など遠吠えが物凄かった気がするのは、後から大人に話をきいて付け足した記憶だろうか。犬たちの巣窟は町外れの丘陵地で、私が三歳になる年に造成が始まり、狼のような声も姿もふっつり消えた。造成地にはその後、ニュータウンと呼ばれる団地が年々棟を増やしていった。父が連れていってくれたのは、そのニュータウン内にできたばかりの公園だった。

真新しい遊具はどれも大きく、挑みかかってきそうでこわかったのを憶えている。つやのいい青色のペンキで塗られた金属製の滑り台が、まだ平らに均しただけの敷地の中央で、薄曇りの空の光を吸い寄せたように鈍く輝いていた。私は奥歯を噛みしめて滑り台に近づくと、父の前で怖じ気づいてなるものか、と梯子段を一段一段上った。

英語解答

1 問1　1　　問2　2

問3　(例)ナイジェリア政府は誘拐がうそだと思い，少女たちをすぐに助けなかったという問題。(39字)

問4　4，6

問5　1…×　2…×　3…○　4…×　5…○

2 問1　2　　問2　2，4　　問3　2

問4　3，5

問5　(例) When I become a high school student, I want to study more about Japanese culture. Many foreign people are now coming to Japan, and most of them are interested in Japanese culture. We should make more chances for us to introduce them to Japan. I want to be one of the people who introduce them to Japanese traditions. (58語)

3 1　like to buy products at brick-and-mortar stores

2　Food is the category that shows the largest

3　what to buy and have enough information about the products

4 番号…④　適切な語(句)…to continue

番号…⑥　適切な語(句)…is

番号…⑧　適切な語(句)…must not〔cannot/can't〕

番号…⑨　適切な語(句)…used

1〔長文読解総合―説明文〕

≪全訳≫**1**中学生のとき，私は友人がフェイスブックに載せた驚くべき動画を見た。その動画はロバート・マハールという男性についてのものだった。彼は「バニウィ」という名の新しい果物をつくり出した。彼はバナナ半分とキウイ半分をくっつけて，それを育てたのだった。見かけはバナナのようで，中はキウイのようだった。マハール氏は「２つの果物を組み合わせた最高の味がするんだ」と語った。**2**それはとてもおもしろかった。見終わった後，私はその動画を友人たちに送った。私はまた，バニウィをつくるためにバナナとキウイと道具を買った。その後，私はもとの動画を見た。それはエイプリルフールの冗談だったのだ。それは本当であるように見えた。この動画を見たとき，私はそれが偽物だとは思わなかった。その日私はとても大切なことを学んだ。物事が本当であることを確かめることが大切だと私は思った。私はまた，たくさんの人が動画を共有することはとても危険であることも学んだ。マハール氏の動画は誰も傷つけなかったが，偽の情報を共有する彼の動画の中には人を傷つけるものもあった。**3**ステファニー・ブサリという名のジャーナリストが，会議でとある話をした。2014年にテロリスト集団がナイジェリアで200名を超える女子生徒を誘拐した。世界中で「我々の少女たちを取り戻そう」というハッシュタグが，支援を表明するために使われた。しかし，ナイジェリアでは，政府は誘拐のニュースは偽物であると思い，すぐに女子生徒たちを救助しなかった。話の中でブサリ氏は，ナイジェリアの偽のニュースの問題は深刻であることを示した。彼女は言った。「誰もに何らかの責任があると私は思います。私たちみんながオンラインで話を共有しています。私たちは共有する物事について考える必要があるのです。それは本当なのか。それは真実なのか。それが誰かを傷つける可能性はあるのか。それが暴力を生む可能性はあるのか。話を共有することは，人々の生活に影響を与えると私たちは考えています」 4 読売新聞に最近，アメリカの小中学校についての興味深い記事が掲載された。生徒たちがオンラインで見つけることのできる情報の扱い方についての指導が始まったのだ。生徒たちに本物のニュースと偽のニュースの見分け方を教える授業があるのだ。このような授業は多くの生徒たちにとって有益だと私は思う。偽のニュースを共有するとき，人々は法律に違反して，仕事やお金を失うことがある。授業を受けることによって，偽のニュースを共有することはとても危険であることを生徒たちは理解できる。 5 偽のニュースを共有するのをやめるために，私たちは何ができるのだろうか。第一に，インターネットを使う人々は，入手できるさまざまな種類の情報について知っておく必要がある。本当であり真実である情報もあるが，ただおもしろいだけの情報もある。特定の意図を持った宣伝である情報もある。インターネットにはたくさんの良質で有益な情報があるが，偽の情報を偶然に受け入れてしまうことはたやすい。第二に，友人と共有する場合でも，私たちは情報源を探すように努めるべきだ。最近の調査は，偽の情報の方が本物の情報よりもより遠くにより早く広まるということを示している。私たちは情報共有に責任を持つべきだ。インターネットで興味深い記事を見つけたら，急いで共有してはならない。友人と共有する前にその情報が正しいことを確かめるべきだ。こういった小さな行動が世界をより良くする。真実は大切だ。真実は人々が世界を変えるのに役立つのだ。

問１＜語句解釈＞下線部の具体的な内容は直後の文に書かれている。1．「私たちが目にした物事が本当であることを確かめること」が，その内容に一致する。このように英語では，‘抽象’→‘具体’の順で説明されることが多い。

問２＜英文解釈＞文末の did は，先行する動詞や述部の反復を避けるために用いられており，ここでは hurt「(人を)傷つけた」の代わりになっている。「誰も傷つけなかった」「人を傷つけるものもあった」という内容と合致するのは，2．「誰もマハール氏のエイプリルフールの冗談によって傷つけられなかったが，彼の動画の中には人々を傷つけるものもあった」。

問３＜語句解釈＞下線部の the problem は the problem of fake news in Nigeria「ナイジェリアの偽のニュースの問題」であり，それは直前の文に書かれているので，その内容をまとめる。

問４＜英問英答―要旨把握＞「偽のニュースを共有するのをやめるために大切なことは何か」　これは最終段階第１文を言い換えたもの。この質問に対する答えが，First で始まる第２文と，Second で始まる第６文で端的に述べられている。4．「たくさんの種類の情報があることを理解すること」が第２文の内容に，6．「記事を読んで，情報がどこから来ているのかを考えること」が第６文の内容に該当する。

問５＜内容真偽＞1．「筆者はマハールの動画は偽物だと感じたが，バニウィをつくろうとした」…×　第２段落第７文参照。筆者は動画を偽物だとは思わなかった。　2．「ナイジェリアの政府は，入手した情報が偽物だとわかっていたので，すぐに女子生徒たちを救助しなかった」…×　第３段落第４文参照。「わかっていた」のではなく「思った」からすぐに救助しなかったのである。
3．「偽のニュースや記事は本当に危険なので，共有する内容を調べる責任が皆にある」…○　第５段落第６文に一致する。　4．「アメリカの学校の教師は，生徒のために偽のニュースを見つけ出そうとする」…×　教師が偽のニュースを見つけ出すという記述はない。　5．「情報が本当であることを私たちが確かめれば，私たちの周りの世界はより良くなるだろう」…○　第５段落終盤の内容に一致する。

2 〔長文読解総合―説明文〕

≪全訳≫❶ナイジェリアの市場では，店員が果物や野菜を急いで売ろうとしている。ナイジェリアで生産された食料の約40%が捨てられたり失われたりしている。世界銀行によれば，ナイジェリアの8000万を超える人々には十分な食べ物がない。これは大問題だ。❷この問題を解決しようとしている男性がいる。彼の名前はンネメカ・イケグオヌで，彼は食料廃棄の問題を改善する新たな方法を生み出した。農場や市場で食品を冷やしておく，太陽エネルギーを用いた部屋を彼は設計した。その部屋はColdHubsと名付けられた。❸「私たちの目標は，食料の取引や販売の中心となる場所でこの種の冷蔵室を提供することによって，食料廃棄を減らすことです。そのような場所には，食料用の冷蔵室はめったにないのです」とColdHubsの創業者で最高経営責任者でもあるンネメカ・イケグオヌは言った。❹農場主と店主は食料を21日間，低温で新鮮に保つことができ，これには1日あたり約25セントしかかからない。❺「この冷蔵室は食料を最大3トンまで保存し冷やしておくことができます。約30度から10度まで温度を下げることができます。冷蔵室1つで最大3週間まで，果物や野菜を新鮮で良質に保つことができます」とイケグオヌは言った。❻国連によれば，温室効果ガスの約10%は食料廃棄が原因である。この問題を解決することは，気候変動との闘いで大きな助けとなるかもしれない。❼「そして，太陽エネルギーを使うことによって，ディーゼル燃料の使用を完全にやめることができます。通常の冷蔵室1つに，毎日20から30リットルのディーゼル燃料が必要です。もし太陽エネルギーだけを使うとすれば，ディーゼル燃料は全く必要なくなります」とイケグオヌは言った。❽彼は，ColdHubsが社会面でも環境面でも良い影響を与えることを願っている。❾「私たちはおよそ70もの女性の新たな働き口をつくり出してきました。これは，家庭や地域で好ましい変化を生み出す力を女性たちが得るのに役立っています」とイケグオヌは言った。❿子どもの頃，イケグオヌは農場で暮らしていた。食料廃棄は非常に大きな問題となりうることを彼は理解している。⓫「小さな農場で働いているナイジェリアの人たちが良い生活を送ることは非常に困難です。キリマンジャロ山に登るのとほとんど変わらないくらい大変なことです。登山者は登らなければならず，農場労働者は食べ物をつくらなければなりません。もしも食べ物を売ることができなければ，農場労働者であるためのモチベーションをなくしてしまうかもしれません。私たちはたくさんの食べ物をつくり，それをたくさんの人たちに届けたいのです」⓬「今ではナイジェリアの22の州に54のColdHubsがあり，さらに建設中です」⓭「2020年には4万2042トンの食料の貯蔵が可能でした。ColdHubsを使うことによって，廃棄することなく，その食料を全て売ることができたのです。最近では，5250人の農場労働者と販売者がColdHubsを利用できるよう手助けしました。毎日利用者が増えているのです。私たちはナイジェリアの食料廃棄の問題を解決したいのです。私たちの技術を発展させることができれば，ひょっとするとアフリカ全土の食料廃棄の問題も解決することができるかもしれないのです」とンネメカ・イケグオヌは言った。

問1＜文脈把握＞ナイジェリアで国産の食べ物が多く廃棄されている理由は，続く第2，3段落で明らかになる。農場や市場に冷蔵庫がないことによって起こる食料廃棄の問題を改善する方法として，ColdHubsという冷蔵室が開発されたことが述べられているので，食料廃棄の原因として適切なのは，2．「ほとんどの農業労働者や販売者は，食料を新鮮に保っておく装置を持っていない」。

問2＜内容真偽＞1．「人々はColdHubsの部屋で果物と野菜を10度未満に保っておくことができる」

…×　第５段落参照。本文にあるのは「約30度から10度に温度を下げる」。　２.「食料を販売することができないとき，人々はColdHubsで３週間食料を新鮮に保つことができる」…○　第４段落および第５段落後半に一致する。　３.「ColdHubsは太陽エネルギーを用いており，ディーゼル燃料を使わないので，人々は費用をかけずに使うことができる」…×　第４段落参照。１日約25セントの費用が必要である。　４.「ColdHubsを発展させることによって，家庭や地域での女性の立場が良くなるかもしれない」…○　第９段落の内容に一致する。　５.「イケグオヌとスタッフは，現在ナイジェリアの諸州に54の新たなColdHubsをつくっているところだ」…×　第12段落参照。「54」はナイジェリアの22の州にすでにあるColdHubsの数である。

問３＜要旨把握＞これから先の目標は，第13段落の最終文に「アフリカ全土の食料廃棄の問題も解決することができるかもしれない」と示されている。これに一致するのは，２.「ColdHubsのサービスは，アフリカの全ての国の人々を助けることができる」。

問４＜内容真偽＞１.「世界銀行によれば，アフリカのほぼ8000万の人々が十分な食べ物を食べることができない」…×　第１段落第３文参照。8000万とは，「アフリカ」ではなく「ナイジェリア」の人々のことである。　２.「食料廃棄の問題を解決するために，人々は自分たち自身の冷蔵室を持つ必要があるとイケグオヌは考えた」…×　「自分たち自身の」という記述はない。　３.「国連によれば，温室効果ガスを減少させることができるので，ColdHubsは気候変動との戦いで役立つかもしれない」…○　第６段落の内容に一致する。　４.「ナイジェリアの農業従事者は，キリマンジャロ山のような高い山に登ることによって，食料を生産しようというモチベーションを得ている」…×　第11段落参照。登山と食料生産へのモチベーションに因果関係はない。　５.「ColdHubsを使うことによって，人々は2020年に４万2000トンを超える食料を廃棄する必要がなかった」…○　第13段落第１，２文に一致する。

問５＜テーマ作文＞社会貢献につながる行いを具体的に１つ述べ，その理由を提示する。難しく考えすぎず，平易な表現を使って，明確な英文を書くことを心がけよう。解答例は「高校生になったら，私は日本文化についてもっと学びたい。今ではたくさんの外国人が日本にやってきており，彼らのほとんどが日本文化に興味を持っている。私たちが日本を彼らに紹介する機会をもっとつくるべきだ。日本の伝統を彼らに紹介する人の１人に私はなりたい」という意味。

3〔**整序結合―グラフを見て答える問題**〕

≪全訳≫実店舗／本・CD・DVD／服／アクセサリー／日用品／食べ物／ゲーム／コンピューター／電化製品／家具／なぜ実店舗を選ぶのですか。／・店員と商品について話したい／・商品の色やサイズを確認したい／・その場で商品を買いたい／オンラインショップ／なぜオンラインショップを選ぶのですか。／・商品を低価格で買いたい／・夜間でも商品を買いたい／・自宅で全ての商品を受け取りたい

1．２つの棒グラフから，実店舗での購入者数が，全分野でオンラインショップを上回っていることがわかるので，「全ての分野で，より多くの人が実店舗での買い物を好む」という文をつくればよい。online が不要。

2．語群の the largest を念頭に，２つのグラフで分野ごとの購入者数の差を見てみると，food が最大であることがわかる。語群から「食品は，実店舗とオンラインショップの間で最も大きな差が

ある分野だ」という文になると考え，Food is the category で始め，that を主格の関係代名詞として使って the category を先行詞とする関係代名詞節をつくる。clothes が不要。

3．並べかえる部分の前後の If you have decided ... you should use online stores「もし…を決めているなら，オンラインストアを利用するべきだ」という内容から，何が決まっていればオンラインストアを活用すべきなのかを考えて文をつくる。買う物が決まっていれば実物を見る必要がないのでオンラインショップが便利と考えられる。そこで decide の目的語を'what to＋動詞の原形'「何を～すべきか」の形で what to buy とする。残りは語群から「製品について十分に情報を持っている」という意味にまとめ，この前に and を置いて2つの動詞句をつなぐ。need が不要。

4〔誤文訂正―対話文〕

≪全訳≫❶ユウト(Y)：今日，午後にクラブ活動の紹介があるよね。僕はクラブに入っていなかったけど，何か新しいことをやってみたいと思ったんだ。君は何部に入るつもりだい？❷ケント(K)：僕はラグビー部に入るつもりなんだ。実は，小学生のときからラグビーをしているんだ。だから，ラグビーを続けたいんだ。❸クラブ活動の紹介の後❹K：僕はがっかりしたよ，この学校にはラグビー部がないんだから。何部に入ってみればいいのかわからないよ。❺Y：この学校にはアメリカンフットボール部があるよ。ラグビーと似ているよ。だから，君に合うと思うんだ。❻K：冗談でしょ？　ラグビーはアメリカンフットボールと全然違うよ。❼Y：僕には同じスポーツに見えるよ。違いは何？❽K：違いはたくさんあるよ。まず，選手の数が違うんだ。ラグビーは15人でプレーするけど，アメリカンフットボールは11人だよ。それに，アメリカンフットボールでは，選手はショルダーパッドやヘルメットのような防具をつけなければならないんだ。❾Y：それはとてもわかりやすいね。僕もそれは知っているよ。ルールにはもっと違いがある？❿K：そうだね，ラグビーでボールをパスをするときには，自分よりも後ろにいる選手にしかできないんだ。自分よりも前にいる選手にパスするのはルール違反だ。一方で，アメリカンフットボールでは，自分よりも前方にパスはできるけど，1回しかできない。それに，ラグビーではボールを運んでいない選手をブロックしてはいけないんだ。そのような選手をブロックするのはルール違反だ。でも，アメリカンフットボールでは，どの選手でもブロックすることができる。だから，防具をつけなければいけないんだ。試合時間や試合で使うボールといった点でもたくさんの違いがあるよ。いずれにしても，ラグビーとアメリカンフットボールは全然違うんだよ。⓫Y：なるほど。アメリカンフットボールの方がラグビーよりもおもしろそうだね。アメリカンフットボールをやったことはないけど，やってみようと思う。⓬K：それはいい考えだね。新しい学校で新しいことに挑戦するのは僕にとってもいいことだね。一緒にやろう！

<解説>④'want to＋動詞の原形'で「～したい」の意味。　⑥the number of ～「～の数」は3人称単数扱いなので，現在形の場合，be動詞は is を用いる。　⑧ラグビーのルールを説明している場面であり，次の文に against the rules「ルール違反」とあることから，禁止行為を説明していると考え，must not「～してはならない」や cannot「～することはできない」にする。　⑨ボールは「使われる」ものなので，過去分詞 used にする。the balls used in the games は'名詞＋過去分詞＋修飾語句'の形で「試合で使われるボール」という意味。

数学解答

1 (1) $4\sqrt{35}$　(2) $x=0,\ \frac{10}{3}$　(3) 9
(4) 男子…414人　女子…424人
(5) $\frac{3}{8}$　(6) 48°　(7) $\frac{24}{5}$cm
(8) 182cm³

2 (1) $t-4$　(2) $4t$　(3) $\sqrt{15}$
(4) $\frac{64\sqrt{15}}{3}\pi$

3 (1) ア…$100a^2+20ab+b^2$　イ…36
ウ…25　エ…$100a^2+20a+1$
オ…$20a+1=10a+1$
カ…$20a-99=10a+1$
(2) 76

4 (1) $\sqrt{33}$　(2) $6\sqrt{2}$　(3) $\frac{16\sqrt{33}}{33}$

1〔独立小問集合題〕

(1)<数の計算>与式$=\{\sqrt{5}(\sqrt{11}+\sqrt{7})\}\{\sqrt{7}(\sqrt{11}-\sqrt{7})\}=\sqrt{35}(\sqrt{11}+\sqrt{7})(\sqrt{11}-\sqrt{7})=\sqrt{35}\{(\sqrt{11})^2-(\sqrt{7})^2\}=\sqrt{35}(11-7)=4\sqrt{35}$

(2)<二次方程式>$-4x^2+6x=-x^2-4x$, $-3x^2+10x=0$, $3x^2-10x=0$, $x(3x-10)=0$　$\therefore x=0,\ \frac{10}{3}$

(3)<数の計算>$2◎1=2^2-2\times1+1^2=4-2+1=3$となるので，与式$=3◎3=3^2-3\times3+3^2=9-9+9=9$となる。

(4)<連立方程式の応用>昨年度の男女の生徒数をそれぞれx人，y人とすると，これらの合計が850人なので，$x+y=850$……①となる。また，今年度，男子は昨年度より8％減ったので，$\left(1-\frac{8}{100}\right)\times x=\frac{92}{100}x=\frac{23}{25}x$(人)，女子は昨年度より6％増えたので，$\left(1+\frac{6}{100}\right)\times y=\frac{106}{100}y=\frac{53}{50}y$(人)となり，今年度の生徒総数が838人になったことから，$\frac{23}{25}x+\frac{53}{50}y=838$……②が成り立つ。①，②の連立方程式を解くと，②×50より，$46x+53y=41900$……②′　①×53より，$53x+53y=45050$……①′，①′−②′より，$7x=3150$　$\therefore x=450$　これを①に代入して，$450+y=850$　$\therefore y=400$　よって，昨年度の男子の生徒数は450人，女子の生徒数は400人となるので，今年度の男子の生徒数は，$\frac{23}{25}\times450=414$(人)，女子の生徒数は，$\frac{53}{50}\times400=424$(人)となる。

(5)<確率―コイン>コインを3回投げるとき，表裏の出方は全部で$2\times2\times2=8$(通り)ある。また，コインを3回投げるので，表が出る回数をx回とすると，裏が出る回数は$3-x$回となる。表が出ると200円もらえ，裏が出ると100円払うので，3回投げて所持金が変わらないことから，$200x-100(3-x)=0$より，$300x-300=0$，$x=1$となる。よって，表が1回，裏が，$3-1=2$(回)出るときの出方は，(1回目，2回目，3回目)＝(表，裏，裏)，(裏，表，裏)，(裏，裏，表)の3通りある。したがって，求める確率は$\frac{3}{8}$である。

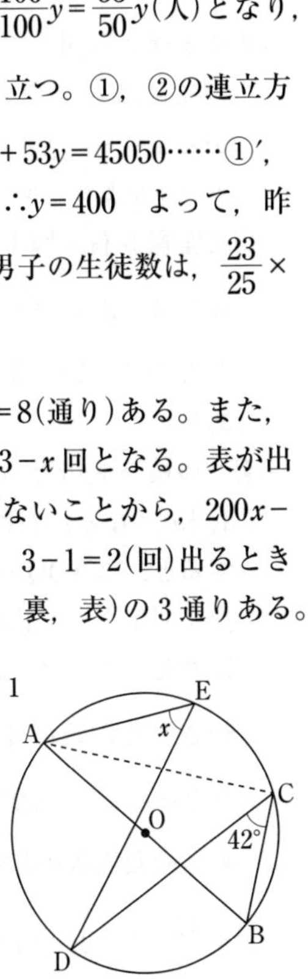

(6)<平面図形―角度>右図1のように，弦ACを引くと，弦ABは円の直径なので，半円の弧に対する円周角より，∠ACB＝90°となり，∠ACD＝∠ACB−∠BCD＝90°−42°＝48°となる。また，∠ACDは$\overparen{AD}$に対する円周角であり，同じ弧に対する円周角は等しいので，$\angle x=$∠ACD＝48°である。

図1

(7)＜平面図形―長さ＞右図2で，AB∥CDより，△ABE∽△DCEであり，相似比は，AB：DC＝8：12＝2：3となるので，AE：DE＝2：3となる。また，AB∥EFより，△ABD∽△EFDであり，相似比は，AB：EF＝AD：ED＝(2＋3)：3＝5：3となる。よって，EF$=\frac{3}{5}$AB$=\frac{3}{5}\times8=\frac{24}{5}$(cm)である。

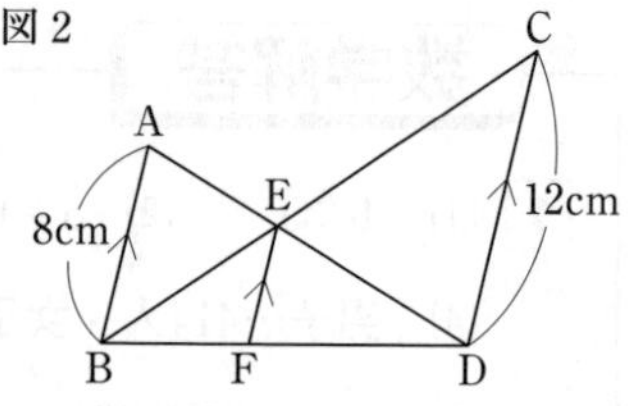

(8)＜空間図形―体積＞右図3で，水が入った部分の立体は，高さが10cmの円錐であり，水面を2cm高くすると，高さが12cmの円錐ができる。そして，これらの円錐は相似であり，相似比は，10：12＝5：6であり，体積比は相似比の3乗なので，$5^3：6^3$＝125：216となる。よって，高さ10cmの円錐と加えた水の部分の体積比は，125：(216－125)＝125：91であり，入っている水の体積が250cm³なので，加える水の量は，$250\times\frac{91}{125}=182$(cm³)である。

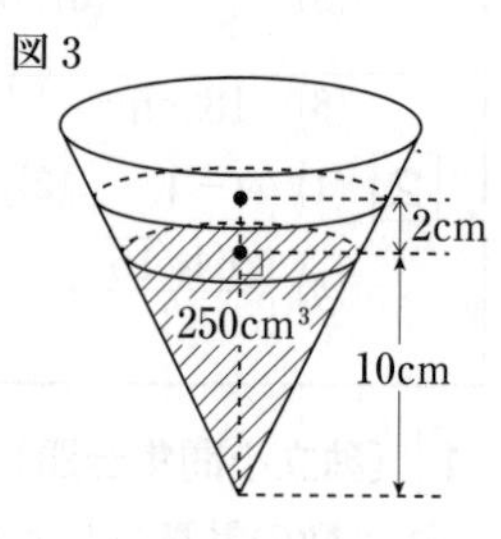

2　〔関数―関数$y=ax^2$と一次関数のグラフ〕

≪基本方針の決定≫(2)　直線APの式を求めることで，切片をとらえる。　(3)　△POQの面積を式で表し，方程式をつくる。　(4)　2つの円錐の体積の差として求める。

(1)＜傾き＞右図1で，点Aは放物線$y=x^2$上にあり，x座標は－4なので，y座標は，$y=(-4)^2=16$となり，A(－4，16)となる。また，点Pのx座標はtなので，y座標は$y=t^2$となり，P(t，t^2)となる。よって，直線APの傾きは$\frac{t^2-16}{t-(-4)}=\frac{(t+4)(t-4)}{t+4}=t-4$と表せる。

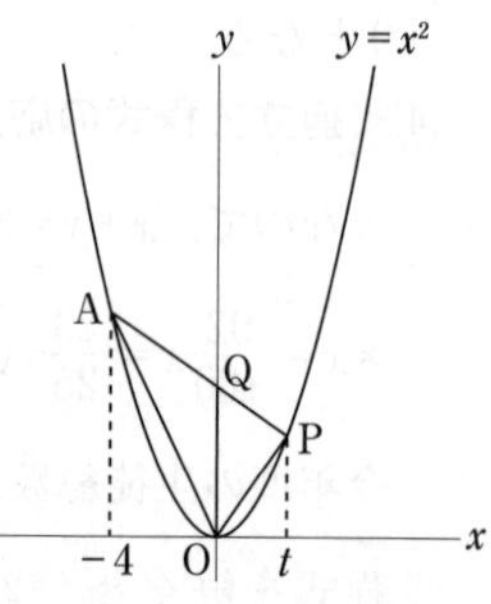

(2)＜座標＞右図1で，点Qは直線APの切片である。(1)より，直線APの傾きは$t-4$なので，その式を$y=(t-4)x+b$として，点Aの座標から$x=-4$，$y=16$を代入すると，$16=(t-4)\times(-4)+b$，$16=-4t+16+b$より，$b=4t$となる。よって，直線APの切片は$4t$なので，点Qのy座標は$4t$である。

(3)＜座標＞右上図1で，△POQの底辺をOQと見ると，(2)よりQ(0，$4t$)なので，OQ＝$4t$である。高さは，点Pのx座標よりtとなる。よって，△POQ$=\frac{1}{2}\times4t\times t=2t^2$となる。この値が30になることから，$2t^2=30$が成り立ち，これを解くと，$t^2=15$，$t=\pm\sqrt{15}$となり，$t>0$より，$t=\sqrt{15}$である。

(4)＜体積＞(3)のとき，$t=\sqrt{15}$であり，(2)より，点Qのy座標は，$4t=4\sqrt{15}$となる。右図2のように，点Aからy軸に引いた垂線をAHとすると，△AOQをy軸の周りに1回転させてできる立体は，△AOHを1回転させた円錐から，△AQHを1回転させた円錐を引いたものになる。A(－4，16)より，AH＝4，OH＝16だから，△AOHを1回転させた円錐の体積は，$\frac{1}{3}\times\pi\times\text{AH}^2\times\text{OH}=\frac{1}{3}\times\pi\times4^2\times16=\frac{256}{3}\pi$となる。また，QH＝OH－OQ$=16-4\sqrt{15}$となるから，△AQHを1回転させた円錐の体積は，$\frac{1}{3}\times\pi\times\text{AH}^2\times\text{QH}=\frac{1}{3}\times\pi\times4^2\times(16-4\sqrt{15})=\frac{16}{3}(16-4\sqrt{15})\pi$となる。よって，求める立体の体積は，$\frac{256}{3}\pi-\frac{16}{3}(16-4\sqrt{15})\pi=\frac{256}{3}\pi-$

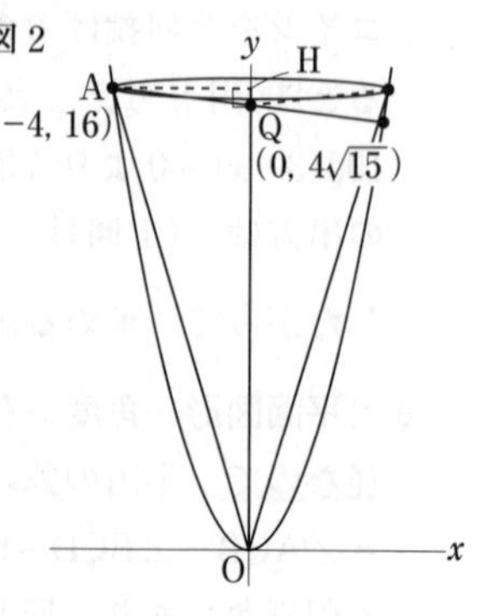

$\frac{256}{3}\pi+\frac{64\sqrt{15}}{3}\pi=\frac{64\sqrt{15}}{3}\pi$となる。

3〔数と式―文字式の利用〕

(1)＜説明＞2けたの自然数Nは，十の位の数をa，一の位の数をbとすると，$N=10a+b$と表され，aは1以上9以下の整数，bは0以上9以下の整数となる。これより，$N^2=(10a+b)^2=\underline{100a^2+20ab+b^2}_{ア}$となり，$100a^2+20ab$は下1けたの数には影響せず，下1けたの数は$b^2$の値によって決まる。(A)については，2乗しても下1けたの数が変わらないということなので，$b=0$，1，2，3，4，5，6，7，8，9のそれぞれの値を2乗した数は，0，1，4，9，16，25，36，49，64，81となる。よって，それぞれの下1けたの数が，もとのbの値と変わらないのは，$b=0$，1，5，6の4通りであり，aの値はそのそれぞれについて1から9の9通りの決め方があるので，(A)を満たす自然数Nは，$4\times9=\underline{36}_{イ}$(個)ある。次に，(B)について，2乗しても下2けたの数が変わらない2けたの自然数Mは，下1けたの数も変わらないので，$b=0$，1，5，6の場合について考える。まず，$b=5$のときは，$M=10a+5$より，$M^2=(10a+5)^2=100a^2+100a+25$となり，$100a^2+100a=100(a^2+a)$は100の倍数なので，下2けたの数は25になることがわかる。よって，$M=\underline{25}_{ウ}$である。次に，$b=0$のときは，$M=10a$より，$M^2=(10a)^2=100a^2$であり，$100a^2$は100の倍数なので，下2けたの数は00になり，2乗して00になる2けたの数は存在しない。次に，$b=1$のときは，$M=10a+1$より，$M^2=(10a+1)^2=\underline{100a^2+20a+1}_{エ}$となり，$100a^2$は100の倍数なので，下2けたの数は$20a+1$で決まる。この値が2けたの数になるのは$1\leqq a\leqq4$のときであり，$20a+1$が$10a+1$と等しくなればよいから，$\underline{20a+1=10a+1}_{オ}$が成り立ち，$10a=0$，$a=0$となり，条件に合わない。$5\leqq a\leqq9$のときは，$101\leqq20a+1\leqq181$となるので，下2けたの数は，$20a+1-100=20a-99$となる。これが$10a+1$と等しくなればよいから，$\underline{20a-99=10a+1}_{カ}$が成り立ち，$10a=100$より，$a=10$となり，条件に合わない。よって，$b=1$ではない。

(2)＜2けたの自然数の値＞$b=6$のとき，$M=10a+6$より，$M^2=(10a+6)^2=100a^2+120a+36=100a^2+100a+20a+36$とすると，$100a^2+100a=100(a^2+a)$は100の倍数なので，下2けたの数は，$20a+36$の値で決まる。これが2けたの数になるのは$1\leqq a\leqq3$のときであり，これが$10a+6$と等しくなることから，$20a+36=10a+6$が成り立ち，$10a=-30$，$a=-3$となり，条件に合わない。また，$4\leqq a\leqq8$のとき，$116\leqq20a+36\leqq196$となり，下2けたの数は，$20a+36-100=20a-64$となる。これが$10a+6$と等しくなることから，$20a-64=10a+6$が成り立ち，$10a=70$，$a=7$となる。$a=9$のとき，$M=96$より，$M^2=96^2=9216$となるので，下2けたの数は等しくならない。よって，求めるMの値は，$a=7$より，$M=76$となる。

4〔平面図形―三角形〕

≪基本方針の決定≫(1)　ADを斜辺とする直角三角形をつくる。　(3)　四面体の高さを，△ACDの面積を利用して求める。

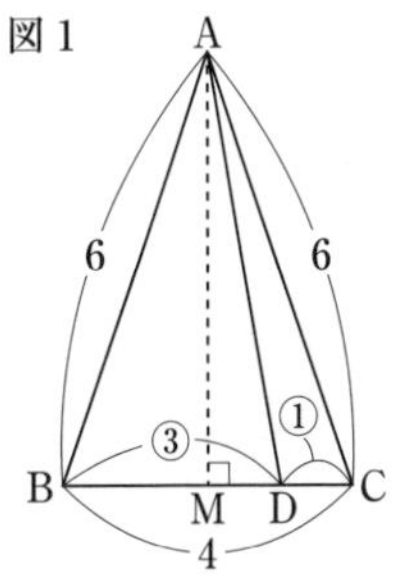

(1)＜長さ＞△ABCは$AB=AC=6$の二等辺三角形であり，右図1のように，頂点Aから底辺BCに垂線AMを引くと，点Mは辺BCの中点となり，$BM=CM=\frac{1}{2}\times BC=\frac{1}{2}\times4=2$となる。これより，△ABMで三平方の定理を用いると，$AM=\sqrt{AB^2-BM^2}=\sqrt{6^2-2^2}=\sqrt{32}=4\sqrt{2}$となる。また，$BD:DC=3:1$より，$BD=\frac{3}{3+1}BC=\frac{3}{4}\times4=3$であるから，$DM=BD-BM=3-2=1$となる。よって，△ADMで三平方の定理を用いると，$AD=\sqrt{AM^2+DM^2}=\sqrt{(4\sqrt{2})^2+1^2}=\sqrt{33}$となる。

(2)**＜面積＞**△ABD の底辺を BD＝3 とすると，高さは，(1)より AM＝$4\sqrt{2}$ だから，△ABD＝$\frac{1}{2}$×BD×AM＝$\frac{1}{2}\times3\times4\sqrt{2}=6\sqrt{2}$ となる。

(3)**＜体積＞**△ABC を線分 AD を折り目として平面 ABD と平面 ACD が垂直になるように折り曲げて，四面体 ACBD をつくると，右図2のようになる。この四面体の底面を△ABD としたときの高さは，点Cから辺 AD の延長に引いた垂線 CH となる。ここで，△ACD の底辺を AD とすると，高さは CH となるから，CH＝x として，△ACD の面積を x を用いて表すと，(1)で AD＝$\sqrt{33}$ より，△ACD＝$\frac{1}{2}$×AD×CH＝$\frac{1}{2}\times\sqrt{33}\times x=\frac{\sqrt{33}}{2}x$ となる。また，△ACD の面積は，△ACD＝△ABC－△ABD で求められるから，(2)で AM＝$4\sqrt{2}$，△ABD＝$6\sqrt{2}$ より，△ACD＝$\frac{1}{2}\times4\times4\sqrt{2}-6\sqrt{2}=2\sqrt{2}$ である。よって，△ACD の面積について，$\frac{\sqrt{33}}{2}x=2\sqrt{2}$ が成り立ち，$x=2\sqrt{2}\times\frac{2}{\sqrt{33}}$ より，$x=\frac{4\sqrt{66}}{33}$ となる。したがって，〔四面体 ABCD〕＝$\frac{1}{3}\times6\sqrt{2}\times\frac{4\sqrt{66}}{33}=\frac{16\sqrt{33}}{33}$ である。

図2

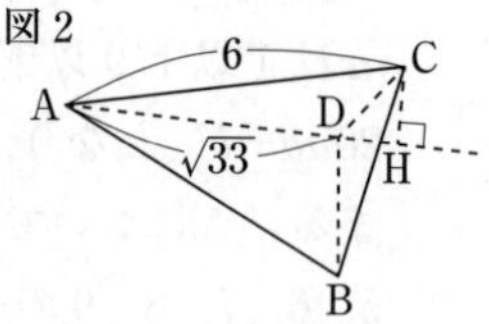

国語解答

一　問一　Ⅰ…ウ　Ⅱ…イ　問二　エ

問三　ウ

問四　ヒロオには明るい未来が約束されているとは思えなかったから。（29字）

問五　ウ　問六　イ　問七　ア

問八　エ

二　問一　Ⅰ…ウ　Ⅱ…イ　Ⅲ…ア

問二　エ　問三　ウ　問四　ア

問五　科学技術によって自然を征服することはできないということ。（28字）

問六　ウ　問七　エ

問八　(例)私は教室で友達と学び合うことの大切さに気がつくことができました。「コロナ禍」で広まったオンライン授業には便利さも感じましたが，実際に教室で友達と机を並べて自由に意見を交換し合えるからこそ，学びは深まるものだと実感しました。

三　問一　a　あわれ　b　ゆえ

問二　Ⅰ…ウ　Ⅱ…ア　問三　ウ

問四　イ

問五　正直に自分の非を認めたことで，年貢の半分を免除してもらえたこと。(32字)

問六　人は物の道理を知り，正直なるべき物なり

四　①　こうよう　②　こちょう　③　きょうじゅ　④　じゅうなん　⑤　こ　⑥　開拓　⑦　推移　⑧　穏健　⑨　是正　⑩　遂

一〔小説の読解〕出典；湯本香樹実著「緑の洞窟」(新潮文庫刊『夜の木の下で』所収)より　※一部改変あり

問一．Ⅰ＜慣用句＞「眉をひそめる」は，顔をしかめて不機嫌そうな表情をする，という意味。

Ⅱ＜語句＞「上滑り」は，言動が表面的で，本質が表れていないさま。

問二＜文章内容＞周囲は「私」に，生まれつき体の弱いヒロオに対して「自分より弱い者に対する態度をとる」ことを求めた。「私」は，ヒロオを「弱い者」としていたわることで，大人たちに認めてもらい，また体の弱い弟の世話をする兄として自分の立場を守っていると，漠然と自覚していた。

問三＜文章内容＞「私」は，「大きく，挑みかかってきそう」な滑り台を登って「その公園でいちばんの高み」に立ったことで，気持ちが高揚し，自分が特別で大きな力を持った存在のように感じた。

問四＜文章内容＞父の兄弟たちは，体の弱いヒロオには，「宇宙にだって行ける」ような自由で希望にあふれた未来があるとは思えず，「私」に言った言葉を，ヒロオには言えなかったのである。

問五＜文章内容＞「私」は，ヒロオが「からだの位置を定めるのに手間取って」いて，なかなか滑ろうとしないことにいら立ち，「不安定に傾いで」いる姿勢のヒロオの背中を，つい押してしまった。

問六＜心情＞「私」は，大人から「ヒロオに対して，自分より弱い者に対する態度をとる」ことを求められていたのに，滑り台でヒロオの背中を押して泣かせてしまい，父にたたかれた。そのため，「私」は，次こそは，父を失望させないような行動をとらなければならないと考えたのである。

問七＜文章内容＞「私」は，滑り台でヒロオの背中を押してしまったことについて，ヒロオに謝ることもできず，「弟のようすを窺い見る」だけだった。そのことに負い目があったため，「私」は，自分だけの「アオキの木の秘密」を弟に教えることで，自分の過失を許してもらおうと思った。

問八＜心情＞「私」がヒロオを「弱い者」として守ることを求められたのに対し，ヒロオは無条件に守られていることに，「私」はどこか妬ましさを感じていた。だが，弟の死により，そのような

「前の私」が消え，「私」は，弟の面影とともに新たな自分として生きていくのだと感じたのである。

二 〔論説文の読解―自然科学的分野―科学〕出典；白井聡「技術と社会―考えるきっかけとしての新型コロナ危機」(内田樹編『ポストコロナ期を生きるきみたちへ』所収)。

≪本文の概要≫ここ10年間，学問の世界でキーワードとなってきた「ポスト・ヒューマン」という言葉は，世界の中心は科学技術で，近代の人間中心主義の時代は終わったという考え方が核心にあり，「他者としての自然」が消滅した状況を指している。近代の人間中心主義は，自然の他者性を縮減し，自然についてわからないところがあっても，いつか必ずわかるものととらえるようになった。さらに現代では，それまで操作できない分野だった人間の身体に対しても，新しい技術によって操作可能性が大幅に高まってきている。だが，新型コロナウイルスによる危機は，技術が世界の謎を解明し尽くして自然を改変できるという観念を吹き飛ばした。私たちは，なぜ，科学技術による自然の征服という妄想にとりつかれていたのかを考えるべきではないか。「ポスト・ヒューマン」の観念は，技術決定論の一種だが，現実に社会で用いる技術を決めるのは，その社会のあり方である。「ポスト・ヒューマン」は，人間とその社会を技術に隷属させる非常識な考え方といえる。新型コロナウイルスの大流行によって，自然の他者性は，私たちのもとに返ってきた。私たちは，私たちの社会が人類の福祉と幸福のために発展させるべき知識や技術について，改めて問われている。

問一＜接続語＞Ⅰ.「現代世界で起こった重要な変化」とは，「私たちの内なる自然」，言い換えれば「自然としての人間」に対する態度の変化である。　Ⅱ.「日本の江戸時代には，正確に時を刻むことのできる時計」があったが，その時計は「広く使われること」はなかった。　Ⅲ.「社会のあり方が独立変数であり，技術はその関数」なのだが，言うまでもなく，「技術が社会の在り方に影響すること」は多々ある。

問二＜文章内容＞「ポスト・ヒューマン」の概念の核心にあるのは，AIが人間を超えて，「科学技術」が「世界の中心を占める」ようになり，人間が科学技術によって自然に介入した近代の「人間中心主義(ヒューマニズム)の時代が終わった」という考え方である。

問三＜文章内容＞人間にとって，自然は「自分の思う通りにはどうしてもならない」という「他者性」を持つ存在だった。だが，「自然の法則を解明してそこに介入する技術」が発展して「他者性」が縮減した結果，自然から「わからない」部分がなくなったと考えられるようになったのである。

問四＜文章内容＞「人間には理性がある」という定義は，脳科学の使い方で「変更可能」になり，「人間の生殖・出生」のように，「偶然に委ねる」しかなかった分野も，遺伝子操作で介入が可能になった。そのため，人間は，新技術の発展によって，従来の「人間の定義」が揺らぐことに不安を抱いているのである。

問五＜文章内容＞新型コロナウイルスによって，「感染症に対する人類の知識」は限られており，科学技術が「世界の謎を解明し尽くして～自然を改変することができる」という観念が「妄想」であることが明確になった。私たちは，「科学技術による自然の征服」はできないという常識に引き戻されたのである。

問六＜文章内容＞江戸時代には正確に時を刻む時計があっても，「広く使われること」がなかったように，「どの技術が用いられ，どの技術が用いられないか」を決めるのは，「その社会の在り方」で，「社会の在り方はその社会の持つ技術によって決定される」という技術決定論とは逆なのである。

問七＜文章内容＞資本主義社会では「生産力を絶えず向上させることが至上命令」で，「より高度な生産性の実現」を目指して技術革新も「際限のないもの」になり，その影響で「社会の変化も間断なきもの」となる。そのため，「技術革新が社会の在り方を変え続けている」ように見えるのである。

問八＜作文＞まず提示された条件を把握する。「具体的な経験を挙げながら」とあるので，「コロナ禍」での自分の経験を明確に述べ，そこから気づいたことを書く。解答例では「オンライン授業」という経験と，「教室で友達と学び合うことの大切さ」という経験から気づいた事柄を書いている。

三〔古文の読解―説話〕出典；『沙石集』巻第三ノ二。

≪現代語訳≫下総の国にある御家人がいた。領家の代官と訴訟することがあって，たびたび問答をしたが，らちがあかず，鎌倉幕府で裁判を行った。北条泰時が，執権の時代だったが，地頭は，領家の代官と重ね重ね問答をして，領家の代官が筋道の通った重要な点を申し述べたとき，地頭は手をはたと打って，泰時の方を向き，「ああ負けたなあ」と言った(その)とき，座席の人々は一斉に，「ははは」と笑ったけれども，泰時はうなずいて，「見事にお負けになりましたね。この泰時は執権として長年，このように問答を裁決してまいりましたが，『ああ負けたなあ』と聞こえた人でも，自分の主張が通らないと，一言でも釈明を申し立てるもので，周囲から負けにされることはあるが，自分から負けたという人はまだうかがったことがありません。先ほどの問答は，お互いにもっともなことだとお聞きしました。今の領家のお代官の申されたことが筋道が通っていると聞いたときに，反論することもなくお負けになったのは，返す返す見事なことだと思われました。正直な人でおられるのですね」と言って，涙ぐんでお褒めになったので，笑っていた人々も気まずくなったように見えた。そして領家の代官は，「平生の道理を聞いてご理解くださり，特別に道理に外れたことをしていたわけではなかったのですね」と言って，六年分の未納の年貢のうち，三年分を免除したのだった。情けのある人である。これこそ，負けたからこそ勝ったというありさまである。

だから，人は物の道理を知り，正直であるべきである。過(あやま)ちを犯しても，物の道理を知り自分の間違いだと思って，正直に過ちを明らかにして恐れ気をつければ，その過ちは許されるのである。過ちとも思わず，隠し，うそを言って過ちは犯していないと言うのは，いっそう過ちの罪が重くなる。

問一＜歴史的仮名遣い＞a．歴史的仮名遣いの語頭以外のハ行は，現代仮名遣いでは原則として「わいうえお」になる。　b．歴史的仮名遣いの「ゑ」は現代仮名遣いでは「え」になる。

問二＜古文の内容理解＞Ⅰ．領家の代官の「肝心の道理」を聞いて，地頭が「あら負けや」と言った。Ⅱ．領家の代官は，地頭の主張や行いを「ことさらのひが事」ではないと判断して，六年分の未納の年貢のうち，三年分は納めないでよいと許した。

問三＜古文の内容理解＞領家の代官の筋道の通った主張を聞いて，地頭は「あら負けや」と負けを受け入れた。いっさいの釈明をせず，自ら負けを認める地頭の潔さに，泰時は，感心したのである。

問四＜古文の内容理解＞泰時が地頭の潔さを高く評価し，「正直の人」と涙ぐんで褒めたたえたので，地頭を笑った「座席の人々」は，自分たちの軽率さを顧みて，いたたまれなくなったのである。

問五＜古文の内容理解＞地頭は訴訟では負けたものの，負けを素直に認めたことで，未納だった六年分の年貢のうち三年分は免除されることになり，地頭にとっても有益な結果になったのである。

問六＜古文の内容理解＞地頭は，領家の代官の言い分を理解し，自分の負けを認めたことで，泰時から「正直の人」と褒められ，代官からも年貢を半分免除された。このように道理に従い，正直に自分の過失を認めれば，過失は許される。「物の道理を知り，正直」であることが，大切なのである。

四〔漢字〕

①「高揚」は，精神のはたらきが高まり気分が盛り上がること。　②「誇張」は，実状より大げさに言うこと。　③「享受」は，与えられる利益を受け取って自分のものにすること。　④「柔軟」は，特定の考えや立場にこだわらず，状況に応じて対処できるさま。　⑤音読みは「凝縮」などの「ギョウ」。　⑥「開拓」は，新たな領域や道を切り開くこと。　⑦「推移」は，時間がたつにつれて状態が変化すること。　⑧「穏健」は，考え方に偏りや行きすぎがなく，落ち着いているさま。　⑨「是正」は，誤りや欠点を正しく直すこと。　⑩音読みは「遂行」などの「スイ」。

2022年度 佼成学園高等学校

【英　語】（50分）〈満点：100点〉

〈編集部注：実物の入試問題では，3のChart 1，Chart 2のグラフはカラー印刷です。〉

1 　次の英文を読み，問いに答えなさい。

*COVID-19 is increasing in Japan, and all over the world. Being clean is now more important than being friendly to the environment. *Environmental care organizations need the change which comes with this new situation.

People who *care about the environment are making new ways of spreading their environmental care message, but they are worried that Japan has changed. They are afraid that the environmental care effort is now a part of the past.

Eighteen months ago, a company named *Fridays For Future opened in Japan. Now they will not be able to continue their business. Because of COVID-19, people need to use *social distancing, and cannot meet in big groups. These days companies are using more (1)single-use plastics because they are easier to keep clean.

"Usually the *COP26 (26th Conference of the Parties) makes more work for governments because the COP26 writes new environmental laws," said Sam Annesley, a 37-year-old member of *Greenpeace Japan. Because of the COVID-19 situation, the COP26 will be held later.

At the start of COVID-19, companies asked people to use more (1)single-use plastics to *slow the *spread of the disease. At bread shops, foods were put in (1)single-use plastic bags, and at Starbucks, customers couldn't use their own cups again. At events, they don't share food at one table, but they bring their own lunch boxes.

"We used bags and cups again and again before. But I don't think it was a dirty way." said Mona Neuhauss, *founder of *NoPlasticJapan. "Now, people have *come to think about the questions, 'What is clean?' and 'What isn't clean?'" "People are buying extra food and products, and aren't worrying about the extra garbage or damage to the environment," Neuhauss also said.

Right now, Japan isn't following (2)its old environmental care effort because of COVID-19, but we may return to it eventually. People who care about the environment are always trying to find new ways to be kinder to the environment.

People now meet online. Before the COVID-19 situation, they met members only in Tokyo. Now, people from all over Japan can join the online events.

Robin Lewis, *co-founder of *MyMizu and *Social Innovation Japan, was going to have events for *Earth Day and *World Water Day, but couldn't because of the COVID-19 situation. In March, they had their first online event with 100 people from five different countries.

Lewis wants to have more online events and he wants many new people to join them. They hope that after COVID-19 is finished, people will return to actions which are friendly to the environment again. "I like to keep positive *thoughts. I believe people are good and that they want to be good to the environment. The global situation of COVID-19 will end someday, and people will return to *behaving in good ways for the environment soon," he said.

The world tried very hard and worked together to slow COVID-19. Can the world work together in the same way to help the environment ?

The WHO (World Health Organization) says, "Diseases will spread faster because of climate change." "We are destroying the forests. It will make the weather *rainier, and we will have more *mosquitos that cause diseases. When we go into the *wilderness, we will also live closer to some animals which are dangerous because of their diseases," says the WHO.

"There is a *connection between our health and the health of the environment. We have to remember the connection and start behaving in a way that is friendly to the environment again," Annesley said.

Annesley believes that this is a time of change for Japan. Japanese people now think that the government should make decisions that are good for the environment.

"This time of change has the power to make the situation better," he said. "I think that we can make important changes during this situation. We can become a country and world that is friendly to the environment. I believe that we can find (3)the best way for us."

*COVID-19 新型コロナウイルス感染症 *environmental care organization 環境保護団体
*care about ～ ～を気づかう *Fridays For Future グレタ・トゥーンベリ創設の気候変動対策運動
*social distancing ソーシャルディスタンス *COP26 第26回気候変動枠組条約締約国会議
*Greenpeace Japan 環境と平和を願う国際NGO *slow ～ ～を遅らせる *spread 拡散
*founder 設立者 *NoPlasticJapan プラスチックの代用品を提供する団体 *come to～ ～するようになる
*co-founder 共同設立者 *MyMizu 給水アプリ *Social Innovation Japan プラスチックの消費削減団体
*Earth Day 地球環境について考える日 *World Water Day 世界水の日 *thought 考え
*behaving 行動すること *rainier 雨の多い *mosquito 蚊
*wilderness 手つかずの原野 *connection つながり

問1 本文の中に複数回出てくる下線部(1)のsingle-useの意味する言葉を**6字までの日本語**で答えなさい。

問2 下線部(2)とはどのような内容の活動か。本文の内容に即して**20字程度の日本語**で具体的に説明しなさい。なお，句読点も字数に含めます。

問3 COVID-19の影響により，以前と比べて変化したものとして適切なものを1つ選び，番号で答えなさい。

1 People can't even join big events online.
2 People keep their actions more positive and friendly.
3 People have come to use more plastic cups or containers to be cleaner.
4 People have realized that plastic bags are as useful as their own lunch boxes.

問4 WHOの心配する地球上の変化として正しいものを1つ選び，番号で答えなさい。

1 A lot of rain is destroying the forest every year.
2 A lot of wild animals will die because of some new kinds of diseases.
3 If we live in the wilderness, we'll have more chances to get diseases.
4 Some dangerous animals will live closer to people because of the rainy weather.

問5 下線部(3)の方法として適切なものを1つ選び，番号で答えなさい。

1 the way to reduce garbage and protect people's health
2 the way to change the situation by government decision
3 the way to work for both the people's health and the environment
4 the way to think more about the environment and climate change

問6　次の文が本文の内容と一致していれば○，一致していなければ×と答えなさい。

1　Many people don't think that protecting the environment is as important as cleaning things.

2　Some organizations and companies cannot continue their actions against COVID-19 because of the change of environment.

3　Governments are now working hard to make new environmental laws.

4　People are now using their own lunch boxes because they don't want to make extra garbage.

5　Some people think climate change makes people's condition worse.

2　次の英文を読み，問いに答えなさい。なお，①から⑦は段落番号です。

①　Everyone feels happy when they are *praised. It feels good. You may think that "*appreciation" has a small meaning. However, this word is so powerful that it gives someone inspiration if it is used carefully. If someone receives appreciation after they do a *task, they will try harder and feel good energy when they are working.

②　This word has a lot of power, and it is *inspirational. We can change bad ideas into good ones. This is <u>appreciation's magic</u>. Many people use this word, but they *don't always use its full power. When a person is inspired by appreciation, they can do difficult tasks easily. Many businesses and international companies are famous for their "culture of appreciation" to make *employees happy.

③　Sometimes a team is given a difficult task. They may not know how to do it. The leader of the team can tell them about great things which they have done before. The team members can do their tasks better, and feel good while they do it.

④　Everyone in this world loves to *feel appreciated. It is polite to say "thank you" when someone does something for you. You make your appreciation more effective by using [A] words like "good job," "you can do it," or "you're the best." If you say these with "thank you," a person will work harder in the future.

⑤　Effective appreciation is a skill. Most people aren't good at *appreciating. They can show appreciation when someone does something good for them. If a person isn't good at doing things, they may feel bad because they don't get appreciation. Even if they fail, you should show them your appreciation.

⑥　Appreciation isn't only limited for work or school. We can use it anywhere. If your mother or father makes you dinner, it is important to praise them for their hard work. Did one of your brothers do something to cheer you up and make you happy? Tell that you're *thankful. These are examples to show appreciation anywhere. If someone does something nice for you, say "thank you" quickly, and they will understand how you feel.

⑦　A good person shows someone appreciation for their hard work. It also shows that you understand what other people need and how they feel. It is important to *give praise anywhere, anytime. It can make your and other people's lives better.

*praise ～　～をほめる　*appreciation　感謝　*task　仕事・課題
*inspirational　心を動かす　*not always ～　必ずしも～ではない　*employee　従業員
*feel appreciated　感謝を感じる　*appreciate　感謝する
*thankful　感謝している　*give praise　ほめ言葉を言う

問1　第2段落の下線部appreciation's magicの効果として適切なものを1つ選び，番号で答えなさい。

1　We can only do easy tasks.
2　We can make our ideas better.
3　Most people can use full power.
4　Many companies become famous.

問2　本文の内容に即して，第4段落の空所［A］に当てはまる語句を1つ選び，番号で答えなさい。

1　easy　　2　clear　　3　positive　　4　surprising

問3　第5段落の内容として適切なものを1つ選び，番号で答えなさい。

1　People have to get appreciation to be good employees.
2　If people show appreciation, someone can do something good.
3　Even if someone cannot do well, it is important to thank them.
4　Showing appreciation only to the leader of the team is important.

問4　次の文が本文の内容と一致していれば○，一致していなければ×と答えなさい。

1　By doing difficult tasks easily, the team member can feel good.
2　Employees in some companies can work well because of the appreciation culture.
3　People don't have the responsibility to appreciate their family.
4　Our lives get better when we are appreciated.

問5　あなたが感謝したいと思う人を1名あげ，その理由を**50語前後の英文**で説明しなさい。解答は以下の文から書きはじめ，空欄にはあなたが感謝したいと思う人を書くこと。

I want to say "thank you" to［　　　］.

なお，上記の書き出し文は語数に含まれるが「，」「．」「" "」等の記号は語数に含めないこととします。

3　次のNote 1とNote 2は，ミホが通う中学校の校内活動の募集欄です。Chart 1とChart 2は，"Picking Up"のグループが校内ゴミ拾い活動をした際に，拾ったゴミの数を表したグラフです。これらを読み取り，下の1～3の(　)内の語(句)を並べかえなさい。ただし，**それぞれ1つずつ不要な語(句)があります**。

Note 1

"Picking Up"

Activity Day	: The fourth Monday every month.
Details	: Picking up garbage and cleaning up around school.
Notes	: Anyone can join. You need your own gloves for the activity. We will report our activity on the school newspaper next month.

Note 2

"School Newspaper"

Activity Day	: The first Monday every month.
Details	: Publishing regular school newspapers on the first Monday.
Notes	: We welcome four students. We will report the articles about school events and the Picking Up activities every month.

Chart 1

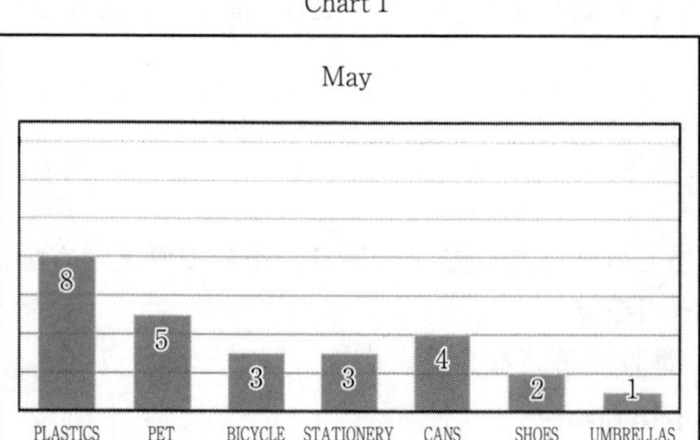

Chart 2

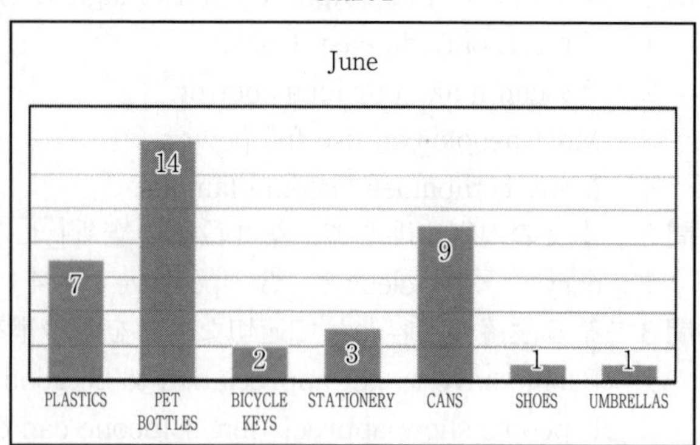

1　You have to (want to / bring / join / give / you / your gloves / if) the Picking Up activity.

2　We should (school newspaper / the result / know / look at / to / May's / July's) of the Picking Up activity in June.

3　More (June / cans / plastics / PET bottles and / found in / than / were) in May.

4　次の英文は，"Picking Up"のボランティア活動に参加したミホの感想文が，"School Newspaper"の記事に掲載されたものです。以下の下線部①～⑩の中には**不適切なものが4つ**含まれています。その番号を指摘し，それぞれ**最も適切な語(句)**に書き改めなさい。

I joined "Picking Up." I have two reasons for that. First, garbage is one of ①<u>the most serious</u> problems in the world. For example, there is a lot of garbage ②<u>throw</u> away on the beach. It smells awful, and is very bad for the environment.

Plastics are dangerous for things ③<u>living</u> in the sea. A lot of plastic waste is left in the sea. It changes into "*microplastics." Animals sometimes think microplastics are food, and eat them. Their bodies can't *digest them, ④<u>because</u> they die. A lot of birds, fish, and sea turtles *die from this. This makes me ⑤<u>so sad</u>.

Second, I'd like ⑥<u>to talk</u> about *morality. We need to *be responsible with our garbage. I often see some *cigarette butts on the street near my school. *Smokers *littered them there after smoking. I also saw some garbage on the school grounds when I joined the Picking Up activity. Some students probably littered their bottles or cans after drinking. I couldn't understand ⑦<u>why they did</u> such a thing. Who had to pick them up? At last, teachers, cleaning staff, and other students picked them up, and put them in the trash can. I think the person who buys something ⑧<u>have to</u> throw it away themselves.

Through this activity, I want to help my classmates learn about "morality." It will get ⑨<u>hotter</u> in July, so I think students will buy more drinks. To stop littering, I made "No Littering" *stickers. I asked some of my classmates ⑩<u>putting</u> these stickers on the walls, and they helped me. I hope you will remember about morality and not litter.

Miho Kida

*microplastics：直径5mm未満のプラスチック粒子　*digest ～：～を消化する　*die from ～：～で死ぬ
*morality：道徳心　*be responsible with ～：～に責任をもつ　*cigarette butt：たばこの吸い殻
*smoker：喫煙者　*litter ～：～を捨てる　*sticker：ステッカー

【数　学】 (50分)〈満点：100点〉

(注意)　1．2～4は答えが出るまでの過程もしっかり書きなさい。

2．円周率はすべてπを使用しなさい。

1　次の各問いに答えなさい。

(1)　$\dfrac{x+2y}{4}+\dfrac{x+3y}{3}-\dfrac{x+3y}{2}$を計算しなさい。

(2)　$4x^2-y^2+6y-9$を因数分解しなさい。

(3)　$\sqrt{5}$の小数部分をaとするとき，a^2+4aの値を求めなさい。

(4)　8％の食塩水100gと5％の食塩水を混ぜて，6％の食塩水を作りたい。このとき，5％の食塩水は何g混ぜればよいか答えなさい。

(5)　点A$(-3,\ 4)$，点B$(1,\ 2)$と，x軸上に点Pがある。このとき，AP＋PBを最小にする点Pのx座標を求めなさい。

(6)　1円，5円，10円，50円，100円の5種類の硬貨を同時に1枚ずつ投げるとき，表になった硬貨の合計金額が奇数となる確率を求めなさい。ただし，表と裏が出る確率は，どれも等しいこととする。

(7)　下の図1で，点Oは円の中心である。AB＝OCのとき，$\angle x$の大きさを求めなさい。

図1

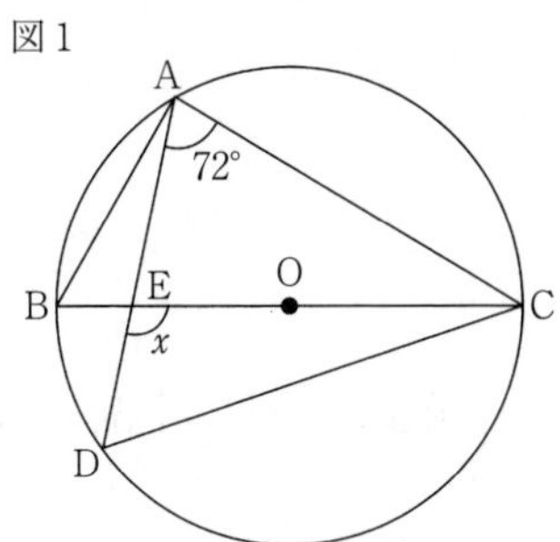

図2

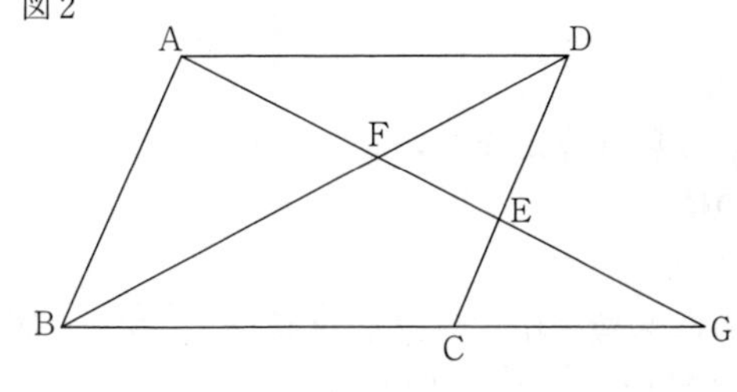

(8)　上の図2の平行四辺形ABCDで，CDを2：3の比に分ける点をEとし，AEとBDの交点をF，AEの延長線とBCの延長線との交点をGとするとき，AF：FE：EGを最も簡単な整数の比で答えなさい。

2　右の図のように，放物線$y=x^2$と直線$y=x+12$の2つの交点をA，Bとし，この直線とy軸との交点をCとする。このとき，次の問いに答えなさい。

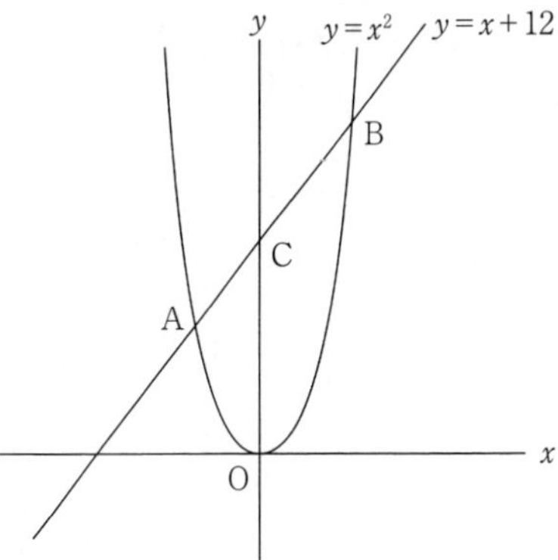

(1)　2点A，Bの座標を求めなさい。

(2)　線分ABの長さを求めなさい。

(3)　三角形OABの面積を求めなさい。

(4)　三角形OABを直線$y=x+12$のまわりに1回転させてできる立体の体積を求めなさい。

3　下の図は，AB＝AD＝4，AE＝8の直方体である。次の問いに答えなさい。

(1)　三角錐A－EFHの体積を求めなさい。

(2)　点Eから三角形AHFにひいた垂線EIの長さを求めなさい。

(3)　辺CG上にCP：PG＝3：5となるように点Pをとる。直線EPと三角形AHFの交点をQとするとき，線分EQの長さを求めなさい。

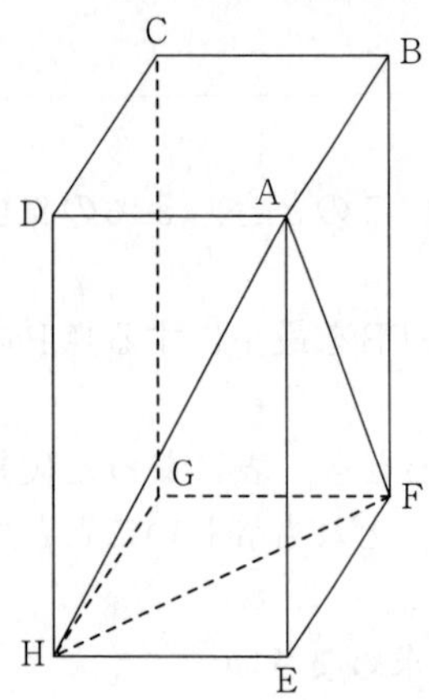

4　次の問いに答えなさい。

(1)　下の［ア］～［ケ］に適する数を答えなさい。

1から25までの自然数の積

$1\times2\times3\times\cdots\cdots\times24\times25$……①

について，1から25までの自然数の中に，2の倍数は［ア］個，2^2の倍数は［イ］個，2^3の倍数は［ウ］個，2^4の倍数は［エ］個ある。

よって，1から25までの自然数の積①に含まれる因数2は全部で［オ］個ある。

同様にして，5の倍数は［カ］個，5^2の倍数は［キ］個あるから，①に含まれる因数5は全部で［ク］個ある。

したがって，①は，一の位から下［ケ］桁まで0の数字が並ぶ。

(2)　1から125までの自然数の積$1\times2\times3\times\cdots\cdots\times124\times125$を計算すると，一の位から0がいくつ連続するか答えなさい。

ウ　なぜ関わりの無い相人が身代わりになってまで盗人を助けようとしているのか不思議に思う気持ち。

エ　盗人は極楽往生する人相であるため許すべきであるという相人の言葉に驚きあきれる気持ち。

問五　傍線部③「かかる事なんある」とありますが、「かかる事」とはどのようなことを指していますか。四十字以内で説明しなさい。

問六　傍線部④「相かなひて」の意味として適当なものを次の中から選び、記号で答えなさい。

ア　相人の見立てが当たって

イ　盗人の願いが実現して

ウ　相人の思いが伝わって

エ　盗人の行動が評価されて

問七　本文の内容として**適当でないもの**を次の中から一つ選び、記号で答えなさい。

ア　相人によって助けられた盗人は、その後仏道修行に打ち込み菩提講を始めた。

イ　盗人は改心して聖となり、最後には願いをかなえて極楽往生を遂げることができた。

ウ　なんとか許してほしいという盗人の言葉に心を打たれ、別当は盗人を許すことにした。

エ　すばらしい相人でなければ、この聖のような名を残す人の相を読み取ることはできなかった。

四　次の——線部について、漢字をひらがなに、カタカナを漢字に直しなさい。

① 彼とは懇意の間柄だ。
② テストの添削をする。
③ 柔和な表情の老人と出会う。
④ 大会は隔年で開催される。
⑤ 周囲を欺くような行動をとる。
⑥ コフンから土器が発見される。
⑦ 物価は上がるケイコウにある。
⑧ 優勝した選手がカンルイにむせぶ。
⑨ 野球のジッキョウ中継を見る。
⑩ 教会はオゴソかな空気に包まれていた。

※6往生すべき相ある人なり」といひければ、「②よしなき事いふ、物も覚えぬ相する御坊（ごぼう）かな」といひて、ただ斬りに斬らんとすれば、その斬らんとする足の上にのぼりて、「この足のbかはりに我が足を斬れ。往生すべき相ある者の足斬られては、いかでか見んや（どうしても見ていられない）。おうおう」とⅠをめきければ（大声で叫んだので）、斬らんとする者ども、しあつかひて（扱いきれなくなって）、検非違使に、「かうかうの事侍り（はべ）（これこれのことがございます）」とⅡいひければ、やんごとなき（すぐれた）相人のいふ事なれば、さすがに用ひずもなくて（もち）（取り上げないわけにもいかず）、※7別当（べっとう）に、「③かかる事なんある（このようなことがあった）」と申しければ、「さらば許してよ」とて、許されにけり。

その時この盗人、心おこして法師になりて、いみじき聖になりて、この菩提講は始めたるなり。④相かなひて、いみじく終（おわり）とりて（極楽往生を遂げて）こそⅢ失（う）せにけれ。かかれば（こういうわけで）、高名せんずる人は（名を残すような人は）、その相ありとも、おぼろけの相人（並たいていの相人では）の見る事にてもあらざりけり（見極めることはできないのである）。始め置きたる講も、今日まで絶えぬは、まことにあはれなる事なりかし（感慨深いものである）。

（『宇治拾遺物語』より）

※1　菩提講…死後に極楽に行くための仏教の教えを説く集会。
※2　聖…徳の高い僧。
※3　人屋（ひとや）…牢屋。
※4　検非違使…平安時代以降に犯罪を取り締まり、治安を維持した役人。
※5　相人…人相を見る人。
※6　往生…善行を重ねて死後極楽に行くこと。人間にとって最も願わしい理想とされた。
※7　別当…検非違使の長官。

問一　二重傍線部a「いふやう」、b「かはり」の読みをそれぞれ現代かなづかいで答えなさい。

問二　波線部Ⅰ「をめき」、Ⅱ「いひ」、Ⅲ「失せ」は誰の動作を表していますか。次の中からそれぞれ選び、記号で答えなさい。

ア　盗人　　イ　相人
ウ　検非違使　　エ　別当
オ　斬らんとする者

問三　傍線部①「この度これが足斬りてん」とありますが、なぜ検非違使たちはこのような決断をしたのですか。その理由として最も適当なものを次の中から選び、記号で答えなさい。

ア　七度目の悪行は、過去の過ちとは比べものにならないほど極悪非道な行為だったため、救えなくなってしまったから。
イ　度重なる悪行にもかかわらず、相人を呼んで助かろうとする思惑が見え透いて感じられ、腹が立ったから。
ウ　一、二度の過ちでも許されないのに、たびたび悪行を繰り返しているため、強い制裁を加える必要があると感じたから。
エ　菩提講を始めるほど仏教に精通した人間にもかかわらず、仏道に反する行為をしていることが許せなかったから。

問四　傍線部②「よしなき事いふ、物も覚えぬ相する御坊かな」とありますが、この言葉から読み取れる心情の説明として最も適当なものを次の中から選び、記号で答えなさい。

ア　すばらしい相人であると聞いていたのに、盗人の犯した罪の重さすら認識できないことにがっかりする気持ち。
イ　いくらすばらしい相人であるとはいえ、自分に免じて許してほしいという相人の傲慢（ごうまん）さに憤る気持ち。

すか。最も適当なものを次の中から選び、記号で答えなさい。

ア　科学によって確固たる法則が生まれることで、自分たちの生活がますます豊かになっていくということ。

イ　不吉な出来事の原因を明らかにしていくことで、科学に対する信頼性が増していくということ。

ウ　様々な事象を解き明かす過程にあって、科学自体も進化発展していくものであるということ。

エ　飛躍的に科学技術が進歩した結果、すべてのことが予測できるような世界が訪れたということ。

問五　傍線部④「実は『分からないこと』が世界に存在することも、また福音ではないだろうか」とありますが、なぜそのように言えるのですか。その理由として最も適当なものを次の中から選び、記号で答えなさい。

ア　分からないことが世界に存在していることで、人間が物事を理解したり判断したりする行為が意味を持ち、選択の幅が広がっていくから。

イ　分からないことを分かるようにしていくことで、まったくの混沌の中で何かを選択するという人間の行為に意味が与えられるから。

ウ　分からないことを分かるようにしていくことで、神の摂理のような絶対的真実が存在しないという事実に気づくことができるようになるから。

エ　分からないことが世界に存在していることで、心の拠りどころとなる科学や宗教の中に別の意味での「生きて」いる自分を実感することができるから。

問六　本文の内容として**適当でないもの**を次の中から一つ選び、記号で答えなさい。

ア　生き物が生み出した「形」には、有機物のような化学物質や細胞などの小さなものから、アリ塚やメトロポリスなどの大きなものまで存在する。

イ　生命の進化は、「自己複製」と「変異」という方向性が全く異なる二つの行為を、状況に応じて使い分けることによって成り立っている。

ウ　知的な存在としての人間は、分からないことに覆われた混沌の世界の中で「分かること」を増やしながら「形」を作っている。

エ　現在すべてのがんを完治させるような療法は存在しないが、今後効果が認められた特効薬が開発されれば世界に新たな「形」を生み出すことになる。

問七　波線部「現在まだ正答のない問題として残されている」ことの例として、本文では「がん治療」が挙げられています。病気治療の例以外で、現在「正答のない問題として残されている」ものを一つ挙げ、その問題の解決のために取り組まれている事例を具体的に説明しなさい。

三

次の文章を読み、後の問いに答えなさい。

東北院の※1菩提講（ぼだいこう）始めける※2聖（ひじり）は、もとはいみじき悪人（ひどい）にて、※3人屋（ひとや）に七度ぞ入りたりける。七度といひけるたび（七度目になった時に）、※4検非違使（けびいし）ども集（あつま）りて、「これはいみじき悪人なり。一二度人屋に居んだに（入っただけでさえ、）、人としてはよかるべき事かは（人として良いはずがないことだ。）。ましていくそばく（何度も）の犯（おかし）をして、かく七度までは、あさましく（驚きあきれるほどひどい事）ゆゆしき事なり。①この度これが足斬りてん（足を斬ってしまおう）」と定めて、足斬りに率て（連れていって）行きて、斬らん（斬ろう）とする程に、いみじき（すばらしい）※5相人ありけり。それが物へ行きけるが（たまたま通りかかったが）、この足斬らんとする者に寄りてａいふやう、「この人おのれに許されよ（私に免じて）。これは必ずかを選択してみても、それはただのギャンブルだ。そこに選択の意味はない。分かるとも分からないともつかない「薄闇」のような世界だからこそ、人間の知性や決断に意味が生まれ、そんな確定的でない世界であるからこそ、「アホな選択」もまた許される。いろんな「形」、多様性が花開く世界となるのだ。それは神の摂理のような〝真実の世界〟と、混沌が支配する〝無明の世界〟とのはざまにある場所であり、また「科学」と、まだ科学が把握できていない「非科学」のはざま、と言い換えることができる空間でもある。

その「縁」で、人が何かを形作りながら、時に壊し、作り直しては、また壊す。何がそれをさせているのかも分からない、その生滅の営みが、あの押し寄せてくる形のない真っ黒なものを、少しだけ押し返し、そこに新しい空間を生み出していく。人はその中で初めて〝自分として〟生きていける。何か、そんなことがあるのではないか？　人が生きる意味も、本当はその「縁」でしか生じ得ないことなのではないか？

そんなことを思うのである。

（中屋敷　均『科学と非科学』講談社より）

＊本文は設問の都合上、一部表記を改めてあります。

※1　カオス…無秩序で、様々な要素が入り乱れていること。

※2　端緒…物事の始まりのこと。

※3　レンジ…範囲。

※4　巨視的…大きな見方、大きなとらえ方のこと。

※5　微視的…小さな見方、小さなとらえ方のこと。

※6　メトロポリス…大都会のこと。

※7　熱力学第二法則…分子の熱運動は、より無秩序な状態に一定方向にのみ変化することを示す法則。

※8　ベクトル…方向性のこと。

※9　福音…喜ばしい知らせ、よい知らせのこと。

問一　（Ⅰ）・（Ⅱ）に当てはまる言葉として最も適当なものを次の中からそれぞれ選び、記号で答えなさい。

ア　なぜなら　　イ　たとえば
ウ　しかし　　エ　むしろ

問二　傍線部①「身近なイメージで言えば、〝水〟を挙げられるだろうか」とありますが、〝水〟のどのような点が「カオスの縁」であると言えるのですか。最も適当なものを次の中から選び、記号で答えなさい。

ア　水が液体として存在するための条件が限られており、水蒸気とも氷とも異なる特殊な状態である点。

イ　水は他の物質に比べると、様々な生命の誕生に大きく貢献した重要な物質である点。

ウ　水分子は結合したり離れたりするため、固体・液体・気体という複数の形態をとる点。

エ　水は氷から水蒸気への過渡期にあたる状態で、各分子の配列がまだ解明できていない点。

問三　傍線部②「『カオスの縁』という現象が注目されたのは、それが生命現象とどこかつながりを感じさせるものだった」とありますが、「カオスの縁」が生命現象とつながりを感じさせるのはなぜですか。その理由として最も適当なものを次の中から選び、記号で答えなさい。

ア　生命は静的な世界と動的な世界の間に生まれることによって、反応性に富んだ様々な形や大きさを作ることができるから。

イ　生命は時間とともにカオスへと向かっていくものであり、形あるものとして長期間存在し続けることはできないから。

ウ　生命は自分に必要な分子を取り入れることによって、自己複製しながら自分と同じものを作る行為を繰り返しているから。

エ　生命は無秩序と安定の間にあって、秩序を与えながら形あるものを生み出す複雑性をもった現象であるから。

問四　傍線部③「『生きている』科学にも、少しこれと似た側面がある」とありますが、「『生きている』科学」とはどういうことでく、様々な意味で生命は秩序に縛られた静的な世界と、形を持たない無秩序な世界の間に存在する、何か複雑で動的な現象である。「カオスの縁」、つまりそのはざまの空間こそが、生命が生きている場所なのである。

③「生きている」科学にも、少しこれと似た側面がある。科学は混沌とした世界に法則やそれを担う分子機構といった何かの実体、つまり「形」を与えていく人の営為と言える。たとえば、あなたが街を歩いている時、突然、太陽がなくなり、真っ暗になってしまったとする。一体、何が起こったのか不安に思い混乱するだろう。実際、古代における日食や月食は、そんな出来事だった。不吉な出来事の予兆とか、神の怒りとして恐れられてきた歴史がある。

（Ⅱ）、今日では日食も月食も物理法則により起こる現象であることが科学によって解明され、何百年先の発生場所、その日時さえきちんと予測することができる。それはある意味、人類が世界の秩序を理解し、変わることない〝不動〟の姿を、つかんだということだ。何が起こったのか訳が分からなかった世界に、確固とした「形」が与えられたのだ。

一方、たとえばがんの治療などは、現在まだ正答のない問題として残されている。外科的な手術、抗がん剤、放射線治療。こういった標準治療に加えて、免疫療法、食事療法、鍼灸など代替医療と呼ばれる療法などもあるが、どんながんでもこれをやれば、まず完治するというような療法は存在しない。そこには科学では解明できていない、形のはっきりしない闇のような領域がまだ大きく広がっている。しかし、この先どんながんにも効果があるような特効薬が開発されれば、がんの治療にはそれを使えば良い、ということになるだろう。

それは、かつて細菌の感染症に対して抗生物質が発見された時のように、世界に新しい「形」がまた一つ生まれたことを意味することになる。このように人類が科学の力で世界の秩序・仕組みのようなものを次々と明らかにしていけば、世界の姿は固定され、新たな「形」がどんどん生まれていく。それは人類にもたらされる大きな※9福音だ。

しかし、また一方、こんなことも思うのだ。もし、そうやって世界の形がどんどん決まっていき、すべてのことが予測でき、何に対しても「正しい」判断ができるようになったとして、その世界は果たして、人間にとってどんな世界なのだろう？　生まれてすぐに遺伝子診断を行えば、その人がどんな能力やリスクを持っているのか、たちどころに分かり、幼少時からその適性に合わせた教育・訓練をし、持っている病気のリスクに合わせて、毎日の食事やエクササイズなども最適化されたものが提供される。結婚相手は互いの遺伝子型の組み合わせと、男女の相性情報の膨大なデータベースに基づいて自動的に幾人かの候補者が選ばれる。

科学がその役目を終えた世界。病も事故も未知もない、そんな神様が作ったユートピアのような揺らぎのない世界に、むしろ「息苦しさ」を感じてしまうのは、私だけであろうか？

少なくとも現時点では、この世界は結局のところ、「分からないこと」に覆われた世界である。目をつぶって何かに、それは科学であれ、宗教であれ、すがりつく以外、心の拠りどころさえない。しかし、物理的な存在としての生命が「カオスの縁」に立ち、混沌から分子を取り入れ「形」を作り生きているように、知的な存在としての人間は、この「分からない」世界から少しずつ「分かること」を増やし、「形」を作っていくことで、また別の意味で「生きて」いる。

だから、世界に新しい「形」が与えられることが福音なら、④実は「分からないこと」が世界に存在することも、また福音ではないだろうか。目をつぶってしがみつける何かがあることではなく。「分かってしまった」世界に、人の選択の余地はない。人はただその「正しさ」に従うだけである。逆に、まったくの混沌の中で、何なり提唱された概念である。とても大雑把に言えば、二つの大きく異なった状態(相)の中間には、その両側の相のいずれとも異なった、複雑性が非常に増大した特殊な状態が現れる、というようなことを指している。

①身近なイメージで言えば、〝水〟を挙げられるだろうか。ご存知のように、水は気体・液体・固体という三つの形態をとる。たとえば、気体の水蒸気は水分子の熱運動が大きくなり、各分子が分子同士の結合力の束縛から放たれ、空間の中で自由気ままに振る舞っている非常に動的な姿である。一方、氷は水分子同士が強固に結合し、各分子は自身が持つ特性に従って規則正しく配列され、理にかなった秩序正しい形を保っている静的な状態だ。

その中間にある液体の、いわゆる〝水〟は、生命の誕生に大きく貢献したと考えられる、柔軟でいろんな物質と相互作用する独特な性質を多数持っている。水蒸気とも氷ともかなり異なった特性である。この〝水〟の状態で水分子が存在できる温度範囲は、宇宙のスケールで考えるなら、かなり狭い※3レンジであり、実際〝水〟を湛えた星はそうそう見つからない。※4巨視的に見れば〝水〟は分子同士が強固に束縛された氷という状態から、無秩序でカオス的に振る舞う水蒸気という状態への過渡期にある特殊な状態、すなわち「カオスの縁」にある姿と言えるのかもしれない。

この②「カオスの縁」という現象が注目されたのは、それが生命現象とどこかつながりを感じさせるものだったからである。生き物の特徴の一つは、この世界に「形」を生み出すことだ。それは※5微視的には有機物のような化学物質であり、少し大きく見れば細胞であり、その細胞からなる我々人間のような個体である。そして、さらに巨視的に見れば、その個体の活動の結果できてくるアリ塚であったり、ビーバーのダムであったり、東京のような巨大な※6メトロポリスであったりする。

しかし、こういった生物の営みは、自然界ではある意味、例外的なものである。(　Ⅰ　)、この世界は※7熱力学第二法則(エントロピー増大の法則)に支配されており、世界にある様々な分子たちは、より無秩序に、言葉を変えればカオスの方向へと、時間とともに向かっているはずだからである。そんなカオスへ向かいつつある世界の中で、「形あるもの」として長期間存在できるのは、一般的に言えば、それを構成する分子間の結合が極めて強いものであり、鉱物や氷といった化学的な反応性に乏しい単調な物質が主なものである。

ところが、生命はそんな無秩序へと変わりつつある世界から、自分に必要な分子を取り入れ、そこに秩序を与え「形あるもの」を生み出していく。その姿はまるで「カオスの縁」にたたずみ、形のないカオスから小石を拾い、河原に積み上げているかのようである。また、その積み上げられる分子の特徴は鉱石などと違い、反応性に富んだ物質が主であり、〝不動〟のものとして作り出されるのではなく、偶発的な要素に反応し、次々に違う複雑なパターンを描くものとして、この世に生み出されてくる。そして、それらは生命が失われれば、また形のない世界へと飲み込まれ、そこへと還っていくのだ。それは分子の、この世界における在り方という視点で考えれば、〝安定〟と〝無秩序〟の間に存在する、極めて特殊で複雑性に富んだ現象である。

また、生命の進化を考えてみよう。進化は、自己複製、つまり「自分と同じものを作る」という生命の持続を可能とする静的な行為と、変異、つまり「自分と違うものを作る」という秩序を破壊する、ある種、危険を伴った動的な行為の、二つの※8ベクトルで成り立っている。現在の地球上に溢れる、大きさも見た目も複雑さもその生態も、まったく違う様々な生命は、その静的・動的という正反対のベクトルが絶妙なバランスで作用する、その〝はざま〟から生まれ出てきたのだ。

生命は原子の振動が激しすぎる太陽のような高温環境では生きていけないし、逆に原子がほとんど動かない絶対零度のような静謐な結晶の世界でも生きていけない。この単純な事実を挙げるまでもなている。

問六　傍線部⑤「もっとも、いざつくりはじめると、そんな心配はまったく無用だった」とありますが、心配が「まったく無用だった」のはなぜですか。三十字以内で理由を説明しなさい。

問七　傍線部⑥「来年も、工作、手伝って」とありますが、雅也のこの言葉に込められた心情の説明として最も適当なものを次の中から選び、記号で答えなさい。

ア　来年からはもう工作を手伝ってくれないのではないかと感じ、父親の気持ちを確かめようと思っている。
イ　これからも父親が生き続けてくれることを願い、父親との楽しい時間がいつまでも続いてほしいと思っている。
ウ　来年には父親の病気も回復しているだろうと期待し、今年以上に頑丈な船を作りたいと思っている。
エ　父親の病気はもう治らないのではないかと悟り、なんとかして父親を励まさなければならないと思っている。

問八　傍線部⑦「じゃーん、進水式でーす」、⑧「船……浮かべてみようか」とありますが、この二つの発言における母親の心情の移り変わりを説明したものとして最も適当なものを次の中から選び、記号で答えなさい。

ア　雅也がタカシの力を借りながらなんとかして船を完成させたことをほほえましく感じていたが、タカシの体力がほとんど残されていないことに気づいて、沈んだ空気を必死に変えようと思っている。
イ　雅也が自分の助けなしに船を完成させたことへの寂しさを隠すためにわざと陽気なふりをしていたが、タカシと祖母の深刻なやりとりから自分の軽率なふるまいを反省して、真剣に船の完成を見届けようと思っている。
ウ　タカシと雅也が一生懸命作った船の進水式を楽しく盛り上げようとしていたが、病状が悪化しているタカシの姿や祖母の泣いている様子を目の当たりにして、明るい船の話題に引き戻そうと考えている。
エ　タカシが父親としての役目を果たして息子と船を完成させた喜びを全員で分かち合おうと思っていたが、祖母が割り込んできたことに戸惑いを隠しきれなくなって、それとなく話題を変えようと考えている。

問九　傍線部⑨「船を見つめて答えた。父親の顔は見なかった。母親からも目をそらしたかった」とありますが、なぜ雅也はこのような行動を取ったと考えられますか。その理由として最も適当なものを次の中から選び、記号で答えなさい。

ア　父親の病気が治らないことを理解し、父親の存在を象徴するものとして船に「タカシ丸」と名付けたが、自分のつけた名前が船にふさわしいかどうか自信が持てず、否定されてしまうのが怖かったから。
イ　船に「タカシ丸」と名付けることで、病気の父親に対して気を遣っているということを褒めてもらいたいと思ったが、声に出したとたんに父親の名前を船の名前にした自分が恥ずかしくなったから。
ウ　船を完成させることに夢中で、名前などまったく考えていなかったので思いつきで「タカシ丸」と名付けたが、意外にも船の様子に名前がぴったり合っているということに気づいて満足しているから。
エ　船に「タカシ丸」と名付けたことで、父親の死を受け止める覚悟を固めたつもりだったが、父親の目を見たり、母親の目を見たりしていると抑えていた感情があふれ出してしまいそうだったから。

二　次の文章を読み、後の問いに答えなさい。

「※1カオスの縁（ふち）」という言葉をご存知だろうか？　この「カオスの縁」とは、1960年代から行われているセル・オートマトンと呼ばれるコンピューター上のプログラムを使った研究が※2端緒（たんしょ）と

問一　二重傍線部Ⅰ「不意に」、Ⅱ「おじょうずを言い」の意味として最も適当なものを後の中からそれぞれ選び、記号で答えなさい。

Ⅰ「不意に」

ア　無駄に　　イ　意識せずに

ウ　突然に　　エ　予想外に

Ⅱ「おじょうずを言い」

ア　悪口を言って　　イ　皮肉を言って

ウ　言い訳を言って　　エ　お世辞を言って

問二　傍線部①「べつにいいけど、と肩をすとんと落として息をついた」とありますが、このときの雅也の心情の説明として最も適当なものを次の中から選び、記号で答えなさい。

ア　おしゃべりをしながら買い物をする親子にうっとうしさを感じる一方で、自分はもう父親と楽しい会話を交わすことはできないだろうと絶望している。

イ　一緒に買い物をするような存在は自分には必要ないのだと言い聞かせつつも、父親が自分のために時間を割いてくれないことにいらだちを隠せずにいる。

ウ　笑いながらじゃれあっている親子の姿にほほえましさを感じ、自分も早く買い物を終えて父親との楽しい時間を過ごしたいと願っている。

エ　自分と父親は仲良く買い物をするような関係ではなかったことを気に留めないようにしながらも、楽しそうな親子の姿にうらやましさを感じずにはいられないでいる。

問三　傍線部②「部屋の風景のピントがぴたっと合ったような気がする」とありますが、このときの雅也の心情の説明として最も適当なものを次の中から選び、記号で答えなさい。

ア　父親が家に帰ってきたことで、家族のあるべき姿をようやく取り戻すことができたように感じ、ほっとしている。

イ　父親が家に帰ってきたことで、病気の父親を支えるというはっきりとした覚悟が生まれている。

ウ　父親が家に帰ってきたことで、家族の風景がしっかりしたものになり、大黒柱としての父親を改めて尊敬している。

エ　父親が家に帰ってきたことで、父親が元気だった頃のにぎやかな生活が戻ってくるのではないかと期待している。

問四　傍線部③「やれるうちに、やっとかないとな」とありますが、このときの父親の気持ちとして最も適当なものを次の中から選び、記号で答えなさい。

ア　薬の効果が切れないうちに、息子の学校の宿題をなんとか終わらせてあげたいという気持ち。

イ　自分が生きている間に、家族との思い出を一つでも多く作っておきたいという気持ち。

ウ　がんが悪化して体が動かなくなる前に、ものづくりの楽しさを息子に伝えたいという気持ち。

エ　外泊ができるせっかくの機会なので、一刻も早く工作を終わらせてゆっくりくつろぎたいという気持ち

問五　傍線部④「雅也ははにかんで笑う」とありますが、このときの雅也の心情の説明として最も適当なものを次の中から選び、記号で答えなさい。

ア　乾電池の存在を教えてくれた声の主が大好きな父親だったということにようやく気づき、これまで思いつかなかったことを恥ずかしく感じている。

イ　自分一人での買い物で乾電池を忘れずに買ってきたことを父親から褒められ、素直に返答することができないほど照れくさく思っている。

ウ　理屈では説明がつかないが、ホームセンターで買い忘れていた物を父親が教えてくれた気がして、父親と心の深いところでつながっていることをうれしく思っている。

エ　ホームセンターで声が聞こえた理由は、父親が病院でも自分のことを気にかけてくれていたからだと知り、不安が解消され

たキュウリを手に載せて台所から出てきた。
「タカシ、これ、味見してくれんか。どげんじゃろうか、昔ほど上手に漬かっとるじゃろうか」
おばあちゃん、それ、晩ごはんのときでいいでしょ、と母親はやんわりさえぎろうとしたが、父親は「食うてみる」とふるさとの言葉で応えた。
キュウリは薄く切ってあるだけでなく、少しでも噛みやすいように、細かく包丁が入れられていた。父親はそれを祖母の手からつまんで、ゆっくりと口に運んだ。
「……どげな？」
不安そうな顔の祖母をいたわるように、父親は「美味えのう」と言った。「母ちゃんの漬け物は、やっぱりいちばん美味えのう」
祖母を父親が「母ちゃん」と呼ぶのを聞いたのは初めてだった。
「なにを、Ⅱおじょうずを言いよるんな」と照れくさそうに、すねたように、泣き出しそうに笑う、そんな祖母の顔を見たのも初めて。
しばらく口を動かしていた父親は、母親がそっと差し出したティッシュペーパーに、呑み込めなかったキュウリの噛みかすを吐き出した。祖母はそれに気づかないふりをして、「鍋を火にかけとるけん」と台所に戻って、ガラス戸を閉めきって、うずくまって泣く後ろ姿が、磨りガラス越しにぼんやり見えた。
「⑧船……浮かべてみようか」
母親も、もうはしゃがずに言った。
完成した船は、小学四年生の宿題にふさわしい不格好な出来映えだった。船というより、カマボコ板と発泡スチロールでできたイカダに、セロファンの帆とモーターをつけただけだった。
だが、タライの水に浮かべてモーターのスイッチを入れると、船は半分沈みそうになりながらも、ゆっくりと前に進んだ。
「すごい、すごい、がんばれ、がんばれ」
母親が音をたてずに手を叩きながら応援する。
接着剤のついた指でべたべた触ったせいで、赤いセロファンの帆はあちこちに白い染みができていたが、それでも、船は進む。カマボコ板の船体を震わせながら、少しずつ前に進む。
父親はそれをじっと、食い入るように見つめていた。タライの縁に舳先が当たってゴールした瞬間、「やったぁ！」と声をはずませる母親の横で、黙って、小さくうなずいた。
雅也もうなずいた。船が完成した喜びとは違う、悲しみや寂しさとも似ているようで違う、生まれて初めて感じるなんともいえない思いで胸がいっぱいになった。
「船の名前、決めたの？」
母親に訊かれて、雅也は、うん、とうなずいた。もう決めていた。いつから頭に浮かんだのかはわからない。ただ、一度決めてしまうと、それ以外にはありえないという気になっていた。
「タカシ丸……に、する」
⑨船を見つめて答えた。父親の顔は見なかった。母親からも目をそらしたかった。
「いいね、うん、それ、いいねえ、タカシ丸だって、いいね、いい名前だね」
母親はうれしそうに言って、父親の手をとった。「あなた、よかったね、タカシ丸……あなたの船、雅也、いい子だね、ほんとにいい子だね」と父親の手を両手で包んでさする。
父親は黙っていた。雅也も黙ったまま、タカシ丸を水から出して、モーターのスイッチを切った。小さな船だ。おんぼろの船だ。だが、両手で持ったタカシ丸の行く手には、※3あの夏の日に見た水平線のまぶしい光が確かにあった。

（重松　清「タカシ丸」文藝春秋より）

※1　吸い飲み…病人が寝たままでも水を飲むことができるように作られた、急須のような容器。
※2　嚥下障害…口の中のものをうまく飲み込めなくなる障害。
※3　あの夏の日…雅也が小学一年生のある夏の日、家族で海水浴に出かけた際に父親と漁船や水平線を見つめていたことがあった。

父親は、台所にいた母親を呼んだ。前もって話していたのだろう、母親はすぐに、洗って乾かしたカマボコ板を持って来た。「さすがにこれはホームセンターには売ってなかっただろ」と父親は得意そうに言って、「ラワン材や発泡スチロールも軽くていいけど、カマボコ板を土台にしたら、じょうぶだから長持ちするんだ」とつづけた。

夏休みの宿題だ。始業式の日に学校に持って行って、先生に点数をつけてもらえば、それで用済みになるはずのものだった。

だが、父親は「乾電池を取り替えたら何年でも使えるようなのを、つくろう」と言った。「雅也がおとなになるまで壊れないやつ、つくろう」

「……うん」

学校の宿題なのだ。ほんとうはおとなが手伝ってはいけないことになっている。あまり上手につくりすぎると、先生に見破られてしまうかもしれない。父親が元気に張り切っているのはうれしくても、そのことが少しだけ心配でもあった。

⑤もっとも、いざつくりはじめると、そんな心配はまったく無用だった。

雅也は工作が大の苦手で、定規を当ててまっすぐに線を引いたつもりでも曲がってしまうほど手先が不器用だった。去年とおととしは、見かねた母親が「もういい、お母さんがやるから、あんたはゴミを片づけなさい」と、途中からはぜんぶ一人でつくってくれた。

だが、今年は、母親はなにも手出しをしない。船のことは雅也と父親にまかせきりで、祖母と二人で台所にこもって夕食の支度をしている。いいにおいがする。油の爆（は）ぜる音もする。すでに父親の体は揚げ物を食べられる状態ではなかったが、だからこそ、きれいに盛り付けて、トマトやパセリで彩（いろど）りも添える。

工作はなかなかうまくいかない。雅也はとにかく不器用だし、手伝ってくれる父の指は枯れ枝みたいにかさついて、指先まで力が入らないのか、すぐに物を落としてしまう。

セロファンと角材でヨットの帆をつくった。赤いセロファンを透かして見る父親の顔は、頬がげっそりとそげて、目のまわりがくぼんでいた。接着剤で角材を貼り合わせるときは、二本の角材が何度もすれ違ってしまった。ガンは脳も冒しつつあった。視力障害が出ていたのだと、雅也はあとで知る。外泊の日は、病院を出る前に、強い痛み止めの薬と意識を保つための薬を両方服（の）んでいた。ひどい吐き気がしていたはずだ。目まいと頭痛も波のように繰り返し襲っていたはずだ。あとで知った。大切なことはすべて、あとになって、すべてが終わってから知らされた。

それでも父親は笑う。雅也と目が合うと、うなずきながら笑ってくれる。

「工作ってけっこう難しいなあ」

「……うん」

「でも楽しいな、こうやって物をつくるのってな」

「……うん」

確かに楽しい。工作よりも、父親と二人でなにかをやるというのが楽しい。楽しいから、悲しい。楽しい。悲しい。楽しい。悲しい。楽しい。悲しい。楽しい。楽しい。楽しい。楽しい。悲しくても、楽しい……。

「お父さん」

「なんだ?」

「⑥来年も、工作、手伝って」

父親は、少し間をおいて、うん、さらに間をおいて、うん、うん、わかった、とうなずいてくれた。

船ができあがった。

母親が小さなタライを居間に持って来て、水を張ってくれた。

「⑦じゃーん、進水式でーす」

おどけて言った母親は、台所を振り向いて「おばあちゃんも、ほら、早く早く」と手招いた。漬け物を切っていた祖母は、薄く切っ降りるまでは母親一人の手助けでなんとかなったが、玄関までは祖母と二人がかりで体を支え、玄関から居間までは雅也も手伝った。

ほとんど二カ月ぶりのわが家ということになる。パジャマ以外の服を着た父親を見るのも入院して以来初めてだった。去年の夏に買ったストライプのポロシャツは、胸もおなかも肩幅も、ぶかぶかになっていた。

だが、父親はとてもうれしそうだった。母親は和室に布団を敷いていたが、「それじゃあ病院にいるときと同じだろ」と笑って、居間のソファーに座った。テレビの正面の、いつもの場所だ。父親がそこに座ると、②部屋の風景のピントがぴたっと合ったような気がする。同じ場所に母親が座っても祖母が座ってもだめだ。もちろん、雅也でもだめ。父親がそこにいて、その隣に母親がいて、斜向かいに雅也がいて、わが家の居間の風景ができあがる。七月からずっと欠けていたジグソーパズルの最後のピースが、やっとはまった――一度腰を下ろしてしまうと、自分の力では立ち上がることができなくても。

父親は居間を見回して、「部屋が広くなったみたいだなあ」と言った。六人部屋の病室にずっといたからだろうか。それとも、父親の体が痩せて小さくなってしまったから、そう見えるのだろうか。

母親が麦茶を※1吸い飲みに入れて持ってきた。飲み口だけを父親の口元に持っていくと、「だいじょうぶだ、持てるよ」と父親は吸い飲みを自分の手で持った。手のひらはほとんど骨と皮だけになっていた。いまにも吸い飲みがぽろりと落ちてしまいそうだったが、心配する母親に、父親は「調子いいぞ」と笑った。「ウチに帰ると、元気が出た。病院とは全然違うよ、やっぱり」

麦茶をすする。飲み口を吸っている時間は長かったが、吸い飲みに残った麦茶はそれほど減っていない。口に含んだ麦茶を呑み込むまでの時間も長かった。喉の内側のひだを麦茶が伝い落ちる細い筋が、透けて見えそうなほどだった。

ガンは食道にも転移していた。※2嚥下障害が出ていた。雅也はあとで母親から聞かされた。外泊許可を出してくれた主治医は、その数日前に、余命一カ月を宣告していた。それも雅也は、あとで――医師の診断どおりの時期にすべてが終わってから、知った。

父親は一息つくと、「雅也、工作やるか」と言った。

「もうちょっと休んでからのほうがいいんじゃない？」と母親が口を挟んだが、「だいじょうぶだよ」と言って、息を何度かついてから、「③やれるうちに、やっとかないとな」と笑った。

膝に力が入らないので、ソファーから立ち上がることができない。お尻に座布団をあてがい、カーペット敷きの床にも座布団を置いて、ずるずるとお尻から滑り落とすようにゆっくりと床に下ろした。

それでも、座り込んでソファーにもたれると、父親は細くなった脚を折り曲げてあぐらをかき、「よし、つくろう」と、思いのほか張りのある声で言った。

病院で会うときより元気そうだった。実際、家に帰り着いた直後に比べると、顔色もよくなった。「家にいるのがいちばんの薬だ」と父親は言う。ほんとうにそうかもしれない、と雅也は思い、そうだったらほんとうにいいのにな、とも思った。

母親が小さな座卓を持って来て、父親の手の届く位置に置いた。雅也はホームセンターで買ってきた材料や部品をその上に並べた。

「たんさん買ってきたなあ」

「……うん」

「乾電池も忘れなかったんだな、えらいえらい、忘れちゃうんじゃないかって心配してたんだ、病院で」

④雅也ははにかんで笑う。ホームセンターで聞いた声は、あれきり思いだすことができずにいた。だが、忘れてしまったわけではない。耳の奥の――心のどこかに染み込んだから、消えてしまったのだ。それは、いつでも思いだせることよりも、ずっとすごいことなんじゃないか？

「よし、これだけそろってれば、だいじょうぶ、すぐにできるぞ」

二〇二二年度
佼成学園高等学校

【国語】（五〇分）〈満点：一〇〇点〉

（注意） 句読点や記号も一字にかぞえること。

一 次の文章を読み、後の問いに答えなさい。

小学四年生の雅也は、胃ガンのために七月初めから入院している父親（タカシ）から、八月末に夏休みの工作の宿題として一緒に船を作ることを提案される。本文は、父親が一晩だけ自宅に帰ることを許可された日に、雅也が工作の買い物をするために一人でホームセンターを訪れる場面から始まる。

水中モーター、発泡スチロール、竹ひご、角棒、ラワン材の板、接着剤、色付きセロファン、画用紙、ロウソク、紙ヤスリ、カッターナイフ……思いつくものを、ぜんぶ買い物カゴに入れた。

あとはなんだっけ。なにがあればいいんだっけ。棚の前で考えをめぐらせていたら、背後をカートを押した親子連れが通りかかった。お父さんと下級生の男の子だった。

通り過ぎた二人を、雅也は横を向いて見送った。最初はちらりと一瞥（いちべつ）するだけのつもりだったのに、まなざしが二人の後ろ姿に吸い寄せられてしまった。楽しそうにおしゃべりをしていた。男の子が笑いながらなにか言うと、お父さんも笑いながら応（こた）えた。カートには工作の材料や部品がどっさり入っていた。お父さんに手伝ってもらうのだろう。二人の様子は、毎日一緒に遊んでいる友だち同士みたいだった。男の子はお父さんの後ろに回って、ふざけて回し蹴りをした。お父さんは大げさに身をかわしながら、おかしそうに笑った。

二人が通路の角を曲がると、雅也はやっと棚に向き直った。

父親と遊びながら買い物をしたことは、一度もなかった。もしも父親の体調がよくて明日一緒にホームセンターまで来たとしても、あんなふうに買い物をすることはできないだろう。

①べつにいいけど、と肩をすとんと落として息をついた。買い忘れた材料や部品はなにもないんだ、と決めた。

レジに向かって歩きだした、そのときだった。

か、ん、で、ん、ち――。

声が聞こえた。かすかな、小さな声だった。うんと遠くから、いや、体の内側の奥深くから、いや、すぐ隣から……。どこから聞こえてきたのかはわからない。ただ、確かに、その声は「かんでんち」と言った。男のひとの声だった。おとなの声。初めて聞く声なのに、懐かしい声でもあった。

あ、そうだ、そうそうそう、モーターは乾電池を入れないと動かないんだ、と雅也は棚の単三乾電池のパックに手を伸ばした。Ⅰ不意に聞こえた声を、怪訝（けげん）には思わなかった。それくらい、その声はすんなりと耳に届いたのだ。

乾電池をカゴに入れてから、「え？」とつぶやいた。すぐ隣に、ひとの気配がした。顔を上げて振り向いた。

誰もいない。目で見るホームセンターの風景には、誰の姿もなかった。

だが、心の中に広がる同じ風景には、父親がいた。おい、早くしろよ、早く買い物すませて、お昼ごはんにしよう、なんでもいいぞ、好きなものなんでも食べていいからな、と笑う父親がいた。

目をまたたくと、心の中の風景は消えた。息をそっと吸って、吐くと、父親の言葉も消えた。さっき聞こえた「かんでんち」の声は父親のものだったのかどうか、確かめようにも、その声は水が砂に吸い込まれるように、耳の奥ですうっと消えてしまって、どんなにしても思いだすことができなかった。

陽がかげりかけた頃、父親はタクシーに乗って帰ってきた。車を

英語解答

1 問1 使い捨ての
問2 袋やカップなどを繰り返し使うこと。
問3 3　問4 3　問5 3
問6 1…○　2…×　3…×　4…×　5…○

2 問1 2　問2 3　問3 3
問4 1…×　2…○　3…×　4…○
問5 (例) I want to say "thank you" to my mother. She always comes to watch my baseball game. During the game, she always cheers me up and after the game she says "good job" and "you are a good player" to me. Her words are inspirational and they always make me happy. (51語)

3 1 bring your gloves if you want to join
2 look at July's school newspaper to know the result
3 PET bottles and cans were found in June than

4 番号…②　適切な語句…thrown
番号…④　適切な語句…and〔so〕
番号…⑧　適切な語句…has to
番号…⑩　適切な語句…to put

1〔長文読解総合―説明文〕

≪全訳≫❶新型コロナウイルス感染症が，日本および世界中で増加している。現在，環境に優しいことよりも，清潔であることの方が重要になっている。環境保護団体は，この新しい状況に伴う変化が必要である。❷環境を気遣う人々は，環境保護のメッセージを広める新たな方法をつくろうとしているが，彼らは日本が変わってしまったのではないかと心配している。彼らは，環境保護への取り組みが，今や過去の一部になっていることを恐れている。❸18か月前，Fridays For Futureという団体が日本で設立された。現在，彼らは事業を続けることができなくなっている。新型コロナウイルス感染症のため，人々はソーシャルディスタンスをとる必要があり，大人数で会うことはできない。最近では，清潔に保つのがより簡単なため，企業はより多くの使い捨てプラスチックを使用している。❹「通常，第26回気候変動枠組条約締約国会議(COP26)は，新しい環境法を作成するので，政府に代わってより多くの仕事をしています」と，グリーンピース・ジャパンの37歳のメンバーであるサム・アネスリーは述べた。新型コロナウイルス感染症の問題のため，COP26は開催が延期されている。❺新型コロナウイルス感染症が始まったとき，企業は病気の拡散を遅らせるために，より多くの使い捨てプラスチックを使うよう人々に求めた。パン屋では，食品は使い捨てのビニール袋に入れられ，スターバックスでは，客は自分のカップを二度使うことができなかった。イベントでは，1つのテーブルで食べ物を共有することはなく，自分の弁当箱を持参する。❻「私たちは以前，袋やカップを繰り返し使っていました。しかし，それが汚い方法だったとは思いません」とのーぷら(No plastic Japan)の設立者であるノイハウス萠菜は言う。「現在，人々は『何が清潔なのか』と『何が清潔でないのか』という問題について考えるようになりました」「人々は余分な食べ物や製品を買っていますが，余分なゴミや環境へのダメージについては心配していないのです」とノイハウスは続けて述べている。❼現在，日本は新型コロナウイルス感染症のために，昔の環境保護の取り組みに従ってはいないが，いずれはそれに戻るだろう。環境を気遣う人々は，いつも環境に優しい新たな方法を見つけようとしている。❽人々は現在，オンライン上で会う。新型コロナウイルス感染症の問題が起こる前は，彼らがメンバーに会うのは東京でだけだった。現在では，日本中の人々がオンライン・イベントに参加できる。❾mymizuとSocial Innovation Japanの共同設立者であるロビン・ルイスは，地球環境について考える日と世界水の日のイベントを開催する予定だったが，新型コロナウイルス感染症の問題のため開催できなかった。彼らは3月に，5か国から100人の人々が参加する最初のオンライン・イベントを開催した。❿ルイスはもっと多くのオンライン・イベントを開催したいと考えており，多くの新しい人々がそれらに参加することを望んでいる。彼らは，新型コロナウイルス感染症が収束した後，人々が再び環境に優しい行動に戻ることを望んでいる。「私は前向きな考えでいることが好きです。人々は善良で，環境に優しくありたいと思っていると信じています。新型コロナウイルス感染症の世界的な問題はやがて終わり，まもなく人々が環境に優しい行動をとるようになるでしょう」と彼は述べている。⓫世界は，新型コロナウイルス感染症を遅らせようと懸命に努力し協力した。世界は環境を助けるために，同じように協力することができるだろうか。⓬WHO(世界保健機関)は，「病気は気候変動により，より速く拡散します」と述べる。「私たちは森を破壊しています。そのことで雨が多くなり，病気を引き起こす蚊が増えるのです。手つかずの原野に入れば，私たちは病気のために危険な動物の近くに住むことにもなります」とWHOは述べる。⓭「私たちの健康と環境の健康の間にはつながりがあります。私たちはそのつながりを忘れずに，再び環境に優しい方法で行動し始めなければならないのです」とアネスリーは述べている。⓮アネスリーは，これが日本にとって変化の時だと信じている。日本人は現在，政府が環境に優しい決断をすべきだと考えている。⓯「この変化の時には，状況をよりよくする力があります」と彼は言う。「この状況の中，私たちは重要な変化をもたらすことができると思います。私たちは環境に優しい国，世界になることができます。私たちにとって最善の方法が見つけられると信じています」

問１＜単語の意味＞第3段落最終文などから，企業が新型コロナウイルス感染症の発生後にsingle-use plasticsをより多く使い始めたことがわかる。また第6段落第1文のノイハウス萠菜の発言に以前は袋やカップを繰り返し使っていたとある。ここからsingle-use plasticsは繰り返し使わない，すなわち「使い捨ての」プラスチックのことだと判断できる。single「たった1つの」，use「使用」という単語の意味から類推することもできるだろう。

問２＜語句解釈＞前後から下線部のits old environmental care effort「昔の環境保護の取り組み」は新型コロナウイルス感染症が理由でやめてしまったことだと判断できる。第6段落第1文が，その内容を簡潔にまとめた内容になっている。again and againで「繰り返し」の意味。

問３＜要旨把握＞第5段落から，人々が使い捨てのカップや自分の弁当箱を使うようになったことが，第6段落第2文から，人々が清潔かどうかを考えるようになったことがわかる。3．「人々はより清潔でいるために，より多くのプラスチックカップや容器を使うようになった」は，これらをまとめた内容になっている。

問４＜要旨把握＞第12段落後半参照。WHOは「手つかずの原野に入れば，病気のために危険な動物の近くに住むことにもなる」と述べている。この内容に一致するのは3．「もし私たちが手つかずの原野に住めば，病気になる機会がより多くなるだろう」。

問５＜語句解釈＞下線部はサム・アネスリーの発言。彼の考え方が述べられている部分に注意して解答する。第13段落を見ると，アネスリーは人間の健康と環境の健康のつながりを忘れずに，再び環境に優しい方法で行動し始めなければならないと述べている。ここからアネスリーの考える方法は，人間と環境の両方によい方法だと考えることができる。この内容を表すのは，3.「人々の健康と環境の両方に作用する方法」。

問６＜内容真偽＞1.「多くの人々は環境を守ることは物を清潔にすることほど重要だとは思っていない」…○　第１段落第２文に一致する。　2.「組織や企業の中には環境の変化のために新型コロナウイルス感染症に対する措置を継続することができないものもある」…×　新型コロナウイルス感染症のために十分な環境対策がとれなくなっている事例は本文で示されているが，逆の例は示されていない。　3.「政府は現在，新しい環境法を作成するために熱心に取り組んでいる」…×　第４段落第１文参照。新しい環境法をつくるのは政府ではなくCOP26。また政府が熱心に取り組んでいるという記述もない。　4.「余分なゴミを出したくないので，人々は現在，自分の弁当箱を使っている」…×　第５段落参照。自分の弁当箱を持参するのは，感染症の拡散を遅らせるための対策。　5.「気候変動が人々の状態を悪くすると考える人もいる」…○　第12段落の内容に一致する。WHOは病気が気候変動のためにより速く拡散するようになると述べている。

2〔長文読解総合─エッセー〕

≪全訳≫❶褒められるとみんな幸せになる。それは気持ちがいいことだ。「感謝」には小さな意味しかないと思うかもしれない。しかし，この言葉はとても強力なので，注意深く使われれば，人の心を動かす。仕事をした後に感謝されれば，より努力するし，働いているときによいエネルギーを感じるだろう。❷この言葉は大きな力があり，心を動かす。悪い考えをよい考えに変えることができる。これは感謝が持つ魔法だ。多くの人々がこの言葉を使うが，彼らは必ずしもその全ての力を使うわけではない。感謝によって心を動かされると，難しい仕事を容易に行うことができる。多くの企業や国際的な会社は，従業員を幸せにする「感謝の文化」で有名だ。❸チームには難しい仕事が与えられることがある。彼らはそれを行う方法を知らないかもしれない。チームのリーダーは，彼らが以前にしたすばらしいことについて彼らに話すことができる。チームのメンバーは自分たちの仕事をよりうまく行うことができ，それをする間はよい気分になる。❹この世界の人はみんな感謝を感じるのが大好きだ。誰かがあなたのために何かをした場合，「ありがとう」と言うのが礼儀にかなう。「よくやった」，「あなたならできる」，「あなたは最高だ」などの前向きな言葉を使うことで，あなたの感謝をもっと効果的にすることができる。これらを「ありがとう」と一緒に言えば，言われた人は将来もっと懸命に働くだろう。❺効果的に感謝するのは技術だ。ほとんどの人は感謝するのが得意ではない。誰かが自分のために何かよいことをしたとき，感謝を示すことはできる。ある人が物事を行うのが得意でない場合，感謝されないので気分が悪くなるかもしれない。その人が失敗したとしても，あなたはその人に感謝を示すべきなのだ。❻感謝は，仕事や学校だけに限定されるものではない。私たちはそれをどこでも使うことができる。あなたのお母さんやお父さんがあなたに夕食をつくってくれたら，彼らの努力を褒めることが大切だ。あなたの兄弟の１人があなたを元気づけ，幸せにするために何かをしたことがあるだろうか。あなたが感謝していることを伝えなさい。これらはどこでも感謝を示すための例だ。誰かがあなたのために何かよいことをしたら，すぐに「ありがとう」と言いなさい，そうすれば，その人はあなたがどう感じているかを理解するだろう。7善良な人は，人の努力に対して感謝を示す。そのことはまた，あなたが他の人々が何を必要とし，どのように感じているかを理解していることを示す。いつでもどこでも褒め言葉を言うことが大切だ。それは，あなたや他の人々の生活をよりよいものにすることができる。

問1＜語句解釈＞直前の This is に注目し，前を探す。前文の We can change bad ideas into good ones. を言い換えた2.「私たちは自分たちの考えをよりよくすることができる」が適切。

問2＜適語選択＞後に続く "good job" などの語句がどのような語句かを考える。 positive「前向きな」

問3＜要旨把握＞最終文の Even if they fail, you should show them your appreciation. を言い換えた3.「もしうまくできなくても，彼らに感謝することが大切である」が適切。

問4＜内容真偽＞1.「難しい仕事を容易に行うことで，チームのメンバーはよい気分になる」…×　第3段落第3，4文参照。　チームのリーダーがメンバーに以前にしたすばらしいことを話すと，メンバーが難しい仕事をする間，よい気分でいられるという内容は述べられているが，容易に行うことでよい気分になるとは述べられていない。　**2**.「いくつかの会社の従業員は感謝の文化のためにうまく働くことができる」…○　第2段落終わりの2文の内容に一致する。　**3**.「人々には家族に感謝する責任はない」…×　第6段落第3～5文に，家族へ感謝を表す事例が示されている。　**4**.「私たちの生活は感謝をされるとよりよいものになる」…○　第7段落の内容に一致する。

問5＜テーマ作文＞誰に感謝をしたいかを述べてから，その理由を表す文を続ける。理由を表す文では，その人物がどんなことをしてくれているのか，またそれによってあなたがどんな気持ちになるのかなどを書くとよい。解答例は，「私は母親に『ありがとう』と言いたい。彼女はいつも私の野球の試合を見に来てくれる。試合の間，彼女はいつも私を応援し，試合後には私に『よくやったね』,『あなたはよい選手だわ』と言ってくれる。彼女の言葉は心を動かすもので，いつも私を幸せにしてくれる」という意味。

3　**〔整序結合―グラフを見て答える問題〕**

1．文の最後に the Picking Up activity とあるので Note 1 を確認する。Notes の You need your own gloves .... と語群から「Picking Up の活動に参加したいなら，自分の手袋を持ってこなければならない」という文にすると考える。have to の後に bring your gloves を置き，if ～「もし～なら」を文の後半に続ける。give が不要。

2．語群に school newspaper とあることから，Note 2 を確認する。Details から新聞が毎月最初の月曜日に発行されることが，また Notes から Picking Up の活動が新聞で毎月報告されることがわかる。これらの内容と語群から「私たちは6月の Picking Up の活動の結果を知るために7月の学校新聞を見るべきだ」という文にすると考える。should の後に「～を見る」look at を置く。「～を知るために」は不定詞の副詞的用法を使い，to know とする。「～の結果」は the result of ～。May's が不要。

3．語群の cans, plastics, PET bottles に注目する。Chart 1，2 でこれらの数を比較すると plastics は8から7に減少，対して cans と PET bottles はそれぞれ4から9，5から14に増加していることがわかる。英文が More で始まるので，数が減少している plastics が不要になると判断する。語群に found（in）と were があるので受け身'be動詞＋過去分詞'の文と判断し，「5月より6月の方がより多くのペットボトルと缶が見つけられた」という文にする。「より多くのペットボトルと缶」は More PET bottles and cans。これを主語とし，その後に受け身の形を続ける。「5月より6月の方が」は than を使って in June than in May と表す。

4〔長文読解―誤文訂正―感想文〕

≪全訳≫❶私は「Picking Up」に参加しました。それには2つの理由があります。第一に，ゴミは世界で最も深刻な問題の1つです。例えば，浜辺には多くのゴミが捨てられています。それはひどいにおいがして，とても環境に悪いです。❷プラスチックは海の生物にとって危険です。海にはたくさんのプラスチック廃棄物が残されています。それは「マイクロプラスチック」になります。動物はときどき，マイクロプラスチックを食べ物だと思い，食べてしまいます。彼らの体はそれらを消化できないので，彼らは死んでしまいます。多くの鳥，魚そしてウミガメが，このことが原因で死んでいます。これは私をとても悲しい気持ちにします。❸第二に，道徳心について話したいと思います。私たちはゴミに責任を持つ必要があります。私はよく学校の近くの通りでたばこの吸い殻を見かけます。喫煙者が喫煙後にそれらをそこに捨てているのです。Picking Upの活動に参加したとき，私は校庭でもゴミを見かけました。おそらく何人かの生徒が，飲んだ後にびんや缶を捨てたのでしょう。私は彼らがなぜそんなことをしたのか理解できませんでした。誰がそれらを拾わなければならなかったのでしょうか。結局，先生や清掃員，他の生徒たちがそれらを拾い，ゴミ箱に捨てたのでした。私は，物を買った人が自分で捨てなければならないと思います。❹この活動を通して，私はクラスメートが「道徳心」について学ぶ手助けをしたいと思います。7月にはもっと暑くなるので，生徒たちはもっと飲み物を買うと思います。私はポイ捨てを止めるため，「ポイ捨て禁止」のステッカーをつくりました。私はクラスメートの数人にこのステッカーを壁に貼るよう頼み，彼らは私を助けてくれました。私はみなさんが道徳心を忘れず，ポイ捨てをしないことを望んでいます。／ミホ・キダ

<解説>②garbage は「捨てられる」ものなので throw を過去分詞 thrown にする。　④「消化ができず死ぬ」または「消化ができないので死ぬ」と考え，and または so にする。because は後に原因を表す文が続くが，動物が死んでしまうのは消化ができない「結果」なのでここでは不適。
⑧直前の the person who buys something は3人称単数なので has to にする。　⑩前が'ask＋人'の形になっているので'ask＋人＋to＋動詞の原形'「〈人〉に～するよう頼む」の形だと考え，to put にする。

数学解答

1 (1) $\frac{x}{12}$ (2) $(2x+y-3)(2x-y+3)$

(3) 1 (4) 200g (5) $-\frac{1}{3}$

(6) $\frac{1}{2}$ (7) 102° (8) 15：9：16

2 (1) A$(-3,\ 9)$，B$(4,\ 16)$ (2) $7\sqrt{2}$ (3) 42 (4) $168\sqrt{2}\pi$

3 (1) $\frac{64}{3}$ (2) $\frac{8}{3}$ (3) $\frac{8\sqrt{57}}{21}$

4 (1) ア…12 イ…6 ウ…3 エ…1 オ…22 カ…5 キ…1 ク…6 ケ…6

(2) 31個

1〔独立小問集合題〕

(1)＜式の計算＞与式$=\frac{3(x+2y)+4(x+3y)-6(x+3y)}{12}=\frac{3x+6y+4x+12y-6x-18y}{12}=\frac{x}{12}$

(2)＜式の計算―因数分解＞与式$=4x^2-(y^2-6y+9)=(2x)^2-(y-3)^2$として，$y-3=A$とすると，与式$=(2x)^2-A^2=(2x+A)(2x-A)$となり，$A$をもとに戻すと，与式$=\{2x+(y-3)\}\{2x-(y-3)\}=(2x+y-3)(2x-y+3)$である。

(3)＜数の計算＞$\sqrt{4}<\sqrt{5}<\sqrt{9}$より，$2<\sqrt{5}<3$だから，$\sqrt{5}$の整数部分は2である。これより，小数部分$a$は，$a=\sqrt{5}-2$となる。よって，与式$=a^2+4a=a(a+4)$として，$a=\sqrt{5}-2$を代入すると，与式$=(\sqrt{5}-2)(\sqrt{5}-2+4)=(\sqrt{5}-2)(\sqrt{5}+2)=(\sqrt{5})^2-2^2=5-4=1$である。

(4)＜一次方程式の応用＞5％の食塩水をxg混ぜるとすると，この食塩水に含まれる食塩の量は，$x\times\frac{5}{100}=\frac{5}{100}x$(g)と表される。また，8％の食塩水100gに含まれる食塩の量は，$100\times\frac{8}{100}=8$(g)である。これらを混ぜ合わせた食塩水は$x+100$gになり，濃度が6％になることから，含まれる食塩の量は，$(x+100)\times\frac{6}{100}=\frac{6}{100}(x+100)$(g)と表される。よって，食塩の量について，$\frac{5}{100}x+8=\frac{6}{100}(x+100)$が成り立ち，両辺を100倍して解くと，$5x+800=6(x+100)$，$-x=-200$，$x=200$となり，5％の食塩水は200g混ぜればよい。

(5)＜関数―x座標＞右図1で，点Bとx軸について対称な点をB′とすると，B′$(1,\ -2)$となる。x軸上に点P_0をとり，点P_0と点A，B，B′をそれぞれ結ぶと，$P_0B=P_0B'$である。これより，$AP_0+P_0B=AP_0+P_0B'$となるから，これが最小となるのはAP_0+P_0BがAB'になるときである。そこで，線分AB′とx軸の交点をPとして，点Pのx座標を求める。直線AB′の傾きは，$\frac{-2-4}{1-(-3)}=-\frac{3}{2}$だから，直線AB′の式を$y=-\frac{3}{2}x+k$とすると，B′$(1,\ -2)$より，$-2=-\frac{3}{2}\times1+k$，$k=-\frac{1}{2}$より，$y=-\frac{3}{2}x-\frac{1}{2}$となる。よって，点Pの$x$座標は，直線AB′の式$y=-\frac{3}{2}x-\frac{1}{2}$に$y=0$を代入して，$0=-\frac{3}{2}x-\frac{1}{2}$，$x=-\frac{1}{3}$となる。

図1

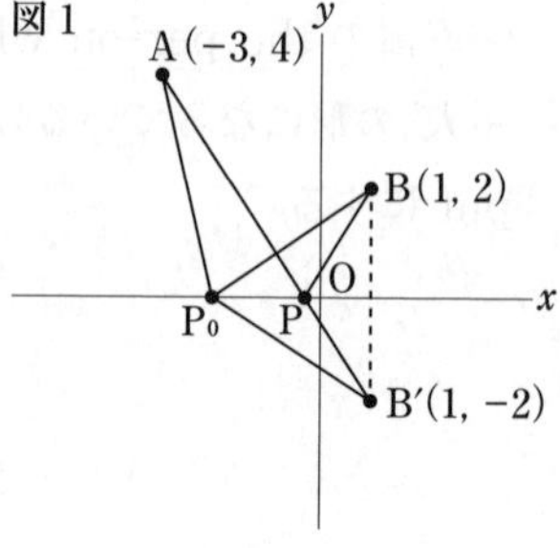

(6)＜確率―硬貨＞1円，5円，10円，50円，100円の5種類の硬貨を同時に1枚ずつ投げるとき，表，裏の出方はそれぞれ2通りあるから，5枚の硬貨の表，裏の出方は全部で，$2^5=32$(通り)ある。こ

のうち，表になった合計金額が奇数になるのは，1円か5円の硬貨のどちらか1枚が表になるときである。1円硬貨が表になるときの1円と5円以外の3枚の硬貨の表，裏の出方は，$2^3=8$(通り)あり，5円硬貨が表になるときも同様に8通りあるから，合わせて，$8\times2=16$(通り)ある。よって，求める確率は $\frac{16}{32}=\frac{1}{2}$ となる。

(7)＜**平面図形—角度**＞右図2で，∠BACは半円に対する円周角だから，∠BAC＝90°であり，∠BAE＝∠BAC－∠EAC＝90°－72°＝18°である。また，OB＝OCだから，AB＝OCのとき，OB＝ABより，BC＝OB＋OC＝AB＋AB＝2ABとなり，△ABCは3辺の比が $1:2:\sqrt{3}$ の直角三角形である。これより，∠ABC＝60°となるから，△ABEで内角の和より，∠AEB＝180°－(∠BAE＋∠ABC)＝180°－(18°＋60°)＝102°である。よって，対頂角は等しいから，∠x＝∠AEB＝102°である。

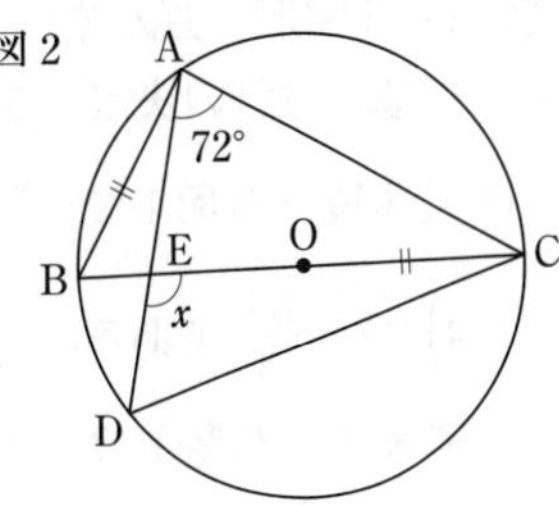

(8)＜**平面図形—長さの比**＞右図3で，AD∥BGより△ADE∽△GCEなので，AE：GE＝DE：CE＝3：2となるから，AG＝aとすると，AE＝$\frac{3}{2+3}$AG＝$\frac{3}{5}a$，EG＝$a-\frac{3}{5}a=\frac{2}{5}a$と表せる。また，AD：GC＝DE：CE＝3：2となり，AD＝BCより，AD：GB＝AD：(BC＋GC)＝AD：(AD＋CG)＝3：(3＋2)＝3：5である。さらに，AD∥BGより，△ADF∽△GBFだから，AF：GF＝AD：GB＝3：5となり，AF＝$\frac{3}{5+3}$AG＝$\frac{3}{8}a$と表せる。よって，AF：FE：EG＝AF：(AE－AF)：EG＝$\frac{3}{8}a:\left(\frac{3}{5}a-\frac{3}{8}a\right):\frac{2}{5}a=\frac{3}{8}a:\frac{9}{40}a:\frac{2}{5}a$＝15：9：16となる。

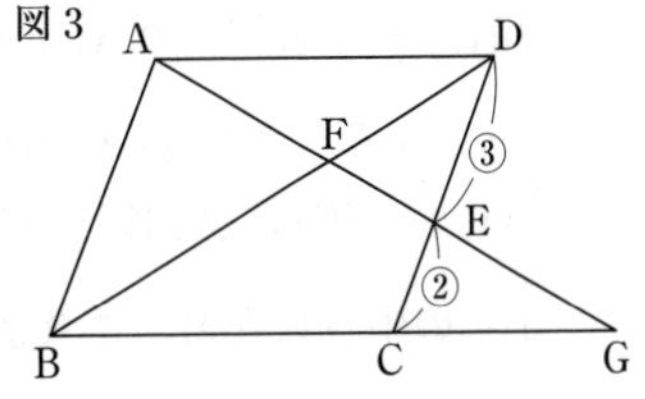

2 〔関数—関数 $y=ax^2$ と一次関数のグラフ〕

≪基本方針の決定≫(4)　原点Oから直線ABに垂線を引き，△OABの高さを求める。

(1)＜**座標**＞右図で，点A，Bは放物線 $y=x^2$ と直線 $y=x+12$ の交点だから，2式からyを消去して，$x^2=x+12$ より，$x^2-x-12=0$，$(x+3)(x-4)=0$，$x=-3$，4となり，点Aのx座標が－3，点Bのx座標が4である。y座標は点Aが，$y=(-3)^2=9$，点Bが，$y=4^2=16$となるから，A(－3，9)，B(4，16)である。

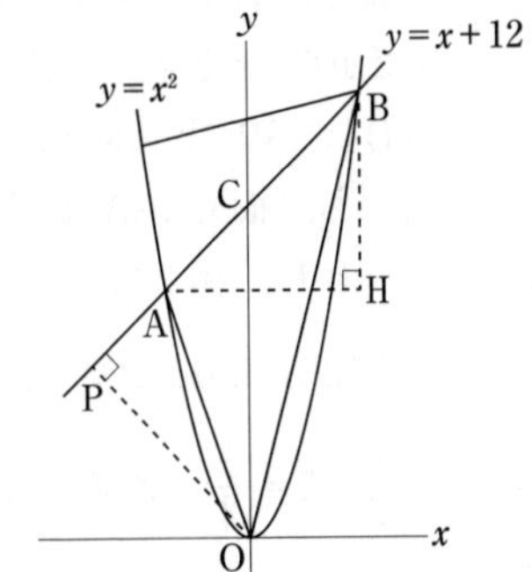

(2)＜**長さ**＞右図のように，点Aを通りx軸に平行な直線と，点Bを通りy軸に平行な直線の交点をHとする。直線ABの傾きが1より，△HBAは直角二等辺三角形になり，点A，Bのx座標より，AH＝4－(－3)＝7である。よって，AB＝$\sqrt{2}$AH＝$\sqrt{2}\times7=7\sqrt{2}$ である。

(3)＜**面積**＞右上図のように，△OAB＝△OAC＋△OBCと考える。OCを△OAC，△OBCの底辺と見ると，直線ABの切片より，OC＝12で，高さは点A，Bのx座標より，△OACが3，△OBCが4だから，△OAB＝$\frac{1}{2}\times12\times3+\frac{1}{2}\times12\times4=18+24=42$ である。

(4)＜**体積**＞右上図のように点Oから直線ABに垂線を引き，交点をPとすると，△OABを直線ABのまわりに1回転してできる立体は，頂点をB，底面を半径がPOの円Pとする円錐から，頂点をA，底面を円Pとする円錐を除いたものになる。まず，POの長さを求める。△OABの底辺をABと見ると，(2)より AB＝$7\sqrt{2}$，高さがPOで，(3)より△OAB＝42だから，$\frac{1}{2}$×AB×PO＝42より，

$\frac{1}{2}\times 7\sqrt{2}\times\mathrm{PO}=42$ が成り立つ。これより，$\mathrm{PO}=\frac{12}{\sqrt{2}}=6\sqrt{2}$ となるから，求める立体の体積は，$\frac{1}{3}\times\pi\times\mathrm{PO}^2\times\mathrm{BP}-\frac{1}{3}\times\pi\times\mathrm{PO}^2\times\mathrm{AP}=\frac{1}{3}\times\pi\times\mathrm{PO}^2\times(\mathrm{BP}-\mathrm{AP})=\frac{1}{3}\times\pi\times\mathrm{PO}^2\times\mathrm{AB}=\frac{1}{3}\times\pi\times(6\sqrt{2})^2\times 7\sqrt{2}=168\sqrt{2}\pi$ となる。

3 〔空間図形―直方体〕

≪基本方針の決定≫(3)　切断面 CGEA で考える。

(1)**＜体積＞**右図1で，〔三角錐 A-EFH〕$=\frac{1}{3}\times\triangle\mathrm{EFH}\times\mathrm{AE}=\frac{1}{3}\times\left(\frac{1}{2}\times 4\times 4\right)\times 8=\frac{64}{3}$ である。

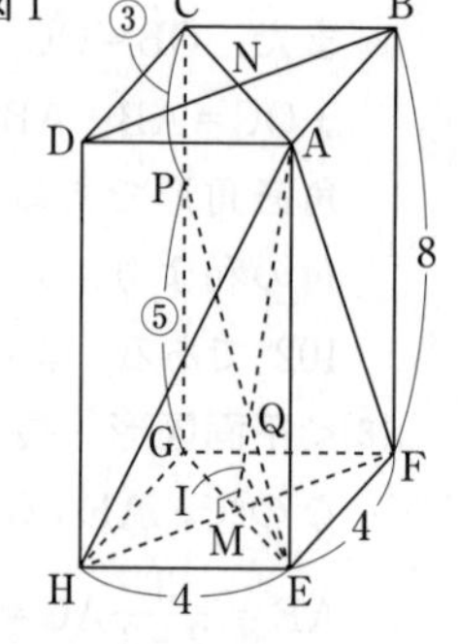

(2)**＜長さ＞**右図1で，点Eから△AHF に引いた垂線 EI は，三角錐 A-EFH の底面を△AHF と見たときの高さとなる。(1)より，三角錐 A-EFH の体積は$\frac{64}{3}$なので，△AHF の面積がわかれば，垂線 EI の長さを求めることができる。四角形 ADHE と四角形 ABFE は合同より，△AHF は AH＝AF の二等辺三角形だから，点Aから辺 HF に垂線 AM を引くと，点Mは HF の中点になる。これより，$\mathrm{HF}=\sqrt{2}\mathrm{EH}=\sqrt{2}\times 4=4\sqrt{2}$ だから，$\mathrm{MH}=\frac{1}{2}\mathrm{HF}=\frac{1}{2}\times 4\sqrt{2}=2\sqrt{2}$ である。また，△AHE で三平方の定理より，$\mathrm{AH}=\sqrt{\mathrm{EH}^2+\mathrm{AE}^2}=\sqrt{4^2+8^2}=\sqrt{80}=4\sqrt{5}$ となる。さらに，△AHM で三平方の定理より，$\mathrm{AM}=\sqrt{\mathrm{AH}^2-\mathrm{MH}^2}=\sqrt{(4\sqrt{5})^2-(2\sqrt{2})^2}=\sqrt{72}=6\sqrt{2}$ となる。よって，$\triangle\mathrm{AHF}=\frac{1}{2}\times\mathrm{HF}\times\mathrm{AM}=\frac{1}{2}\times 4\sqrt{2}\times 6\sqrt{2}=24$ となるから，三角錐 A-EFH の体積について，〔三角錐 A-EFH〕$=\frac{1}{3}\times\triangle\mathrm{AHF}\times\mathrm{EI}$ より，$\frac{64}{3}=\frac{1}{3}\times 24\times\mathrm{EI}$ が成り立つ。これより，$\mathrm{EI}=\frac{8}{3}$ となる。

(3)**＜長さ＞**右上図1で，辺 CG 上に CP：PG＝3：5となる点Pをとると CG＝8だから，CP＝3，PG＝5となる。直線 EP と△AHF の交点をQとするとき，点Qは，PE と AM の交点になるから，右図2のように，PE を含む面，すなわち，面 CGEA で考える。図1で，面 ABCD の対角線 AC，BD の交点をNとし，図2で，NM と PE の交点をRとすると，RM∥PG で，△ERM∽△EPG より，RM：PG＝EM：EG＝EM：2EM＝1：2だから，$\mathrm{RM}=\frac{1}{2}\mathrm{PG}=\frac{1}{2}\times 5=\frac{5}{2}$ である。また，RM∥AE で，△QRM∽△QEA より，RQ：EQ＝RM：EA＝$\frac{5}{2}$：8＝5：16である。ここで，$\mathrm{EG}=\mathrm{HF}=4\sqrt{2}$ だから，$\mathrm{EM}=\frac{1}{2}\mathrm{EG}=\frac{1}{2}\times 4\sqrt{2}=2\sqrt{2}$ となり，△ERM で三平方の定理より，$\mathrm{ER}=\sqrt{\mathrm{RM}^2+\mathrm{EM}^2}=\sqrt{\left(\frac{5}{2}\right)^2+(2\sqrt{2})^2}=\sqrt{\frac{57}{4}}=\frac{\sqrt{57}}{2}$ である。よって，$\mathrm{EQ}=\frac{16}{5+16}\times\mathrm{ER}=\frac{16}{21}\times\frac{\sqrt{57}}{2}=\frac{8\sqrt{57}}{21}$ となる。

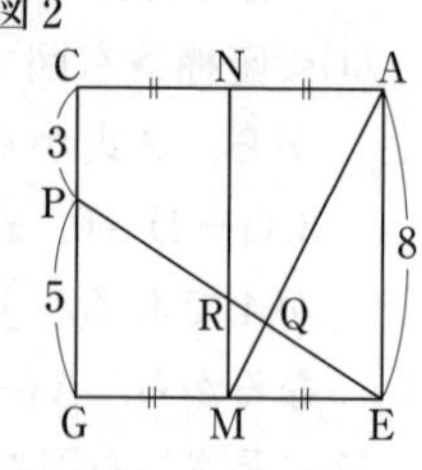

4 〔数と式―数の性質〕

(1)**＜数の性質＞**1～25までの自然数の中に，2の倍数は，25÷2＝12あまり1より，$\underline{12}_{ア}$個，2^2の倍数は，$25\div 2^2=25\div 4=6$ あまり1より，$\underline{6}_{イ}$個，2^3の倍数は，$25\div 2^3=25\div 8=3$ あまり1より，$\underline{3}_{ウ}$個，2^4の倍数は，$25\div 2^4=25\div 16=1$ あまり9より，$\underline{1}_{エ}$個ある。よって，1×2×3×……×23×

24×25……①に含まれる因数2は全部で$12+6+3+1=\underline{22}_{オ}$(個)ある。同様にして，1～25までの自然数の中に，5の倍数は，$25\div5=5$より，$\underline{5}_{カ}$個，5^2の倍数は，$25\div5^2=25\div25=1$より，$\underline{1}_{キ}$個あるから，①に含まれる因数5は全部で$5+1=\underline{6}_{ク}$(個)ある。また，①の一の位から並ぶ0の数は，①に含まれる因数10の数に等しい。よって，$2\times5=10$より，①に含まれる因数10の数は，含まれる因数5の数に等しく6個だから，①は一の位から下$\underline{6}_{ケ}$けたまで0の数字が並ぶ。

(2)＜**数の性質**＞1～125までの自然数の中に含まれる因数2の数は，因数5の数より多いのは明らかなので，$1\times2\times3\times\cdots\cdots\times123\times124\times125$……②に含まれる因数10の数は，含まれる因数5の数に等しい。1～125までの自然数の中に含まれる因数5の数は，5の倍数が，$125\div5=25$(個)，5^2の倍数が，$125\div5^2=125\div25=5$(個)，5^3の倍数が，$125\div5^3=125\div125=1$(個)となり，全部で$25+5+1=31$(個)である。よって，②に含まれる因数10の数は31個だから，②を計算すると，一の位から0が31個連続する。

国語解答

一 問一 Ⅰ…ウ Ⅱ…エ 問二 エ
問三 ア 問四 イ 問五 ウ
問六 父親は病気で指先に力が入らず，上手に船をつくれなかったから。(30字)
問七 イ 問八 ウ 問九 エ

二 問一 Ⅰ…ア Ⅱ…ウ 問二 ア
問三 エ 問四 ウ 問五 ア
問六 イ
問七 (例)現在の日本では少子高齢化という問題を抱えています。そこで，児童手当を増額したり，働き方改革を行ったりすることによって，子どもを育てやすい環境をつくるという取り組みが行われています。

三 問一 a いうよう b かわり
問二 Ⅰ…イ Ⅱ…オ Ⅲ…ア
問三 ウ 問四 エ
問五 盗人は極楽往生する人相があるため，罰するべきではないと相人が言ってきたこと。(38字)
問六 ア 問七 ウ

四 ① こんい ② てんさく
③ にゅうわ ④ かくねん
⑤ あざむ ⑥ 古墳 ⑦ 傾向
⑧ 感涙 ⑨ 実況 ⑩ 厳

一〔小説の読解〕出典；重松清『タカシ丸』。

問一＜語句＞Ⅰ．「不意に」は，急に，いきなり，という意味。 Ⅱ．「おじょうずを言う」は，お世辞を言って相手の機嫌をとる，という意味。

問二＜心情＞雅也は，自分が「父親と遊びながら買い物をしたことは，一度もなかった」ことに対して，「べつにいいけど」と気にしないように努めながらも，「友だち同士」のように，楽しそうに買い物をしている親子へのうらやましさを禁じえず，寂しさを感じて肩を落としたのである。

問三＜心情＞二カ月ぶりに父親が帰ってきて，「テレビの正面の，いつもの場所」に座ったことで，雅也は，やっと本来の「わが家の居間の風景」を取り戻せたと感じ，安心感を覚えたのである。

問四＜心情＞父親は，がんが「食道にも転移」し，「余命一カ月を宣告」されていたため，生きていて動ける力が残っているうちに，思い出に残るようなことを家族としておきたいと考えたのである。

問五＜心情＞乾電池を買うのを「忘れちゃうんじゃないかって心配してた」と父親が言ったことで，雅也は，自分に乾電池を買うように教えてくれた「小さな声」が父親の声だったように感じて，心のどこかで自分と父親が通じ合っていたことに，喜びを感じたのである。

問六＜文章内容＞病気で衰えた父親は，「指先まで力が入らない」ため，「すぐに物を落としてしまう」など思うように工作できず，先生が怪しむほど上手な作品をつくれそうになかったのである。

問七＜心情＞雅也は，「父親と二人でなにかをやる」ことを，「悲しくても，楽しい」と感じ，父親がこれからも生き続けて，このような楽しい時間を一緒に過ごしてほしいと強く願ったのである。

問八＜心情＞雅也と父親がつくった船を水に浮かべるのを，楽しいものにするために，母親は「じゃーん，進水式でーす」と明るく「おどけて」言った。しかし，漬け物をのみ込めないほど衰えた父親の様子や，「うずくまって泣く」祖母の後ろ姿によって，悲しい雰囲気になりかけたため，母親は「船……浮かべてみようか」と船の話題を再び持ち出し，空気を変えようと努めている。

問九＜心情＞雅也は，父親との思い出として船に「タカシ丸」と名づけ，迫っている父親の死を受け止めようとしたが，「生まれて初めて感じるなんともいえない思いで胸がいっぱい」になり，その思いがあふれてきそうで，父親の顔も，母親の顔も見ることができなかったと考えられる。

二〔論説文の読解―自然科学的分野―科学〕出典；中屋敷均『科学と非科学』。

≪本文の概要≫「カオスの縁」とは，二つの異なった状態の間に現れ，両側のいずれとも異なる，複雑性の増した状態である。分子たちは熱力学第二法則により，無秩序な方向へと時間とともに向かうが，生命は，無秩序へと変わっていく世界から必要な分子を取り入れ，秩序を与え，「形」を生み出す。また，生命の進化は，自己複製と変異という正反対のベクトルが絶妙なバランスで作用する，そのはざまで成立する。「カオスの縁」，つまりはざまの空間が，生命の生きる場所なのである。科学もまた，混沌とした世界に，法則や分子機構などの「形」を与える人の営為である。科学の力で世界の姿が固定され，新たな「形」が生まれることは，大きな福音だが，人間は，わからない世界からわかることを増やし，「形」をつくることで「生きて」いる。だから，わからないことが世界に存在することも，福音である。わかるともわからないともつかないはざまの世界だからこそ，人間の知性や決断に意味が生まれ，多様性が花開く世界となる。科学と非科学の「縁」で行われる人間の生滅の営みの中で，人は初めて，自分として生きていけるのではないだろうか。

問一＜接続語＞Ⅰ．「この世界に『形』を生み出す」生物の営みが，自然界では「例外的なもの」であるのは，「世界にある様々な分子たち」は「カオスの方向へと，時間とともに向かっているはずだから」である。　Ⅱ．「古代における日食や月食」は，「不吉な出来事の予兆とか，神の怒りとして恐れられてきた」が，今日では「物理法則により起こる現象であること」が解明されている。

問二＜文章内容＞水は，液体として「存在できる温度範囲」が狭く，「氷」と「水蒸気」という二つの相の間にあって，どちらの相とも「かなり異なった特性」を持っており，「『カオスの縁』にある姿」といえる。

問三＜文章内容＞生命は，「〝安定〟と〝無秩序〟」という二つの相の中間である「カオスの縁」に存在し，そこに「秩序を与え『形あるもの』」を生み出し，その生み出されたものは「複雑なパターン」を描くという「複雑性に富んだ現象」である。

問四＜文章内容＞科学は生命と同様に，「世界の秩序・仕組み」を「明らかに」して，「『形』を与えていく」営みだが，「解明できていない」領域も大きく広がっており，科学自体も新たな解明によって，さまざまな形に進化し，発展していくのである。

問五＜文章内容＞全てが「『分かってしまった』世界」には，「人の選択の余地」はない。「分からないこと」が存在するからこそ，「分かること」を増やしていく「人間の知性や決断に意味が生まれ，「アホな選択」も許されるような「多様性が花開く世界」になるのである。

問六＜要旨＞生き物は「この世界に『形』を生み出す」存在であり，有機物のような化学物質や細胞，アリ塚やメトロポリスなどがその「形」の例である(ア…○)。生命の進化は，「自己複製」という静的行為と，「変異」という動的行為の，「正反対のベクトルが絶妙なバランスで作用」する「はざま」で成り立つ現象である(イ…×)。現在は，どんながんでも完治する療法は存在しないが，この先，「どんながんにも効果がある」特効薬が開発されれば，「世界に新しい『形』がまた一つ生まれたこと」になる(エ…○)。「知的な存在としての人間」は，混沌とした「『分からない』世界から少しずつ『分かること』を増やし」て，「形」をつくることで，生きている(ウ…○)。

問七＜作文＞経済格差や戦争など，正答となる解決方法が見つかっていない問題を考える。そして，自分が見聞きした，問題解決のために取り組まれていることを，具体的に書く。

三 〔古文の読解―説話〕出典；『宇治拾遺物語』巻第四ノ六。

≪現代語訳≫東北院の菩提講を始めた聖は，もとはひどい悪人で，牢屋に七度も入ったそうである。七度目になったときに，検非違使たちが集まって，「この者はひどい悪人である。一，二度牢屋に入っただけでさえ，人として良いはずがないことだ。まして何度も罪を犯して，このように七度まで(牢屋に入る)とは，驚きあきれるほどひどいことである。今度はこの者の足を斬ってしまおう」と決めて，足を斬るために連れていって，斬ろうとしたところに，すばらしい相人がいた。その人がたまたま通りかかったが，(相人が)この足を斬ろうとしている者に近寄って言うには，「この人は私に免じてお許しください。この人は必ず極楽往生するはずの人相がある人だ」と言ったので，(足を斬る者たちは)「つまらないことを言う，意味のわからない人相判断をするお坊さまであるよ」と言って，すぐに(足を)斬ろうとしたところ，(相人は)その斬ろうとした足の上に登って，「この足の代わりに私の足を斬れ。極楽往生するはずの者の足を斬られるのは，どうしても見ていられない。おうおう」と大声で叫んだので，斬ろうとする者たちは，扱いきれなくなって，検非違使に，「これこれのことがございます」と言ったところ，優れた相人の言うことなので，(検非違使は)さすがに取り上げないわけにもいかず，別当に，「このようなことがあった」と申し上げたところ，(別当が)「それならば許してやれ」と言って，許されたのだった。／そのときこの盗人は，信心を起こして法師になって，すばらしい聖になって，この菩提講を始めたのである。相人の見立てが当たって，見事に極楽往生を遂げて死んだそうである。／こういうわけで，名を残すような人は，その人相があっても，並大抵の相人では見きわめることはできないのである。(聖が)始めた菩提講も，今日まで絶えないのは，本当に感慨深いものである。

問一＜歴史的仮名遣い＞歴史的仮名遣いの語頭以外のハ行は，現代仮名遣いでは原則として「わいうえお」となる。また，歴史的仮名遣いの「au」は，現代仮名遣いでは「ou」となる。

問二＜古文の内容理解＞Ⅰ．盗人の足を斬ろうとする者たちに対して，相人が「この足のかはりに我が足を斬れ」と大声で叫んだ。　Ⅱ．「足斬らんとする者」たちが，相人を扱いきれず，検非違使に「かうかうの事侍り」と言った。　Ⅲ．盗人は，「往生すべき相ある人」という相人の見立てが当たって，極楽往生を遂げて死んだ。

問三＜古文の内容理解＞検非違使たちは，「一二度」罪を犯して牢屋に入るのさえ良くないことなのに，この盗人は「いくそばく」の罪を重ねているので，足を斬るという厳罰に処すべきと考えたのである。

問四＜古文の内容理解＞相人が，何度も罪を犯した盗人を「必ず往生すべき相ある人」だから「許されよ」と言ったため，「足斬らんとする者」たちは，意味がわからないと感じてあきれたのである。

問五＜古文の内容理解＞相人が，盗人は「必ず往生すべき相ある人」であるから罪を許すように願い出て，足を斬ろうとすると「この足のかはりに我が足を斬れ」と大声で叫んだ。すると，「斬らんとする者ども」は検非違使に報告し，検非違使が，その報告内容を別当に伝えた。

問六＜現代語訳＞「かなふ」は，思っていたことが実現する，という意味。相人が「必ず往生すべき相ある人」と予見したことが実現して，盗人は，「いみじき聖」となった後，極楽往生した。

問七＜古文の内容理解＞相人が，盗人を「必ず往生すべき相ある人」だと言って，罪を許すようにと熱心に主張した結果，別当は，盗人を許した(ウ…×)。盗人は，悔い改めて法師となり，修行の末「いみじき聖」になって東北院の菩提講を始め，相人の言ったとおり極楽往生を遂げた(ア・イ…○)。この聖のように「高名せんずる人」の相は，並大抵の相人では見抜くことができない(エ…○)。

四〔漢字〕

①「懇意」は，親密なつき合いをしていること。　②「添削」は，他人の文章や答案などを加筆したり削ったりして直すこと。　③「柔和」は，性質や物腰などが穏やかで優しいさま。　④「隔年」は，一年おきであること。　⑤音読みは「詐欺」などの「ギ」。　⑥「古墳」は，土を高く盛った形の古代の墓のこと。　⑦「傾向」は，性質や状態がある特定の方向へ進もうとしていること。　⑧「感涙」は，感動のあまり流れる涙のこと。　⑨「実況」は，現実そのままの様子のこと。　⑩音読みは「厳粛」などの「ゲン」。

2021年度 佼成学園高等学校

【英　語】（50分）〈満点：100点〉

〈編集部注：実物の入試問題では，3のChart 1，Chart 2のグラフはカラー印刷です。〉

1　次の英文を読み，問いに答えなさい。

There is a new idea. It's an elevator used to take us into space. It is like a normal elevator, but it starts on Earth, and ends at a space station. It goes up and down, so people can easily go to space and return to Earth. A space elevator is better than a rocket in many ways. It is cheaper and better for the environment because it doesn't use *fuel. It will also be more *comfortable to ride, because it doesn't *get fast so quickly.

If we can invent the space elevator, it will be useful in many ways. (1)One important use will be *manufacturing. In space, we can use the low *gravity or no gravity situation to make useful material. We cannot make it on Earth. Now, it is not a good idea to build a factory in space without a space elevator. It is very expensive to send necessary goods to space with a rocket to build a factory. However, if we have a space elevator, the space factory will be a reality. By using a space elevator we can send goods to and from space easily.

We can also use a space elevator to send *spaceships to other planets. The far side of the space elevator's *cable moves very fast. So, it is easy to *launch a spaceship. At about forty-seven thousand kilometers from the ground, it is possible to escape Earth's gravity and the spaceship won't need its engines to keep its speed. The engine is only needed to change the spaceship's *direction. A spaceship using a space elevator can easily travel to *Mars. Traveling to space will become cheaper and easier than now.

Another possible use of a space elevator is [A]. Space travel will be cheaper and easier, so space tourism will be possible. If we are far away from Earth, we can see beautiful stars, and see Earth in a new way. It would be so fun to be in low gravity or no gravity too!

However, there are many problems to solve when we make a space elevator. One of the biggest problems is the material used to make the cable. The cable has to be strong, but it cannot be heavy. New material technology may solve (2)this problem. Another problem is to *avoid dangerous *objects. There are many objects flying around in space. They are dangerous, and we will need to [B] them. These objects fly close to Earth and they can break or damage parts of the space elevator. We will need to *develop ways to repair the damage to [C].

It is difficult to make the elevator's design. It is not a good idea to put a heavy power source like a *battery on the elevator. Engineers will need to design ways to send power to the elevator in a safe way. Also, they will need to *keep the cable working *smoothly. We will need new technology because the space elevator will need to move on a very long cable.

Though there are a lot of problems to solve, technology is *getting better. Engineers are finding new ways of doing things. The space elevator may become real very soon.

浜島書店 “Space Elevator”『Watching Science』より（一部改変あり）

*fuel　燃料　　*comfortable　快適な　　*get fast　加速する　　*manufacturing　製造

＊gravity　重力　＊spaceship　宇宙船　＊cable　ケーブル　＊launch ～　～を発射する
＊direction　方向　＊Mars　火星　＊avoid ～　～を避ける　＊object　物体
＊develop ～　～を開発する　＊battery　バッテリー
＊keep the cable working　ケーブルを機能させ続ける
＊smoothly　円滑に　＊get better　進歩する

問１　下線部(1)の表す内容として適切なものを１つ選び，番号で答えなさい。
1　There is only one way to make useful material.
2　By using a space elevator we can make useful material.
3　Manufacturing in space is one way of making a space elevator.
4　By inventing a space elevator we can make a no gravity situation.

問２　本文の内容に即して，空所［A］に当てはまる語(句)として適切なものを１つ選び，番号で答えなさい。
1　sightseeing
2　making materials
3　walking on the moon
4　going on a tour of many countries

問３　下線部(2)this problem とはどのような問題か。本文の内容に即して**35字程度の日本語**で具体的に説明しなさい。なお，句読点も字数に含めます。

問４　本文の空所［B］と［C］に入る語の組み合わせとして適切なものを１つ選び，番号で答えなさい。
1　［B］：repair　［C］：the cable
2　［B］：repair　［C］：the rocket
3　［B］：be careful of　［C］：the cable
4　［B］：be careful of　［C］：the rocket

問５　次の文が本文の内容と一致していれば○，一致していなければ×と答えなさい。
1　A space elevator gets fast quickly, so it is comfortable to ride.
2　Some countries have already made factories in space.
3　It will be easier to travel to other planets by using a space elevator.
4　Many objects fly close to the space elevator and they can damage Earth.
5　Engineers are trying to find a way to make the space elevator.

2　次の英文を読み，問いに答えなさい。

We will always remember some people. For me, it was a man named Mr. Baranshamaje. He was my neighbor when I lived in the U.S. He was around 60 years old, and just a normal *citizen from a country called *Burundi in Central Africa. Often, he played outside with small children. I thought they were his grandchildren. However, Mr. Baranshamaje had (1)an important mission for himself.

In early April of 1994, there was a *genocide in *Rwanda. Rwanda is a small country next to Burundi, and most people are a part of the *Hutu and Tutsi tribes. The president of the Hutu was killed. The tribes were friends before, but after that, groups of Hutu used *machetes to kill Tutsi. The killing continued for about 100 days. More than 1 million *out of 7.5 million people were killed, and many children's parents were killed. Many children were also separated from their parents.

Mr. Baranshamaje was working for the World Bank then. He wanted to see how much money was needed to help the people and repair the country. He saw many things, and (2)he was shocked by them. The country was almost completely destroyed. There were so many children without parents. He thought he had to do something to help them. He decided to *adopt some children and bring them to live in the U.S. He adopted two boys and a girl. They were 7, 5, and 3 years old and they went to live in his home in Washington. They started a new life with Mr. and Mrs. Baranshamaje in the summer of 1995. He (3)put them in a French international school because French is the language of Rwanda. He thought it would *help them be successful when they returned to their country. He wanted them to be able to help Rwanda when they became adults.

Mr. Baranshamaje was just a normal man. He didn't have a lot of money, and he wasn't famous. Maybe I am the only Japanese person to know about him. When I think of him, I always get some ideas and courage. I may not have a lot of money. I may not be famous. But I would like to help people as much as I can. It may be difficult to adopt children *as Mr. Baranshamaje did, but we can help in other ways. We can do small things like volunteering, or *donating money to help poor people. We can't do everything, but we can do something. It is important to know what we can do to help and where and when we can help, and then do so. His actions helped me learn that everyone can do something to make the world a better place.

I saw him with the children nine years ago. When I hear or watch news about Rwanda, I remember Mr. Baranshamaje and the children. I *wonder what they are doing. The oldest boy is probably a high school student like me. I hope they are safe, happy, and have good lives.

*citizen　市民　　*Burundi　ブルンジ(国名)
*genocide　大量虐殺　　*Rwanda　ルワンダ(国名)
*Hutu and Tutsi tribes　フツ族とツチ族(部族名)
*machete　なた　　*out of ～　～のうち
*adopt ～　～を養子にする　　*help 人＋動詞の原形～　人が～するのを助ける
*as 人＋動詞～　人が～するように　　*donate ～　～を寄付する
*wonder ～　～かなと思う

問１　下線部(1)の an important missionとはどのようなものか。その内容として適切なものを１つ選び，番号で答えなさい。

1　to stop troubles in Rwanda
2　to make the world better for people to live in
3　to take care of his grandchildren like their father
4　to help many people get away from that dangerous place

問２　下線部(2)についてなぜ彼はショックを受けたのか。その理由として適切なものを１つ選び，番号で答えなさい。

1　His son was killed and then he had to take care of his grandchildren.
2　His home country was totally destroyed and he couldn't live there anymore.
3　So many people were killed and many children lost their mothers and fathers.
4　He realized that he would need a lot of money to take care of the children in Rwanda.

問3　下線部(3)で彼が子供たちをFrench international schoolに入れた理由として適切なものを1つ選び，番号で答えなさい。

1　Mr. and Mrs. Baranshamaje usually speak French.

2　Mr. Baranshamaje worked in Burundi next to Rwanda.

3　The children may be able to help Rwanda in the future.

4　The children will go back to their home country, France someday.

問4　本文の内容と一致しているものを**2つ**選び，番号で答えなさい。

1　In 1994, two small countries in Central Africa had trouble and lots of people were killed.

2　Many children lost their parents, so Mr. Baranshamaje wanted to know the amount of money needed to repair the country.

3　Mr. Baranshamaje did not have special powers, but did something special for the three children.

4　From Mr. Baranshamaje, the writer learned that we can do small things and they can help some people.

5　The writer wants to know what Mr. Baranshamaje and his children are doing now, because he wants to help them in some ways.

問5　あなたが世の中を少しでも良くするためにできる活動を1つあげ，その理由や効果を**50語前後の英文**で説明しなさい。もし必要ならば下記の語句を参考にしてかまいません。なお，「,」や「.」等は語数に含めないこととします。

(older people, plastic bags, public parks, water and electricity)

3 Chart 1は，福島原子力発電所の事故後，日本が利用するエネルギーの構成がどのように変化したかを表したものです。Chart 2は，地球規模で利用するエネルギーの構成が2018年と2040年ではどのように変化するかを予測したものです。これらのグラフを読み取り，下の1～3の[　]内の語(句)を並べかえなさい。ただし，**それぞれ1つずつ不要な語(句)があります。**

[Chart 1]

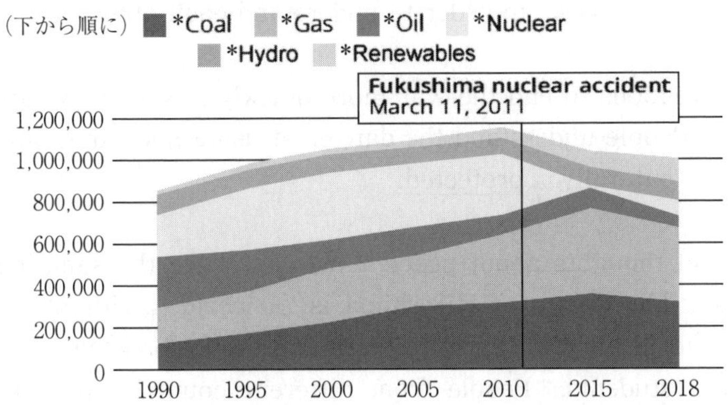

[Chart 2]

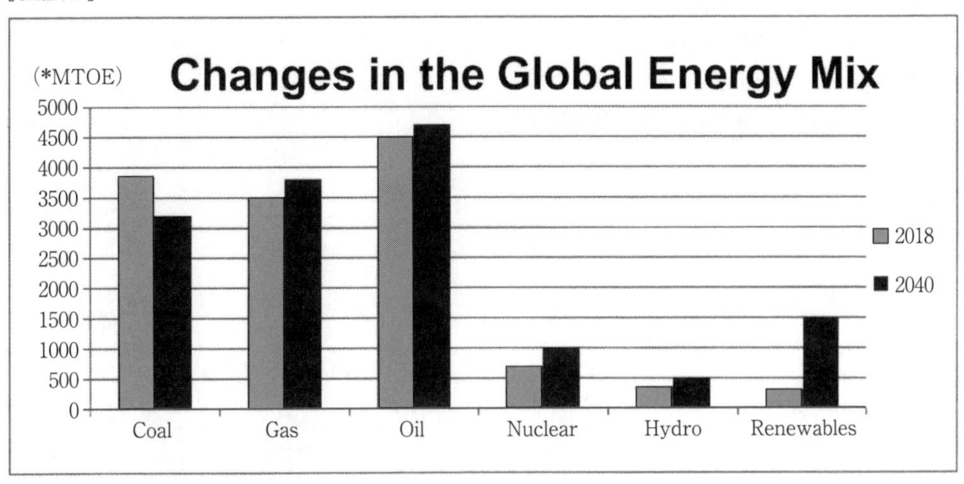

*gigawatt　10億ワット　*coal　石炭　*gas　ガス　*oil　石油　*nuclear　原子力

*hydro　水素　*renewables　再生可能エネルギー

*MTOE　Million tonnes of oil equivalent(原油100万トンを燃焼させたときに得られるエネルギーを換算して，それを1つの単位としたもの。)

1　According to Chart 1, in 2018 [all the energies / gas / used / was / the most / nuclear / of].

2　According to Chart 2, between 2018 and 2040, the difference of [other / any / than / gas energy use / bigger / renewables energy use / is] energy.

3　According to Chart 1 and Chart 2, [using / in / people / keep / energy / stop / nuclear / the future / will], though the use of that energy went down in Japan from 2010 to 2015.

4 次の英文は，日本人学生が広島にいた海外の留学生２人にインタビューをした一部の内容と，そのインタビューを受けて，ある日本人学生が感想を述べたものです。以下の下線部①～⑫の中には**不適切なものが４つ**含まれています。その番号を指摘し，それぞれ**最も適切な語**(**句**)に書き改めなさい。

[Russian student]

*Nuclear weapons may be dangerous, ①because there is always a *risk of an accident. If Russia decides to *remove its nuclear weapons, people in Russia may be attacked ②by another country. It's terrible to think about that. All countries need to remove their nuclear weapons at the same time. People ③lived in different countries have different *points of view. ④It is important for us to talk about their experiences *in order to understand each other.

[American student]

It was ⑤necessary to use nuclear weapons to end the war more quickly. Nuclear weapons aren't bad. They are a *deterrent. People understand the danger of using nuclear weapons, ⑥but no one will use them. They are carefully ⑦protected.

[Japanese student]

There ⑧is many different ideas and thoughts about peace. We can share the same basic ideas: we need to stop having wars. The dream of Hiroshima is "a world ⑨without war." I hope to share this idea around the world. I was ⑩able to learn and think about peace from this interview with the international students. People from different countries may have different ideas ⑪create peace. But they agree ⑫that they don't want war. So, I want to speak with people in other countries about that.

＊nuclear weapon　核兵器　　＊risk　危険
＊remove ～　～を取り除く　＊point of view　考え方
＊in order to ～　～するために　　＊deterrent　戦争抑止力

【数　学】（50分）〈満点：100点〉

（注意）　1．**2**～**4** は答えが出るまでの過程もしっかり書きなさい。

2．円周率はすべて π を使用しなさい。

1　次の各問いに答えなさい。

(1)　$(4+\sqrt{15})(4-\sqrt{15})^2$ を計算しなさい。

(2)　2次方程式 $(x-3)^2=8x(3-x)$ を解きなさい。

(3)　関数 $y=ax^2$ について，x の変域が $-5 \leqq x \leqq 3$ のとき，y の変域は $16a-27 \leqq y \leqq 0$ である。このとき，a の値を求めなさい。

(4)　10円硬貨，50円硬貨，100円硬貨，500円硬貨を1枚ずつ同時に投げたとき，表が2枚，裏が2枚出る確率を求めなさい。

(5)　濃度が14％の食塩水540 gから水を蒸発させて18％の食塩水を作りたい。このとき，何gの水を蒸発させればよいか求めなさい。

(6)　右の図で，$\angle x$ の大きさを求めなさい。

(7)　下の立体は，円柱に底面の円が合同な円錐を重ねたものである。この立体の体積を求めなさい。

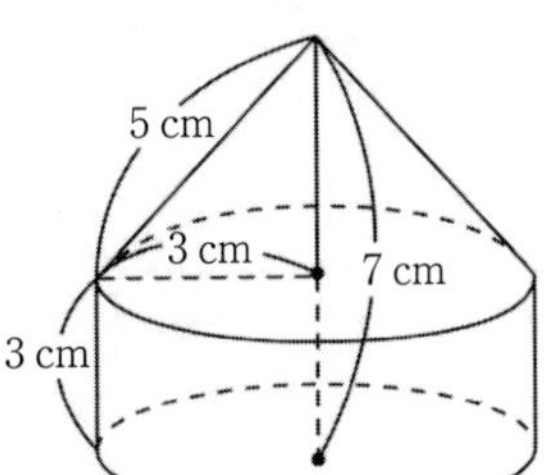

(8)　(7)の立体の表面積を求めなさい。

2　下の図のように，放物線 $y=x^2$ と直線 $y=x+20$ の2つの交点をA，Bとするとき，次の問いに答えなさい。

(1)　2点A，Bの座標を求めなさい。

(2)　△OABの面積を求めなさい。

(3)　点Bを通り，△OABの面積を2等分する直線の式を求めなさい。

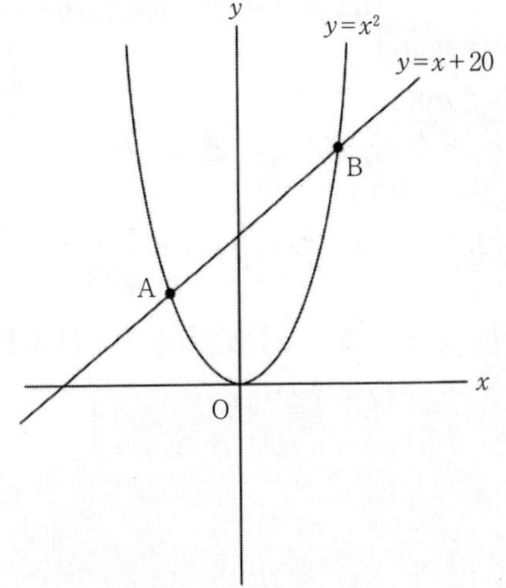

3　右の図のように，AB＝4 cm，AD＝6 cmである平行四辺形ABCDがある。

∠BADの二等分線と対角線BD，辺BCとの交点をそれぞれE，Fとする。

また，頂点Dを通り直線AFに平行な直線と直線ABとの交点をGとする。

このとき，次の問いに答えなさい。

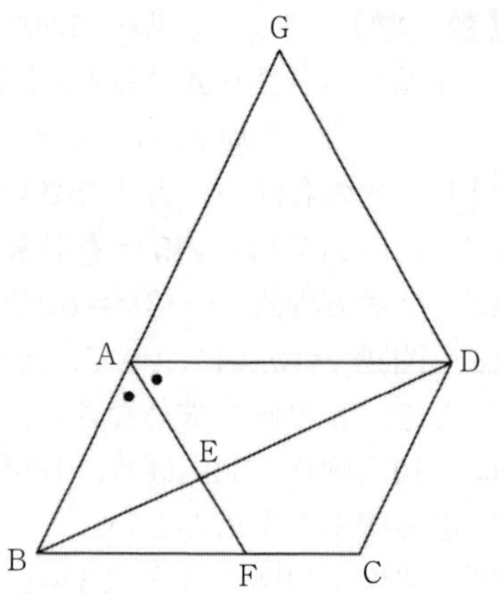

(1)　△ADGが二等辺三角形であることを証明しなさい。

(2)　BE：EDを求めなさい。

(3)　△ABEと四角形CDEFの面積の比を求めなさい。

4　1から始まる奇数の列

1，3，5，7，……，$2n-1$，……（nは自然数）において，次の問いに答えなさい。

(1)　下の［ア］から［オ］に適する数を答えなさい。

$1=1^2$

$1+3=2^2$

$1+3+5=3^2$

$1+3+5+7=4^2$………………①

$1+3+5+7+9=5^2$…………②

$1+3+5+7+9+11=6^2$

……………………………………

このように奇数を小さい方から順にたしていくと，その和は必ず自然数の2乗になり，一般に，

$1+3+5+7+9+11+\cdots\cdots+(2n-1)=n^2$……③

が成り立つ。

例えば，③において，$n=12$のとき，

$1+3+5+7+9+11+13+\cdots\cdots+$［ア］$=12^2$……④

が成り立ち，同様にして考えると，

$1+3+5+7+9+11+13+\cdots\cdots+23+25=$［イ］^{2}……⑤

が成り立つ。

ここで，①を②に代入すると，$4^2+9=5^2$ より，$3^2+4^2=5^2$が成り立つ。

同様にして，④を⑤に代入すると，5^2+［ウ］$^2=$［イ］^{2} が成り立つ。

(3，4，5)，(5，［ウ］，［イ］) のように，$a^2+b^2=c^2$ となる自然数の組(a，b，c)は，ピタゴラス数とよばれる。

この方法を用いると，ピタゴラス数の1例として，$a^2+b^2=25^2$ が成り立つとき，$a<b$ とすると，$a=$［エ］，$b=$［オ］である。

(2)　(1)のようにして作られるピタゴラス数の組(a，b，c)を $a<b<c$ となるように定めると aは奇数である。このとき，aが小さい方から5番目となる組(a，b，c)を求めなさい。

四 次の――線部について、漢字をひらがなに、カタカナを漢字に直しなさい。

① 世界平和を祈願する。
② 母が化粧をする。
③ 新たに採択された法案。
④ 手綱をゆるめないように注意する。
⑤ 窓から外が透けて見える。
⑥ 友達とプレゼントをコウカンする。
⑦ 近所でゴウトウ事件が発生した。
⑧ 男女ケンヨウの時計。
⑨ 荷物をひもでシバる。
⑩ 学校のユカを磨く。

何にても思ひ合はする事あらば（何か心当たりがあるならば）、まつすぐに語り給へ。一人のわざにて（一人のしわざで）数多（大勢の人）の人の②難義なるぞ」と、云ひければ、かの男、ぜひなく（やむを得ず）、首の綿をとり、「③さだめてこの故なるべし」とて、蛇をみせ、始め終りを懺悔しければ、人々おどろき、「はやはや舟を出で給へ」と、Ⅲ責めければ、「今はこれまでなり」とて、かの男、湖へ身を投げ果てにけり。

その時、蛇は首を離れ、大津の方へ泳ぎ行きけり。舟もbさうなく（容易に）※6矢橋に着きぬと、船頭語りしを聞きはんべるなり。

（『諸国百物語』より）

※1　脇指…小さな刀。

※2　高野…高野山金剛峯寺。悪行を犯した者でもそこに逃げ込んで、罪を免れることがあった。

※3　不動坂…高野山の登り口の坂。これより上には女性が入ることが禁じられていた。

※4　下向…お参りをして帰ること。

※5　大津…琵琶湖の船着き場。

※6　矢橋…琵琶湖の船着き場。

問一　二重傍線部a「まとひつき」、b「さうなく」の読みをそれぞれ現代かなづかいで答えなさい。

問二　波線部Ⅰ「ついて歩きける」、Ⅱ「思ひ」、Ⅲ「責めければ」の主語として適当なものを次の中からそれぞれ選び、記号で答えなさい。

ア　男　　イ　女　　ウ　船頭　　エ　人々

問三　傍線部①「男嬉しく思ひ」とありますが、男はどのようなことが嬉しかったのですか。最も適当なものを次の中から選び、記号で答えなさい。

ア　高野山に入る前に蛇をおどして退散させたこと。

イ　脇指で切りつけたことで蛇が死んだこと。

ウ　女を刺し殺して不動坂まで逃げてこられたこと。

エ　首に絡みついていた蛇から解放されたこと。

問四　傍線部②「難義」とありますが、これは具体的にどのようなことを指していますか。文中から十字以上、十五字以内で抜き出して答えなさい。

問五　傍線部③「さだめてこの故なるべし」とありますが、「この故」とはどういうことですか。その説明として最も適当なものを次の中から選び、記号で答えなさい。

ア　男が女を殺してしまったこと。

イ　男の首に蛇が巻き付いていること。

ウ　男が舟に乗っていること。

エ　男が高野山から離れたこと。

問六　本文の内容として**適当でないもの**を次の中から一つ選び、記号で答えなさい。

ア　男が女を刺し殺したところ、大木から蛇がはい出て、女の怨念のように男の首に巻き付いた。

イ　高野山へ男が入ったとたんに蛇は離れていったので、男はそのまましばらく高野山にとどまっていた。

ウ　男が湖に身を投げたことによって、男にまとわりついていた蛇も命を落とした。

エ　舟で起こったことは、後に船頭が筆者に語り聞かせた話であった。

できると考えているから。

問五　傍線部a～dについて、「　」が付いていることの意味が他と異なるものを一つ選び、記号で答えなさい。

問六　傍線部④「人工言語に対して自然言語と言うこともあります」とありますが、「人工言語」「自然言語」の説明として最も適当なものを次の中から選び、記号で答えなさい。

ア　人工言語とはもとの意味や用法からの逸脱を避けたことばのことであり、自然言語とは自分が感じたり考えたりしたものを自由に表現できることばのことである。

イ　人工言語とは場面を問わずに使えることばのことであり、自然言語は閉じた世界の人たちの間でのみ通用することばのことである。

ウ　人工言語とは専門分野の事典や用語集に見られることばのことであり、自然言語とは正しい日本語を記述した辞典に見られることばのことである。

エ　人工言語とは厳密に意味が定義づけられたことばのことであり、自然言語とはさまざまな意味のふくらみを持ったことばのことである。

問七　波線部「個々の辞典はつねに記述主義と規範主義の二つのあり方の間で自身の位置を定めているわけですが、特に積極的に規範主義の立場に立つということは少ないように思います」について次の〔1〕・〔2〕に答えなさい。

〔1〕「記述主義と規範主義」とありますが、「記述主義」「規範主義」とはどのような意味ですか。文中からそれぞれ三十字以内で抜き出し、初めと終わりの五字を答えなさい。

〔2〕「特に積極的に規範主義の立場に立つということは少ないように思います」とありますが、辞典が規範主義の立場に立つことが少ないのはなぜですか。「ことばは～」に続く形で三十字以内で答えなさい。

問八　傍線部⑤「ことばには『はば』があるのです」とありますが、意味の「はば」が感じられることばの具体例を本文で用いられているもの以外に一つ挙げ、そのことばがどのような「はば」を持って使われているかを説明しなさい。

三

次の文章を読み、後の問いに答えなさい。

土佐の国に、猟（かり）をして世をわたる人（生活をする人）あり。男は四十、女は四十五、六にてありしが、この女かくれなき悋気（りんき）深き者（際立って嫉妬深い者で）にて、男、猟に出（い）づるにも、Ⅰついて歩きける。

男、余りのうるささに（わずらわしさに）、ある時猟に出でけるに、かの女房、あとより例の如（ごと）くついて来たる所を、とつて引き寄せ、刺し殺しければ、傍（かたはら）なる大木の根より大きなる蛇出でて、男の首にaまとひつきける。男、※1脇指（わきざし）を抜き、ずんずんに切り離せば、またまとひつきまとひつき止（や）む事なし。男、せんかたなく（しかたなく）※2高野（かうや）へ参りければ、※3不動坂の中ほどにて、蛇、首より離れ落ち、叢（くさむら）の中へ入りける。①男嬉しく思ひ、高野に百日あまり逗留（とうりゆう）して（滞在して）、もはや別義も（何事も）あるまじき（はずがない）とⅡ思ひ、山を※4下向（げかう）しければ、不動坂の中ほどにて、かの蛇、叢の中よりはひ出でて、また男の首にまとひつく。

男もぜひなくて（どうしようもなくて）、これより関東へ修行せん（修行しようと思って）とて、すぐに旅立ち、※5大津の浦にて、乗合ひの舟に乗りけるが、沖中に漕（こ）ぎ出だしければ、舟、後へも先へも行かず。船頭申しけるは、「乗合ひの中にその現象の発現期間が予報期間の1／4未満のとき」であり、その「連続的」とは「現象の切れ間がおよそ一時間未満」の場合を言うのだと取り決めているのです。ただ傘が要るかどうかを知りたいだけのときでも、天気予報はこんなに正確に、こんなに窮屈に、発表されているのですね。

気象庁は理由があってそうしているわけですが、私たちは、そこまで頑張らなくてもよいのにと思う場面で、あるはずの正解を求めあまり、つい、その正解はただ一つで、他は誤りと思いがちです。厳密な正しいことばを求めようとするようとすることがあります。漢字の使い分け、送り仮名、漢字を手書き（筆写）する時の止めや撥ねね。

困ったことに、学校教育の現場でも、指導上の便宜からか、正解が一つしかないような教え方がされることがままあります。「テストで辞典通りに書いて、うちの子どもが×をもらった。なぜか」というような電話が、学校の先生にではなく辞典編集部にかけられることは少なくありません。ことばの教育とは何か、そのそもそもについて、専門家である先生方に是非とも考えていただきたい、切実にそう思います。

ことばについて、こうなくてはならぬという一つだけの正解がないと同時に、絶対的な間違いということも非常に少ないものです。ことばはそんなやわなものではない。ある制約がありながらも、その中で自由にできる余地のことを、「遊び」とか「はば」とか言うことがあります。⑤ことばには「はば」があるのです。

（増井　元『辞書の仕事』岩波書店より）

※1　自ら省みて直くんば千万人と雖も吾往かん…自分が振り返って正しいと思うならば、たとえ相手が千万人いようと堂々と進んでいくということ。

問一　（1）・（2）に当てはまる言葉として最も適当なものを次の中からそれぞれ選び、記号で答えなさい。

ア　しかし　イ　まず　ウ　例えば　エ　つまり

問二　傍線部①「かがみ」とありますが、次のア～ウの傍線部「かがみ」について、「鏡」と書くものにはA、「鑑」と書くものにはBとそれぞれ答えなさい。

ア　厳しさの中にも愛情を持っている彼は、まさに教師のかがみである。

イ　子は親の言動をまねることから、「子は親のかがみ」と言われる。

ウ　目はその人の心を映し出すかがみのようなものである。

問三　傍線部②「昔はこう使うことが多かったのですが、近年はこう使う人も多くなりましたね」とありますが、次のア～エの中から近年になって使われることが多くなった言葉と意味の組み合わせを一つ選び、記号で答えなさい。

ア　浮き足立つ…不安を感じて逃げ出しそうになること。

イ　気の置けない…打ち解けがたく、油断ならないこと。

ウ　手をこまねく…何もせずに傍観していること。

エ　役不足…その人の力量に比べ、役目が軽すぎること。

問四　傍線部③「ことばの正しさについて、辞典読者が辞典編集者よりずっと楽天的だ」とありますが、それはなぜですか。その理由として最も適当なものを次の中から選び、記号で答えなさい。

ア　辞典読者は、ことばの正しい意味や使い方を知るために辞書が存在し、辞書によってことばの乱れを簡単に正せると考えているから。

イ　辞典読者は、少し昔のことばを正しい日本語とし、そのことばと照らし合わせることで今のことばの正誤が簡単に判定できると考えているから。

ウ　辞典読者は、多くの人が普段から使っていることばの誤用を正当な変化であると捉え、その変化を辞書が正すことは不可能であると考えているから。

エ　辞典読者は、ことばが現在に至るまでになんらかの変化を受けているため、辞書を見ればことばの本来の意味を簡単に確認そのような深い信仰心を持つ方は、辞典に「正しい日本語」というよりは「厳密な定義」を要求されるのです。「辞典はことばを定義するもの」とおっしゃる方もいますが、それは違います。国語辞典はことばの意味を記述しますが、定義はしません。

「老人」とは厳密には何歳からを言うのか、「未明」は何時から何時までか、「岩」と「石」と「砂」、あるいは「湖」と「沼」と「池」とはどう定義されるのか。そこを厳密にしたからといって、日々の生活が特に変わることもないという問題が大半ですが、気になると、きちんとしないではいられなくなるもののようです。電話でいきなり「夜中に日付が変わる瞬間は、今日の内に入るのか翌日か（一二時か〇時か）」などと聞かれると、とっさに何のことかととまどうのですが、辞典編集部にこうした問い合わせは少なからずあります。徹底的に厳密にしたいのであれば、すべて定義づけたことばだけで、その定義が通用する閉じた世界の中で生きるほかないのですが、厳密屋さんはそうしたことが可能だと思っておられるようなのです。

「定義」というのはある特定の世界の中での約束のことです。このことばはこういう時にこういう意味で使うことにしましょうという取り決めに他なりません。私たちは時としてその世界の中で会話することもありますが、いつもはもっと広いのびのびとしたところで、特別に約束をしたこともないことばを使って、感じたり考えたり表現したりしています。そのことばを、④人工言語に対して自然言語と言うこともあります。一般の国語辞典はその自然言語の辞書なのです。一方、ことばを定義している辞書は専門分野の事典や用語集に見られます。

先の「老人」について、普通の国語辞典は「年とった人。年寄り。」くらいしか書いてありません。何歳から、などという明確な取り決めは自然言語にはありません。それは、行政上の都合とか統計をとる便宜とかのために役所や法律が、例えば「老人福祉法」では六五歳以上をb「老人」とする、と決めただけのものであって、「老人」の意味ではありません。にもかかわらず、「老人」ということばの意味が曖昧だなどということはないのです。「老人」の語は、さまざまの場面でさまざまの対象（人）を指すことが可能ですが、その対象（人）をどう捉えようとしているか、それらに向けた視線の方向は共通で、多くの人々に共有されているのです。対象を捉えようとして向けた視線、その向きがことばの意味というものであろうと思うのです。

c「砂」は、『広辞苑（こうじえん）』によれば、「細かい岩石の粒の集合。主に各種鉱物の粒子から成る。通常、径二ミリメートル以下、一六分の一ミリメートル以上の粒子をいう。」とあります。岩石学ではこのように取り決めているのですが、それが「通常」かどうかは疑問です。そんな数字を知らなくても、物差しを持ち合わせていなくても、私たちは日常の場で即座に「石」か「砂」かを判別し、何の支障もなく会話することができます。投げるのは石、砂は撒（ま）く。時として石には躓（つまず）き、また砂を噛（か）む思いもするでしょう。ことばが表す世界は思いのほか広くて、がちがちの定義では捉えきれないふくらみを持っているものです。

日常普通に使っている日本語なのに、ふと自信が持てなくなって、辞書で意味を確かめるということはあります。それに答えるのが辞書の仕事です。しかし、そこで辞書の記述が不満だとして、とたんに「正確」で「厳密」な「定義」の方向に向かってしまう方がおられるのが残念でなりません。「厳密」がことばとして「正しい」とは限らないのです。

（２）、天気予報や新聞の報道では、d「未明」を「午前〇時から午前三時頃まで」と決めていますが、「未明」の語の本来の意味（まだ夜が明けきらないころ、明け方）に比してずいぶん早過ぎはしないでしょうか。厳密に言うためと称して、正しい意味を壊してしまってよいはずがありません。

天気予報と言えば、私たちが何気なく聞いている「曇り、一時、雨」の「曇り」「一時」「雨」の用語は、それぞれが驚くほど厳密に定義されています。例えば、「一時」は「現象が連続的に起こり、ばの「鏡」であらんとすれば、「ある人々にとっては美しくない日本語、珍奇な日本語、間違った意味などが、どやどやと辞書のなかにはいってくること」になります（『ことばの海をゆく』朝日新聞社、一九七六年刊）。それは辞書が悪いのではなく、世間のことばがまさしくそのようにあるということなのですが、辞典のそのような現れは、今度は辞典編集部と辞典読者との対立になりかねない側面を持つものなのです。辞典を引こうとする人は多分に辞典に規範（鑑）を求めているからです。

辞書の利用者は、辞典編集部が考える以上に、辞書を規範として受け取ろうとしています。ことばの正しい書き方、正しい意味、正しい使い方、辞書を使う目的はもっぱらそれを知るため、確認するためなのです。辞典編集部への問い合わせは、そのほとんどが「正しい」日本語を知りたいとするものです。「AとBと、どちらが正しいか」の問いに、「どちらもありますよ、どちらでもいいのです」と答えることが多いのですが、「それでもどちらが適当か」と食い下がられます。「使う方の好みです」などと繰り返していると、大半の読者は怒ります。「どちらでもいいのなら辞書は要らん」、たしかにそうかも知れないと思います。

いくらか歴史的に、「②昔はこう使うことが多かったのですが、近年はこう使う人も多くなりましたね」と答えることもあります。すると、「やはり、最近のことばは乱れている」と残念がられます。つい「いや、ことばはたえず変化するものです」などと言ってしまうと、「それを正すのが辞典の役目だろう」と、またしても美しい日本語を守れ、と励まされてしまいます。

いかに残念であろうとも、多くの人が普通に使っているa「誤用」を辞典が正すことはほとんど不可能です。誤用には誤用の理屈があるからです。実態に合わないのに規範を説くことが辞典の態度として正しいか、これはつねに辞典作りにかかわる最大難問です。

法則性を持った誤りはことばの変化です、誤りが大多数の人の誤りであればそれも変化です。日本語は千何百年以上にわたって、誤用を重ねて今日に至りました。※1自ら省みて直くんば千万人と雖も吾往かんというのは、個人の美意識ではあっても、社会性を持ったことばの世界ではあり得ないことのように思われるのです。

辞典の読者と辞典編集者とが行き違うことがあるとすれば、一番の理由は、おそらく、③ことばの正しさについて、辞典読者が辞典編集者よりずっと楽天的だという点にあると思われます。

古典文学などに現れて以後まったく使われないようなことばでなく、現代社会の中で生きていることばであれば、今に到るまでに必ずなんらかの変化を受け、また今も変化し続けている――いささかでもことばを観察すれば、それは明らかです。

その変化とは、もとの意味・用法からの逸脱です。それを「乱れ」と呼ぶのであれば、ことばはいつも「乱れ」ています。しかし、ことばの正しさとはいつの時点での姿を言うのでしょうか。いまの日本語は乱れているから、奈良時代のことばに戻れ、とおっしゃる方はいません。現在から見て少し過去の辺りの日本語を「正しい」として、そこからの「変化」を「乱れ」として嘆かれるのです。

ことばが絶えず変わっていることを、辞典編集部は仕事柄忘れることができません。（１）、辞典を使う方は時折それに気付いては、不快に思ったり怒ったりされるのです。変化することこそ通常のあり方であることばについて、辞典が忠実であろうとすれば、現時点で大勢が使っていることばをそのままに記述し、せいぜい変化してきた経過について言及する、といった姿勢をとるほかにはありますまい。

辞典を使われる方が「正しい日本語を」と言われる内容は、「変化」「乱れ」を抑えようということの他に、実は、もう一つあるようです。それは、ことばの意味はいつも「正確」「厳密」であるべきだ、とすることです。正しいことば（単語）は、いつどんな場面においても、きちんとその単語に対応した普遍かつ不変の意味領域を持つべきだ、とでも言うような信仰です。

反抗的な態度をとる滝山にあきれたから。

問九　傍線部⑦「湯浅は勢いよく頭を下げた」とありますが、このときの湯浅の心情の説明として**適当でないもの**を次の中から一つ選び、記号で答えなさい。

ア　今まで懸命に取り組んできた野球を辞めたくなる気持ちは理解できるが、それでも野球を続けることが後輩たちにとって救いになると考えている。

イ　監督と自分とで明るく締めくくることで部員のやる気を再燃させたかったが、滝山の怒りがチームに緊張感をもたらしたので、なんとかその場を収めようと思っている。

ウ　戦争のために今年の甲子園大会が中止になったとしても、来年こそは開催されると信じて諦めずに野球を続けて、自分たちの夢を繋いでいって欲しいと思っている。

エ　甲子園出場には必要な存在である滝山が部を辞めると言い出したため、自分たちの悲願を次こそかなえるためにも、どうにか滝山を引き留めたいと考えている。

二　次の文章を読み、後の問いに答えなさい。

辞書を作る仕事にたずさわっていた期間、辞書をどのようなものとして考えるかについて、いつも私の念頭にあったのは見坊豪紀（けんぼうひでとし）さんの辞書観でした。見坊先生に直接お目にかかったことは一度もありませんでしたが、先生が語られ書かれた、辞書に対する熱い思いは、辞書作りにかかわる者が知らずに済ますことができるものではありません。その数々の示唆に富む考察の中で、私にとってもっとも直截（ちょくせつ）的で分かりやすいのは、「辞書 ①〝かがみ〟論」という先生の一貫した辞書論です。それを、先生が編集主幹をされた『三省堂国語辞典』第三版（一九八二年刊）の序文から引いてみましょう。

辞書は〝かがみ〟である——これは、著者の変わらぬ信条であります。

辞書は、ことばを写す〝鏡〟であります。同時に、辞書は、ことばを正す〝鑑（かがみ）〟であります。

〝鏡〟と〝鑑〟の両面のどちらに重きを置くか、どう取り合わせるか、それは辞書の性格によってさまざまでありましょう。ただ、時代のことばと連動する性格を持つ小型国語辞書としては、ことばの変化した部分については〝鏡〟としてすばやく写し出すべきだと考えます。〝鑑〟としてどう扱うかは、写し出したものを処理する段階で判断すべき問題でありましょう。

そのことばを見出しに立てる、ということがまず大切です。

これは、辞書を編纂（へんさん）・記述するときの姿勢として記述主義（客観主義）と規範主義との二つの態度をあげ、まず社会のことばのありようを調査しそれを辞書に反映させること、次にありうべきお手本となることばのすがたを提示すること、それを現代語辞典の役割だと宣言されたものです。

このとき、先生の姿勢は規範主義に向かいながらも、まず世間でことばがどんなありようをしているかをしっかり捉えることが第一であるとされています。辞書の編集には用例の採集が先行しなければならない。しかし、この仕事がいかに大変なものか、見坊先生はそれを身を以（もっ）て示されました。つまり、生活のほとんどを用例の採集に充（あ）て、とうとう辞書の編集・執筆よりも用例採集を優先させてしまったのです。かくして、一四五万枚の「見坊カード」が、どの国語辞典編者も超えることのできない見坊さんの仕事として残りました。

個々の辞典はつねに記述主義と規範主義の二つのあり方の間で自身の位置を定めているわけですが、特に積極的に規範主義の立場に立つということは少ないように思います。どちらかと言えば、辞典編纂者は日本語の学者・研究者として、社会の言語の観察者・分析者の位置、客観的な位置に身を置きがちです。それは具体的には、あらたに生まれた意味や用法、言ってみればことばの変化に対する寛容な姿勢として現れることになりましょう。

当然見坊先生はそのことを承知していました。辞書が社会のこと練習をしているため、このままでは試合に負けるかもしれないと不安に思う気持ち。

問四　傍線部③「雄太は、絶句した」とありますが、このときの雄太の心情の説明として最も適当なものを次の中から選び、記号で答えなさい。

ア　甲子園出場は職業野球に進むための単なる手段に過ぎないと滝山から聞かされ、野球に対する価値観が自分と全く異なっていることに唖然としている。

イ　六大学への進学に全く興味を持っていないのは金銭的に余裕のない生活を送っているからだと考え、滝山に対して強い同情を寄せている。

ウ　野球をただの金儲けの道具としか考えていない滝山の主張を聞き、自分の野球に対する情熱を否定された気がして深く傷ついている。

エ　滝山が六大学野球からのスカウトを断っただけでなく、六大学野球よりも職業野球に進む方が栄誉であると考えていることを知って驚いている。

問五　傍線部④「その言葉は凶器となって、雄太の胸に深々と突き刺さった」とありますが、このときの雄太の心情の説明として最も適当なものを次の中から選び、記号で答えなさい。

ア　雄太たちが私利私欲のために甲子園出場を目指していたと滝山が考えていることを知り、自分たちの甲子園に対する純粋な思いを否定されたことに深く傷ついている。

イ　雄太は甲子園を努力した者だけがたどり着ける聖地だと考えているのに対し、滝山は甲子園を才能さえあれば誰でも行ける場所だと考えていることを知って衝撃を受けている。

ウ　甲子園出場を目指して一丸となろうとしている自分たちの努力には何の価値もないかのような滝山の発言を聞き、自分たちが見下されていることに対して強い屈辱を感じている。

エ　甲子園にさえ行ければいいという滝山の自分本位な考え方に接し、自分たちが大切にしてきた野球そのものまで侮辱されたような気がして憤りを覚えている。

問六　傍線部⑤「ああ、これはもう駄目だ」とありますが、このときの雄太の心情の説明として最も適当なものを次の中から選び、記号で答えなさい。

ア　宣言通りに手を抜いた投球をしても大会で優勝したことを目の当たりにして、滝山の投手としての実力を信じられなかった自分に失望している。

イ　決勝戦で滝山が圧巻の投球を見せて優勝できたが、野球のことなど愛してもいない男のおかげで甲子園に出場できるようになったことを恥じている。

ウ　甲子園出場が決まったことで歓喜の涙を流している選手たちを見ても、控えの捕手であることで純粋に喜べていない自分にはもう野球を続ける資格はないと感じている。

エ　待ち焦がれたはずの優勝の場面であるにもかかわらず、自分が全く喜べないことから、もう今までのような気持ちで野球を続けていくことはできないと気がついている。

問七　文中に二か所ある空欄[X]に共通して当てはまる語を、これより前の文中から漢字一字で抜き出して答えなさい。

問八　傍線部⑥「滝山を見る表情も、いくぶん青ざめてはいたが、怒りは見られない」とありますが、監督が怒りを見せなかったのはなぜですか。その理由として最も適当なものを次の中から選び、記号で答えなさい。

ア　自分や上級生の思いを無視した滝山の反抗は、滝山だけでなく部員の誰もが抱える怒りであると思ったから。

イ　甲子園出場だけが野球部を続ける意味であると主張した滝山に、哀れみを感じたから。

ウ　滝山が辞めたら来年の甲子園出場は絶望的であり、滝山をどのように説得すればよいかを考えたから。

エ　重大な発表を終えて心身が疲れ切っているところに、さらにならい、深々と礼をした。

最上級生たちが、自分たちに頭を下げている。その異様な光景に、雄太たちは目を瞠り、そして心を打たれた。

この中で最も悔しい思いをしているのは、他ならぬ彼らのはずだ。自分たちの手で勝ち取った甲子園が、突然手からすり抜けてしまったのだから。

「悪いが、滝山。こいつらのこんな姿を見た以上は、私も許可できん」

それまで沈黙を保っていた監督が、重々しい口調で言った。

「こいつらに、そしておまえたちのためにできることは、来年こそ甲子園に連れて行くことだ。それにはおまえがいなければできないんだ、滝山。いや、滝山だけじゃない。ここにいる一人でも欠ければ不可能だ」

久保監督の鋭い目が、居並ぶ選手たちの顔を、ゆっくりとなぞっていく。

「だから、私からもお願いする。君たちの苦境はわかる。だが、どうか野球を諦めないでくれ。国中の球児が憧れる夢を、どうか繋いでほしい」

そう言って監督もまた、深々と頭を下げた。

滝山は、もう何も言わなかった。

（須賀しのぶ『雲は湧き、光あふれて』集英社より）

※1　他の学校の連中なんか、やりたくても練習できないんだ！……この年から各学校に将校（軍人）が配属され、将校によって野球の練習時間が大幅に削られたことを指す。

※2　俺さえいれば、おまえみたいな〜甲子園に行けるんだ……以前の練習試合で滝山が雄太の出すサインを無視して投球し、「てめえは壁みたいに、ど真ん中に構えて、来た球受けてりゃいい」と発言している。

※3　スタルヒン……当時のプロ野球の名投手。

※4　沢村栄治……当時のプロ野球の名投手。

※5　佐川中……普川商と同じ野球の強豪校。地区予選で普川商に負けている。

問一　（1）・（2）に当てはまる言葉として最も適当なものを下の中からそれぞれ選び、記号で答えなさい。

（1）ア　舌　　イ　涙　　ウ　息　　エ　声

（2）ア　眉間　　イ　額　　ウ　口元　　エ　頬

問二　傍線部①「普川商ベンチは異様な興奮に包まれることになった」とありますが、それはなぜですか。その理由として最も適当なものを次の中から選び、記号で答えなさい。

ア　学生野球の頂点に立つ六大学のスカウトが、まだ四年生で大学進学も当分先である滝山を目当てに集まっているから。

イ　もし自分たちがめざましい活躍を見せたら、六大学のスカウトの目を引くかもしれないから。

ウ　六大学のスカウトが見ている前で、無様な姿は見せられないと緊張しているから。

エ　六大学のスカウトが集まったということは、普川商が全国に名の知れた強豪校であることを意味しているから。

問三　傍線部②「胸に湧きあがるどす黒いもの」とありますが、この心情の説明として**適当でないもの**を次の中から一つ選び、記号で答えなさい。

ア　もし自分が投げるのであれば、大一番を前に闘志をみなぎらせるところだが、当の本人である滝山のやる気が明らかに欠けていることに腹を立てる気持ち。

イ　六大学のスカウトが観戦しに来たことでチーム全体に気合いが入っているのに、滝山本人は全く興味のなさそうな態度をとっていることにいらいらする気持ち。

ウ　今はチームの一員として滝山の気持ちを盛り立てなければならないと思いながらも、自分の投手としての未来が滝山に奪われたことを忘れられずに恨む気持ち。

エ　投手としての高い能力を認めつつも、滝山がいい加減な投球途端に、空気が張り詰める。誰もが（　１　）を呑んで、五年生とその背後に控える監督をうかがった。

もともと滝山はものをはっきり言う性格で、上級生にも遠慮がない。編入当初は生意気だと殴られることもあったが、圧倒的な実力を見せつけるようになると、意見を言う者もいなくなった。甲子園へ行くには滝山が必要であると、誰もが知っていたからだ。

とはいえ、さすがにこれは言葉が過ぎる。誰もが、久保監督の雷が落ちることを覚悟した。

「滝山。それは本気か」

予想に反し、久保監督は静かに問いかけた。⑥滝山を見る表情も、いくぶん青ざめてはいたが、怒りは見られない。

「はい」

「やめてどうする？」

「学校もやめて働きに出ます」

久保監督の（　２　）に、深い皺が刻まれる。周囲の緊張はいよいよ高まった。

先ほどまでのしんみりした空気など、もはやどこにもない。

「滝山、なにもそこまでする必要はないだろう。あと一年すれば卒業なんだ。働くのはそれからでも遅くない。卒業していたほうが、就職にも有利だと思うぞ」

とりなすように湯浅主将が言ったが、滝山はわずかに口元を歪めただけだった。このまま、「野球は金儲けだ」などと言い出すのではないかと雄太ははらはらしていたが、さすがに上級生が甲子園行きを断念したこの場でそこまで口にするほど、滝山も腐ってはいないらしい。もし口を開いたら、力尽くでも止めるつもりだったので安堵はしたが、滝山への苛立ちは募るばかりだった。

そもそも、やめる覚悟を決めていたのは、自分だったはずだ。なのに、なぜ滝山が先に言うのか。

いや、そんなことではない。

この重苦しい沈黙、皆の思い詰めたような顔。そして監督も主将も叱責を控えているのは、滝山の怒りが、ここにいる誰もが多かれ少なかれ抱えているものだという何よりの証だった。

これまで、血反吐を吐く勢いで練習に打ち込んできたのはなんのためか。勝ちたいから、甲子園に行きたいからだ。

それなのに、ようやく届きかけた大きな夢を、目の前で突然奪われた。

※5佐川中の面々の、あの生気のない姿は、選手たちにとって大きな衝撃だった。どれほど努力しようとも、配属将校のさじ加減一つで、チームはあれほど壊される。

ならば、今やっていることは全て無駄ではないのか？

誰もが、おそらくそう思っている。

「ひとつ、いいですか？」

監督も思案に耽る中、重苦しい沈黙を破ったのは、湯浅だった。

「滝山の言うこともわかる。先は何も見えない。不安で自棄になりたくもなる。それでも俺は、やっぱりこの普川商で、最後まで野球を続けたい。最後まで、諦めたくはない」

湯浅は滝山をじっと見つめ、言葉を吟味するように、ゆっくりとした口調で言った。

「諦めなければ、いつかまた必ず試合は出来る。俺たちは、来年おまえらが必ず甲子園に行くと信じている。だから、長年の悲願だった甲子園が目の前で消え去っても、俺たちは耐えられるんだ。もし自分たちの代でかなわなくても、次が必ず願いをかなえてくれる――そうやって願いを伝えていけるなら、何も無駄にはならないと知っているからだ」

そのとき、湯浅の目がはっきりと雄太をとらえた。まるで、長らく雄太の心を占めていた苦悩を全て見通していたかのように。

「だから、頼む。どんな形でもいい。どんな目的でもいい。可能なかぎり、野球を続けてほしい。それがいつか必ず、おまえたちにとっても救いになるから」

⑦湯浅は勢いよく頭を下げた。すると、五年生たちは次々と彼に

しかし今は、どうしても体が動かない。心も乾いたままだった。

⑤ああ、これはもう駄目だ。

喜びに沸く仲間たちを遠く眺め、雄太は悟った。

甲子園は、夢だった。※4沢村栄治のようになりたいという願いが潰えても野球部にしがみついていたのは、その夢があるからだった。

だが、最後に残った夢も、自分の中で無残に砕けていたことを、このとき知った。

（野球部をやめよう）

やはり、監督に捕手転向を命じられたときに、そうすればよかったのだ。ずるずると一年も居残ったあげく、結局なにも為すことができなかった。残ったのは、野球のことなど愛してもいない、甲子園をただの金儲けの足がかりと言い切る男の「X」という事実だけだ。

今の雄太にできることは、自分の意志で、夢に幕を下ろすことぐらいだった。これ以上、夢を壊されたくはない。

今すぐはさすがに迷惑がかかるだろうから、甲子園大会が終わったら、上級生の引退とともに自分もやめよう。

その日までは、せめて精一杯「X」として頑張ろうと、心に決めた。

（その後、戦争の影響により、甲子園大会の中止が決定した。部員たちはグラウンドに集められ、監督から大会の中止を告げられた。）

「皆、悔しいのはわかるが、それはどの学校も同じだ。気持ちを切り替えるしかない」

部員たちがひとしきり嘆くのを待ってから、湯浅主将が大きな声で言った。彼は事前に監督から話を聞いていたらしく、生徒の中では最も落ち着いていた。

「とにかくそういう事情なので、五年生は先日の県大会決勝が最後の公式戦ということになる。残念ではあるが、最後の試合を優勝で飾れたんだからな。それでよしとしよう」

日に灼けた顔に笑みを浮かべ、彼は励ますように仲間たちを見回した。

それでよしと思える人間などいるはずもなかったが、反論する声はあがらなかった。湯浅の人格のたまものだろう。

「今回のことに気落ちせず、新チームは俺たちのかわりに必ず来年に甲子園に行ってくれ。その時は、なにがあっても応援に駆けつける」

湯浅が、明るい声でそう締めくくった時だった。

「行けやしませんよ」

低い声でつぶやく者があった。

全ての視線が、声の主に集中する。

「来年も、公式戦はありませんよ。戦争が終わるまで、ずっと」

滝山は、鋭い目に反抗的な光を浮かべて、湯浅を見おろしていた。

「なのに、練習する意味あるんですか？　野球部続ける意味、あるんですか」

「試合がないと決まったのは、今年だけだ。来年はまだわからん」

「あるわけないでしょう。去年より今年、今年より来年、どんどんひどくなっていく。今年ないなら来年、そしてその次だってあるわけがない」

吐き捨てる滝山を、湯浅は静かな表情で見つめた。

「試合がないなら、練習する意味はないのか？」

「当たり前です」

「よせ、滝山」

たまたま隣に立っていた雄太は、小声でたしなめた。しかし滝山は一顧だにせず続けた。

「投げる機会がないなら、俺もこのままやめます。続ける意味ないんで」

たのにも驚いたが、興味がないと言い切ったのにはもっと驚いた。
「何で？」
「俺はさっさと職業野球に行って稼ぎたいんだよ。甲子園に出て名を売って職業野球に行けば大金が稼げるっていうから普川に来たんだ。じゃなきゃ誰がこんな面倒くさいもんやるかよ」
③雄太は、絶句した。
「だから、六大学なんて行くつもりはない。名は売れても、さらに四年も稼げないんじゃ意味ねえよ。まあおまえらは東京でチャラチャラやりたいんだろうから今日は必死になって走り回ればいいさ。俺は適当に流す」
「適当？　今日は準決勝だぞ！」
「たいした相手じゃない。明日の決勝をにらんで今日は手を抜く。三振は狙わない、適当に打ち取る。まあ、多少引っ張られるかもしれないが、今日はどうせ全員、血眼になって守備に走るだろ？　まあ、俺の金のためにせいぜい頑張ってくれよ」
露骨に馬鹿にした口調に、雄太ははらわたが煮えくりかえった。
「野球はただの金儲け（もう）けの道具かよ？」
「そう言っただろ。おまえたちと何が違う？　おまえらだって甲子園に行って六大学に行ってちやほやされたいだけだろうが」
「一緒にするな！　甲子園は、俺たちにとっちゃ聖地なんだよ。どれだけ必死にやってきたか、見てわかるだろうが。※1他の学校の連中なんか、やりたくても練習できないんだ！　そのぶん、俺らが精一杯がんばろうって時に――」
「鬱陶しい」
滝山は乱暴に遮った。
「頑張れば報われるなら、勝負なんていらねえだろ。努力したって力がない奴（やつ）は、それまでなんだ」
「な……」
「まあ安心しろよ、ちゃんと甲子園にはつれて行ってやる。それでいいだろ？」
どうでもいいことのように、滝山は言った。
――つれて行ってやる。
④その言葉は凶器となって、雄太の胸に深々と突き刺さった。
※2俺さえいれば、おまえみたいなただの壁だって甲子園に行けるんだ。感謝しろ。
雄太は頭の中で、何かが切れる音を聞いた。そして気がついた時には、目の前の男を思いきり殴りつけていた。
「やめろ鈴木！」
「何やってんだおまえら！　試合前だぞ！」
部員がとんできて、すぐに雄太を滝山から引き離す。それでも雄太は、滝山を睨（にら）みつけたままだった。滝山は血のまじった唾を吐くと、虫けらでも見るように雄太を一瞥（いちべつ）し、背を向けた。

試合は、滝山の言ったとおりに進んだ。
コントロールはいいもののスピードのない球は、たまに甘く入ったところをあっさり打ち返された。滝山には珍しく長打も出たが、守備陣が次々と好プレーを連発し、失点は最小限に抑えられた。打線も爆発し、試合は8対4で普川商が勝利した。
そして翌日の決勝では、滝山は前日とは別人のような圧巻の投球を見せた。打撃が強いと評判の強豪相手に二塁を踏ませることなく、2対0で優勝を決めた。
甲子園出場が決まった瞬間、正捕手の湯浅はじめナインは絶叫してマウンドに駆け寄った。ベンチからも次々と部員が飛び出し、「普川の※3スタルヒン」にとびつき、もみくちゃにした。滝山の長身はあっというまに、白い波にもまれて見えなくなった。
お祭り騒ぎの中で、雄太だけがただひとり、ベンチの隅に立っていた。
待ち焦がれた瞬間だったはずだ。たとえ控えでも、湯浅たちが甲子園に行くことを心から望んでいたはずだった。一昨日までの自分なら、同じように飛び出して、歓喜の涙を流していただろう。

二〇二一年度　佼成学園高等学校

【国語】〈五〇分〉〈満点：一〇〇点〉

（注意）句読点や記号も一字にかぞえること。

一　次の文章を読み、後の問いに答えなさい。

太平洋戦争が始まる一九四一年、鈴木雄太と滝山亨は普川商業中等学校四年生（現在の十五、十六歳）であった。雄太は投手として地元の強豪校である普川商の野球部に入部したが、滝山よりも実力が劣っていたため、突如監督から捕手へと転向を命じられた。本文は甲子園大会につながる地区大会準決勝の場面から始まる。

そして地区大会準決勝の日、①普川商ベンチは異様な興奮に包まれることになった。

部員たちの視線が、ちらちら観客席へと注がれている。そこには、明らかに中学生のものではない制服を纏った体格のよい学生や、いかめしい顔の大人たちが座っていた。

「おい、あれ慶應じゃねえ?」

「あっちは早稲田じゃないかな」

「法政もいるぞ」

部員たちは、興奮ぎみに囁きあった。

職業野球（プロ野球）リーグが発足して五年の歳月が経ってはいたが、国民の支持を集めていたのはなんといっても学生野球であり、とくに東京六大学リーグはその頂点に立つ花形だった。

甲子園に出場して活躍し、東京六大学リーグに出て名を馳せる。それが、野球少年たちにとって最高の夢だ。

その六大学が、はるばるこんな所までやってきた目的は、明らかだった。それでも、試合中に良い仕事をすれば自分も六大学の目にとまるかもしれない――普川商のレギュラー陣は、俄然はりきった。

試合前の練習から、皆やけに気合いが入っている。

しかしその中で、明らかにやる気に欠ける者がいた。

「おい滝山、もっとちゃんと投げろよ」

集中する視線に居心地の悪さを感じながら、雄太は渋い顔で言った。

試合直前の投球練習だというのに、滝山はまるで身が入っていない。球も走っていなかった。先発なのにこれは困る。雄太はため息をつくと立ち上がり、滝山のもとに走り寄った。

「どこか具合でも悪いのか?」

小声で尋ねると、滝山は「べつに」とぶっきらぼうに答えた。

「なら、しゃんとしろ。六大学のスカウトが見にきてるんだぞ」

「俺、まだ四年だぜ。関係ねえよ。湯浅さんや蔵本さんの偵察だろ」

「本命はおまえに決まってるだろう」

滝山は黙って肩をすくめるだけだった。いかにも興味がなさそうなその態度が、気にくわない。

「今から、どんどんいいとこ見せとかないとまずいぞ。せっかくむこうから来てくれてるんだし」

②胸に湧きあがるどす黒いものを抑え、雄太はつとめて冷静に言った。

「全国には名の知れたエースがたくさんいるんだ。県で有名なぐらいじゃあ、ひっかからない。一年かけて印象づけるぐらいでちょうど――」

「うるせぇよ」

乱暴に、滝山が遮った。

「進学するつもりなんてこれっぽっちもない。あいつらにもそう言ったんだ、なのにしつこい。六大学に進むのが最高の栄誉だ何だと、鬱陶しい。俺は興味がねえと言ってんだ」

雄太は目を丸くした。すでに六大学が接触し、滝山が拒絶してい

英語解答

1 問１　2　問２　1

問３　丈夫で軽量なケーブルをつくるための材料をどのようにつくるか，という問題。(36字)

問４　3

問５　1…×　2…×　3…○　4…×　5…○

2 問１　2　問２　3　問３　3

問４　3，4

問５　(例)I want to help older people. There are a lot of older people in Japan. Some of them cannot carry heavy things. They may not see or hear well. So, I can help them when I see them in trouble. I hope that they will have happy lives. (48語)

3 1　gas was used the most of all the energies

2　renewables energy use is bigger than any other

3　people will keep using nuclear energy in the future

4 番号…③　適切な語句…living

番号…⑥　適切な語句…so〔and〕

番号…⑧　適切な語句…are

番号…⑪　適切な語句…to create

1〔長文読解総合―説明文〕

≪全訳≫❶新しい考えがある。それは私たちを宇宙に連れていくために使われるエレベーターだ。通常のエレベーターに似ているが，それは地球を出発し，宇宙の駅に終着する。このエレベーターは上下に移動するので，人々は容易に宇宙に行って地球に戻ってくることができる。宇宙エレベーターは多くの点でロケットより優れている。燃料を使わないので，より安くて環境にも良い。また，それほどすぐに加速しないので，乗り心地もいい。❷私たちが宇宙エレベーターを発明できれば，それは多くの点で役に立つだろう。1つの重要な用途は製造になるだろう。宇宙では低重力状態あるいは無重力状態を活用して有用な素材をつくることができる。地球上ではそれをつくることはできない。現在，宇宙エレベーターを使わずに宇宙に工場を建設するのは得策ではない。工場をつくるためにロケットで必要な資材を宇宙に送るのは，非常に費用がかかる。しかし，宇宙エレベーターがあれば，宇宙の工場は現実のものとなるだろう。宇宙エレベーターを使うことにより，私たちは宇宙との間で物資を容易に輸送することができるのだ。❸宇宙エレベーターは，宇宙船を他の惑星に送るために使うこともできる。宇宙エレベーターのケーブルの先端はとても速く動く。そのため，宇宙船を容易に発射させられる。地上から約4万7000キロメートル地点では，地球の重力の影響を受けずに済むので，宇宙船はスピードを保つためにエンジンを必要としなくなる。エンジンは宇宙船の方向を変えるためだけに必要とされる。宇宙エレベーターを使う宇宙船は，火星に容易に移動することができる。宇宙に移動することが，今よりも費用がかからず容易になるのだ。❹宇宙エレベーターのもう1つの可能な用途は観光だ。宇宙への移動がより費用がかからず容易になるので，宇宙旅行が可能になるだろう。地球からはるか遠いところにいれば，私たちは美しい星を見て，地球を新しい方法で見ることができるだろう。また，低重力あるいは無重力の空間で過ごすのはとても楽しいだろう。❺しかし，宇宙エレベーターをつくるときに解決しなければならない問題がたくさんある。最大の問題の1つはケーブルをつくるために使われる素材だ。ケーブルは丈夫でなければならないが，重くなってはならない。新しい材料技術により，この問題は解決されるかもしれない。もう1つの問題は，危険な物体を避けることだ。宇宙にはたくさんの物体が浮遊している。それらは危険であり，私たちは注意する必要がある。これらの物体は地球に近いところを浮遊しているので，宇宙エレベーターの部品を破損したり損傷を与えたりする可能性がある。私たちはケーブルへの損傷を修復する方法を開発する必要があるだろう。❻エレベーターの設計をするのは難しい。エレベーターにバッテリーのような重い電源を設置するのはいい考えではない。技術者たちはエレベーターに安全に電力を送る方法をデザインする必要があるだろう。また，円滑にケーブルを機能させ続ける必要もある。宇宙エレベーターは非常に長いケーブルで動く必要があるので，新しい技術が必要になるだろう。❼解決しなければならない問題がたくさんあるが，技術は進歩している。技術者たちは物事を進める新しい方法を見つけているところだ。宇宙エレベーターはすぐに現実のものとなるだろう。

問１＜文脈把握＞下線部(1)の One important use とは，「(宇宙エレベーターの) 1つの重要な用途」ということ。この後に続く部分に「宇宙では低重力状態あるいは無重力状態を活用して有用な素材をつくることができる」とある。この内容を表すのは，２.「宇宙エレベーターを使うことにより，私たちは有用な物質をつくることができる」。

問２＜適語句選択＞空所直後の文に，space tourism will be possible「宇宙旅行が可能になる」とある。 tourism「観光旅行」 sightseeing「観光」

問３＜語句解釈＞前の２文にこの問題の具体的な内容が書かれている。どんな素材をケーブルに使うか，そして丈夫で軽量でなくてはいけないという条件がある。これを35字程度でまとめる。

問４＜適語(句)選択＞B．Bを含む文中の they と them は，その前の文にある many objects flying around in space「宇宙に浮遊している多くの物体」を受けている。これらは宇宙エレベーターにとって危険な物体なので注意する必要がある。 be careful of ～「～に注意する」 C．これらの物体は宇宙エレベーターのケーブルに衝突する可能性があるので，ケーブルの修理方法を考える必要があるという文脈である。 repair「～を修復する」

問５＜内容真偽＞１.「宇宙エレベーターはすぐに加速するので，乗り心地が良い」…× 第１段落最終文参照。 ２.「宇宙にすでに工場を建設した国もある」…× 第２段落第５～７文参照。 ３.「宇宙エレベーターを使うことにより，他の惑星に移動することは容易になるだろう」…○ 第３段落の内容に一致する。 ４.「多くの物体が宇宙エレベーターの近くを浮遊しており，地球に損害を与える可能性がある」…× 第５段落後半参照。 ５.「技術者たちは宇宙エレベーターをつくる新しい方法を見つけようとしている」…○ 第７段落の内容に一致する。

２〔**長文読解総合―エッセー**〕

≪全訳≫❶私たちにはいつまでも忘れられない人たちがいるだろう。私にとって，それはバランシャマジェという人だった。彼は私がアメリカで暮らしていたときの隣人だった。彼は60歳くらいで，中央アフリカのブルンジという国出身のごく普通の市民だった。彼はよく小さな子どもたちと外で遊んでいた。私はその子どもたちは彼の孫だと思った。しかし，バランシャマジェ氏には彼自身にとっての重要な使命があったのだ。❷1994年の４月初旬，ルワンダで大量虐殺があった。ルワンダはブルンジの隣にある小さな国で，ほとんどの人々はフツ族とツチ族だ。フツ族の大統領が暗殺された。この２つの部族は以前は友好関係にあったが，その後フツ族の集団がなたを使いツチ族の人々を虐殺した。虐殺はおよそ100日間続いた。虐殺されたのは750万人のうち100万人を超え，多くの子どもたちの親が殺された。両親と離れ離れになってしまった子どもたちも多くいた。❸バランシャマジェ氏は当時，世界銀行で働いていた。彼はルワンダの人たちを助けてルワンダを再建するためにはお金がいくら必要かを知りたかった。彼は多くのものを目にしてショックを受けた。国はほぼ完全に破壊された。両親をなくした子どもたちがたくさんいた。彼は子どもたちを助けるために何かしなければならないと思った。彼は子どもたちを何人か養子にし，アメリカに連れてきて生活させることにした。彼は少年２人と少女１人を養子にした。彼らは７歳，５歳，３歳で，ワシントンにある彼の家で生活をしに行った。彼らはバランシャマジェ夫妻との新しい生活を1995年の夏に始めた。フランス語がルワンダの言語なので，彼は子どもたちをフランスのインターナショナルスクールに入れた。彼はそうすることが，子どもたちが自分の国に戻ったときに成功する役に立つだろうと考えたのだ。彼は子どもたちが大人になったとき，彼らにルワンダを助けることができるようになってほしかった。❹バランシャマジェ氏はごく普通の人だった。お金がたくさんあるわけでも，有名でもなかった。ひょっとしたら彼のことを知っている日本人は私だけかもしれない。彼のことを考えると，私にはいつも考えが浮かび勇気が湧いてくる。私にはお金がたくさんないかもしれない。私は有名ではないかもしれない。しかし，私はできるだけ人々を助けたい。バランシャマジェ氏がしたように子どもを養子にすることは難しいかもしれないが，私たちは他の方法で援助することができる。ボランティアや貧しい人たちを助けるためにお金を寄付するといったちょっとしたことを私たちはすることができる。全てできるわけではないが，私たちは何かすることができる。手助けをするために私たちに何ができ，いつどこで援助できるかを知って，そしてそれを実行することが重要だ。彼の行動により，世界をより良い場所にするために，誰でも何かすることができるということを私は知ることができたのだ。❺私は彼が子どもたちと一緒にいるところを9年前に見た。ルワンダについてのニュースを見たり聞いたりすると，私はバランシャマジェ氏と子どもたちのことを思い出す。今彼らは何をしているのだろう。一番年上の少年は，おそらく私と同じ高校生だ。私は彼らが無事で幸せで，すてきな生活を送っていることを願っている。

問1＜語句解釈＞バランシャマジェ氏が大量虐殺のあったルワンダで親を失った子どもたちを養子にとって育てたのは，彼が子どもたちを助けるために何かしなくてはと考えたからである(第3段落第6文)。筆者は第4段落最終文で，バランシャマジェ氏のこうした行動から「世界をより良い場所にするために，誰でも何かすることができる」ということを学んだと述べていることから，この内容に一致する2.「世界を人々が暮らすためのより良い場所にすること」を選ぶ。

問2＜文脈把握＞バランシャマジェ氏が見てショックを受けたものは，続く2文に具体的に書かれている。つまり，国がほぼ完全に破壊され，親を失った子どもたちがたくさん残されたという現実である。この内容に一致するのは，3.「非常に多くの人々が虐殺され，多くの子どもたちが母親と父親を失った」。

問3＜文脈把握＞子どもたちをフランスのインターナショナルスクールに入れた直接の理由は，直後の because 以下にあるように，子どもたちの母国であるルワンダの言語がフランス語だからだが，その背後にあるバランシャマジェ氏の思いが次の2文で説明されている。それは，子どもたちがルワンダに戻ったときにフランス語が役立ち，そして彼らに母国の再建に貢献できるようになってほしいという思いである。この内容に一致するのは，3.「子どもたちがルワンダを将来助けることができるかもしれない」。

問4＜内容真偽＞1.「1994年，中央アフリカにある2つの小さな国で問題が起こり，多くの人たちが殺された」…×　第2段落参照。2つの国ではなく，2つの部族の間である。　2.「多くの子どもたちが両親をなくしたので，バランシャマジェ氏は国を再建するために必要なお金の額を知りたかった」…×　第3段落第2～5文参照。国の再建に必要な金額を知ろうとして調べた結果，親を失った多くの子どもたちの存在を知ったのである。　3.「バランシャマジェ氏には特別な力はなかったが，3人の子どもたちのために特別なことをした」…○　第3段落後半～第4段落の内容に一致する。　4.「筆者は，バランシャマジェ氏から，私たちは小さなことをすることができ，それが一部の人たちを助けることにつながるということを学んだ」…○　第4段落後半に一致する。　5.「バランシャマジェ氏と子どもたちのことを何らかの方法で助けたいので，筆者は現在彼らが何をしているか知りたがっている」…×　第5段落参照。「助けたい」という記述はない。

問５＜テーマ英作文＞世の中を少しでも良くするためにできる活動やそのためにしたい活動を述べてから，その理由を表す文を続ける。理由を表す文では，世の中の問題点やその解決のために自分にできること，自分が望む社会像などを書くとよい。解答例は，「私はお年寄りを助けたい。日本にはお年寄りがたくさんいる。彼らの中には重たい物を運べない人もいる。お年寄りは目や耳がよく見えなかったり聞こえなかったりするかもしれない。だから，お年寄りが困っているときに，私は彼らのことを助けることができる。お年寄りが幸せな生活を送ることができればいいと私は思う」という意味。

3〔整序結合〕

1．Chart 1 の2018年のエネルギーの構成ではガスが占める割合が最も多いことと，語群の gas, used, the most に着目し「ガスが全てのエネルギーの中で最も使われた」という文にする。「ガスが使われた」は gas を主語にして‘be動詞＋過去分詞’の受け身を使い gas was used。この後に，「全てのエネルギーの中で最も」を‘the＋最上級＋of ～’「～の中で最も」の形で the most of all the energies とまとめる。不要な語は nuclear。

2．語群から，‘比較級＋than any other＋単数名詞’「他のどの～より…」の形を想定する。Chart 2から，再生可能エネルギーの使用量の変化が一番大きいことがわかるので，「再生可能エネルギーの使用量の違いは，他のどのエネルギーよりも大きい」という文にする。主語の「再生可能エネルギーの使用量の違い」は the difference of renewables energy use。「他のどのエネルギーよりも大きい」は is bigger than any other energy とまとまる。不要な語句は gas energy use。

3．語群にある原子力の使用に着目すると，今後も使い続けることがグラフから読み取れるので，「人々は原子力エネルギーを将来使い続けるだろう」という文にする。「～し続ける」は keep ～ing で表せる。不要な語は stop。　in the future「将来」

4〔長文読解─誤文訂正─インタビュー〕

≪全訳≫❶ロシア人学生／事故のリスクが常にあるので，核兵器は危険だろう。ロシアが核兵器を取り除くことを決めれば，ロシアの人たちは別の国に攻撃されるかもしれない。そのことを想定するのは恐ろしい。全ての国が核兵器を同時に取り除く必要がある。違う国で暮らす人々にはいろいろな考え方がある。お互いのことを理解するために，私たちは彼らの経験について話すことが重要だ。**❷**アメリカ人学生／戦争をより早く終わらせるために核兵器を使用するのは必要だった。核兵器は悪ではない。それらは戦争抑止力になる。人々は核兵器を使用する危険を理解しているので，誰も核兵器を使わないだろう。核兵器は慎重に保護されている。**❸**日本人学生／平和についてはさまざまな考え方や意見がある。私たちは同じ基本的な考え方を共有することができる。それは，私たちは戦争をやめる必要があるということだ。広島の夢は「戦争がない世界」だ。私はこの考えを世界中で共有できればいいと思う。私は留学生へのインタビューから平和について学び考えることができた。国が違えば平和を構築するための考え方も違うかもしれない。しかし，戦争は望まないという点では意見が一致している。だから私はそれについて他の国の人たちと話したいと思っている。

＜解説＞③主語 People に対応する述語動詞はこの後にある have なので，lived を living に変えて People living in different countries で「違う国に住む人々」とする(現在分詞の形容詞的用法)。⑥but の前後は‘逆接’の関係ではなく‘理由’→‘結果’の関係になっているので but ではなく so または and が適切。　⑧‘There is/are＋主語’「～がある〔いる〕」の構文。‘主語’の部分が many different ideas and thoughts と複数形なので are が正しい。　⑪「平和を構築するための」という意味になると考えられるので，‘to＋動詞の原形’（to不定詞の形容詞的用法)にする。

数学解答

1 (1) $4-\sqrt{15}$　(2) $x=\frac{1}{3}$，3
(3) -3　(4) $\frac{3}{8}$　(5) 120g
(6) 27°　(7) $39\pi\text{cm}^3$　(8) $42\pi\text{cm}^2$

2 (1) A$(-4,\ 16)$，B$(5,\ 25)$
(2) 90　(3) $y=\frac{17}{7}x+\frac{90}{7}$

3 (1) (例)△ADGにおいて，仮定より，∠BAF＝∠DAF……①　AF∥GDより，同位角は等しいから，∠BAF＝∠AGD……②，錯角は等しいから，∠DAF＝∠ADG……③　①，②，③より，∠AGD＝∠ADG　よって，△ADGの２つの角は等しいから，△ADGは二等辺三角形である。
(2) 2：3　(3) 6：11

4 (1) ア…23　イ…13　ウ…12　エ…7　オ…24
(2) (11，60，61)

1 〔独立小問集合題〕

(1)＜平方根の計算＞与式＝$(4+\sqrt{15})(4-\sqrt{15})\times(4-\sqrt{15})=(16-15)(4-\sqrt{15})=4-\sqrt{15}$

(2)＜二次方程式＞$x^2-6x+9=24x-8x^2$，$9x^2-30x+9=0$，$3x^2-10x+3=0$　解の公式を利用して，$x=\frac{-(-10)\pm\sqrt{(-10)^2-4\times3\times3}}{2\times3}=\frac{10\pm\sqrt{64}}{6}=\frac{10\pm8}{6}$となり，$x=\frac{10+8}{6}=3$，$x=\frac{10-8}{6}=\frac{1}{3}$より，$x=\frac{1}{3}$，3である。

(3)＜関数―比例定数＞xの変域が$-5\leqq x\leqq3$のとき，yの変域が$16a-27\leqq y\leqq0$より，関数$y=ax^2$のグラフは，右図１のように下に開く放物線であるから，$x=-5$のとき，yは最小となる。よって，$x=-5$，$y=16a-27$を$y=ax^2$に代入して，$16a-27=a\times(-5)^2$，$-9a=27$，$a=-3$となる。

図１

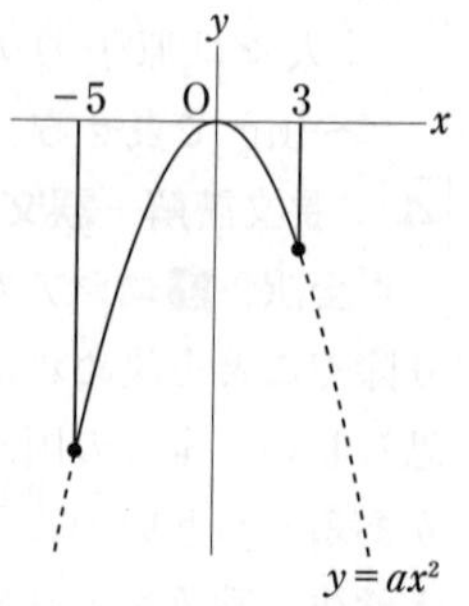

(4)＜確率―硬貨＞10円硬貨，50円硬貨，100円硬貨，500円硬貨を１枚ずつ同時に投げるとき，表，裏の出方はそれぞれ２通りあるので，４枚の硬貨の表，裏の出方は全部で，$2\times2\times2\times2=16$(通り)ある。このうち，表が２枚，裏が２枚出るのは，(10円，50円，100円，500円)＝(表，表，裏，裏)，(表，裏，表，裏)，(表，裏，裏，表)，(裏，表，表，裏)，(裏，表，裏，表)，(裏，裏，表，表)の６通りあるから，求める確率は$\frac{6}{16}=\frac{3}{8}$となる。

(5)＜一次方程式の応用＞xgの水を蒸発させるとする。14％の食塩水540gに含まれる食塩の量は，$540\times\frac{14}{100}=75.6$(g)であり，この食塩の量は水を蒸発させた後も変わらない。また，水をxg蒸発させた後の食塩水の量は$540-x$gと表せ，濃度が18％になったことから，含まれる食塩の量は，$(540-x)\times\frac{18}{100}=\frac{18}{100}(540-x)$(g)となる。よって，含まれる食塩の量について，$\frac{18}{100}(540-x)=75.6$が成り立ち，これを解くと，$18(540-x)=7560$，$540-x=420$，$x=120$となるから，水を120g蒸発させればよい。

(6)＜図形―角度＞次ページの図２のように円周上の点をA～Dとし，直線AD，BCの交点をE，弦AC，BDの交点をFとする。まず，$\overset{\frown}{\text{CD}}$に対する円周角より，∠CAD＝∠CBD＝$x$であるから，△ACE

で内角と外角の関係より，$\angle ACB=\angle CAD+\angle CEA=x+36°$と表される。次に，$\triangle BCF$で内角と外角の関係より，$\angle AFB=\angle CBD+\angle ACB$となるから，$90°=x+(x+36°)$が成り立つ。これを解くと，$2x=54°$，$x=27°$となる。

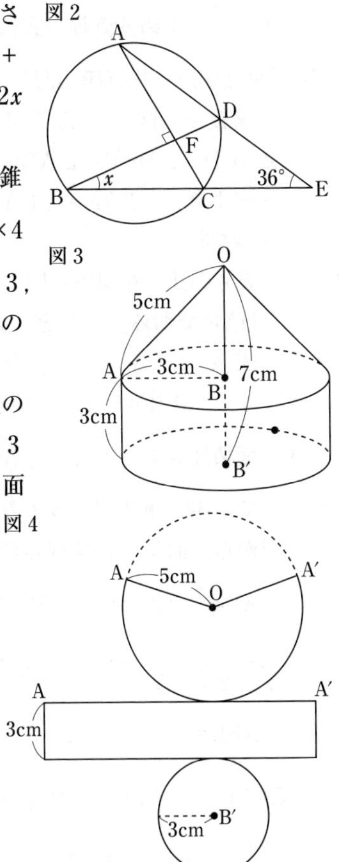

(7)＜**図形—体積**＞右下図3で，まず，円錐の部分の体積を求める。円錐の底面の半径が3，高さが，$7-3=4$だから，体積は，$\frac{1}{3}\times\pi\times3^2\times4=12\pi$である。次に，円柱の部分の体積を求めると，底面の半径が3，高さが3だから，$\pi\times3^2\times3=27\pi$である。以上より，求める立体の体積は，$12\pi+27\pi=39\pi(\mathrm{cm}^3)$となる。

(8)＜**図形—表面積**＞右図3で，円錐の部分の頂点をO，底面の円周上の点をAとし，円柱の部分の底面の中心をB，B′とする。また，図3の立体の展開図は，右下図4のようになる。まず，円錐の部分の側面積であるおうぎ形OAA′の面積を求める。図4で，$\overset{\frown}{AA'}$は円錐の部分の底面の周の長さに等しいから，$\overset{\frown}{AA'}=2\pi\times3=6\pi$であり，円Oの周の長さは，$2\pi\times5=10\pi$である。よって，おうぎ形の面積は弧の長さに比例するから，おうぎ形OAA′の面積は円Oの面積の，$\frac{6\pi}{10\pi}=\frac{3}{5}$である。これより，〔おうぎ形OAA′〕$=\pi\times5^2\times\frac{3}{5}=15\pi$となる。次に，図4の辺AA′の長さはおうぎ形の$\overset{\frown}{AA'}$に等しく$6\pi$だから，円柱の部分の側面積は，$3\times6\pi=18\pi$となり，底面の円B′の面積は，$\pi\times3^2=9\pi$である。以上より，求める表面積は，$15\pi+18\pi+9\pi=42\pi(\mathrm{cm}^2)$となる。

2 〔**関数—関数$y=ax^2$と直線**〕

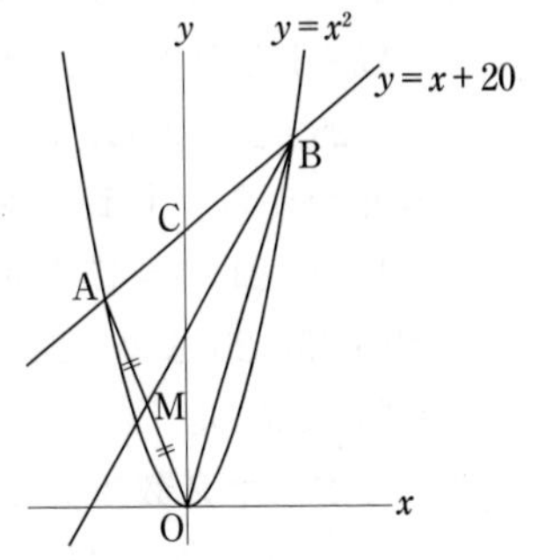

(1)＜**座標**＞右図で，点A，Bは放物線$y=x^2$と直線$y=x+20$の交点であるから，2式を連立して，$x^2=x+20$，$x^2-x-20=0$，$(x+4)(x-5)=0$，$x=-4$，5となる。したがって，点Aのx座標は-4，点Bのx座標は5であるから，$y=(-4)^2=16$，$y=5^2=25$より，A$(-4,\ 16)$，B$(5,\ 25)$である。

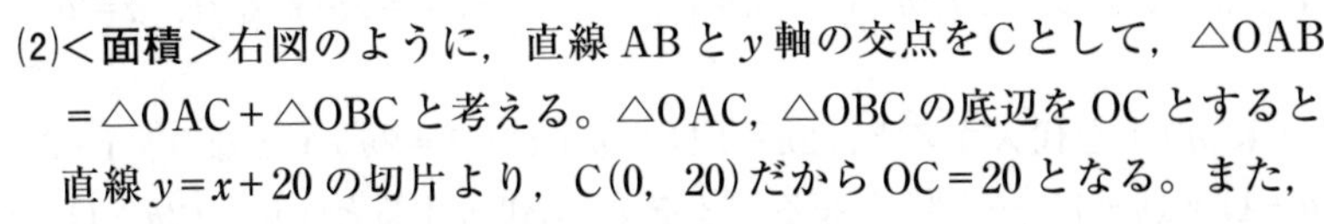

(2)＜**面積**＞右図のように，直線ABとy軸の交点をCとして，$\triangle OAB=\triangle OAC+\triangle OBC$と考える。$\triangle OAC$，$\triangle OBC$の底辺をOCとすると，直線$y=x+20$の切片より，C$(0,\ 20)$だから$OC=20$となる。また，点A，Bの$x$座標より，$\triangle OAC$の高さは4，$\triangle OBC$の高さは5である。よって，$\triangle OAB=\frac{1}{2}\times20\times4+\frac{1}{2}\times20\times5=90$となる。

(3)＜**直線の式**＞右上図で，点Bを通り，$\triangle OAB$の面積を2等分する直線は，辺OAの中点を通る。辺OAの中点をMとすると，A$(-4,\ 16)$より，点Mのx座標は，$-\frac{4}{2}=-2$，y座標は，$\frac{16}{2}=8$となり，M$(-2,\ 8)$である。これと，B$(5,\ 25)$より，直線BMの傾きは，$\frac{25-8}{5-(-2)}=\frac{17}{7}$となるから，直線BMの式を$y=\frac{17}{7}x+k$とおくと，点Bの座標より，$25=\frac{17}{7}\times5+k$，$k=\frac{90}{7}$となる。

よって，求める直線の式は$y=\frac{17}{7}x+\frac{90}{7}$である。

3〔平面図形—平行四辺形〕

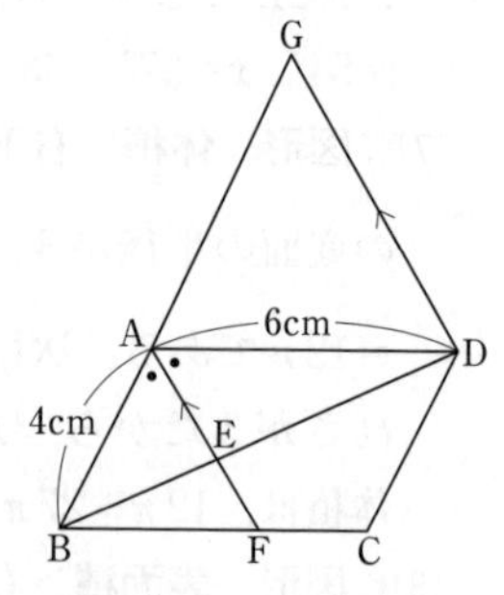

(1)＜論証＞右図で，AF∥GDより，同位角，錯角は等しいので，∠BAF＝∠AGD，∠DAF＝∠ADGである。これらと，直線AFが∠BADの二等分線より，∠BAF＝∠DAFであることから，∠AGD＝∠ADGを導く。解答参照。

(2)＜長さの比—相似＞右図で，AD∥BCより，錯角は等しいから，∠BFA＝∠DAFである。これと，∠BAF＝∠DAFより，∠BFA＝∠BAFとなり，△BFAは二等辺三角形なので，BF＝BA＝4となる。よって，AD∥BCより，△BFE∽△DAEだから，BE：DE＝BF：DA＝4：6＝2：3となる。

(3)＜面積比＞右上図で，▱ABCDの面積をSとすると，△ABD＝△CBD＝$\frac{1}{2}$▱ABCD＝$\frac{1}{2}S$である。(2)で，BE：ED＝2：3より，△ABEと△AEDの底辺をそれぞれBE，EDと見ると，高さが共通だから，面積の比は底辺の比に等しくなり，△ABE：△AED＝BE：ED＝2：3になる。これより，△ABE：△ABD＝△ABE：(△ABE＋AED)＝2：(2＋3)＝2：5となるから，△ABE＝$\frac{2}{5}$△ABD＝$\frac{2}{5}\times\frac{1}{2}S=\frac{1}{5}S$である。また，△BFE∽△DAEより，FE：EA＝BE：ED＝2：3だから，△BFE：△ABE＝FE：EA＝2：3となり，△BFE＝$\frac{2}{3}$△ABE＝$\frac{2}{3}\times\frac{1}{5}S=\frac{2}{15}S$である。よって，〔四角形CDEF〕＝△CBD－△BFE＝$\frac{1}{2}S-\frac{2}{15}S=\frac{11}{30}S$となる。したがって，△ABE：〔四角形CDEF〕＝$\frac{1}{5}S$：$\frac{11}{30}S$＝6：11である。

4〔数と式—数の性質〕

(1)＜ピタゴラス数＞問題文中の③で，$n=12$のとき，$2n-1=2\times12-1=\underline{23}_{ア}$となる。また，⑤で，$25=2n-1$となり，$2n=26$，$n=\underline{13}_{イ}$である。よって，④を⑤に代入すると，⑤は，$12^2+25=13^2$となり，$25=5^2$だから，$5^2+\underline{12}_{ウ}{}^2=13^2$が成り立つ。ここで，③で，$n=25$とすると，$2n-1=2\times25-1=49$だから，③は，$1+3+5+7+9+\cdots\cdots+47+49=25^2$……⑥となる。また，$n=24$とすると，$2n-1=2\times24-1=47$だから，$1+3+5+7+9+\cdots\cdots+47=24^2$……⑦となり，⑦を⑥に代入すると，$24^2+49=25^2$より，$24^2+7^2=25^2$となる。したがって，$a<b$より，$7^2+24^2=25^2$となり，$a=\underline{7}_{エ}$，$b=\underline{24}_{オ}$である。

(2)＜ピタゴラス数＞③で，nに$n+1$を代入すると，$2n-1$は$2(n+1)-1=2n+1$となり，$1+3+5+7+\cdots\cdots+(2n-1)+(2n+1)=(n+1)^2$……③′となる。③を③′に代入すると，$n^2+(2n+1)=(n+1)^2$となり，③より，$n^2>2n+1$だから，左辺を小さい順にすると，$(2n+1)+n^2=(n+1)^2$となる。この式を$a^2+b^2=c^2$と比較して，$a^2=2n+1$，$b^2=n^2$，$c^2=(n+1)^2$と考えると，$n\geqq1$より，$2n+1$は3以上の奇数を表し，$a^2=2n+1$となるとき，$2n+1$は奇数の2乗の数である。よって，$2n+1=3^2, 5^2, 7^2, 9^2, 11^2$，……となるから，$a$が小さい方から5番目のとき，$a^2=11^2$，$a>0$より，$a=11$である。このとき，$2n+1=11^2=121$より，$2n=120$，$n=60$となり，$b=n$だから，$b=60$，$c=n+1$だから，$c=61$である。したがって，求める$(a, b, c)$の組は(11, 60, 61)である。

国語解答

一　問一　1…ウ　2…ア　問二　イ
問三　エ　問四　ア　問五　ウ
問六　エ　問七　壁　問八　ア
問九　イ

二　問一　1…ア　2…ウ
問二　ア…B　イ…A　ウ…A
問三　イ　問四　イ　問五　a
問六　エ
問七　〔1〕　記述主義　社会のこと～させること
規範主義　ありうべき～示すること
〔2〕　［ことばは］常に変化するものであり，固定的な意味があるとは限らないから。（30字）

問八　(例)「結構です」という表現です。「結構です」は「服装は私服のままでも結構です」と肯定の意味でも使え，「お腹いっぱいなので，デザートは結構です」と否定の意味でも使える両義性を持った言葉です。

三　問一　a　まといつき　b　そうなく
問二　Ⅰ…イ　Ⅱ…ア　Ⅲ…エ
問三　エ
問四　舟，後へも先へも行かず
問五　イ　問六　ウ

四　①　きがん　②　けしょう
③　さいたく　④　たづな　⑤　す
⑥　交換　⑦　強盗　⑧　兼用
⑨　縛　⑩　床

一〔小説の読解〕出典；須賀しのぶ『雲は湧き，光あふれて』。

問一．1＜慣用句＞「息を吞む」は，緊張しながら，じっと見守る，という意味。　2＜文章内容＞監督は，滝山の学校を辞めて働くという返事を聞いて，顔をしかめ眉根を寄せ，思案するような表情になった。

問二＜文章内容＞観客席に六大学のスカウトたちの姿があるので，部員たちそれぞれが，「試合中に良い仕事をすれば自分も六大学の目にとまるかもしれない」と期待して，感情を異様に高ぶらせていた。

問三＜心情＞準決勝の試合直前なのに滝山は「明らかにやる気に欠け」ていて，雄太は，困ったことだと不機嫌になった(ア…○)。六大学のスカウトが見に来ているため，チームは「皆やけに気合いが入っている」のに，滝山が「いかにも興味がなさそうな」態度を取るので，雄太は気にくわなかった(イ…○)。雄太は「滝山よりも実力が劣っていたため」に「捕手へと転向を命じられた」ので，滝山に投手のポジションを奪われたことを悔しく思っている(ウ…○)。雄太は，滝山に「今から，どんどんいいとこ見せとかないとまずいぞ」と注意していることから，気合いの入っているチームが試合に負ける不安より，滝山のやる気のなさに怒りを感じている(エ…×)。

問四＜心情＞滝山は，野球をやっているのは甲子園に出て名を売り，職業野球に行って金を稼げるからだと言う。野球少年にとって最高の夢である「東京六大学リーグに出て名を馳せる」ことが雄太の夢であり，滝山と自分とでは，野球に対する価値観が全く異なっていることに驚いて，雄太は，言葉が出てこないのである。

問五＜心情＞雄太には，滝山の「努力したって力がない奴は，それまで」や「甲子園にはつれて行ってやる」という言葉が，自分さえいればチームが努力などしなくても甲子園に行けるのだという意味にとらえられ，自分たちが見下されているように感じて，自尊心を深く傷つけられている。

問六＜心情＞甲子園出場が決まるのは「待ち焦がれた瞬間だったはず」なのに喜ぶことができないということは，甲子園に行くという自分にとって最後の夢も「砕けていた」のだと雄太は気がつき，もう今までのような気持ちで野球を続けていくことはできないと思っている。

問七＜文章内容＞以前，滝山が「てめえは壁みたいに，ど真ん中に構えて，来た球受けてりゃいい」と言ったことが，雄太の記憶には屈辱的な言葉として残り，捕手の自分は，投手の滝山の球を受ける「壁」にすぎないのだと感じている。それでも雄太は，甲子園大会までは「壁」になることに徹しようと考えている。

問八＜文章内容＞その場の重苦しい沈黙や皆の思い詰めたような顔は，「滝山の怒りが，ここにいる誰もが多かれ少なかれ抱えているものだ」ということを表していた。監督も，部員の誰もが滝山と同様の怒りを抱えているとわかっているので，滝山を叱(しか)らない。

問九＜心情＞「甲子園へ行くには滝山が必要であると，誰もが知っていた」が，その滝山が，試合がないなら野球をやめると言い出したため，湯浅は，「滝山の言うこともわかる」と理解を示しながらも，もし来年戦争で甲子園大会が中止になり，後輩たちの代で願いがかなわなくても，次の年は必ず開催されると信じて，次の代に願いを伝えていってほしいと，滝山を始め後輩たちに言い，「可能なかぎり，野球を続けてほしい。それがいつか必ず，おまえたちにとっても救いになるから」と皆を引き留めた(ア・ウ・エ…○)。主将の湯浅は，滝山だけでなく部員たちの皆が同様の怒りを抱えていることがわかるので，後輩たちには，「何も無駄にはならない」から野球を続けてほしいと，自ら頭を下げた(イ…×)。

二　**〔論説文の読解─芸術・文学・言語学的分野─日本語〕**出典；増井元『辞書の仕事』。

≪本文の概要≫辞書を編纂・記述するときの姿勢には，まず，社会で使われている言葉の実態を調査して，それを辞書に反映させる記述主義，次に，お手本となる言葉の姿を提示する規範主義があり，これが現代語辞典の役割である。個々の辞書は，記述主義と規範主義の間に自身の位置を定めているが，積極的に規範主義の立場に立つことは少ない。現代社会の中で生きている言葉は，これまでも今も変化し続けている。ところが，変化した多くの言葉や意味が辞書に入ってくることは，辞書の編集者と読者との対立を生む。辞書の読者は，辞書に規範を求め，現在から見て少し過去の日本語を「正しい」として，そこからの変化を「乱れ」として嘆く。しかし，法則性を持った誤りや大多数の人が使っている誤りは言葉の変化であり，多くの人が普通に使っている「誤用」を辞書が正すことは不可能である。また，辞書の読者は，言葉の意味は常に正確で厳密であるべきだと考えているが，厳密であることが言葉として正しいとは限らない。一般の国語辞典は，生活の中で普通に使われている自然言語の辞書であり，言葉の意味を記述はしても，定義はしない。言葉には，絶対的な正解も絶対的な間違いもなく，自由にできる余地としての「はば」がある。

問一＜接続語＞1．「ことばが絶えず変わっていることを，辞典編集部は仕事柄忘れることが」できないけれども，「辞典を使う方」は，「現時点で大勢が使っていることばをそのままに記述している」ことを，「不快に思ったり怒ったり」する。　2．「『厳密』がことばとして『正しい』とは限らない」ことの例として，「天気予報や新聞の報道では『未明』を『午前〇時から午前三時頃まで』」と決めているが，これは「未明」の本来の意味に比べて「早過ぎ」であり，厳密であるために正しい意味を壊してしまっていることが挙げられる。

問二＜語句＞「鏡」は，光の反射を利用して，容姿や物の像などを映して見る道具のこと。「鑑」は，手本，または規範。「教師の鑑」は，教師の手本となる人，ということ(ア…B)。「子は親の鏡」は，子どもを，その親を映し出す鏡にたとえて，子どもを見れば親の考え方などがわかる，子どもは親の多大な影響を受けることを表す(イ…A)。「目はその人の心を映し出す鏡」は，目を鏡にたとえて，目を見ればその人の心の様子がわかることを表す(ウ…A)。

問三＜表現＞「浮き足立つ」は，そわそわして落ち着きがなくなる，または，恐怖や不安から逃げ腰になる，という意味。うきうき浮かれて落ち着かない，という意味で使われることもある。「気の置けない」は，遠慮する必要がなく，心から打ちとけることができるさま。近年はあえて肯定形にして「気が置ける」が同様の意味で使われることもあり，その反対の意味として，「気が〔の〕置けない」を，気が許せず，油断がならないさまという意味で使う例も見られるようになった。「手をこまねく」は，何もしないで見過ごす，という意味。「役不足」は，その人の力量に比べて，与えられた役目が軽すぎること。自分の力不足，つまり，与えられた役目や務めを果たす力量が足りないこととして使うのは誤り。

問四＜文章内容＞現代社会の中で生きている言葉は，これまでに必ず変化を受け，今も変化し続けている。しかし，辞書の読者は，「現在から見て少し過去の辺りの日本語を『正しい』として，そこからの『変化』を『乱れ』」と見なし，言葉が正しいか誤りかを簡単に判断できると考えている。

問五＜表現＞「老人」「砂」「未明」の「　」は，老人・砂・未明のそれぞれが辞書で項目として出す見出し語であることを表している。「誤用」の「　」は，誤用という語を強調するために使われている。

問六＜文章内容＞人工言語とは，「こういう時にこういう意味で使うことにしましょうという取り決め」をした，言い換えれば，厳密な意味を定義づけた言葉である。自然言語とは，人間が生活の中で普通に使っている，「特別に約束をしたこともない」言葉であり，「定義では捉えきれないふくらみを持って」いる。

問七＜文章内容＞〔1〕記述主義と規範主義は，辞書を編纂・記述するときの態度である。それらの態度のうち，「社会のことばのありようを調査しそれを辞書に反映させること」は，言葉の使われ方を客観的にとらえて記すことであるから，記述主義である。「ありうべきお手本となることばのすがたを提示すること」は，言葉の規範を示すことであるから，規範主義である。　〔2〕「ことばはたえず変化するもの」であり，言葉にいつも正確・厳密な意味があるわけではないので，辞書はその時点での大勢が使っている言葉のありようを記述し反映させるという態度をとる。

問八＜作文＞言葉には，「ある制約がありながらも，その中で自由にできる余地」，すなわち「はば」がある。その「はば」が感じられる言葉，つまり，社会でさまざまな，あるいは広い領域を持った意味に使われている言葉を挙げて，どのように使われているかを説明する。

三〔**古文の読解―浮世草子**〕出典；『諸国百物語』巻四の八。

≪現代語訳≫土佐の国に，狩りをして生活をする人がいた。男は四十歳，女は四十五，六歳であったが，この女は際立って嫉妬深い者で，男が，狩りに出るのにも，ついて歩いた。

男は，あまりの煩わしさに，あるとき狩りに出たときに，あの女房が，後からいつものとおりについて来たところを，取って引き寄せ，刺し殺すと，そばにあった大木の根から大きな蛇が出てきて，男の首にからみついた。男が，小さな刀を抜き，(蛇を)ずたずたに切り離すと，(蛇が)またからみつきからみついてやむことがない。男は，しかたなく高野山金剛峯寺へお参りしたところ，不動坂の中ほどで，蛇は，首から離れ落ち，草むらの中へ入った。男はうれしく思い，高野山に百日あまり滞在して，もはや何事もあるはずがないと思い，お参りをして山から帰ったところ，不動坂の中ほどで，あの蛇が，草むらの中からはい出てきて，また男の首にからみつく。

男もどうしようもなくて，これから関東を(巡って)修行しようと思って，すぐに旅立ち，大津の入江で，乗り合いの舟に乗ったが，(舟が)沖合に漕ぎ出すと，舟は，後へも先へも進まなくなった。船頭が申したことには，「乗客の中に何か心当たりがある(お方がいる)ならば，素直におっしゃってください。一人の仕業で大勢の人の迷惑ですぞ」と，言ったので，例の男は，やむをえず，首の(巻いてある)綿を取り，「きっとこのせいでしょう」と言って，蛇を見せ，一部始終をざんげすると，人々は驚いて，「早く早く舟を出てください」と，せきたてたので，「もはやこれで終わりだ」と言って，例の男は，湖へ身を投げて死んでしまった。

そのとき，蛇は首を離れ，大津の方へ泳いで行った。舟も容易に矢橋に着いたと，船頭が話したのを(私は)聞いたのでございます。

問一＜歴史的仮名遣い＞ａ．歴史的仮名遣いの語頭以外のハ行は，現代仮名遣いでは原則として「わいうえお」と書く。　ｂ．歴史的仮名遣いの「au」は，現代仮名遣いでは「ou」になる。

問二＜古文の内容理解＞Ⅰ．女は，際立って嫉妬深い者で，男が狩りに出るのにもついて歩いた。　Ⅱ．男は，高野山の寺に百日あまり滞在して，もはや何事もあるはずがないと思った。　Ⅲ．人々は驚いて，男に早く早く舟を出てくださいと，せきたてた。

問三＜古文の内容理解＞男は，女を殺した罪を免れて首に蛇がからみつく苦しみから解放されようと，高野山へ向かったが，その途中で蛇が首から離れ落ちたので，男はうれしく思った。

問四＜古文の内容理解＞男の乗った舟が沖合に漕ぎ出すと，舟は後へも先へも進まなくなった。そのことは，大勢の人の迷惑になった。

問五＜古文の内容理解＞舟が進まなくなったとき，船頭から，何か心当たりがある人がいれば素直におっしゃってくださいと言われて，男は首に巻いてある綿を取って蛇を見せ，舟が進まないのは，きっとこのせい，つまり，首に蛇が巻きついているせいでしょうと言った。

問六＜古文の内容理解＞男が，女を刺し殺すと，そばにある大木の根から大きな蛇が出てきて，男の首にからみついた(ア…○)。男が高野山の登り口の不動坂まで来ると，蛇が首から離れ落ちたので，男は高野山に百日あまり滞在した(イ…○)。男が湖へ身を投げたとき，蛇は男の首を離れて，大津の方へ泳いで行った(ウ…×)。舟で起こった男と蛇に関する出来事は，後に船頭が語ったのを作者が聞いた話であった(エ…○)。

四〔漢字〕

①「祈願」は，願いがかなうように神仏に祈り願うこと。　②「化粧」は，顔におしろい・紅などを塗って美しく見えるようにすること。　③「採択」は，いくつかある中から選んで取りあげること。　④「手綱」は，馬を操るために馬のくつわにつけた綱。または，他人を制御・統御すること。　⑤音読みは「透明」などの「トウ」。　⑥「交換」は，互いにそれぞれの物を取り換えること。　⑦「強盗」は，暴力や脅迫によって他人の金品を奪うこと。　⑧「兼用」は，一つのものを二つ以上の物事に兼ね用いること。　⑨音読みは「束縛」などの「バク」。　⑩音読みは「病床」などの「ショウ」。

2020年度 佼成学園高等学校

【英　語】（50分）〈満点：100点〉

〈編集部注：実物の入試問題では，3 のCHART A (MEN)，CHART B (WOMEN) の円グラフはカラー印刷です。〉

1 次の英文を読み，問いに答えなさい。

Amazon started a new store called Amazon Go in Seattle recently. This store works *automatically. It uses *smart cameras, computers that can learn, and artificial intelligence (AI). Customers can choose things which they want, and pay automatically. This is done [A]. Humans still put products in the store, but robots will do the work soon.

This is a new idea, but soon many businesses will use *mostly AI. Stores won't need workers. No (1)pay, no training, no health care. It will be good for customers too. There won't be any more long and boring waiting time or staff that don't like their jobs.

I am sure this is the future of *retail, but (2)we may have some troubles. Retail work is a very common job in the US. About 8 million people do these jobs. Most of them are young, white women that make between $20,000-$25,000 a year. Most of these jobs are easy to get. People don't need to get special training or to go to a special school to get them. Because they often don't have a special education, it may be difficult to change jobs. When companies start becoming *automatic, many of these workers won't have jobs anymore.

AI will cause problems in other types of companies, and *affect different kinds of workers too. Cars and trucks that don't *need a human to drive them are tested now. These automatic cars and trucks are better than cars and trucks that need human drivers. They never get tired, they don't need to rest, and they don't need to stop working.

There are jobs that take things and people to different places. They use cars and trucks, and they make about $700 billion every year. Truck drivers are about 35 percent of this number. Their jobs won't be necessary anymore. When automatic cars *replace taxis and local driving jobs, many people will lose their jobs.

For many years, people have been afraid that computers and robots will take their jobs. After *IBM made the first high speed computers, a story from "*The Twilight Zone" was shown on TV. It was called "The Brain Center at Whipple's." A man named Mr. Whipple made a computer that could do the work of all his human workers.

Mr. Whipple wanted to save money. His automatic working computer needed only 2 cents every day. It never got tired. It never got hurt. In the end, 100 percent of the jobs were done by the computer. The company didn't need the human workers and they lost their jobs.

This story is like the thing which is happening now. Their past is our future. Now, many people are losing their jobs because of computers, machines, and *automation. Until now, jobs that needed the worker to repeat simple actions were good for workers that don't have special training. Now they are given to robots and computers.

AI is different from robots and computers. It can learn new things, and make difficult things simple.

Journalists have always been human. Amazon bought the newspaper The Washington Post last year. Amazon's AI named Heliograf learned to write automatically. It wrote about a thousand things such as the Olympics and politicians automatically.

Jobs that need a high *amount of training aren't safe. Soon, AI will take jobs away from doctors, pilots, and cooks. AI is getting better very quickly. It learns *much faster than a human. For people that lost their jobs because of AI, it may be impossible to learn a new job fast enough. AI can learn how to do that job more quickly too.

In the future there will be more and better AI. This will make big changes to businesses all over the world. We must find a way to *make AI job automation and human jobs work together.

The future of humans and the future of AI are on the same *path. AI will not go away. We will have to find a way to make this new future good.

At the end of "The Brain Center at Whipple's," Mr. Whipple also lost his job. A robot took his job. This lesson is easy to understand. AI can replace us if we are not careful.

*automatically　自動的に　*smart camera　動画の撮影や処理等が可能なカメラ，スマートカメラ
*mostly　主に　*retail　小売業　*automatic　自動式の　*affect ～　～に影響を与える
*need ～ to …　～が…する必要がある　*replace ～　～に取って代わる
*IBM　アメリカのコンピュータ関連企業　*The Twilight Zone　アメリカのテレビドラマ
*automation　自動化　*amount　量　*much 比較級　ずっと～
*make … 動詞の原形 ～　…に～させる　*path　道

問1　空所［A］に入る語句として最も適切なものを次の1～4から1つ選び，番号で答えなさい。

1　with customers
2　with humans
3　without workers
4　without robots

問2　下線部(1)のpayが示す意味として最も適切なものを次の1～4から1つ選び，番号で答えなさい。

1　代金　2　給料　3　税金　4　財布

問3　下線部(2)について，起こりうるトラブルとして最も適切なものを次の1～4から1つ選び，番号で答えなさい。

1　Companies cannot get good workers.
2　Many people cannot find a job because of automation.
3　People cannot do retail work easily because it is very popular.
4　Young, white women cannot have a good education.

問4　"The Brain Center at Whipple's"について，本文の内容と**一致しないもの**を次の1～4から1つ選び，番号で答えなさい。

1　Mr. Whipple did not want to spend much money.
2　Mr. Whipple's job was not taken by a robot.
3　The computer could do everything that the human workers do.
4　The computer Mr. Whipple made was automatic.

問5　AIの特性について，本文の内容と一致するものを次の1～4から1つ選び，番号で答えなさい。

1　AI can be a better athlete or politician than people can.

2 AI can learn to write automatically, but it cannot write a lot of things.

3 AI improves quickly and people cannot learn faster than AI.

4 AI will not replace chefs because the job needs training for a long time.

問6 次の1～5の英文が本文の内容と一致していれば○，そうでなければ×と答えなさい。

1 At stores, customers will not wait long because of AI.

2 Truck drivers won't be necessary because they make less than $200 billion.

3 People can keep doing simple work because AI will do more difficult work.

4 AI may do all of the human jobs, so people should find a way to remove it.

5 We have to live carefully with AI because it may take our place.

2 次の英文を読み，問いに答えなさい。

Before the summer holidays, I met an Australian student named Laura. She lived in my home country *Nepal for a few years. I asked her, "What do you do in Nepal?" She answered with great energy, "I am a volunteer. I *help people make eco-bags. Do you know (1)<u>volunteer tourism</u>?" I'm doing a volunteer project at school to get money for Tohoku to help them after the disaster. For me, volunteering has always been important. But after reading a few *articles about volunteer tourism, I am not sure anymore that it is really a good act. It may have problems.

A special type of short travel is called a volunteer tourism program. During the travel they help local people improve their lives. For example, a company called Restoration Works International *helps plan tours to countries like Nepal. There, volunteers help at *cultural heritage sites.

Volunteer tourism may be a great idea, but there are some bad parts too. Sometimes, volunteers won't change their own lifestyle to fit the local lifestyle while they're volunteering. My grandmother had (2)<u>a bad experience</u> when she was a host for some volunteers. Nepal doesn't have enough water. Local people only *shower once a week because of this. But the volunteers showered very often and never changed their ways.

So, is volunteer tourism really as good as it sounds? The program is made to solve problems. But sometimes the program becomes a problem too. In an article written in *The Third World Quarterly Journal, many volunteers are only interested in helping themselves. They join volunteer activities because they think they look good and it will help them find a job.

But the volunteers aren't the only problems. Other people can create problems too. Local people want to depend on volunteers more to solve their own problems. These programs are originally made to help local people be more skillful at solving their own problems and to help them learn life skills. Daniela Papi, a tour program worker says that there are more bad parts than good parts.

The world needs more volunteers like Laura. She does not want to make her own situation better. She just wants to help people. After the Tohoku disasters, thousands of volunteers from all over the world, including Nepal, came to help Japan. We all can agree that they came to do good things. I believe that volunteers working in poor countries should have (3)<u>a similar kind of spirit</u>. Junior high school students may not be ready to travel to poor countries. We can help with local activities such as plastic recycling and getting money for helpful programs.

Being a good volunteer is not about the amount of time we *spend helping, but about the way we choose to help people improve their lives. Help or hurt? Now think of (4)a better way to help people and do great volunteering for them.

*Nepal　ネパール　*help 人 動詞の原形～　人が～するのを助ける　*article　記事

*help 動詞の原形～　～するのを助ける　*cultural heritage site　文化遺産　*shower　シャワーを浴びる

*The Third World Quarterly Journal　サード・ワールド・クォータリー・ジャーナル(雑誌名)

*spend helping　助けるのに費やす

問1　下線部(1)の volunteer tourism とはどのようなものか，本文の内容にそって，**30字程度の日本語**で説明しなさい。

問2　下線部(2)の experience についてなぜ badだったのか，その理由として適切なものを次の1～4から1つ選び，番号で答えなさい。

1　The volunteers wanted to shower more often, but only local people did so, and the volunteers couldn't.

2　The volunteers at my grandmother's didn't understand the local situation and they never changed their lifestyle.

3　My grandmother knew she needed a lot of water for volunteers to shower, but she couldn't get enough for them.

4　The volunteers asked my grandmother for a lot of things which they wanted, but she couldn't understand what they really wanted to do.

問3　下線部(3)の spirit を持つ人として適切なものを次の1～4から1つ選び，番号で答えなさい。

1　people with great energy to talk about volunteering

2　people who are interested in making their situation better

3　people who want only to improve local people's lives

4　people who want to work in poor countries around the world

問4　下線部(4)の内容の説明となるように，空所AとBに(　)内の語(句)を補充して，英文を完成させなさい。なお，**与えられた語(句)は全て用いるものとします。複数回用いてもかまいません。**

We should not ＿＿A＿＿, and we should ＿＿B＿＿.

(the problems, local people, help, solve, ourselves, themselves, of, by)

問5　本文の内容と一致しているものを次の1～5から**2つ**選び，番号で答えなさい。

1　Laura made eco-bags for local people in Nepal.

2　After reading some articles, the writer doesn't think that volunteering is good.

3　An article says that there are many volunteers who don't think enough about local people.

4　Helping local people too much may become a bad side of volunteering.

5　To do great volunteering, it is very important for us to help people for a long time.

問6　あなたがボランティア活動するとしたら行ってみたいと思う国または地域をあげ，その理由を明確にして，**50語前後の英文**で書きなさい。なお，「，」や「．」等は語数に含めないこととします。

3 次の円グラフ(CHART)は好きな映画分野のアンケート結果です。CHART A は男性の結果，CHART B は女性の結果です。2つの CHART の内容に合うように，下の1～3の(　)内の語(句)を並べかえなさい。ただし，**それぞれ1つずつ不要な語(句)があります。**

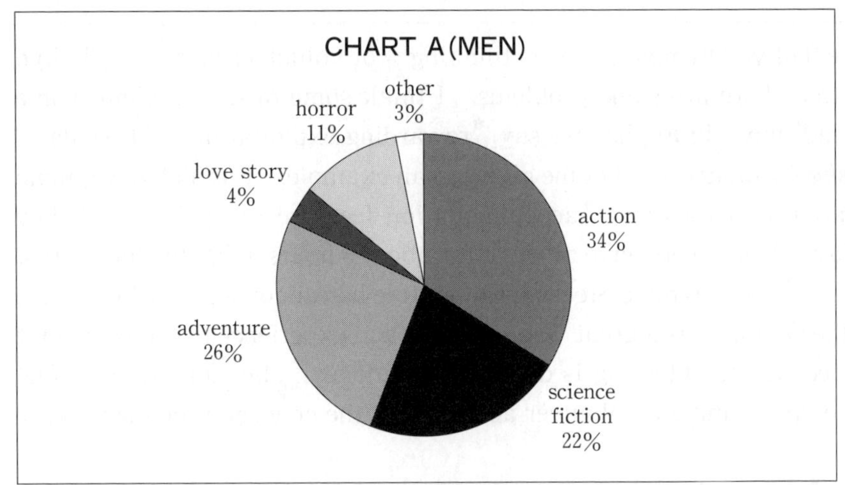

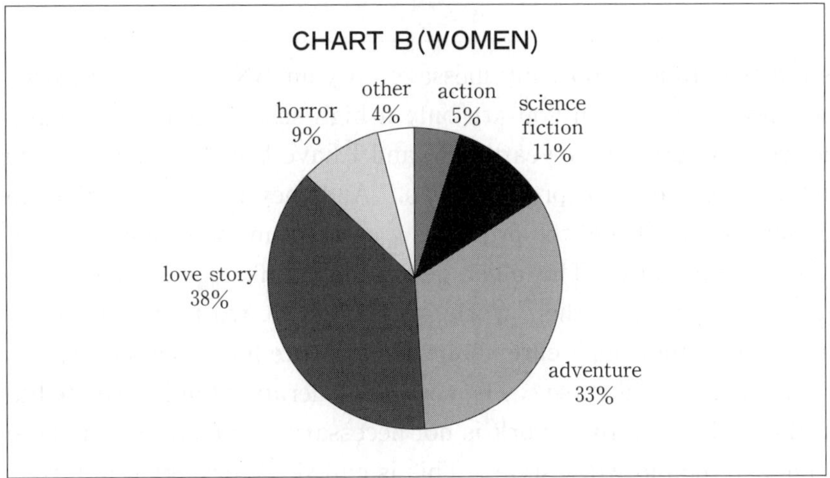

1 *According to CHART A, (science fiction / horror / love story / like / twice / as / as / much / men).

2 In CHART B, (love stories / more / nothing / popular / is / than / actions).

3 If a man and a woman go to a movie together, (choosing / the best / be / may / for / an adventure movie / the worst) them.

*according to ～：～によると

4 次の英文は，たけしとフォロワーの James の SNS 上でのやりとりです。やりとりの中の英文の下線部①～⑫の中に**不適切なものが 4 つ**含まれています。その番号を指摘し，それぞれ**最も適切な語(句)**に書き改めなさい。

Takeshi :

This is the year of the Tokyo Olympics. I was thinking ①of volunteering for the Tokyo Olympics. But I hear that there are some problems. I think some of the problems come from an old Japanese tradition. In English we say *rewarding exploitation. These days, it ②calls '*Yarigai Sakushu*' in Japanese. Let me give you an example. For Tokyo Olympic volunteers, *transportation expenses and *accommodation fees are not paid. And they only get 1,000 yen ③a day. Volunteers have to work for about 5 hours a day (including rest time) for 5 days or more. *The Olympic Steering Committee has announced ④why is it so. First, volunteering for the Olympics is a great *opportunity and experience that they cannot get ⑤anywhere else. Second, volunteering is done not for money, ⑥but for pride. I feel this is not fair, so I gave up ⑦joining a volunteer activity. If the conditions change, I may change my mind.

James :

Hi, Takeshi. This is the first time to post my message on your SNS. I am surprised that you have such good ideas even though you are only a high school student. I really agree with you. I came from America four years ago, and I have been in Japan ⑧since then. In Japanese society, there are some problems too. And they are very similar to the problem of volunteer activities. One of the problems ⑨come from the idea of '*Yarigai Sakushu*' too. This is *overtime work. The older generation thinks ⑩it is natural to work overtime. They are very proud of their work, so success at work is ⑪the most important. To *succeed at work, they don't care about their private life. But society has changed. Now *values have become *diverse. The younger generation thinks private life is more important, ⑫but they think overtime work is not necessary. In fact, the Japanese government is trying to change the old work style. This is called *Work Style Reform.

＊rewarding exploitation：やりがい搾取(さくしゅ)　＊transportation expenses：交通費
＊accommodation fee：宿泊費　＊The Olympic Steering Committee：オリンピック運営委員会
＊opportunity：機会　＊overtime：時間外労働(の)・残業(の)　＊succeed：成功する
＊values：価値観　＊diverse：多様な　＊Work Style Reform：働き方改革

【数　学】 (50分) 〈満点：100点〉

(注意)　1．**2**～**4** は答えが出るまでの過程もしっかり書きなさい。

2．円周率はすべて π を使用しなさい。

1　次の各問いに答えなさい。

(1)　$\dfrac{4a-b}{2}-\dfrac{a-7b}{3}$ を計算しなさい。

(2)　$x^2-2x+1-4y^2$ を因数分解しなさい。

(3)　連立方程式 $\begin{cases} x:y=\dfrac{1}{2}:\dfrac{1}{3} \\ 3x+2y=26 \end{cases}$ を解きなさい。

(4)　$x=\dfrac{\sqrt{3}+1}{2}$ のとき，$\sqrt{2x^2-2x+n}$ の値が整数になるような最小の自然数 n を求めなさい。

(5)　容器Aには15％の食塩水が400g，容器Bには5％の食塩水が100g入っている。2つの容器からそれぞれ同量の食塩水を取り出し，容器Aから取り出した食塩水を容器Bに，容器Bから取り出した食塩水を容器Aに入れて，それぞれよくかき混ぜたところ，2つの食塩水の濃度が等しくなった。このとき，何gの食塩水をそれぞれから取り出したかを求めなさい。

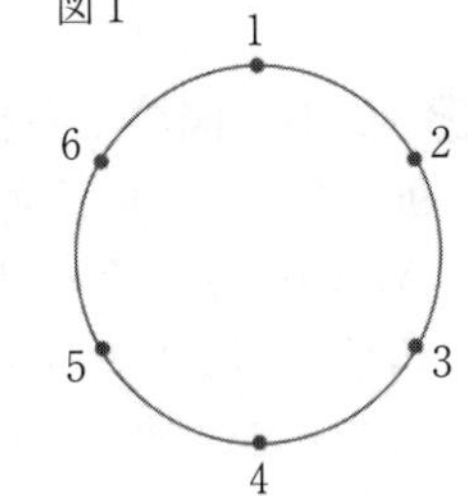

(6)　右の図1のように，円周上に6個の点1，2，3，4，5，6を等間隔にとる。大，中，小のさいころをそれぞれ1回投げ，それぞれの出た目を頂点としたとき，その頂点を結んで正三角形ができる確率を求めなさい。

(7)　下の図2で，$\angle x$ の大きさを求めなさい。

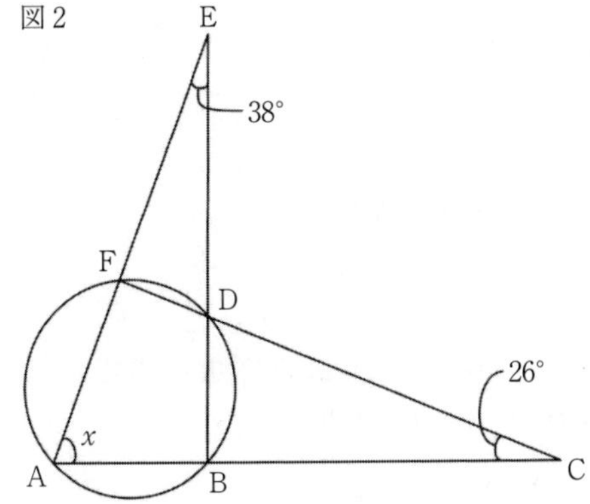

(8)　下の図3の四角形ABCDは平行四辺形であり，点E，Fはそれぞれ辺BC，CDの中点である。対角線BDと線分PQの長さの比を最も簡単な整数の比で表しなさい。

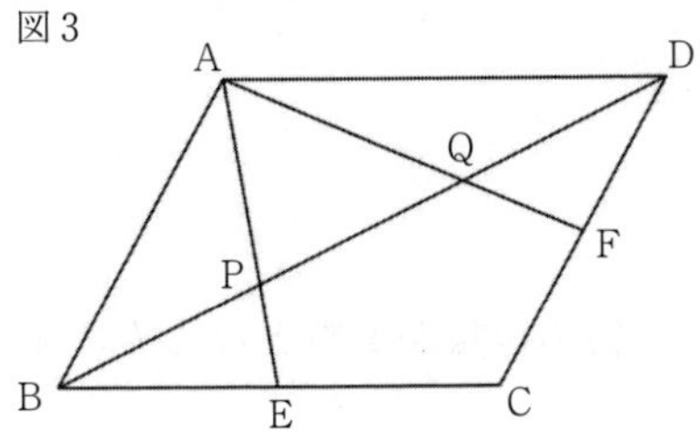

2　右の図のように，放物線 $y=ax^2$ と切片が $-\dfrac{3}{2}$ である直線 l が2点A，Bで交わっている。点Aの座標が $\left(1,\ \dfrac{1}{2}\right)$ であるとき，次の問いに答えなさい。

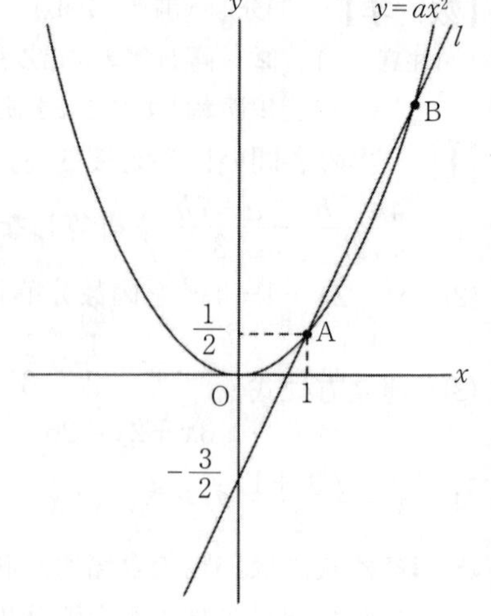

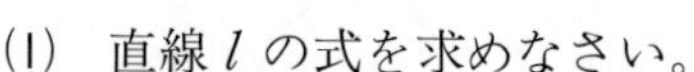

(1)　直線 l の式を求めなさい。

(2)　点Bの座標を求めなさい。

(3)　線分ABを直径とする円と y 軸とが交わる点の y 座標をすべて求めなさい。

3　右の図の三角柱ABC-DEFは，底面がDE＝4，DF＝3，∠EDF＝90°である直角三角形で，側面は縦の長さが6の長方形である。辺AB, ACの中点をそれぞれP，Qとし，4点P，Q，F，Eを通る平面でこの三角柱を切断し，頂点Aをふくむ立体を X，頂点Bをふくむ立体を Y とする。このとき，次の問いに答えなさい。

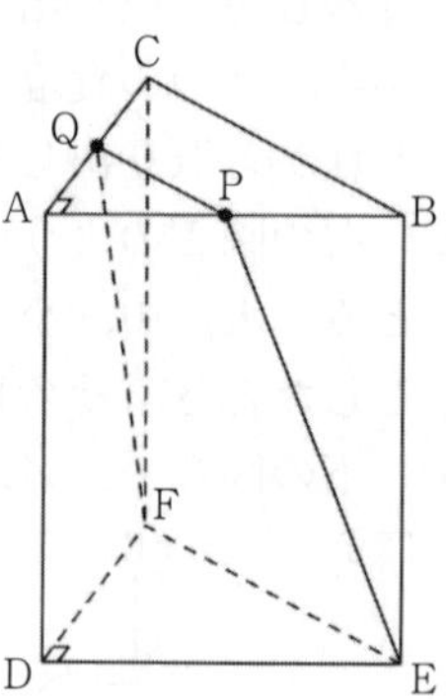

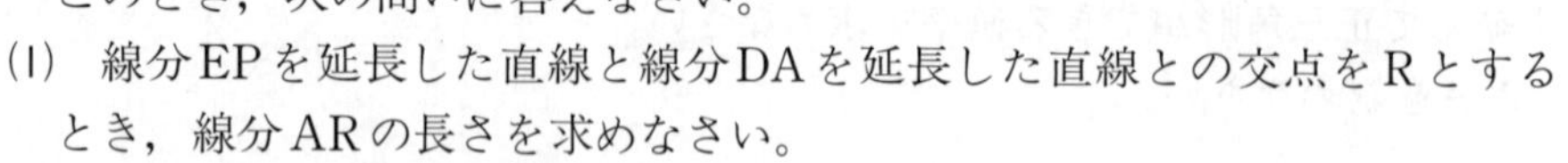

(1)　線分EPを延長した直線と線分DAを延長した直線との交点をRとするとき，線分ARの長さを求めなさい。

(2)　立体 X と立体 Y の体積の比を，最も簡単な整数の比で表しなさい。

4　方程式 $xy-x-2y-k+2=0$……①を満たす自然数 x，y について考える。

(1)　次の［ア］～［カ］にあてはまる数を答えなさい。

①を変形すると，$(x-$［ア］$)(y-1)=k$ となる。

(i)　$k=2$ のとき，①を満たす自然数 $(x,\ y)$ の組の総数を求めたい。x，y は自然数なので，$(x-$［ア］$)$ と $(y-1)$ は整数であり，$(y-1)$ は負にならないので，$2=1\times2$ として，

$(x-$［ア］$)=1$，$(y-1)=2$ のとき，$x=$［イ］，$y=3$

$(x-$［ア］$)=2$，$(y-1)=1$ のとき，$x=$［ウ］，$y=2$

このように2通りの場合が存在する。

よって，$k=2$ のとき，①を満たす自然数 $(x,\ y)$ の組の総数は，全部で2組である。

以下，同様にして①を満たす自然数 $(x,\ y)$ の組の総数を求めると，

(ii)　$k=3$ のとき，全部で［エ］組である。

(iii)　$k=4$ のとき，全部で［オ］組である。

(iv)　$k=6$ のとき，全部で［カ］組である。

(2)　k を10以上30以下の整数とするとき，①を満たす自然数 $(x,\ y)$ の組の総数が奇数となる k の値をすべて求めなさい。

は示さないこと。

問五　傍線部④「罪造り給ふ君かな」とありますが、このときの晴明の心情の説明として最も適当なものを次の中から選び、記号で答えなさい。

ア　罪作りな行いを嘆くふりをしながら、自分の力を信じない貴族の態度に怒りを感じている。

イ　罪を作ることは恐ろしいが、貴族の願いなので断ることはできないとあきらめている。

ウ　罪を作りたくないと感じながらも、貴族に自分の力を証明してみせようと考えている。

エ　罪を作ることは決してできないので、貴族の望みであってもかなえることはできないと思っている。

問六　傍線部⑤「色を失ひてなむ恐ぢ怖れける」とありますが、僧たちはなぜ「恐ぢ怖れ」たのですか。その理由を本文全体の内容をふまえて説明しなさい。

問七　本文の内容として正しいものを次の中から一つ選び、記号で答えなさい。

ア　晴明は虫やかえるを殺すことと同様に、人間を殺すことも簡単にできた。

イ　晴明は普段から虫やかえるなどを殺すことを、ためらわずに繰り返していた。

ウ　晴明は家で過ごすような時には、陰陽道の術を使うような様子は見られなかった。

エ　晴明は虫などを簡単に殺すことができたが、その力を好んで使うようなことはなかった。

四　次の――線部について、漢字をひらがなに、カタカナを漢字に直しなさい。

①　都会の雑踏を逃れて暮らす。
②　自動運転で制御された鉄道。
③　突然の雨に家路を急ぐ人々。
④　国際政治に携わる仕事に就く。
⑤　油断して思わぬ危機に陥る。
⑥　豊かな自然のオンケイを受ける。
⑦　携帯電話が社会にフキュウする。
⑧　海外からの観光客をカンゲイする。
⑨　災害の危険がヒソむ地帯。
⑩　新しい勤務地にオモムく。

三　次の文章を読み、後の問いに答えなさい。

今は昔、天文博士安倍晴明(あべのせいめい)といふ※1陰陽師(おんやうじ)有りけり。

この晴明、広沢の寛朝僧正(くわんてうそうじやう)と申しける人の御房(ごばう)に①参りて、物〔ご用〕申し承りける間〔をお聞きしていたところ〕、若き君達(きんだち)〔貴族〕・僧ども有りて、晴明に物語など〔世間話など〕して aいはく、「そこの※2識神(しきがみ)を仕(つか)ひ給(たま)ふなるは〔あなたは識神を使われるそうですが〕、忽(たちま)ちに人をば殺し給ふらむや」と。晴明、「道の大事をかく現(あら)はにもA問ひ給ふかな〔このように露骨にお聞きなさることだ〕」といひて、「安くはえ殺さじ〔殺せないだろう〕、少し力だに入れて候(さうら)へば、必ず殺してむ〔きっと殺せるでしょう〕。虫などをば塵許(ちりばかり)〔ちょっとした〕の事Bせむに必ず殺しつべきに〔殺せるだろうが〕、生く様〔生き返らせる方法〕を知らねば②罪を得ぬべければ、由(よし)無きなり〔つまらないことです〕」などいふ程に、庭より蝦蟆(かへる)の、五つ六つ計(ばかり)、踊りつつ〔はねながら〕池の辺様(ほとりざま)にC行きけるを、君達、「さは〔それでは〕、かれ一つ殺し給へ。③試みむ」といひければ、晴明、「④罪造り給ふ君かな。さるにても〔とはいうものの〕、試み給はむと有れば」とて、草の葉を摘み切りて、物を読む様にして〔何かを唱えるようにして〕蝦蟆の方へ投げ遣(や)りたりければ、その草の葉、蝦蟆の上に懸(か)かると見ける程に〔見る間に〕、蝦蟆は真平にひしげて死にたりける。僧どもこれを見て、⑤色を失ひてなむ恐(お)ぢ怖れける。

この晴明は、家の内に人無き時は識神を仕ひけるにや有りけむ〔使ったのであったろうか〕、人も無きに、※3蔀(しとみ)上げ下(おろ)す事なむ有りける。亦(また)、門も、差す〔閉じる〕人も無かりけるに、D差されなんどなむ有りける。かくbやうに希有(けう)の事ども多かりとなむ語り伝ふる。

（『今昔物語集』より）

※1　陰陽師…平安時代、呪術的な行事をつかさどる職に就いていた者。
※2　識神…陰陽師の命令に従ってさまざまな働きをする鬼神。
※3　蔀…寝殿造りの邸宅にある風雨を防ぐ戸の一種。上下に開閉する構造になっている。

問一　二重傍線部a「いはく」、b「やうに」をそれぞれ現代かなづかいに直しなさい。

問二　傍線部①「参り」とありますが、これは誰の動作を表していますか。同じ人物の動作であるものを文中の波線部A～Dから一つ選び、記号で答えなさい。

問三　傍線部②「罪を得ぬべければ」とありますが、これはどのような意味ですか。最も適当なものを次の中から選び、記号で答えなさい。

ア　まさか罪を得るはずはないので
イ　きっと罪を得るだろうから
ウ　たまたま罪を得たならば
エ　もしも罪を得ないとすると

問四　傍線部③「試みむ」とありますが、「君達」はここでどのようなことを試そうとしているのですか。その説明として最も適当なものを次の中から選び、記号で答えなさい。

ア　晴明が陰陽道によって、その発言通りに生き物を殺す力を持っていること。
イ　晴明が陰陽道によって、本当に識神を思いのままに操ることができること。
ウ　晴明が陰陽道によって、虫程度のものでも簡単には殺すことができないこと。
エ　晴明が陰陽道によって、どれだけのことができるのか簡単に

問三　本文には次の一文が抜けています。九十七行目までのどこに戻せばいいですか。戻す位置の直後の五字を答えなさい。

この場合の「カッコいい」は、「各部から成り立つ総体が、それを見る者の目に〝美しい＝合理的〟を成り立たせていると実感される」です。

問四　傍線部①「人は、なんとたやすく『美しい』を曲解してしまうことでしょう」とありますが、「曲解」とはどのようなことですか。その説明として最も適当なものを次の中から選び、記号で答えなさい。

ア「うるはし」は上品な美しさという意味を表す言葉だと解釈すること。

イ「うるはし」と「カッコいい」は同じ意味を表す言葉だと解釈すること。

ウ「カッコいい」は軽薄な感動を表す意味の言葉だと解釈すること。

エ「カッコいい」は合理的な美しさを表す意味の言葉だと解釈すること。

問五　傍線部②「ある人が『カッコいい！』という絶賛を浴びたその総体をそっくり真似た人が、『カッコいい』とは言われない」とありますが、このようなことが起こるのはなぜですか。その説明として最も適当なものを次の中から選び、記号で答えなさい。

ア「カッコいい」という感覚は、見る人によっては違和感を生じさせる可能性を持つものでもあるから。

イ「カッコいい」という判断は、見る人と見られる人のお互いの感性に基づいて決められるものであるから。

ウ「カッコいい」という言葉は、ある個人において合理的に全体の調和がとれている時に使われるものであるから。

エ「カッコいい」というスタイルは、それが似合うためには高度な着こなし方を要求するものであるから。

問六　傍線部③「『カッコいい』は、利己的な言葉」とありますが、「カッコいい」が利己的な言葉と言えるのはなぜですか。その理由として**適当でないもの**を次の中から一つ選び、記号で答えなさい。

ア　ある人が「カッコいい」と感じたものでも、別の人にとってはそう感じないことがあるから。

イ　他の人から「カッコいい」と言われることで、自分の「カッコいい」ところに気が付くことがあるから。

ウ　何かを「カッコいい」と感じた人は、対象となる人や物を自分のものとして所有したいと考えるから。

エ　相手に「カッコいい」と伝えても、相手からは必ずしも同意を得られるとは限らないから。

問七　本文の内容として**適当でないもの**を次の中から一つ選び、記号で答えなさい。

ア「カッコいい」は、「美しい＝合理的」を体現する重要な言葉であるにもかかわらず、単なる俗語として扱われて形容詞として認めていない国語辞典も見られる。

イ「カッコいい」は、各部から成り立つ総体のバランスという複雑な内実が関係するものであるが、それを瞬時に納得させてしまう奥深さを持った言葉である。

ウ「カッコいい」は、その人に似合うかどうかを判断せずに真似されることがあり、そのような傾向が髪型や服装の流行とつながっている部分がある。

エ「カッコいい」は、そう感じた本人でも具体的に説明することが難しい感覚なので、他の人が真似をするためにはかなりの時間が必要になるものである。

問八　あなたが「カッコいい」と感じる物の具体例を一つ挙げ、あなたにとってその物のどのような性質が「カッコいい」という感じにつながっているのかを説明しなさい。

さわしい処遇を受けていません。かえって逆に、「そんなことを言うお前の頭はどうなっているんだ？」と言われかねません。現に、私の手許にある国語辞典には、「カッコいい」という言葉が独立した項目として存在していないのです。この扱いの悪さはどうしたことでしょう？

「〃カッコいい〃が俗語だから」という考え方を、私は採用しません。それは「出自による差別」です。いつまでもそんなことをしていたってしょうがありません。私は、「カッコいい」がいつまでたっても「俗語」扱いされている理由を、別のところから考えます。

「カッコいい」がまともなものとして扱われないのは、この言葉が「利己的であることをいとも率直に表明してしまった言葉」だからなのだと思います。

③「カッコいい」は、利己的な言葉です。「〃いい女〃〃いい男〃の〃いい〃は、それを思う人間の欲望に合致すればこその〃いい〃であり、〃合理的〃だ」ということを思い出して下さい。「カッコいい」も同じです。「カッコいい」は、「それを口にする人間にとってだけ〃美しい＝合理的〃が成り立つ」という、限定を持つ言葉なのです。だからこそ、ある人間が「アレはカッコいい」と言って、それを聞いた別の人間が「どこが？」と首をかしげるという、ばらつきも生まれるのです。

「カッコいい」は、それを発する当人の欲望から生まれます。人の欲望体系は人によって違い、ばらばらなのですから、「なにを必要とするか」も、人によって違います。だから、ある人は熱烈に「カッコいい！」と言い、その同じ対象を、別の人が「そうかな」と否定することは、いたって当たり前に起こります。なにしろ、「カッコいい！」と言われた当人が「そうかな？」と首をかしげている例だってあるのですから。

「カッコいい！」は、「私はあなたを愛してる！」と同じニュアンスを持って、だからこそ、「そう言われてもこっちにその気はない」ということだって起こります。「私は特別に〃カッコいい〃を演じているつもりはない。それをあなたが〃カッコいい！〃と言うのは、あなたの思い込みであろう」という拒絶です。

「カッコいい」はそのように「利己的な感動」なのですから、ただおとなしく「美的な判断を下している」に留まりません。「カッコいい」を実感してしまった人間は、恐ろしいことに、その対象を「自分のもの」として取り込みたくなるのです。

（Ⅲ）、「カッコいい物」を見ると、「あれがほしい！」と思って買いに走ります。「カッコいい」とされてしまった男は、若い女や若くない女達に取り囲まれてしまいます。「ご利益のある仏様」と同じように、やたらと体のあちこちをさわられまくったり、バチバチとやたらに写真を撮られたりします。その相手を「カッコいい」と思うと、どうしてもその相手を所有したくなってしまうのです。所有のパターンもいろいろですから、「あれはカッコいい！」と思ってしまった男女は、それが自分に似合うか似合わないかを検討する以前に、さっさと真似をして、「自分のスタイル」に取り入れてしまったりもします。そうやって、「流行」という産業を成り立たせてもいるのです。

（橋本　治『人はなぜ「美しい」がわかるのか』筑摩書房より）

＊本文は設問の都合上、一部表記を改めてあります。

※1　桃尻語訳枕草子…清少納言の随筆『枕草子』を若い女性の話し言葉を用いて現代語訳した筆者の著書。

※2　エピゴーネン…他人の真似をする人。

問一　（Ⅰ）～（Ⅲ）に当てはまる言葉として最も適当なものを次の中からそれぞれ選び、記号で答えなさい。

ア　たとえば　イ　または　ウ　ところが
エ　だから　オ　むしろ

問二　X に当てはまる言葉を三十三行目までの文中から十字以内で抜き出して答えなさい。

異質は、いとも自然に一つになっているということです。

だからなんなのか？　もちろん、私の話がここで終わるわけはありません。

「カッコいい」は、「美しい＝合理的」を体現してしまっている言葉です。そう言われればとても重要な言葉のように思えます。

ところが現実は、「カッコいい」にそれほど重要な意味を発見しません。高い位置も与えません。ただの俗語だと思われている「カッコいい」は、もしかしたら国語辞典の中で「形容詞」としての役割さえも与えられてはいません。そういう現実があるので、私が「〝カッコいい〟とは、〝美しい＝合理的〟を直感してしまう日本人が作り出した素晴らしい言葉だ」と言っても、「ほんとかいな？」という怪訝な顔をされてしまうことになります。つまりは、「カッコいい」がどれほど複雑な内実を持っている言葉かということが、よく理解されていないのです。

（Ⅰ）、ある「物」があります。それは、「カッコいい」と言われるような「物」です。ある人間がそれを「カッコいい」と言います。言われた人間が「どうカッコいいのか」を知りたがります。そうなって普通、具体的な説明は返って来ません。「カッコいいはカッコいいんだから、見れば分かるよ」と言われるのがオチです。「カッコいい」はそのような使われ方をする言葉で、だからこそ「程度が低くて稚拙な俗語」のように思われてしまいます。ところがしかし、こういう場合はどうでしょう？

ある人が、「カッコいい」と言われるような出で立ちをしています。そこに与えられる「カッコいい」は、単純な「一つの物に対する意味不明な賛美」ではありません。髪型から始まって靴にいたるまでの複数の「物」と、その人の容貌や体型や、更には「持ち味」という雰囲気までもが一つになって、「なるほどマッチしている」という「合理的＝美しい」状態を作り出していることに対する判断と賛美です。だからこそ「カッコいい」のです。

そのように、「カッコいい」は「総体のバランス＝調和美」というかなり複雑な事態に対応します。そして、だからこそこういう事態も起こります――。

②ある人が「カッコいい！」という絶賛を浴びたその総体をそっくり真似た人が、「カッコいい」とは言われない事態です。

ある人には似合って「カッコいい！」と言わせたスタイルが、別の人にはまったく似合わなくて、「カッコ悪い」とか「似合わない」と言われる――それも当然だというのは、「カッコいい」が「合理的な出来上がり方」を問題にするものだからです。ある人には、その様式がバランスよく合っている――だから「カッコいい」。しかし同じ様式が、別の人においては、調和よくマッチしない――どこかに違和感を生じさせる。だからこそ「カッコよくはない」。「カッコいい」は、それだけ高度な判断を要求するのです。

「カッコいい」は、「仕草」とか「口のきき方」という、瞬間的な動きにまで及びます。だからこそ、「木村拓哉のあの時のあの動きがカッコよかったから――。あの時のあの口のきき方がカッコよかったから――」という理由で、巷には木村拓哉の※2エピゴーネンが氾濫します。その昔、ヤクザ映画が全盛だった時代には、「映画館を出て来る観客がみんな肩を怒らしていた」という話もあります。主人公の「カッコよさ」を観客が拾い上げて、その「合理的＝美しい」が実感されるフォームを上映時間内にマスターしてしまった結果ですね。「スポーツ選手の美しいフォームがいかに合理的であるのかを判断するのはむずかしい」とは、大違いです。

「カッコいい」という実感がありさえすれば、「美しい＝合理的」という複雑な事態さえも、瞬時に理解されてしまう――それを実現させてしまうだけの奥深さを、「カッコいい」という言葉は持っているのです。

（Ⅱ）、それだけの奥深さを持つ「カッコいい」は、それにふめの十字を答えなさい。

問七　傍線部⑥「自分で蒔いた種なのに、自分では刈ろうとせずに、俺たちにやらせよう」とありますが、この比喩はどのようなことを表していますか。具体的に説明しなさい。

問八　傍線部⑦「修はうらやましさと同時にアキラに反発も覚えていた」とありますが、このときの修の心情の説明として最も適当なものを次の中から選び、記号で答えなさい。

ア　アキラが自分の信念を曲げないことやそれに賛同する友人達の態度については共感しているが、様々な先生達にまで迷惑をかけていることに対しては感心できないと感じている。

イ　先生に対して一緒に抗議してくれるような結束力の強い友人が自分にも欲しいと思いながらも、アキラが自分の抗議活動に友人達を巻き込んでいることに対しては疑問を持っている。

ウ　アキラと仲の良い友人達の仲間に自分も入りたいと考えていることとは反対に、アキラが自分に対してだけは拒絶するような態度を見せ続けていることを不満に思っている。

エ　自分の意志を貫くアキラの姿勢やそれを支持する友人がいることにあこがれを感じる一方で、反抗を続けることで担任の先生に負担をかけるべきではないと考えている。

二

次の文章を読み、後の問いに答えなさい。

「カッコいい」は、「恰好（かっこう）＝外見がいい」です。「いい」という、合理性に基づいた判断を下しています。しかし、「カッコいい」が理性から出た言葉とは、誰も思わないでしょう。「カッコいい」と言われて、それが「合理的であることを説明している」とも、誰も思わないでしょう。それを言うなら、「カッコいい」は、「説明することを拒絶した、感嘆詞に近い言葉」でしょう。あるいは、「軽薄な感動をあらわす言葉」かもしれません。

「感動をあらわす形容詞」という点において、「カッコいい」は「美しい」と同じ一族の言葉です。「カッコいい」を昔の言葉で言えば、「麗しい――うるはし」です。「　X　美しい」という状態を「うるはし」と言うのだと、辞書には書いてあります。だから私は、『※1桃尻語訳枕草子』で「うるはし」を「カッコいい」と訳しました。

だからなんなのか？　「合理的＝美しい」という発想は、古くから日本人の中に当たり前に根を下ろしているということですね。「その美しさが合理的な成り立ち方をしている」と直感した時、昔の日本人は「うるはし」と言った。今の日本人は「カッコいい」と言う。「うるはし＝カッコいい」を受け入れにくく思う人は、なにか別の表現を使う――そしてその時、「合理的な出来上がり方をしているものは美しい」という発見は消えてしまう。

「合理的な出来上がり方をしているからこそ美しい」は、「外見がいい」で、「カッコいい」で、それをこそが「うるはし」なのだけれども、これを理解しない人は「うるはし＝麗し」を別の意味に解釈してしまう――たとえば「上品な美しさ」というように。「うるはし」に「上品な美しさ」という意味は、直接的にはありません。「外見が整っていて美しいもの」を見て「うるはし」と言う人達の身分が高かったから、「これは身分の高い人が理解するような美しさだ」という錯覚が広がっただけです。だからこそ、「千年前の王朝貴族の使う〝うるはし〟が、俗な〝カッコいい〟と同じであるはずはない」と思うのです。そう思って、「合理的な出来上がり方をしているものを見た途端〝美しい〟と感じる」という能力を欠落させてしまうのです。①人は、なんとたやすく「美しい」を曲解してしまうことでしょう。

というわけで、「合理的な出来上がり方をしているものは美しい」と実感した時、日本人は「うるはし」とか「カッコいい」という感動の言葉を発します。言える人なら、瞬間的に「カッコいい！」と言います。つまり、「美しい＝合理的」を実感することはちっともむずかしくないし、「美しい＝合理的」という二つのっていた。

（森　詠『少年記　オサム14歳』集英社より）

＊本文は設問の都合上、一部表記を改めてあります。
※1　末生…瓜（うり）などの伸びたつるの末の方になった実。
※2　白墨…白いチョークのこと。

問一　二重傍線部A「鼻白んだ」、B「毒づいた」の意味として最も適当なものを後の中からそれぞれ選び、記号で答えなさい。

A「鼻白んだ」
ア　不思議そうな　　イ　うれしそうな
ウ　不愉快そうな　　エ　気まずそうな

B「毒づいた」
ア　心ない陰口を言った　　イ　率直に非難した
ウ　何度ものしった　　エ　ひどく悪口を言った

問二　傍線部①「アキラはうらなりをじっと睨みつけ、挑戦的だった」とありますが、このときのアキラの心情の説明として最も適当なものを次の中から選び、記号で答えなさい。
ア　小学生の頃にやったことのある宿題を繰り返しやらされることに対して、先生の考えが理解できずに不信感を抱いている。
イ　意味が感じられないような宿題を課して、やってこない生徒のことを厳しく叱りつける先生に対して反発を感じている。
ウ　梅雨時の田植えの手伝いで大変な農家の子たちに対しても、他の生徒と同等の宿題を課す先生の考え方に反抗している。
エ　日頃から田圃で働いている自分たちの方が、カエルの生態について詳しく知っているので先生のことを馬鹿にしている。

問三　傍線部②「修は宿題のプリントをくしゃくしゃに握り潰した」とありますが、このときの修の心情の説明として**適当でないもの**を次の中から一つ選び、記号で答えなさい。
ア　生徒の言葉を全く聞き入れず、一方的に叱りつけるだけの倉田先生の横暴さに対して反感を持っている。
イ　倉田先生の宿題に対して馬鹿らしさを感じ、自分も宿題をやらなかったことにして教室から出ようと決心している。
ウ　宿題をやっていないふりをすることでアキラに自分の存在を認めてもらい、親しい仲間になろうと考えている。
エ　このまま教室に残ることで先生の言うことに従う素直な生徒だと周囲から思われることを嫌だと感じている。

問四　傍線部③「うらなりは青くなってぶるぶる震えていた」とありますが、このときのうらなりの心情の説明として最も適当なものを次の中から選び、記号で答えなさい。
ア　自分の授業を否定するようなことを言われ、教師としての権威を傷つけられて今後どうなることかと不安を感じている。
イ　クラスの男子全員が宿題を忘れていたことにショックを感じ、生徒の処分をどうしたら良いのか分からずに困っている。
ウ　学年で成績トップのアキラを初めとしてクラスの男子が反抗的な態度をとっていることに対し、激しい怒りを感じている。
エ　生徒たちの方がよっぽどカエルの生態について知識を持っていると馬鹿にされ、自制心を失うほど憤慨している。

問五　傍線部④「修はアキラに痛いところを衝かれた気がした」とありますが、「痛いところ」とはどのようなところですか。その説明として最も適当なものを次の中から選び、記号で答えなさい。
ア　アキラと同様に倉田先生の授業が気に入らなかったにもかかわらず、宿題は宿題として仕方なくやってきていたところ。
イ　アキラに同調するように教室から出て来ただけで、自分なりの意思表示や行動を何もしていないところ。
ウ　アキラが教室から出た後も自分ひとりでは決心がつかずに、英雄や他の生徒達の助けを借りて教室から出て来たところ。
エ　アキラが正直に自分の気持ちを表明しているのに対して、修は宿題をやっていないという嘘の内容を言っているところ。

問六　傍線部⑤「俺は、そんなやつが一番気に食わねえんだ」とありますが、アキラが修に対して嫌悪感を抱いていることが分かる一文を百三十三行目から百八十行目までの文中から抜き出し、初戻らないので困っているのは、うらなり自身ではないか。自分が困っていることを棚に上げて、俺たちの友情の無さを非難するなんて馬鹿にしている。

修はうらなりの引きつった顔を睨んだ。平静さを取りつくろってはいるが、いま一番弱っているのはうらなりだ。

終業のベルが廊下に鳴り響いた。

うらなりはろくすっぽ授業もできず、そそくさと引き揚げて行った。ポンチとゴリラたち七、八人がわいわい騒ぎながらアキラを迎えに出て行った。

教室に戻って来たアキラにみな尊敬のまなざしを向けた。

アキラは何ごともなかったような顔で席に着き、仲間たちと笑い合った。アキラは一度も修の方を見ようとしなかった。

なんだ、あいつ、と修は思った。

アキラがうらなりの授業からしめ出された話は、翌日にはアキラがうらなりと取っ組み合いの喧嘩をしたという尾ヒレまでついて、学校全体に拡がった。

当のアキラは、いつもと変わらぬ平静な態度で教科書を開いていた。

翌々日、またうらなりの理科の授業があったが、休み時間のうちにアキラは席を立ち、教室から出て行ったまま席に戻らなかった。

アキラは、その日も校庭の隅の鉄棒にぶら下がり、懸垂や蹴上がり、大車輪などをくり返していた。うらなりは、時折、窓から苦々しく校庭にいるアキラを見ていたが、何もいわずに授業を続けた。

アキラの無言の抵抗はいつまで続くのだろうか。

うらなりは、一度、アキラに教室から出ていけといってしまった以上、引っこみがつかなくなったのにちがいない。

大月先生や生徒指導の堀田先生は放課後にアキラを何度も職員室に呼んでいる。アキラは、そこで事情を聴かれ、うらなりに謝罪するよう強く説得されているはずだ。

そうした先生たちの説得も撥付け、頑なにうらなりの授業を拒否するアキラが、修には眩しく見えた。

自分がアキラだったら、どうするだろうか。きっと大月先生たちの説得に負け、うらなりに謝って、嫌々ながらでも授業に出ているのではなかろうか？

翌週の理科の時間にも、アキラは教室から姿を消した。その日は、朝から梅雨特有のしとしと雨だった。さすがに校庭の鉄棒にアキラの姿はなかった。後で聞いた話によると、アキラは一人図書室に行き、本を読んでいたという。

アキラと仲がいいポンチやゴリラは、うらなりの授業に対し、騒いで妨害するようなことこそしなかったが、質問しても「分かりません」と答えるだけで抗議を続けていた。そのことでも、修はアキラたちの結束の強さにうらやましさを感じた。自分にはあんな友だちがいるだろうか？

いまの自分がアキラのような反抗をしたら、誰が同調してくれるだろうか？　吉川英雄が、理由を問わずに一緒に自分の側に立って反抗するとは思えなかった。英雄はいい友ではあるが、そこまで義を感じて行動をしてくれる熱い友とは思えない。

⑦修はうらやましさと同時にアキラに反発も覚えていた。アキラがうらなりの授業を拒否しつづければ、担任の大月先生を困らせることになる。

二年一組は大月先生がはじめて担任したクラスだ。そのクラスの生徒を十分に指導できないとなれば、大月先生の立場は悪くなるだろう。大月先生が、学年主任の白崎先生や教頭先生に呼ばれて、何度となく校長室に入って行くのを見た。

大月先生はこのところ、国語の授業の時にも硬い表情をしていて笑顔を見せなかった。修だけでなく、クラスの全員が大月先生の元気の無さの原因がアキラとうらなりの対立にあるのを感じと

「そんなことない」
修は首を振った。
「先生のいうことを、何でも、はいはいって聞いて従う、いい子なんだんべ？」
修はアキラが何をいいたいのか分からず、黙っていた。
「真面目に、ちゃんと勉強してよ。先生に気に入られて、頭を撫(な)で撫でされて……。⑤俺は、そんなやつが一番気に食わねえんだ。おまえのツラを見てると、ムカムカしてくる」
アキラはB毒づいた。修は走るペースを落とした。アキラたちの一団はせせら笑い、離れて行った。
後から走ってきた吉川英雄が追いつき、修の脇に並んだ。
「おい、オサム、まだ三周だぜ。あと七周もあっぺ。くたびれたなあ」
「まだくたびれてねえ」
修はアキラの背中を見ながら走った。
なぜ、アキラはあんなに突っかかるのだろうか？　どうして、あいつはあんないい方をするのだろう？
「どうした？　オサム。顔色、悪いぞ」
「なんでもねえ」
「なんか、アキラたちにいわれたんか？」
英雄はにやついた。修は黙った。
「気にすんなや。あいつ、変にヒネクレてっとこあんだ。適当に聞き流してりゃいいのさ」
英雄は息を切らせながらいった。
ようやくグラウンドを十周し終わった。修と英雄は足洗場で足を洗い、教室に戻った。
アキラだけは教室には戻らず校庭に残っていた。ポンチとゴリラもアキラと一緒に残ろうとしたが、アキラは頑(かたく)なに頭を左右に振って、二人を校舎に追いやった。
うらなりは険しい顔をしていたが、戻って来た全員が席に着くのを黙って見ていた。アキラの机だけ空席なのを見て、窓辺に立ち校庭に目をやった。
「あの馬鹿が」
うらなりの呻(うめ)く声が聞こえた。アキラは校庭の隅にある鉄棒に飛びついた。鉄棒にぶら下がると、十分に足を振り、宙を蹴って鉄棒の上に乗った。きれいな蹴上がりだった。ついでアキラはまた両足を揃(そろ)えて大きく蹴り出したと思うと、ぐるぐると大車輪を始めた。
修は窓ガラス越しにアキラの大車輪に見とれていた。クラスの級友たちも校庭に目をやっている。
パシッという物音が響いた。修は、はっとして音のした方を見た。
「痛(い)てて」
チョークが外を見ていたゴリラの顔に当たった。教壇に立ったうらなりが薄い唇を歪めた。
「おまえら、友だち甲斐(がい)がないな。おまえらには友情はないのか？　友だちが一人教室に入れなくて困っているってのに、誰も助けようとしないんだからな」
うらなりは、じろりと教室中を見回した。山本美津子がきっとした顔でうらなりを睨んでいたが、何もいわなかった。
修は、うらなりの言い方に向かっ腹が立った。
アキラに教室から出ていけ、といったのはうらなり自身ではないか。⑥自分で蒔(ま)いた種なのに、自分では刈ろうとせずに、俺たちにやらせようというのか。
うらなりの考えは見当がついた。俺たちが安っぽい友情を発揮して、先生にアキラと一緒に反省して謝るから、どうかアキラを教室に戻してやって下さいといえば許してもいい、というのだろう。
誰がそんなことをやるものか、と修は思った。アキラが教室に女子生徒たちは、いつもと違う雰囲気にどうなるのかと緊張している。

「こんな小学生並みの宿題なんか馬鹿らしくてやる気がしないからです」

アキラはみんなの正直な気持ちを代弁した。修は心の中でアキラに拍手を送った。

「馬鹿らしいだと？ 貴様はカエルの生態の何を知っているっていうんだ？ 生意気に」

「先生、あんたよりも、日頃、田圃で働いている秋本や大竹たち農家の連中の方が、よっぽどカエルの生態を知ってるよ」

うらなりは、アキラがあんたと呼んだ途端に自制ができなくなった。

「アキラ、おまえは先生の授業が馬鹿らしいというのかッ。教室から出て行け。おまえみたいな生徒には教えん。宿題をしなかったやつは、全員外に出てグラウンド十周して来いッ」

アキラは硬い表情でがたんと椅子を鳴らして立った。ポンチもゴリラも立ち上がった。アキラは胸を張って教室から出て行った。その後を追うように、ポンチとゴリラも出て行く。仲間たちもぞろぞろと続いた。秋本や相馬たちは、うらなりの顔色を窺いながら、恐る恐る教室を後にする。女子生徒たちは困惑した顔で、うらなりと出て行くアキラたちを見比べていた。

「あとは、みんな宿題をやってきたんだな」

うらなりは怒りを抑えて、残った生徒たちを見回した。修は隣りの英雄と顔を見合わせた。

このまま教室に残るのは居心地が悪かった。先生のいうことを素直に聞く生徒と思われるのも癪だ。

「出っぺ」修は英雄に目で校庭を指した。

「だけんど、珍しく宿題してあんだ」

「俺もさ」

②修は宿題のプリントをくしゃくしゃに握り潰した。

「先生、俺も宿題してませんでした」

修は椅子を引いて立った。英雄もしぶしぶ立ち上がり、首をすくめた。

「俺もです」

うらなりは目を剝いた。

「俺もだ」「俺も」……

修と英雄が教室を出て行くと、それまで残っていた男子生徒たちも次々と席を立ちはじめた。

「おまえらもかッ」

③うらなりは青くなってぶるぶる震えていた。修は裸足で渡り廊下から校庭に飛び出した。英雄も嬉々としてグラウンドに走り出た。一組の男子生徒二十五人全員が教室を出てしまった。

修はアキラたちを追って雨上がりのグラウンドを走り出した。ぬかるみが裸足にひんやりとまとわりついた。

修はグラウンドを走り、アキラたちの一団に追いついた。

アキラは修に冷ややかな目を向けた。ポンチもゴリラも、後から合流した修たちにA鼻白んだ顔をした。

「なんで、おまえは教室を出て来たんだ？」

アキラは、並んで走りながら修に突っかかった。

「うらなりの宿題をやってなかったからだ」

「嘘つけ。真面目にやっていたくせによ。なんで、俺たちの真似すんだ？」

「そうだ。真似することあんめえ」

ポンチも嫌味をいった。修は反発した。

「真似なんかするか」

「俺はあのうらなりの授業が気に食わねえから、正直にいった。俺たちの真似でないのなら、おまえもちゃんといえばいいだろ」

④修はアキラに痛いところを衝かれた気がした。

アキラは修を小馬鹿にした。

「おまえ、前の学校で優等生だったんだろうな」

二〇二〇年度 佼成学園高等学校

【国 語】（五〇分）〈満点：一〇〇点〉

（注意） 句読点や記号も一字にかぞえること。

一 次の文章を読み、後の問いに答えなさい。

城山修は、初夏の頃に栃木県那須塩原市にある黒磯中学校に転校してきた中学二年生である。本文は転校してからしばらく経ったある日の授業の場面である。（また本文は、昭和三十年代の物語であり、那須地方の方言が含まれている。）

うらなりは、ひどい癇癪持ちだった。いつも不機嫌な顔をして、笑う時も、薄い唇をかすかに歪めるだけだ。授業で話す時も、ほとんど口を開けないので、声がこもって聞き取りにくかった。

うらなりは理科の倉田先生の綽名だ。綽名の通り、顔が※1末生のウリに似て青白くて、一見弱々しく神経質に見えた。痩せた体付きで、学校にいる時は白衣を着こんでいた。

何が面白くないのか、授業中、終始、修たち生徒に当たり散らした。質問に答えられない生徒には、うらなりは薄笑いを浮かべて、※2白墨でその子の口許に八の字の髭を描きつけた。

少しでも騒がしい生徒がいると、黒板から振り向きざま、チョークを投げつける。そのチョーク投げはコントロール抜群で、たいてい狙った生徒の顔面に命中する。だから、さすがの悪童たちも、うらなりの授業中は私語もせず、なりを潜めていた。

修も初めは緊張したが、そのうち、うらなりが女子生徒には決してチョーク投げをせず、真面目に授業を受けている振りさえしていれば、怒りの対象にならないと分かった。授業は退屈で、もごもごと口にこもったようなうらなりの話を聞いていると、次第に眠けに襲われる。

「――宿題を忘れた者、手を挙げい」

うらなりがいつもの癇癪を起こし、荒々しい声を上げた。修は眠けを覚まされ、周りを見回した。

一週間前に、ガリ版刷りのプリントが配られ、カエルが卵から孵り、オタマジャクシから成体に変態するまでの様子を観察するよう宿題が出ていた。以前、小学生の頃にやったことなので中学になってもこんなことをやるのかと、馬鹿馬鹿しかったが、宿題は宿題だ。修は仕方なく適当に観察記をまとめておいた。

うらなりが癇癪を起こしたきっかけは、最前列の席の秋本や相馬、大竹ら農家の子たちが宿題を忘れたばかりか、プリントさえも失くしてしまっていたことだった。

梅雨の時季、農家の子たちは田植えの手伝いに駆り出され、学校も休みがちだった。学校へ出て来ても、居眠りばかりするので、うらなりは理科教室で授業をする際には、わざわざ席替えをさせ、彼らを最前列に坐らせた。

そうされても、彼らは居眠りをする。そのたびに、うらなりは出欠簿の固い表紙で、彼らの頭を容赦なくひっぱたいた。

アキラが悪びれぬ態度で、すっと手を挙げていた。クラス中に静かなどよめきが走った。うらなりも意外な事態に顔をしかめた。学年で成績がトップのアキラが宿題をしていないということで、うらなりは先生としての権威をいたく傷つけられた様子だった。

①アキラはうらなりをじっと睨みつけ、挑戦的だった。アキラについで、ポンチがゆっくりと手を挙げ、ゴリラもおずおずと手を挙げた。数人の男子生徒が一人、また一人と手を挙げていった。アキラの仲間たちだ。秋本たちは百万の味方を得たような顔でアキラたちを見た。

うらなりの顔がみるみるうちに蒼白に変わっていった。唇がわなわなと震えていた。

「なんで、おまえらが宿題をしてこんのだ！」

英語解答

1　問1　3　問2　2　問3　2
問4　2　問5　3
問6　1…○　2…×　3…×　4…×
5…○

2　問1　地域の人々の生活改善の手助けをすることを目的とした短期の旅行。
問2　2　問3　3
問4　A　(例) solve the problems of local people by ourselves
B　(例) help local people solve the problems by themselves
問5　3，4
問6　(例) I want to go to a Southeast Asian country. I hear there are a lot of poor children who can't go to school. They can't read or write. It is important for them to learn those things. So I want to help them learn at school and teach them how to read and write.(54語)

3　1　men like science fiction twice as much as horror.
2　nothing is more popular than love stories
3　choosing an adventure movie may be the best for

4　②　is called　④　why it is
⑨　comes　⑫　so〔and〕

1 〔長文読解総合―説明文〕

≪全訳≫❶アマゾンは最近，シアトルでアマゾン・ゴーという新しい店を始めた。この店は自動的に稼働する。それはスマートカメラ，学習できるコンピュータ，人工知能(AI)を使っている。客は欲しいものを選び，自動的に支払うことができる。これは労働者なしで行われる。まだ人間が製品を店に置いているが，すぐにロボットがその仕事をするだろう。❷これは新しいアイデアだが，すぐに多くの企業が主にAIを使うだろう。店には労働者が必要でなくなるのだ。給料や訓練，医療が全く必要ないのだ。それは客にとっても良いことだろう。もはや，長く退屈な待ち時間がなくなり，自分の仕事を嫌っているスタッフはいなくなるのだ。❸私はこれが小売業の未来であると確信しているが，私たちはいくつかのトラブルを抱えることになるかもしれない。小売業の仕事は，米国ではとても一般的な仕事だ。約800万人の人々がこれらの仕事をしている。その人々のほとんどは，年に2万ドルから2万5000ドルを稼ぐ，若い白人の女性だ。これらの仕事のほとんどは，簡単に得られる。仕事を得るために特別な訓練を受ける必要も，特別な学校に行く必要もない。その人々は，特別な教育を受けていないことが多いので，転職するのは難しいかもしれない。企業が自動化し始めると，これらの労働者の多くはもはや仕事がなくなってしまうだろう。❹AIは，他のタイプの企業でも問題を起こし，さまざまな種類の労働者に影響するだろう。運転する人間を必要としない車やトラックが現在テストされている。これらの自動運転の車やトラックは，人間の運転手を必要とする車やトラックより優れている。それらは決して疲れず，休む必要もなく，仕事を止める必要もない。❺物や人を別の場所に移動する仕事がある。それらは車とトラックを使い，毎年，約7000億ドルを稼ぐ。トラック運転手はこの数字の約35%を占める。彼らの仕事はもはや必要ではなくなるだろう。自動運転車がタクシーや地域の運転の仕事に取って代わると，多くの人々が仕事を失うことになるだろう。❻何年もの間，人々は，コンピュータやロボットが自分たちの仕事を奪うことを恐れている。IBMが最初の高速コンピュータをつくった後，『トワイライト・ゾーン』のある物語がテレビで放映された。それは『ウィップルの脳中枢(The Brain Center at Whipple's)』という名だった。ウィップル氏という名の男性は，彼の全ての人間の労働者の仕事をすることができるコンピュータをつくった。7ウィップル氏はお金を節約したがっていた。彼の自動労働コンピュータが必要としたのは，毎日わずか2セントだった。それは決して疲れることはなかった。決してけがをすることもなかった。最終的に，仕事の100%がコンピュータによって行われた。会社は人間の労働者を必要とせず，彼らは職を失った。8この物語は，現在起こっていることと似ている。彼らの過去は，私たちの未来なのだ。現在，多くの人々がコンピュータ，機械，自動化のために職を失っている。現在まで，労働者が単純な動きを繰り返す必要がある仕事は，特別な訓練を受けていない労働者にとっては良いものだった。今や，それらはロボットやコンピュータに与えられている。9AIはロボットやコンピュータとは異なる。それは新しいことを学び，難しいことを単純にすることができる。10ジャーナリストはいつも人間だ。アマゾンは昨年，ワシントン・ポスト紙を買収した。ヘリオグラフという名のアマゾンのAIは，自動的に書くことを学んだ。それは，オリンピックや政治家など，およそ1000の事柄について自動的に書いた。11多くの訓練が必要な仕事は安全ではない。まもなく，AIは医師，パイロット，料理人から仕事を奪うだろう。AIは非常に急速に向上している。それは人間よりもずっと速く学ぶ。AIのために職を失った人々が，新しい仕事を十分に速く学ぶことは不可能かもしれない。AIは，その仕事のし方もより速く学べるからだ。12将来，より多くのより優れたAIが現れるだろう。これは世界中の企業を大きく変えるだろう。私たちはAIの自動化された仕事と人間の仕事を連携させる方法を見つけなければならない。13人間の未来と，AIの未来は同じ道の上にある。AIはなくならないだろう。私たちはこの新しい未来を良いものにする方法を見つけなければならないだろう。14『ウィップルの脳中枢』の終わりに，ウィップル氏も彼の職を失った。ロボットが彼の仕事を奪ったのだ。この教訓を理解するのは簡単だ。注意しなければ，AIが私たちに取って代わる可能性があるということだ。

問1＜適語句選択＞空所を含む文の文頭にある This は，直前の文の内容を指す。客は選んだものの支払いを自動的にできるので，3.「労働者なしで」が適切。

問2＜語句解釈＞直前に Stores won't need workers. とある。労働者が必要なければ何がなくなるのかを考える。ここでの pay は「給料」の意味。

問3＜文脈把握＞some troubles の内容はこの後(同じ段落の後半)に書かれている。小売業の労働者は特別な訓練や教育を受けていないため，仕事を変えることが難しく，自動化が始まれば仕事がなくなるだろう，とある。これに合うのは2.「多くの人々は自動化のために仕事を見つけることができない」。

問4＜要旨把握＞ウィップル氏の物語については，第6，7，14段落で述べられている。1.「ウィップル氏はあまりお金を費やしたくなかった」は第7段落第1文，3.「コンピュータは人間の労働者がすることの全てを行うことができた」は第7段落第5，6文，4.「ウィップル氏がつくったコンピュータは自動式だった」は第7段落第2文の内容と一致する。2.「ウィップル氏の仕事はロボットに奪われなかった」は，第14段落第1，2文の内容と合わない。

問5＜要旨把握＞3.「AIは急速に向上し，人々はAIより速く学ぶことができない」が，第11段落第3，4文の内容と一致する。improve は「向上する，改善する」という意味。1.「AIは人よりも優れたアスリートや政治家になれる」は本文で述べられておらず，2.「AIは自動的に書けるようになるが，多くのことを書くことはできない」は第10段落，4.「シェフの仕事は長期の訓練が必要なので，AIはシェフの代わりにはならないだろう」は第11段落第１，２文の内容と合わない。

問６＜内容真偽＞１．「店では客がAIのおかげで長く待たなくなるだろう」…○　第２段落最終文参照。　２．「2000億ドル以上稼ぐことができないので，トラック運転手は必要でなくなるだろう」…×　第４，５段落参照。第５段落第２，３文で，トラック運転手が生み出す金額について述べられているが，それがトラック運転手が不要となる理由にはならない。　３．「AIはもっと難しい仕事をするので，人々は単純な仕事をし続けることができる」…×　第１～３段落参照。AIは人間から小売業などの単純とされる仕事も奪う。また第８段落第４，５文より，単純な動きを繰り返すような仕事は，すでにロボットやコンピュータに奪われている。　４．「AIは人間の仕事の全てをするかもしれないので，人々はそれを取り除く方法を見つけるべきだ」…×　第12段落最終文参照。　５．「AIは私たちに取って代わるかもしれないので，私たちは注意深くそれと共存すべきだ」…○　第14段落最終文の内容に一致する。

２〔長文読解総合―エッセー〕

≪全訳≫❶夏休みの前に，私はローラという名前のオーストラリア人の学生に会った。彼女は私の母国であるネパールに数年住んでいた。私は彼女に「あなたはネパールで何をしているのですか？」と尋ねた。彼女は「私はボランティアです。私は，人々がエコバッグをつくるのを手助けしています。ボランティア・ツーリズムを知っていますか？」と，とても元気に答えた。私は，災害後の人々を助けるために，学校で東北へのお金を得るためのボランティア・プロジェクトを行っている。私にとって，ボランティアは常に大切なものだった。しかし，ボランティア・ツーリズムについていくつかの記事を読んで，それが本当に良い行為なのか，もうわからなくなった。それには問題があるかもしれないからだ。❷ある特別なタイプの短期旅行が，ボランティア・ツーリズム・プログラムと呼ばれている。旅行をする間，地域の人々が生活を改善できるよう手助けするのだ。例えば，レストレーション・ワークス・インターナショナルという会社は，ネパールのような国への旅行を計画する手助けをする。そこでは，ボランティアが文化遺産で活動している。❸ボランティア・ツーリズムはすばらしいアイデアかもしれないが，悪い部分もある。ボランティアが，ボランティア中，地域の生活スタイルに合うように，自分の生活スタイルを変えようとしない場合があるのだ。私の祖母は，ボランティアのホストをしたときに，ひどい経験をした。ネパールには十分な水がない。このため，地域の人々は週に一度だけシャワーを浴びる。しかし，ボランティアはしょっちゅうシャワーを浴び，決して自分たちのやり方を変えなかった。❹それでは，ボランティア・ツーリズムは，本当にその言葉と同じくらい良いものなのだろうか。そのプログラムは，問題を解決するためにつくられている。しかし，プログラムが問題になる場合もある。サード・ワールド・クォータリー・ジャーナルのある記事では，ボランティアの多くは自分自身を助けることにだけ興味があるのだと書かれている。彼らは，かっこよく見え，仕事を見つけるのに役立つと思うから，ボランティア活動に参加するのだ。❺しかし，ボランティアだけが問題なのではない。他の人々も問題を引き起こす可能性がある。地域の人々は，自分自身の問題を解決するため，もっとボランティアに頼りたいと思っている。これらのプログラムはもともと，地域の人々が自分自身の問題をもっと上手に解決し，生活技能を身につける手助けをするためにつくられている。ツアー・プログラムをたてて働いているダニエラ・パピは，良い部分よりも悪い部分の方が多いと言う。❻世界には，ローラのようなボランティアがもっと必要だ。彼女は，自分自身の状況を良くしたいとは思っていない。彼女はただ人々を助けたいのだ。東北の災害の後，日本を助けに，ネパールを含む世界中から，何千人ものボランティアが来た。私たちは皆，彼らが良いことをするために来たということで合意できる。貧しい国で働いているボランティアは，同じような精神を持つべきだと思う。中学生は，貧しい国に旅行する準備はできていないかもしれない。私たちは，プラスチックのリサイクルや，役立つプログラムのためにお金を得るなど，地域の活動を手助けすることができる。良いボランティアになるには，手助けに費やす時間ではなく，人々が自分の生活を改善する手助けをするために私たちが選ぶ方法こそが重要なのだ。役に立つのか，害になるのか。人々を助けるより良い方法を考え，彼らのためにすばらしいボランティアをしてほしい。

問1＜語句解釈＞第2段落第1，2文の内容をまとめる。第2文の improve は「～を改善する」の意味。

問2＜文脈把握＞直後の3文参照。水不足のため，ネパールの地域の人々が週に一度しかシャワーを浴びないのに，ボランティアはしょっちゅうシャワーを浴び，自分たちのやり方を変えなかった，とある。この内容に合う2．「私の祖母のところにいたボランティアは地域の状況を理解せず，自分たちの生活スタイルを決して変えなかった」が適切。

問3＜語句解釈＞a similar kind of spirit で「同じような種類の精神」という意味。ここから，精神について述べられている箇所が近くにあるものと考える。直前の第6段落第3～5文参照。第3文に She just wants to help people.，第4文に thousands of volunteers ～ came to help Japan，第5文に they came to do good things とある。これらに共通する「他者を助ける」という精神を表す選択肢は3．「ただ地域の人々の生活を改善したい人々」。

問4＜整序結合＞第5段落第3，4文に，地域の人々はボランティアに自分たちの問題を解決してもらおうとするが，プログラムはもともと，地域の人々が自分自身の問題を上手に解決する手助けをするためにつくられている，とある。これを参考にすべきこと，すべきでないことを考える。まず，solve the problems「問題を解決する」，the problems of local people「地域の人々の問題」，by ourselves〔themselves〕「私たちだけで〔彼らだけで〕」など，まとめられそうな語句の組み合わせを考える。また第5段落で使われている語句が，語群に多く見られることにも注目する。

問5＜内容真偽＞1．「ローラはネパールの地域の人々のためにエコバッグをつくった」…×　第1段落第5文参照。ローラは人々がエコバッグをつくる手助けをしている。　2．「いくつかの記事を読んだ後，筆者はボランティアが良いものだと思っていない」…×　第1段落最後の2文参照。良いかどうかわからなくなっているが，断定はしていない。　3．「ある記事には，地域の人々について十分に考えていないボランティアがたくさんいると書かれている」…○　第4段落最後の2文参照。　4．「地域の人々を助けすぎることはボランティアの悪い側面になるかもしれない」…○　第5段落参照。　5．「すばらしいボランティアをするためには，私たちが人々を長い間助けることがとても重要だ」…×　第6段落最後から3文目参照。大切なのは助け方であり，時間の長さは重要ではない。

問6＜テーマ作文＞まず，行ってみたい国や地域について述べてから，その理由を表す文を続けること。理由を表す文では，国や地域の問題点，その解決のためにしたいことなどを書くとよい。解答例は，「(例)私は東南アジアの国に行きたいです。学校に行けない貧しい子どもたちがたくさんいるそうです。彼らは読み書きができません。彼らがそれらのことを学ぶのは重要です。だから私は彼らが学校で勉強する手助けをし，読み書きの仕方を教えてあげたいです」という意味。

3〔整序結合〕

1．as が2つと twice があるので，‘回数を表す語＋as ～ as ...’「…の一倍～」の形だと考える。CHART A の science fiction は22%，horror は11%，love story は4％なので，「男性はホラーの2倍SFが好きだ」という文にする。love story が不要。

2．動詞 is の主語になることができるのは単数扱いの nothing のみ。語群の more，popular，than から‘Nothing is＋比較級＋than ～’「～より…なものはない」の形だと考える。CHART B では love story が一番人気だとわかるので，「ラブストーリーより人気があるものはない」という文にする。actions が不要。

3．CHART A，B で adventure を確認すると，男性，女性ともに2番目の人気で，両方にとって最も良いと考えることができる。ここから「アドベンチャー映画を選ぶのが，彼らにとって最善かもしれない」という文をつくると考える。the worst が不要。

4〔長文読解―誤文訂正―SNS〕

≪全訳≫たけし：今年は東京オリンピックの年です。私は東京オリンピックのボランティアをしようと考えていました。でも，いくつか問題があるそうです。問題のいくつかは，古い日本の伝統に由来していると思います。英語ではrewarding exploitationと言います。近頃，日本語では「やりがい搾取」と呼ばれています。例を挙げますね。東京オリンピックのボランティアには，交通費と宿泊費は支払われません。そして，彼らは1日に1000円しかもらえません。ボランティアは5日以上，1日約5時間(休憩時間を含む)働かなければなりません。オリンピック運営委員会は，なぜそうなっているかを発表しました。第1に，オリンピックのボランティアをすることは，他の場所では得られないすばらしい機会であり経験です。第2に，ボランティアはお金のためではなく，誇りのために行われます。これは公平でないと私は思うので，ボランティア活動に参加するのを諦めました。条件が変われば，気が変わるかもしれません。

ジェームズ：こんにちは，たけし。あなたのSNSに私のメッセージを投稿するのは初めてです。まだ高校生なのに，あなたがそのような良い考えを持っていることに驚いています。私は本当にあなたに賛成です。私は4年前にアメリカから来て，それ以来ずっと日本にいます。日本社会にも，いくつかの問題があります。そして，それらはボランティア活動の問題にとても似ています。問題の1つも，「やりがい搾取」の考えに起因します。これは残業です。高齢の世代は，残業をするのが当然だと考えています。彼らは自分の仕事にとても誇りを持っているので，仕事での成功が最も重要です。仕事で成功するために，彼らは自分たちの私生活について気にしません。しかし，社会は変わりました。現在，価値観は多様になっています。若い世代は，私生活がより重要だと考えているので，残業は必要ではないと考えています。実際，日本の政府は，古い働き方を変えようとしています。これは働き方改革と呼ばれています。

<解説>②it は前の文の rewarding exploitation を指す。これは「日本語で『やりがい搾取』と呼ばれる」ものと考え，受け身‘be動詞＋過去分詞’にする。　④間接疑問では疑問詞の後は肯定文の語順‘主語＋動詞...’になるので，why の後は it is とする。　⑨‘one of the＋複数名詞’「～の1つ」は単数扱いなので，comes とする。　⑫下線の前の文「若い世代は，私生活がより重要だと考えている」と，後の文「彼らは，残業は必要ではないと考えている」で，原因・結果の関係が成り立っているので，so または and を使う。but の場合，前後の文は相反する内容になる。

2020年度／佼成学園高等学校

数学解答

1 (1) $\dfrac{10a+11b}{6}$

(2) $(x+2y-1)(x-2y-1)$

(3) $x=6,\ y=4$　(4) 3

(5) 80g　(6) $\dfrac{1}{18}$　(7) 58°

(8) 3：1

2 (1) $y=2x-\dfrac{3}{2}$　(2) $\left(3,\ \dfrac{9}{2}\right)$

(3) $\dfrac{3}{2}$，$\dfrac{7}{2}$

3 (1) 6　(2) 7：5

4 (1) 2

(i) イ…3　ウ…4　(ii) 2

(iii) 3　(iv) 4

(2) 16，25

1〔独立小問集合題〕

(1)＜式の計算＞与式 $=\dfrac{3(4a-b)-2(a-7b)}{6}=\dfrac{12a-3b-2a+14b}{6}=\dfrac{10a+11b}{6}$

(2)＜因数分解＞与式 $=(x^2-2x+1)-4y^2=(x-1)^2-(2y)^2$ として，$x-1=A$ とおくと，与式 $=A^2-(2y)^2=(A+2y)(A-2y)$ となる。A をもとに戻して，与式 $=(x-1+2y)(x-1-2y)=(x+2y-1)(x-2y-1)$ となる。

(3)＜連立方程式＞$x:y=\dfrac{1}{2}:\dfrac{1}{3}$……①，$3x+2y=26$……②とする。①より，$\dfrac{1}{3}x=\dfrac{1}{2}y$，$2x=3y$，$2x-3y=0$……①′　①′×2＋②×3より，$4x+9x=0+78$，$13x=78$　$\therefore x=6$　これを①′に代入して，$12-3y=0$，$-3y=-12$　$\therefore y=4$

(4)＜数の性質＞$x=\dfrac{\sqrt{3}+1}{2}$ より，$2x^2-2x=2x(x-1)=2\times\dfrac{\sqrt{3}+1}{2}\times\left(\dfrac{\sqrt{3}+1}{2}-1\right)=2\times\dfrac{\sqrt{3}+1}{2}\times\dfrac{\sqrt{3}+1-2}{2}=2\times\dfrac{\sqrt{3}+1}{2}\times\dfrac{\sqrt{3}-1}{2}=\dfrac{1}{2}(\sqrt{3}+1)(\sqrt{3}-1)=\dfrac{1}{2}\times(3-1)=\dfrac{1}{2}\times2=1$ となるから，$\sqrt{2x^2-2x+n}=\sqrt{1+n}$ となる。これが整数となる最小の自然数 n は，$1+n=2^2$ となる自然数だから，$n=3$ である。

(5)＜一次方程式の応用＞容器A，Bから取り出した食塩水の量を x g とする。容器Aは，15％の食塩水400gから x g の食塩水を取り出し，５％の食塩水が x g 加わるから，食塩水の量は $400-x+x=400$(g)，含まれる食塩の量は $400\times\dfrac{15}{100}-x\times\dfrac{15}{100}+x\times\dfrac{5}{100}=60-\dfrac{1}{10}x$(g) となる。容器Bは，５％の食塩水100gから x g の食塩水を取り出し，15％の食塩水が x g 加わるから，食塩水の量は $100-x+x=100$(g)，含まれる食塩の量は $100\times\dfrac{5}{100}-x\times\dfrac{5}{100}+x\times\dfrac{15}{100}=5+\dfrac{1}{10}x$(g) となる。容器A，Bの食塩水の濃度が等しくなったことより，$\left(60-\dfrac{1}{10}x\right)\div400\times100=\left(5+\dfrac{1}{10}x\right)\div100\times100$ が成り立つ。これを解くと，$\dfrac{1}{4}\left(60-\dfrac{1}{10}x\right)=5+\dfrac{1}{10}x$，$60-\dfrac{1}{10}x=20+\dfrac{2}{5}x$，$600-x=200+4x$，$-5x=-400$，$x=80$(g) となる。

(6)＜確率―さいころ＞大，中，小のさいころをそれぞれ１回投げるとき，目の出方は全部で，$6\times6\times6=216$(通り) ある。このうち，正三角形になるのは，右図１のように，３つのさいころの目が１，３，５の場合と，２，４，６の場合がある。３つのさいころの目が１，３，５の場合，(大，中，小)＝(1，3，5)，(1，5，3)，(3，1，5)，

図１

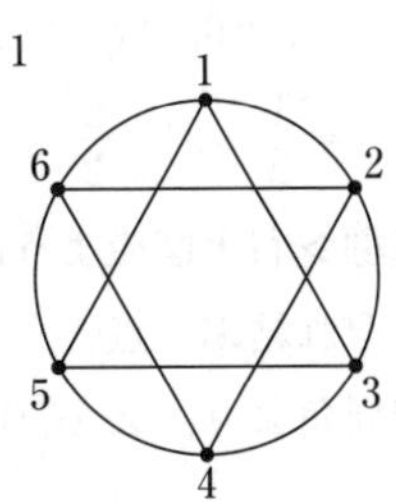

(3, 5, 1)，(5, 1, 3)，(5, 3, 1)の6通りある。3つのさいころの目が2，4，6の場合も同様に6通りある。よって，正三角形になる場合は6＋6＝12(通り)だから，求める確率は$\frac{12}{216}=\frac{1}{18}$となる。

(7)＜図形―角度＞右図2で，円の中心をOとし，中心Oと点B，点Fをそれぞれ結ぶ。点Dを含む$\overset{\frown}{BF}$に対する中心角を$\angle a$，点Aを含む$\overset{\frown}{BF}$に対する中心角を$\angle b$とすると，点Dを含む$\overset{\frown}{BF}$に対する円周角と中心角の関係より，$\angle a=2\angle x$となり，$\angle b=360°-\angle a=360°-2\angle x$となる。さらに，点Aを含む$\overset{\frown}{BF}$に対する円周角と中心角の関係より，$\angle BDF=\frac{1}{2}\angle b=\frac{1}{2}(360°-2\angle x)=180°-\angle x$となる。

図2

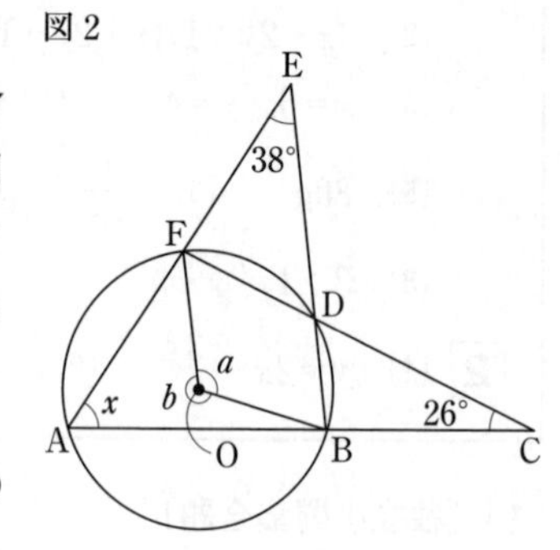

よって，△BCDで内角と外角の関係より，$\angle DBC=\angle BDF-\angle BCD=180°-\angle x-26°=154°-\angle x$と表される。また，△ABEで内角と外角の関係より，$\angle DBC=\angle EAB+\angle AEB=\angle x+38°$と表される。したがって，$154°-\angle x=\angle x+38°$が成り立ち，$-2\angle x=-116°$，$\angle x=58°$となる。

(8)＜図形―長さの比＞右図3で，AD∥BCより，△APD∽△EPBであり，点Eが辺BCの中点だから，DP：BP＝AD：EB＝AD：$\frac{1}{2}$BC＝AD：$\frac{1}{2}$AD＝2：1となる。これより，$BP=\frac{1}{2+1}BD=\frac{1}{3}BD$と表される。同様に，△AQB∽△FQDより，BQ：DQ＝AB：FD＝AB：$\frac{1}{2}$DC＝AB：$\frac{1}{2}$AB＝2：1となり，$DQ=\frac{1}{1+2}BD=\frac{1}{3}BD$と表される。よって，$PQ=BD-BP-DQ=BD-\frac{1}{3}BD-\frac{1}{3}BD=\frac{1}{3}BD$となるから，BD：PQ＝BD：$\frac{1}{3}$BD＝3：1である。

図3

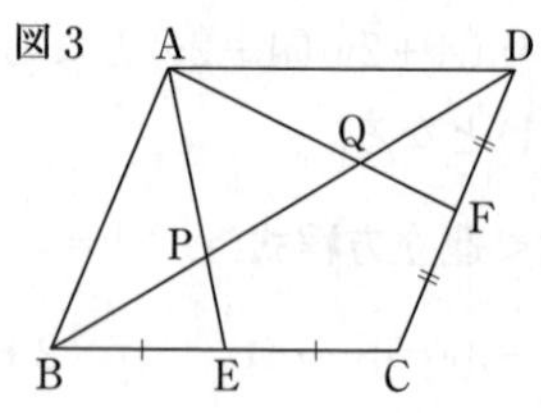

2〔関数―関数$y=ax^2$と直線〕

(1)＜直線の式＞右図で，直線lは切片が$-\frac{3}{2}$だから，直線lの式は$y=mx-\frac{3}{2}$とおける。$A\left(1, \frac{1}{2}\right)$を通るから，$x=1$，$y=\frac{1}{2}$を代入して，$\frac{1}{2}=m-\frac{3}{2}$，$m=2$となり，直線$l$の式は$y=2x-\frac{3}{2}$となる。

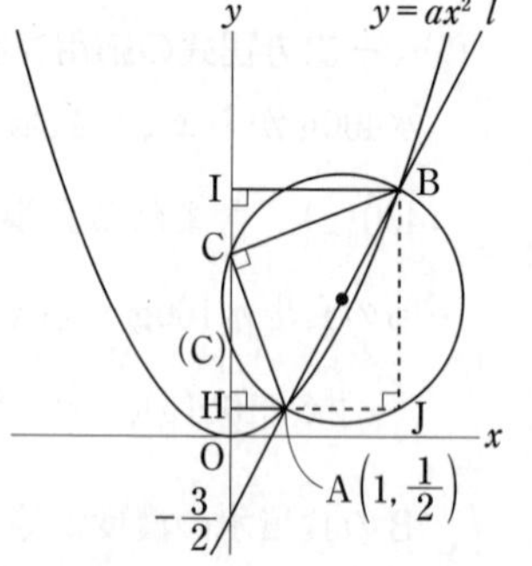

(2)＜座標＞右図で，$A\left(1, \frac{1}{2}\right)$は放物線$y=ax^2$上にあるから，$x=1$，$y=\frac{1}{2}$を$y=ax^2$に代入して，$\frac{1}{2}=a\times1^2$，$a=\frac{1}{2}$となり，放物線の式は$y=\frac{1}{2}x^2$となる。これより，点Bは放物線$y=\frac{1}{2}x^2$と直線$y=2x-\frac{3}{2}$の交点だから，$\frac{1}{2}x^2=2x-\frac{3}{2}$，$x^2-4x+3=0$，$(x-1)(x-3)=0$となり，$x=1$，3となる。よって，点Bの$x$座標は3だから，$y$座標は$y=\frac{1}{2}\times3^2=\frac{9}{2}$となり，$B\left(3, \frac{9}{2}\right)$である。

(3)＜座標＞右上図のように，線分ABを直径とする円とy軸との交点をCとし，点Cと2点A，Bをそれぞれ結ぶ。点A，点Bからy軸に垂線を引き，交点をそれぞれH，Iとする。半円の弧に対する円周角より，$\angle ACB=90°$だから，$\angle ACH=180°-90°-\angle BCI=90°-\angle BCI$となり，△CBIで，

$\angle CBI=180°-90°-\angle BCI=90°-\angle BCI$ となる。よって，$\angle ACH=\angle CBI$ である。また，$\angle AHC=\angle CIB=90°$ だから，２組の角がそれぞれ等しくなり，$\triangle ACH \backsim \triangle CBI$ である。これより，AH：CI＝CH：BI である。C(0, t) とすると，$CH=t-\frac{1}{2}$，$CI=\frac{9}{2}-t$ と表され，AH＝1，BI＝3 だから，$1:\left(\frac{9}{2}-t\right)=\left(t-\frac{1}{2}\right):3$ が成り立つ。これを解くと，$\left(\frac{9}{2}-t\right)\left(t-\frac{1}{2}\right)=3$，$\frac{9}{2}t-\frac{9}{4}-t^2+\frac{1}{2}t=3$，$4t^2-20t+21=0$ より，$t=\frac{-(-20)\pm\sqrt{(-20)^2-4\times4\times21}}{2\times4}=\frac{20\pm\sqrt{64}}{8}=\frac{20\pm8}{8}$ となり，$t=\frac{20+8}{8}=\frac{7}{2}$，$t=\frac{20-8}{8}=\frac{3}{2}$ となる。したがって，求める y 座標は $\frac{3}{2}$，$\frac{7}{2}$ である。

≪別解≫前ページの図で，$\angle ACB=90°$ だから，△ABC で三平方の定理より，$AC^2+BC^2=AB^2$ である。△ACH，△CBI で三平方の定理より，$AC^2=AH^2+CH^2=1^2+\left(t-\frac{1}{2}\right)^2=t^2-t+\frac{5}{4}$，$BC^2=BI^2+CI^2=3^2+\left(\frac{9}{2}-t\right)^2=t^2-9t+\frac{117}{4}$ となる。また，点Aを通り x 軸に平行な直線と点Bを通り y 軸に平行な直線の交点を J とすると，AJ＝3－1＝2，$BJ=\frac{9}{2}-\frac{1}{2}=4$ だから，△ABJ で三平方の定理より，$AB^2=AJ^2+BJ^2=2^2+4^2=20$ となる。よって，$\left(t^2-t+\frac{5}{4}\right)+\left(t^2-9t+\frac{117}{4}\right)=20$ が成り立つ。これを解くと，$2t^2-10t+\frac{21}{2}=0$，$4t^2-20t+21=0$ より，$t=\frac{3}{2}$，$\frac{7}{2}$ となる。

3 〔空間図形—三角柱〕

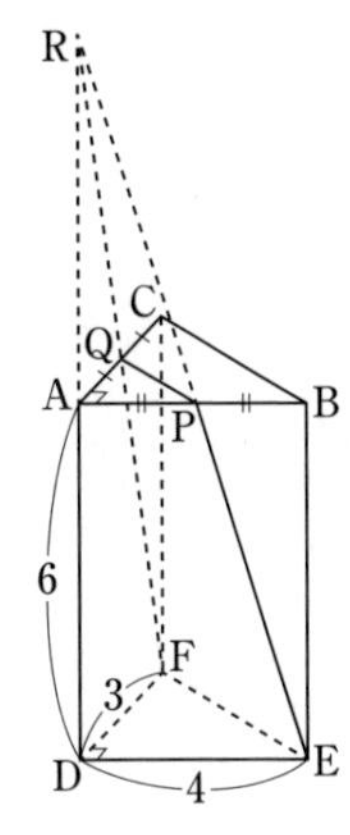

(1)＜長さ—合同＞右図で，AP＝BP，∠RAP＝∠EBP，∠APR＝∠BPE だから，△RAP≡△EBP である。よって，AR＝BE＝6 である。

(2)＜体積比＞右図で，$AP=\frac{1}{2}AB=\frac{1}{2}\times4=2$，$AQ=\frac{1}{2}AC=\frac{1}{2}\times3=\frac{3}{2}$，RD＝AR＋AD＝6＋6＝12 より，〔立体X〕＝〔三角錐 R-DEF〕－〔三角錐 R-APQ〕$=\frac{1}{3}\times\triangle DEF\times RD-\frac{1}{3}\times\triangle APQ\times RA=\frac{1}{3}\times\left(\frac{1}{2}\times4\times3\right)\times12-\frac{1}{3}\times\left(\frac{1}{2}\times2\times\frac{3}{2}\right)\times6=24-3=21$ である。また，〔立体Y〕＝〔三角柱 ABC-DEF〕－〔立体X〕＝△DEF×AD－21＝6×6－21＝15 である。よって，〔立体X〕：〔立体Y〕＝21：15＝7：5 である。

4 〔数と式—数の性質〕

≪基本方針の決定≫(1)　x，y が自然数のとき，$x-$ ア，$y-1$ は整数である。　(2)　(x, y) の組は，k の約数の個数と一致する。

(1)＜x，y の組の総数＞$xy-x-2y-k+2=0$ を変形すると，$xy-x-2y+2=k$，$x(y-1)-2(y-1)=k$ となり，$y-1=A$ とおくと，$xA-2A=k$，$(x-2)A=k$，$(x-2)(y-1)=k$ となる。　(i) $x-2=1$，$y-1=2$ のとき，$x=3$，$y=3$ となる。$x-2=2$，$y-1=1$ のとき，$x=4$，$y=2$ となる。　(ii) $k=3$ のとき，$(x-2)(y-1)=3$ だから，$(x-2,\ y-1)=(1,\ 3)$，$(3,\ 1)$ が考えられる。これより，$(x,\ y)=(3,\ 4)$，$(5,\ 2)$ の２組ある。　(iii) $k=4$ のとき，$(x-2)(y-1)=4$ だから，$(x-2,\ y-1)=(1,\ 4)$，$(2,\ 2)$，$(4,\ 1)$ が考えられる。これより，$(x,\ y)=(3,\ 5)$，$(4,\ 3)$，$(6,\ 2)$ の３組ある。　(iv) $k=6$ のとき，$(x-2)(y-1)=6$ だから，$(x-2,\ y-1)=(1,\ 6)$，$(2,\ 3)$，$(3,\ 2)$，$(6,\ 1)$ が考えら

れる。これより，$(x,\ y)=(3,\ 7)$，$(4,\ 4)$，$(5,\ 3)$，$(8,\ 2)$の4組ある。

(2)<**kの値**>$(x-2)(y-1)=k$より，$x-2$，$y-1$はkの約数であるから，$(x,\ y)$の組の総数は，kの約数の個数と一致する。よって，$(x,\ y)$の組の総数が奇数になるとき，kは，約数の個数が奇数個の整数である。このような整数は，整数を2乗した数である。10以上30以下で整数を2乗した数は，$16=4^2$，$25=5^2$の2個だから，求める整数kは，$k=16$，25である。

国語解答

一 問一 A…ウ B…エ 問二 イ
問三 ウ 問四 ウ 問五 イ
問六 アキラは一度も修の方
問七 教室から出ていけと言ったのは倉田先生なのに，自分ではアキラを教室に戻す手段を何もとらず，生徒たちを使ってアキラを教室に戻そうとしていること〔問題を解決しようとしていること〕。
問八 エ

二 問一 Ⅰ…ア Ⅱ…ウ Ⅲ…エ
問二 外見が整っていて
問三 そのように 問四 ア
問五 ウ 問六 イ 問七 エ
問八 (例)私が「カッコいい」と感じる物は「蜂の巣」です。蜂の巣は正六角形が並んだ構造をしていて，隙間ができることなく少ない材料で，広い面積の丈夫な巣をつくることができています。蜂の巣のこのような性質が私にとっての「カッコいい」という感じにつながっています。〔私は「カドケシ」を「カッコいい」と感じます。どこから消してもカドであるように二十八か所もあるカドは細かいところを消しやすく，凹凸があるため持ちやすく転がりにくい消しゴムです。こうした独特の性質を持つカドケシを私は「カッコいい」と感じます。〕

三 問一 a いわく b ように
問二 B 問三 イ 問四 ア
問五 ウ
問六 晴明が簡単にかえるを殺したのを見て，人を殺すことも本当にできるだろうと思ったから。
問七 エ

四 ① ざっとう ② せいぎょ
③ いえじ ④ たずさ
⑤ おちい ⑥ 恩恵 ⑦ 普及
⑧ 歓迎 ⑨ 潜 ⑩ 赴

一〔小説の読解〕出典；森詠『少年記 オサム14歳』。

問一＜語句＞A.「鼻白む」は，興ざめする，という意味。 B.「毒づく」は，激しく悪口を言う，という意味。

問二＜心情＞小学校でやるような「馬鹿らしい」宿題を出すうえに，田植えの手伝いで疲れている農家の子たちを容赦なくしかり罰を与えるうらなりに，アキラは強い不満を抱いているのである。

問三＜心情＞アキラは，うらなりに反発して教室から出ていった。修も「終始，生徒に当たり散ら」すうらなりに反感を抱いており(ア…○)，出されていた宿題に対しても馬鹿馬鹿しく感じていた(イ…○)。教室に残って「先生のいうことを素直に聞く生徒と思われるのも癪」だったので(エ…○)，修は，宿題のプリントを握りつぶして外へ出て，アキラたちの一団に加わろうとした(ウ…×)。

問四＜心情＞「学年で成績がトップのアキラ」が，小学生並みの宿題で馬鹿らしいと挑戦的な態度をとったうえに，クラスの男子生徒が次々に教室を出ていくので，最初は「怒りを抑えて」いたうらなりも，その怒りをしだいに抑えられなくなっていた。

問五＜文章内容＞アキラが，うらなりの授業が気に食わないと正直に言ったのに対し，修は，「心の中でアキラに拍手を送った」ものの，うらなりに対して意見を言うこともせずに教室を出てきた。そのことをアキラに指摘されて，修は，言葉に詰まったのである。

問六＜文章内容＞教室に戻ってきたアキラは，仲間たちとは笑い合ったが，修のことを不愉快に思っているので，「一度も修の方を見ようとしなかった」のである。

問七＜表現＞「アキラに教室から出ていけ，といったのはうらなり自身」なのに，うらなりは，自分では何も対策をとらず，生徒たちがアキラに謝罪させようと動くことを望んでいるのである。

問八＜心情＞「先生たちの説得も撥付け，頑なにうらなりの授業を拒否するアキラが，修には眩しく見え」ており，一緒に反抗する仲間たちとの結束の強さにも，修はうらやましさを感じていた。だが一方で，アキラがうらなりの授業を拒否し続ければ，「担任の大月先生を困らせることになる」ので，修は，アキラが反抗を続けることに反発も覚えていたのである。

二〔論説文の読解─文化人類学的分野─文化〕出典；橋本治『人はなぜ「美しい」がわかるのか』。

≪本文の概要≫古く日本人は，美しさが合理的な成り立ち方をしていると直感したとき，「うるはし」といった。外見がいいことを「うるはし」といい，それこそが「カッコいい」ということである。「カッコいい」は，合理性に基づいた判断を下した言葉である。「カッコいい」は，各部から成り立つ総体が，合理的で調和的な美を成り立たせていると実感されるときに発せられる，高度な判断を要求する言葉だが，「カッコいい」という実感がありさえすれば，瞬時に納得させてしまう奥深さを持つ。それなのに，「カッコいい」が俗語扱いされるのは，それを口にする人間にとってだけ成立する言葉だからである。「カッコいい」は，それを発する当人の欲望から生まれる。人の欲望体系は，人によってばらばらであるため，「カッコいい」は，利己的な感動なのである。「カッコいい」を実感してしまった人間は，その対象を所有したくなったり，自分に似合うかどうかを考える前にまねをして取り入れてしまったりするため，流行という産業も成立しているのである。

問一＜接続語＞Ⅰ．人が「ある『物』」に対して「カッコいい」と言うとき，その「カッコいい」が「程度が低くて稚拙な俗語」のように思われることは，「カッコいい」が複雑な内実を持っている言葉であると理解されていないことの例である。　Ⅱ．「カッコいい」という実感がありさえすれば，「『美しい＝合理的』という複雑な事態さえも，瞬時に理解されてしまう」という奥深さを持っているにもかかわらず，この「カッコいい」という言葉は，まともなものとして扱われていない。　Ⅲ．「カッコいい」という判断をしてしまった人間は，その対象を自分のものとして取り込みたくなってしまい，それゆえに，「カッコいい物」を見ると，欲しいと思って買いに走る。

問二＜文章内容＞「カッコいい」を昔の言葉でいえば「うるはし」であるが，「うるはし」は，本来，「外見が整っていて美しいもの」に対して使われた言葉である。

問三＜文脈＞「髪型から始まって靴にいたるまでの複数の『物』と，その人の容貌や体型や，更には『持ち味』という雰囲気までもが一つ」になって，「各部から成り立つ総体」が，それを見る者に，合理性を持つ美しさが成り立っていると感じさせたときに出るのが，「カッコいい」なのである。

問四＜文章内容＞「うるはし」という人たちの身分が高かったから，外見がいいことを表す「カッコいい」と同じ美しさを表すのに，人は，「上品な美しさ」だと違った解釈をしてしまうのである。

問五＜文章内容＞「カッコいい」は，「合理的な出来上がり方」，つまり「調和美」を問題にするので，ある人にはバランスよく似合っている様式が，別の人には似合わないという事態も起こるのである。

問六＜文章内容＞「カッコいい」は，それを発する当人の欲望から生まれる。それゆえ，何を「カッコいい」とするかは，人によるのであり(ア・エ…○)，また人間は，「カッコいい」と思った対象を自分に「取り込みたくなる」のである(ウ…○)。「利己的」は，自分の利益だけを追求するさま。

問七＜要旨＞「カッコいい」は，そう感じた本人でも具体的に説明するのは難しい利己的な言葉であり，それを口にする人間にとってだけ成り立つ限定的な言葉である。また，「利己的な感動」であるために，「カッコいい」を実感してしまった人間は，その対象を自分のものとして取り込みたくなり，似合うかどうかを考える前にさっさとまねをして，自分の中に取り入れたりするのである(エ…×)。

問八＜作文＞道理や理屈にかなった「合理的」な美しさであるものを身近なものから探し，どのような合理性が，自分にとって「カッコいい」のかをまとめる。

三〔**古文の読解―説話**〕出典；『今昔物語集』巻第二十四ノ第十六。

≪現代語訳≫今では昔のことだが，天文博士安倍晴明という陰陽師がいた。／この晴明が，広沢の寛朝僧正と申す方のお住まいに参って，ご用をお聞きしていたところ，若い貴族や僧たちがいて，晴明に世間話などして言うには，「あなたは識神を使われるそうですが，たちどころに人を殺しなさるのでしょうか」と。晴明は，「陰陽道の秘事をこのように露骨にお聞きなさることだ」と言って，「簡単には殺せないだろう，(しかし)少し力を入れさえしたら，きっと殺せるでしょう。虫などはちょっとしたことをすれば確かに殺せるだろうが，生き返らせる方法を知らないのできっと罪を得るだろうから，つまらないことです」など言っているうちに，庭をかえるが，五，六匹ほど，跳ねながら池の方に跳んでいくので，(これを見た)貴族が，「それでは，あれを一匹殺してください。試してみよう」と言ったので，晴明は，「罪つくりなことをなさる方ですね，とはいうものの，試してみようとおっしゃるのなら」と，草の葉を摘み取り，何かを唱えるようにしてかえるの方へ投げやったところ，その草の葉が，かえるの上へ懸かると見る間に，かえるは真っ平らにひしげて死んでしまった。僧たちはこれを見て，顔色を変えて恐れおののいた。／この晴明は，家の中に人がいないときは識神を使ったのであったろうか，誰もいないのに，(ひとりでに)蔀戸の上げ下ろしをすることがあった。また，門も，閉じる人がいないのに，閉ざされることなどがあった。このように不思議なことが多かったと語り伝えている。

問一＜歴史的仮名遣い＞a．歴史的仮名遣いの語頭以外のハ行は，現代仮名遣いでは原則として「わいうえお」と読む。　**b**．歴史的仮名遣いの「au」は，現代仮名遣いでは「ou」と読む。

問二＜古文の内容理解＞安倍晴明が，寛朝僧正の御房に伺ってご用をお聞きしていた。「参る」は，「行く」の謙譲語。晴明は，虫などならほとんど何もせずに殺すことが可能だと答えた(B…○)。

問三＜現代語訳＞「ぬ」は，強意を表す助動詞，「べけれ」は，推量を表す助動詞「べし」の已然形で，「ぬべし」は，きっと～してしまうだろう，きっと～違いない，という意味。已然形に接続する接続助詞「ば」は，原因や理由を表し，～ので，～だから，などと訳す。

問四＜古文の内容理解＞晴明が虫などは簡単に殺せると答えたので，貴族は，池の方に跳んでいくかえるで，本当に生き物を殺せるかを見せてくれと，晴明に迫ったのである。

問五＜古文の内容理解＞晴明は，虫であっても生き返らせる方法を知らないので，無益に殺したくないが，自分の力を，貴族が試したいというのであれば，やって見せようと，答えた。

問六＜古文の内容理解＞貴族や僧たちは，好奇心から，陰陽道で人を殺すことができるのかと晴明にきいたが，実際にかえるが陰陽道によってひしげて死ぬのを目の当たりにしたことで，僧たちは，人を殺すことも本当にできるのだと感じ，青くなったのである。

問七＜古文の内容理解＞晴明は，たちまちに人を殺すことができるのかという問いに対して，簡単に殺すことはできないと答えた(ア…×)。晴明は，虫は簡単に殺せるだろうが，そんなことは罪を得るだろうから，つまらないことだと答えた(イ…×，エ…○)。晴明の家では陰陽道の識神を使っているのか，ひとりでに蔀が上げ下ろしされたり，門が閉まったりすることがあった(ウ…×)。

四〔**漢字**〕

①たくさんの人で混み合うこと。　②機械などを目的に沿って動くように操作・調整すること。　③家に帰る道のこと。　④音読みは「携帯」などの「ケイ」。　⑤音読みは「陥落」などの「カン」。　⑥利益や幸福をもたらすもの。　⑦社会一般に広く行きわたること。　⑧人や物事を喜んで迎えること。　⑨他の訓読みは「もぐ(る)」。音読みは「潜入」などの「セン」。　⑩音読みは「赴任」などの「フ」。

2019年度 校成学園高等学校

【英　語】（50分）〈満点：100点〉

1　次の英文を読み，問いに答えなさい。

The first few days at school in Australia were terrible for me. I felt alone and (1)<u>no one spoke to me</u>. "They don't speak to me because they hate me." That was all I could think of. Then a few days later, I don't know what happened, but I decided to talk to the girl next to me. My English was not very good. I said, "I am Japan. Nice to meet you." She laughed and said, "I really wanted to talk to you, but I thought you could only speak Japanese." My classmates did not know I could speak English because I never tried to talk to them. Since then everyone talked with me and *it felt like I understood the problem. My English wasn't perfect but with (2)<u>a little courage</u> I changed my world.

Both my classmates and I had the wrong idea. I thought, "I'm Asian and different from them, so they won't speak to me." They also thought, "She is Asian, so she will not be able to speak English." We could not be friends because of these ideas. We call these *stereotypes. I think Japanese people have stereotypes, especially about people from foreign countries. For example, have you ever *stared at a foreigner on the train? Or when you read the news, have you noticed the *drug dealer *is always quoted as a *gaikokujin*? Did you know that some foreigners need to pay *extra money for an apartment? We should not *treat them like that. We should [　A　], and [　B　] instead.

The stereotype I have talked about is like a small dark place inside of you, but if it becomes bigger, you may (3)<u>justify</u> the stereotype. In this way, *discrimination, *murder and even war begin, so you mustn't become a *slave of it.

So what can we do? Then I remembered the famous speech "I Have a Dream." by Martin Luther King Jr. He *fought against discrimination.

Discrimination begins with a stereotype. It means some people are better than others. I really respect his power to change people's point of views. More than 40 years have passed since his death, but his dream came true, when an African American, Mr. Barrack Hussein Obama became the president of the United States. The result showed that he won because he broke people's feeling of discrimination; people of all skin colors *voted for him. We live in the time that Dr. King dreamed of. But I am sure both of these men did not only think, "I want to make a change!" but actually took action. Changes happen when we want to make our situations better.

I realized why I decided to talk with my classmates. It was because I had to take action. We may make mistakes when we learn. But the most important thing we should do is to take a step forward. We get better when we take steps forward.

Dr. King dreamed and opened a *path. President Obama was dreaming and going to find the way to lead his people. Then what is my dream? I am just dreaming of a future that does not have stereotypes and says that it is wrong to think like that. I hope that now is the time to make a "change."

＊it feels like ～　～のような気がする　＊stereotype　型にはまったものの見方
＊stare at ～　～をじろじろ見る　＊drug dealer　薬物の売人　＊be quoted as ～　～と伝えられる
＊extra　余分な　＊treat ～　～を扱う　＊discrimination　差別　＊murder　殺人　＊slave　奴隷
＊fought　fightの過去形　＊vote　投票する　＊path　(歩くべき)道

問１　下線部(1)の理由として最も適切なものを次の１～４から**１つ**選び，番号で答えなさい。

1　Her classmates did not like her because she was Asian.
2　It was her first time in Australia and her English was not perfect.
3　She could speak English but her classmates did not know that.
4　She spoke only Japanese and her classmates hated that.

問２　下線部(2)の具体的な内容を，**15～20字の日本語**で答えなさい。なお，句読点も字数に含めることとします。

問３　空所［A］と［B］に入る語句の組み合わせとして最も適切なものを次の１～４から**１つ**選び，番号で答えなさい。

1　［A］: stop looking at how similar we are
　［B］: start thinking about how different we are
2　［A］: stop looking at how different we are
　［B］: start thinking about how similar we are
3　［A］: keep looking at how similar we are
　［B］: stop thinking about how different we are
4　［A］: keep looking at how different we are
　［B］: stop thinking about how similar we are

問４　下線部(3)の示す意味として最も適切なものを次の１～４から**１つ**選び，番号で答えなさい。

1　～を正当化する　　2　～を無害化する
3　～を制度化する　　4　～を抽象化する

問５　本文で述べられている Martin Luther King Jr. と Barrack Hussein Obama に共通していることは何か。次の１～４から**１つ**選び，番号で答えなさい。

1　They fought against discrimination but thought stereotypes were right.
2　They knew the way to become the president of the United States.
3　They took action with courage to make people's situations better.
4　They wanted the power to support people's feelings.

問６　次の１～５の英文が本文の内容と一致していれば○，そうでなければ×と答えなさい。

1　The writer decided to take a step forward and could make friends with her classmates.
2　Everyone from foreign countries has to pay more for an apartment in Japan.
3　Discrimination makes some people worse, but sometimes it makes some people better.
4　Barrack Hussein Obama became the president of the United States because it was Dr. King's dream.
5　The writer hopes stereotypes will disappear in the future.

問７　次の会話は，本文を読んだ後の２人の学生のものである。Takeshi になったつもりで，空所(1)と(2)にあなた自身の考えを英語で書きなさい。１つの空所に入る英文はいくつになってもかまいません。

Mikio　: I really like the writer's idea.　The important thing is to take a step forward. Takeshi, have you had a similar experience?

Takeshi : Yes. ＿＿＿＿＿(1)＿＿＿＿＿

Mikio : Then what happened ?

Takeshi : ＿＿＿＿＿(2)＿＿＿＿＿

Mikio : That's good. It's important to take action. You've had a great experience !

2 次の英文を読み，問いに答えなさい。

Interpreting from one language to another language looks like a difficult task. Also, you may think only people who trained for many years and have good language skills can do it. But that's *not always true.

Actually, anyone can be an interpreter — even you ! If you have basic English skills and courage, you can make something different. Many years ago I was learning Japanese in Kobe. I had my first experience as an interpreter there. I was walking one day and I saw a group of American tourists talking to some Japanese people. I thought they were having problems with communication. I walked towards them to see what was happening. "We want to try a Japanese bath," said the Americans. "Where can we find a bath ?" The Japanese didn't understand what they were talking about. They heard many words, but only understood the word "*basu*." *Unfortunately, they made a mistake and thought the Americans wanted a bus. (1)Things became worse. The Americans began shouting "Bath ! Bath !" and started to take off their clothes to explain their meaning. *Naturally, the Japanese were surprised by their strange actions. They shouted "Bus ! Bus !" and pointed to a nearby bus stop. The problem was clear. The Americans wanted to go to a *sento*, a public bath, but didn't understand Japanese. The Japanese wanted to help, but couldn't understand English. Both groups were trying to communicate, but couldn't understand each other. The Americans needed an interpreter to solve their problem. I quickly looked for an interpreter but couldn't find one. What should I do ? Slowly, I thought of something. Maybe I could be an interpreter.

The idea seemed crazy. I was only a beginner who spoke basic Japanese. Everybody knows that interpreters are people with high-level skills. However, I had to do something. I walked toward the middle of the two groups and tried to help. "You want to visit a Japanese bath, right ?" I asked the Americans. They agreed with me. I used simple Japanese and explained this to the Japanese people. "So that's the thing which they wanted," they said. "We thought they wanted a bus !" A few minutes later, the problem was solved. Soon after that, the Japanese people took the American tourists to the nearest *sento*.

(A)Interpreters have an important job all over the world. But the world also needs people who can use foreign languages to improve communication in everyday life. You don't have to have training for many years and high level language skills to become a bridge of understanding between people. If you think you can help, don't be shy. Step up and be (B)an interpreter !

*not always ～ 常に～とは限らない　*unfortunately 不幸なことに　*naturally 当然のことながら

問１ 下線部(1)の内容を具体的に表しているものを次の１～４から**１つ**選び，番号で答えなさい。

1 The Americans and Japanese expressed their thoughts more strongly.

2 The Americans and Japanese left the place because they gave up.

3 The Americans and Japanese started to fight because they were angry.

4 The Americans and Japanese took off their clothes.

問２　次の各英文を起こった順に並べかえ，番号で答えなさい。

1　The Japanese thought the Americans wanted to take a bus.

2　The writer understood the problem between the two groups.

3　The Americans asked the Japanese how to get to a public bath.

4　The writer thought about ways to solve the problem, and was able to solve it.

問３　次の質問に関する答えとして最も適切なものを下の１～４から**１つ**選び，番号で答えなさい。

What did the writer do to solve the problem?

1　He explained a wish of the American group in basic level skills of Japanese.

2　He explained a wish of the Japanese group in basic level skills of English.

3　He used his smartphone to show the way to a *sento* to the Japanese group.

4　He used his body language to show the way to a *sento* to the Japanese group.

問４　下線部(A)，(B)のinterpreterは本文中で，それぞれ一般的なinterpreterと筆者の述べるinterpreterを指しています。下線部(A)，(B)の本文中における違いを次の書き出しに続けて答えなさい。

(A)　They are people who ________________________.

(B)　They are people who ________________________.

問５　本文の内容と一致しているものを次の１～５から**２つ**選び，番号で答えなさい。

1　The writer worked as a professional interpreter for the first time in Kobe.

2　The Americans expressed things which they wanted to do by using body language.

3　The Japanese understood the word “bath” though they didn't have basic English skills.

4　The writer could help the Japanese and Americans because he had courage.

5　The Americans were able to go to the famous *sento* that was far from their place.

問６　2020年に東京オリンピックが行われます。あなたが外国人を迎える上で心掛けようと思うことを，理由も含めて**30語以上の英語**で説明しなさい。なお，「,」や「.」等は語数に含めないこととします。

3　次の各組の英文がほぼ同じ内容を表すように，空所に適する語を答えなさい。

1　Everyone knows Shohei Ohtani because he plays baseball very well as a *two-way player.

Shohei Ohtani is (　　) (　　) everyone as a great two-way baseball player.

2　Last July we *recorded a very high temperature in Kumagaya City.　It became a new *record in Japanese history.

Last July in Kumagaya City we had (　　) (　　) day in Japanese history.

3　The Japanese soccer team played well and won against the *Colombian team.

The Japanese soccer team played (　　) (　　) that they won the game against the Colombian team.

4　Yoshiharu Habu won a lot of *shogi* titles.　If he wins one more, that will be his one hundredth title.

Yoshiharu Habu (　　) (　　) a *shogi* title ninety-nine times in his career.

5　Rikako Ikee won six gold medals at *the 2018 Asian Games.　No other swimmer did that before.

Rikako Ikee was the (　　) swimmer (　　) win six gold medals in one Asian Games.

＊two-way　二刀流の　＊record　(動) 記録する，(名) 記録　＊Colombian　コロンビア(南米にある国)の

＊the 2018 Asian Games　2018アジア大会

4 次の会話文の下線部①～⑮の中には**不適切なものが5つ**含まれています。その番号を指摘し，それぞれ**最も適切な語(句)**に書き改めなさい。

Takeru : Hi, Ryota. How is your new school life?

Ryota : Hi, Takeru. I am really ①excited. We will go on our school trip next fall. I've never gone abroad. I'm interested in visiting foreign countries. Have you ever ②been to a foreign country?

Takeru : Yes, I ③did. I visited Australia when I was in the eighth grade.

Ryota : Oh, really? I'd like to know more about it.

Takeru : Well, Australia is a very large country. Actually, it is ④much larger than Japan. But only 24 million people live there. It is *one-fifth the population of Japan. People speak English in Australia because they originally came from England. But these days there are many people ⑤came from other countries. For example, some people came from Asian countries ⑥like China and *Vietnam. Some people came from Europe and some people even came from African countries. So we can eat various foods from all over the world.

Ryota : That's great. I'd like to try different ⑦kinds of food.

Takeru : Yes. It is ⑧a lot of fun to eat various foods from many countries. By the way, could you tell me where ⑨will you go on your school trip?

Ryota : We will visit *Singapore. It's a small country but a beautiful ⑩one.

Takeru : Yes. It is famous for its education, economy and *health care. Singapore is one of the ⑪richest country in Asia. Last year *the North Korea-United States Summit was held there. ⑫I've heard that it has a unique rule. You can't have ⑬any gum. It is against the law. If you throw away something on the street, you have to pay a big *fine. They say Singapore is a "fine country." So, you ⑭don't have to throw away anything on the street there.

Ryota : Oh, I didn't know that. Thank you for telling me. Anyway, I'm looking forward to ⑮visiting Singapore.

＊one-fifth　五分の一　＊Vietnam　ベトナム　＊Singapore　シンガポール　＊health care　医療
＊the North Korea-United States Summit　米朝首脳会談　＊fine　罰金

【数　学】（50分）〈満点：100点〉

（注意）　1．**2**～**4**は答えが出るまでの過程もしっかり書きなさい。

2．円周率はすべてπを使用しなさい。

1　次の各問いに答えなさい。

(1)　$\dfrac{3+2\sqrt{6}}{\sqrt{3}}-\dfrac{(2\sqrt{3}-\sqrt{2})^2}{\sqrt{2}}$を計算しなさい。

(2)　$x^2+6x+9-y^2$を因数分解しなさい。

(3)　連立方程式$\begin{cases}7x+3y=-1\\ \dfrac{x}{2}+\dfrac{y}{3}=1\end{cases}$を解きなさい。

(4)　点(2，−1)を通り，傾きが3である直線の式を求めなさい。

(5)　食塩水が100ｇ入っている容器Ａから別の空の容器Ｂに50ｇを移し，そこに濃度が10％の食塩水50ｇを加えてよくかき混ぜる。その容器Ｂから50ｇを容器Ａに戻してよくかき混ぜたところ，8.5％の食塩水ができた。このとき，最初に入っていた容器Ａの食塩水の濃度を求めなさい。

(6)　大，中，小の３種類のさいころが１つずつあり，この３個のさいころを同時に投げるとき，大，中，小のさいころの出た目の数の和が９となる確率を求めなさい。

(7)　右の[図１]で，$\overset{\frown}{AB}=\overset{\frown}{AD}$であり，Ｏが円の中心であるとき，$\angle x$の大きさを求めなさい。

(8)　右の[図２]で，Ｅは辺ＢＣの中点，ＣＦ：ＦＤ＝１：２である。三角錐Ａ-ＥＣＦの体積が$15\,\text{cm}^3$であるとき，三角錐Ａ-ＢＣＤの体積を求めなさい。

[図１]

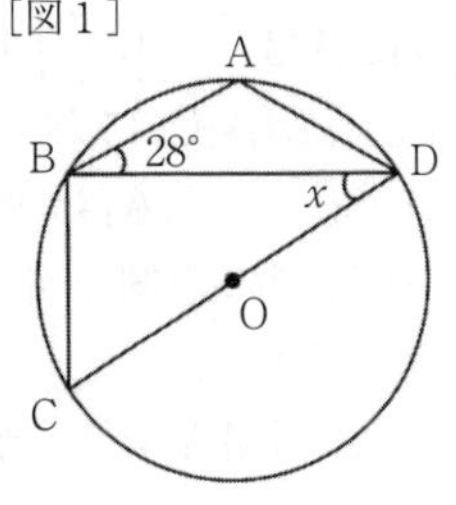

[図２]

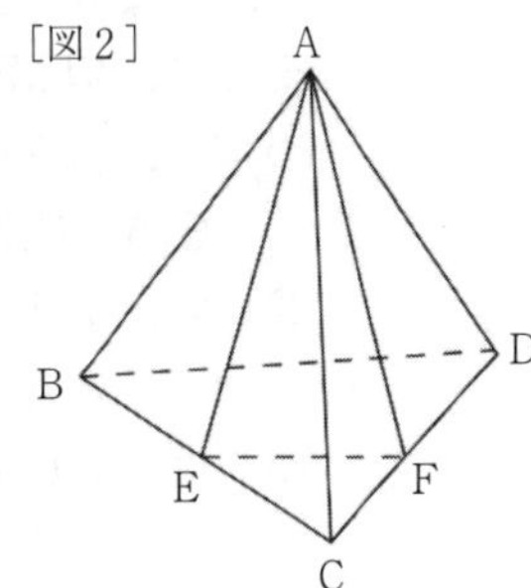

2　右の図のように，放物線$y=\dfrac{1}{2}x^2$と直線$y=\dfrac{1}{2}x+3$が２点Ａ，Ｂで交わり，直線ＡＢとy軸との交点をＣとするとき，次の問いに答えなさい。

(1)　２点Ａ，Ｂの座標を求めなさい。

(2)　△ＯＡＢの面積を求めなさい。

(3)　点Ａとy軸について対称な点をＡ′とし，△ＯＢＣと△ＯＡ′Ｃを重ね合わせた図形の全体の面積を求めなさい。

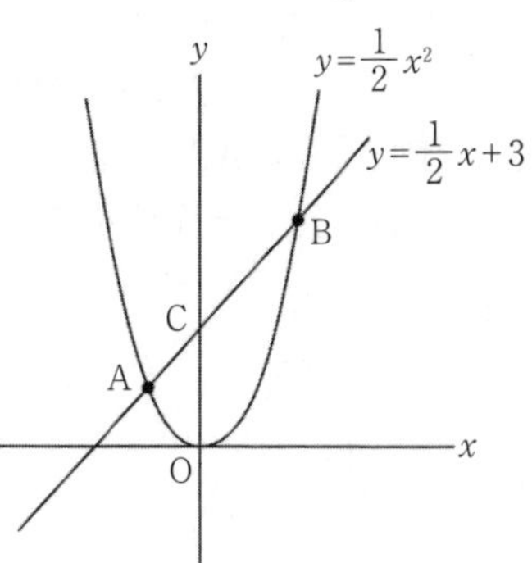

3　右の図のように，ＡＢ＝８，ＡＰ＝$4\sqrt{10}$の正四角錐Ｐ-ＡＢＣＤのすべての面に接している球が，この正四角錐の内部にあるとき，次の問いに答えなさい。

(1)　頂点Ｐから正方形ＡＢＣＤに引いた垂線の長さを求めなさい。

(2)　この球の半径を求めなさい。

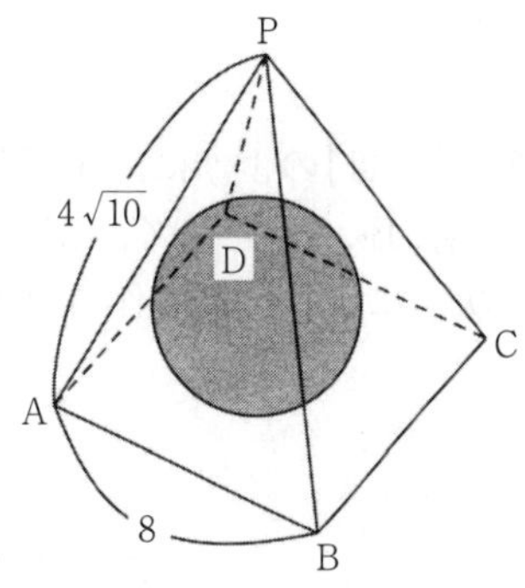

4　1辺の長さが3である正三角形ABCの辺AB，辺BC，辺CAを1：2の比に分ける点をそれぞれ，A_1，B_1，C_1とする。

(1)　[図Ⅰ]において，$\triangle AA_1C_1$が，直角三角形であることを証明したい。下の ア から キ にあてはまる数または言葉を記入しなさい。

[図Ⅰ]

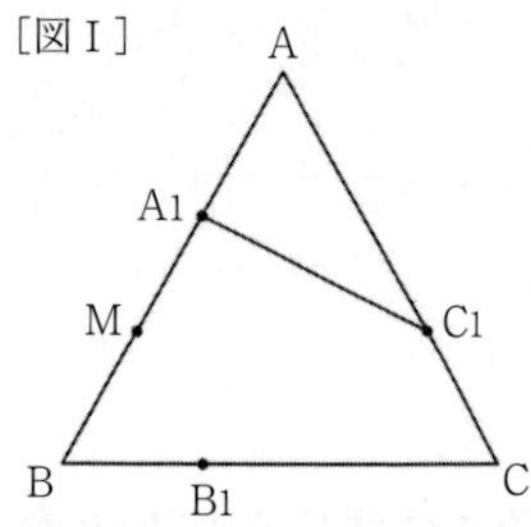

（証明）　線分A_1Bの中点をMとし，線分MC_1を結ぶ。

$\triangle AMC_1$と$\triangle ABC$において

AM：AB＝AC_1：AC＝ ア ： イ ……①　∠Aは共通……②

①，②より　三角形の相似条件である ウ から，$\triangle AMC_1 \backsim \triangle ABC$

よって，辺MC_1の長さは エ である。

つぎに，$\triangle AA_1C_1$と$\triangle MA_1C_1$において

$C_1A = C_1M$……③　C_1A_1は共通……④　$AA_1 = MA_1$……⑤

③，④，⑤より　三角形の合同条件である オ から，

$\triangle AA_1C_1 \equiv \triangle MA_1C_1$

ゆえに，$\angle C_1AA_1 = \angle C_1MA_1 =$ カ °……⑥

$\angle AC_1A_1 = \angle MC_1A_1 =$ キ °……⑦

⑥，⑦より　$\angle AA_1C_1 = \angle MA_1C_1 = 90^\circ$となり

$\triangle AA_1C_1$は直角三角形である。（証明終了）

(2)　[図Ⅱ]の$\triangle AA_1C_1$と$\triangle BB_1A_1$と$\triangle CC_1B_1$は，合同である。このことを利用して，正三角形$A_1B_1C_1$の1辺の長さと面積をそれぞれ求めなさい。

[図Ⅱ]

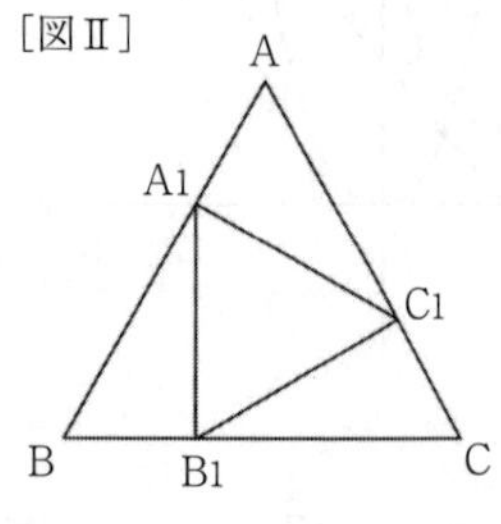

[図Ⅲ]

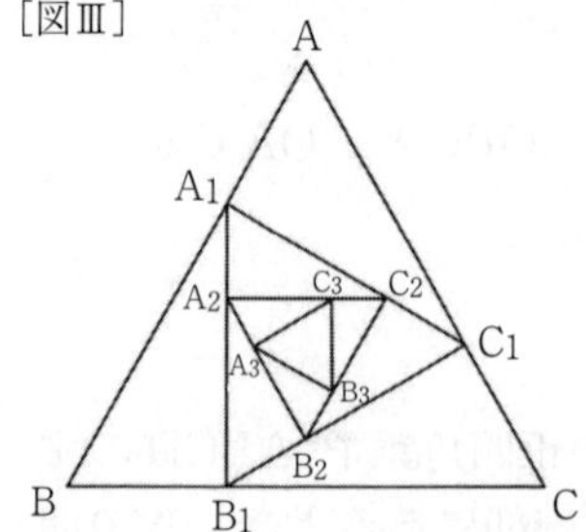

(3)　[図Ⅲ]のように，正三角形$A_1B_1C_1$の辺A_1B_1，辺B_1C_1，辺C_1A_1を1：2に分ける点をそれぞれ，A_2，B_2，C_2として，正三角形$A_2B_2C_2$を作り，同様にして，正三角形$A_3B_3C_3$を作る。このように次々に正三角形を作るとき，正三角形$A_5B_5C_5$の1辺の長さと面積をそれぞれ求めなさい。

ア　海賊たちは用光の演奏から中国の故事を思い起こし、言葉を失うほど深く感動したということ。
イ　海賊たちが静かに演奏を聞く態度は、言い表すことができないほど素晴らしかったということ。
ウ　海賊たちは静まり返り、一言も発せずに用光の演奏を聞いていたということ。
エ　海賊たちが猛る心を静めて、文句のつけようのない善人になったということ。

問六　傍線部⑤「先の声」とありますが、これは誰の声ですか。文中から抜き出して答えなさい。

問七　傍線部⑥「漕ぎ去りぬ」とありますが、海賊が用光のもとを去ったのはなぜですか。その理由として最も適当なものを次の中から選び、記号で答えなさい。
ア　命の危機に直面しても冷静だった用光の度量に感服し、舟を襲おうとしたことが恥ずかしく思えたから。
イ　用光の素晴らしい演奏に感動し、舟を襲う気持ちがなくなってしまったから。
ウ　音楽の力だけで海賊を撃退しようとする用光に心を動かされ、用光を殺すべきではないと判断したから。
エ　用光が吹く絶妙な篳篥の音に心を奪われ、野蛮な行いをすること自体に嫌気がさしたから。

四　次の——線部について、漢字をひらがなに、カタカナを漢字に直しなさい。

① 壊れた備品を修繕する。
② 世間の耳目を引く事件。
③ 見晴らしのよい楼閣にのぼる。
④ 重要な案件を会議で諮る。
⑤ 映画館では私語を慎むべきだ。
⑥ 選手にセイエンを送る。
⑦ 明治時代のブンゴウの小説を読む。
⑧ 事件のケイイを調べる。
⑨ 料理人が包丁をトぐ。
⑩ 消防士のタノもしい姿。

三　次の文章を読み、後の問いに答えなさい。

和邇部用光（わにべのもちみつ）といふ楽人（がくにん）〔音楽家がいた。〕ありけり。土佐の御船遊び（おふなあそび）に下り（くだ）て、上り（のぼ）〔京に帰る途中、〕けるに、安芸（あき）の国、なにがしの泊（とまり）〔何とかという港で、〕にて、海賊押し寄せたりけり。弓矢の行方（ゆくへ）知らねば、〔扱いも知らなかったので、〕防ぎ戦ふに力なくて、今はａうたがひなく殺されなむず〔殺されるだろう〕と思ひて、※１篳篥（ひちりき）を取り出（い）でて、屋形（やかた）の上にｂゐて、〔舟の屋根の上に座り込み、〕「あの党や。今は沙汰（さた）に及ばず。〔そこにいる海賊たちよ。今はとやかく言っても始まらない。〕とく①何物をも取り給へ。ただし、年ごろ、思ひしめたる〔長年、私が心に懸けて思ってきた〕篳篥の、※２小調子といふ曲、吹きて聞かせ申さむ。さることこそありしかと、〔こんなことがあったぞと、〕のちの物語にもし給へ」〔後々の話の種となされるがよい〕といひければ、宗徒（むねと）〔海賊の首領が〕の大きなる声にて、「主（ぬし）たち、〔お前たち〕しばし待ち給へ。②かくいふことなり。もの聞け」といひければ、船を押さへて、〔自分たちの舟に待機して〕おのおの静まりたるに、用光、今はかぎりとおぼえければ、③涙を流して、めでたき音を吹き出でて、吹きすましたりけり。〔心を澄まして吹いていた〕をりからにや、〔折も良かったのだろうか〕その調べ、波の上にひびきて、かの※３潯陽江（じんやうかう）のほとりに、琵琶（びは）を聞きし昔語りにことならず。④海賊、静まりて、いふことなし。よくよく聞きて、〔しみじみと聞くうちに〕曲終りて、⑤先の声にて、「君が船に心をかけて〔狙いをつけて〕寄せたりつれども、〔漕ぎ寄せたけれども〕曲の声に涙落ちて、かたさりぬ」〔ここはやめた。〕とて、⑥漕（こ）ぎ去りぬ。

（『十訓抄』より）

※１　篳篥…竹製の縦笛。
※２　小調子…篳篥の楽曲の名前。
※３　潯陽江…潯陽江は中国の長江の別名。詩人の白居易が潯陽江のほとりで女が琵琶を弾いているのを聞き、感動して詩を作ったという故事がある。

問一　二重傍線部ａ「うたがひなく」、ｂ「ゐて」をそれぞれ現代かなづかいに直しなさい。

問二　傍線部①「何物をも取り給へ」とありますが、用光がこのように言ったのはなぜですか。その理由として最も適当なものを次の中から選び、記号で答えなさい。
ア　音楽家にとって大切なものは楽器だけであるので、海賊に他の何を取られたとしても、それほど支障はないと考えたから。
イ　戦うすべを知らないので、何をどうあがいても海賊から逃れることはできず、もはや助かる見込みはないと考えたから。
ウ　京に帰る途中で襲われたので、海賊が欲しがるような金品は所持しておらず、何も取られることはないと考えたから。
エ　何も抵抗せずに金品を渡すことによって、海賊たちを油断させ、この場を逃げる機会を得ようと考えたから。

問三　傍線部②「かくいふこと」とありますが、これはどのようなことですか。その説明として最も適当なものを次の中から選び、記号で答えなさい。
ア　部下に自分の話を聞くように海賊の首領が指示したこと。
イ　海賊の首領に命を助けてほしいと用光が願い出たこと。
ウ　部下に用光の演奏を聞くように海賊の首領が命じたこと。
エ　海賊たちに演奏を聞かせようと用光が言い出したこと。

問四　傍線部③「涙を流して」とありますが、用光が涙を流したのはなぜですか。その理由を二十五字以内で答えなさい。

問五　傍線部④「海賊、静まりて、いふことなし」とありますが、これはどういうことですか。その説明として最も適当なものを次の中から選び、記号で答えなさい。

致させたもの。

エ　自分の技量を余すところなく発揮しながら、限界まで努力することで、流行や個人の好みを超えてすべての人に圧倒的な感動を与えられるもの。

問三　［A］・［B］に当てはまる言葉の組み合わせとして最も適当なものを次の中から選び、記号で答えなさい。

ア　A　技術―B　個性

イ　A　趣味―B　利益

ウ　A　商品―B　作品

エ　A　文化―B　文明

問四　傍線部②「目まぐるしく移り変わるトレンドを創出しながら、自らそれに振り回されてきた」とありますが、これはどういうことですか。その説明として最も適当なものを次の中から選び、記号で答えなさい。

ア　次々に変化する顧客の要望に寄り添うことばかりを考えたことで、自分たちが本当に作りたい車を作れなくなってしまったということ。

イ　販売台数を増やすために矢継ぎ早に新しい流行を提案し続けたことで、新しい車を次々と発表することを余儀なくされてしまったということ。

ウ　日々変動する経済の状況を考慮して車を販売したことで、製造コストにばかり注目して車づくりを進めざるをえなかったということ。

エ　最先端の自動車技術を積極的に取り入れたことで、逆に生産効率が悪化して新興国に生産台数を追い抜かれる事態に陥ったということ。

問五　傍線部③「ＭａａＳは車と人の関係性を一変させる」とありますが、「車と人の関係性」はどのようなものからどのようなものへ変わると筆者は考えていますか。三十五字以内で答えなさい。

問六　本文には次の一文が抜けています。戻す位置の直前の五字を答えなさい。（句読点も一字に数えること）

しかし腕時計は死ななかった。

問七　次に示すのは、この本文を読んだ五人の生徒が話し合いをしている場面です。本文の内容と合っている発言をしている生徒を次の中から**二人**選び、ア～オの記号で答えなさい。

ア　生徒Ａ―「日本の自動車業界ではこれまで効率を高めることばかりに躍起になってきたんだ。その一方で、ものづくりの場面では職人や技術者が持っている熟練の技が評価され続けているよ。」

イ　生徒Ｂ―「確かに日本の職人の技術力は世界中から注目されているよね。逆に、日本の自動車産業は効率的にものを生み出す力が乏しくて今では新興国に押され気味になっているって聞くけど大丈夫かな。」

ウ　生徒Ｃ―「そうだね。日本はこれまで築いてきた地位を脅かされているよ。でも、こんなタイミングだからこそ、これまで見過ごしてきたものは何だったのかを見つめ直すことが大切になってくるんだよ。」

エ　生徒Ｄ―「ＭａａＳが進んでいく自動車業界で新興国の勢いに負けないためには、やっぱり日本の伝統に立ち返って顧客に寄り添うきめ細かいサービスを展開していくことが必要になってくるよね。」

オ　生徒Ｅ―「それに、モビリティ化が進む中で、便利さの追求だけでなく、所有すること自体に満足感を得られたり、単なるモノに対する以上の愛情を注ぐことができたりする車を開発することも大切だよ。」

問八　本文では、ＭａａＳがもたらす自動車産業への影響について述べられています。現在や近未来の自動車産業において克服すべき問題として他にどのようなことが考えられますか。具体例を一つあげ、またその問題を解決するために、あなたならどのような車を開発するか書きなさい。

自分なりのおしゃれを楽しむ際のファッションアイテムとして、自身のステイタスを静かに噛みしめるための嗜好品として今もしっかり生き続けている。腕時計はいわば宝石のようなポジションに入ることで、サバイバルをはたしたのだ。数は少ないかもしれないが、車好きの中にガソリン好き、エンジンのトルク音好きがいるように、時計の世界にも歯車好き、秒針が刻むカチカチという音を好む者は存在する。彼らは大枚をはたいても腕時計という道具を買おうとする。彼らはもはや機能性ではなく、自分自身の愛着のためにそのモノを獲得したいと願うのだ。

その感覚は私にもよくわかる。人間は道具を使うことで猿からヒトへと進化したのであれば、そんなに簡単に道具を愛する気持ちがなくなってしまうとは考えられない。道具は確かに機能のために用いるものだが、人は便利さ以上の魅力というのも本能的に道具に求める生き物であるはずだ。

さらにこれは個人的な話になるが、私自身もやはりエンジンの鼓動が感じられる車に乗りたいと思う。地球環境への対応策として電気自動車の必要性は十分認識しているし、ひとつのジャンルとして成長することを願っている。しかしわれわれが突き詰める道は、おそらくそこではない。

結局、私にとって重要なのは、エンジンの構造であり〝火が入る〟ということなのだ。エンジンとモーターでは立ち上がり方が根本的に違う。モーターは電気なのでゼロから一気に立ち上がり、上の方で安定する。ゼロかイチか、オール・オア・ナッシングというところがある。しかしエンジンは放物線を描くように上昇する。着火した後、低速で力をため、加速しながらじわじわとピークに向かっていく。その※7イグニションの瞬間、そしてアクセルを踏みこんで得られる推進力は、どこか人の感情が盛り上がっていく過程とシンクロする。

ドライブに出かける際、まるで仲間のように寄り添ってくれる親密なパートナー。私にとっては、その車が※8エモーショナルなものであることがすべてなのだ。それはマツダの哲学とも一致する。今後もマツダは、世界の中で数%の割合かもしれないが、しかし確かにいるはずの〝真の車好き〟に向かって、車を造り続けていくことになるだろう。

（前田育男『デザインが日本を変える』光文社より）

＊本文は設問の都合上、一部表記を改めてあります。

※1 命題…ここでは、テーマ、主題という意味。
※2 収斂する…一つにまとまって収まりがつくこと。
※3 美の黄金律…誰もが認めるような美しさの法則。
※4 カーシェアリング…複数の人間で自動車を共同使用すること。
※5 ボルボ…スウェーデンの自動車メーカー。
※6 プラットフォーム…様々なプログラムを動かすための動作環境のこと。
※7 イグニション…エンジンを始動させること。
※8 エモーショナル…感情を揺さぶるものであること。

問一 （1）・（2）に当てはまる言葉として最も適当なものを次の中からそれぞれ選び、記号で答えなさい。

ア たとえば　イ つまり
ウ したがって　エ しかし

問二 傍線部①「クオリティの絶対値」とありますが、筆者が考える「クオリティの絶対値」に達したものとはどのようなものですか。最も適当なものを次の中から選び、記号で答えなさい。

ア これしかないというところまでものづくりを突き詰めた結果として、周囲に一種の恐ろしささえ感じさせてしまうようなオーラを醸し出すもの。
イ デザインを誰の趣味にも合致するように限界までシンプルにすることで、それを見る者すべてが直観的に惹きつけられるようなもの。
ウ 顧客の要望や世の中の流行を丁寧に調査し、これ以上ないというところまで工夫を凝らすことで、多くの購買者の好みに合が、それはまったく大げさな表現ではない。特に車に限って言えば、現在自動車業界はガソリン車が誕生して以降130年の歴史の中でもっとも大きなターニングポイントを迎えているところだ。

それはどういう意味か？　簡単に言えば、車が個人の所有物から公共の乗り物へと移行しようとしているのだ。最近のニュースで、※4カーシェアリングだとか自動運転といった言葉をよく聞かないだろうか。（１）昨年末には、あのアメリカの配車サービス大手・Uberが※5ボルボから2万4千台のSUV車を購入、自動運転サービスの構築を図るというニュースが飛び込んできた。今年に入ってからも、各社がモビリティサービス事業への参入や事業計画を発表。移動や物流、物販の常識がダイナミックに変わる未来図があちこちで熱く語られている。

これらはいわゆる〝MaaS（Mobility-as-a-Service＝モビリティのサービス化）〟と呼ばれる動きに当たる。北欧フィンランドが発祥で、電車、バス、自動車などの交通手段を統合し、その情報公開、予約、決済などのシステムをインターネット上のひとつの※6プラットフォームで済ませてしまおうとする試みである。つまり交通手段をスマートフォンで管理できるようにすることで、個人が乗り物の所有から解放され、サービスとしてのモビリティ（移動手段）を利用するという流れを作ろうとしているのだ。

それがどうして自動車産業にとって史上最大のターニングポイントなのか？　それはこの動きによって「個人が車のオーナーになる時代」が終わってしまう可能性があるからだ。これまで、おおむね自動車は個人に向けて販売されてきた。個人の環境やニーズに合わせ、さまざまな機能が開発され、設計が行われてきた。それはクライアントが個人であるがゆえになされた努力であり、われわれはどこかの国の誰かに「この車、ほしい」と思ってもらうために〝いい車〟を作り続けてきたのだ。所有することで喜びを感じられる車を、いつか〝愛車〟と呼ばれるほどの存在になってほしいという願いを込めて世に送り出してきたのだ。

しかし、③<u>MaaSは車と人の関係性を一変させる</u>。考えてみてほしい。カーシェアリングが一般的になったとして、自分のものではない共有された車に人は愛着を持つだろうか。機能性が最重視されるモビリティ化の進んだ車に、作り手の思い入れやオンリーワンのデザインは必要だろうか。

MaaSが推し進めていく未来で車は完全に移動のための道具になる。これまでも車は移動のための手段だったが、より無記名な道具と化す。もしかして今後はモノというより〝交通サービスや物流サービス、宅配サービスの一部〟といった認識の方が近いものになるかもしれない。そうなってくると車の意味合いは変わっていく。オーナーの愛情とか長年乗り続けたことによる思い出とか、そういった感情の入り込む余地はどんどん少なくなっていく。

（中　略）

おそらく世の中の大多数は車のモビリティ化に流れるだろう。近い将来、多くの人にとって車は単なる足となり、共有されたインフラの一部を必要なときだけ使うという形に落ち着くはずだ。（２）、そんな状況になっても「現状に満足できない」という人は必ず現れる。「ときには車を走らせることそのものの歓（よろこ）びを感じたい。優れたエンジンの振動による快感、突き詰められたデザインを堪能すること……それに乗るだけで幸せになれるような車とともに、思い切りドライブを楽しみたい」――そう考える個人というのは世界に絶対いるはずなのだ。

この話題になったとき私がいつも例に出すのは、時計業界にデジタル時計が出てきたときの話である。あのとき時計デザイナーは「自分たちの仕事は終わった」と観念したという。なぜなら絶対に狂わない安価な時計が大量生産されたのだ。おまけにデジタル時計は面倒な手巻きの必要もない。時間を知るための必須アイテムだった機械式腕時計など、絶滅するのが当然だろうと誰もが考えていた。

る種の異様なオーラをまとっていたりする。作家の情熱が乗り移り、こちらに向かって訴えてくるものがある。

見る者の好き嫌いを超越する圧倒的な存在感。感覚的な判断基準を無力化する異次元のインパクト――そう考えると、私のデザインの理想は、「これカワイイ」でも「これカッコいい」でも「これ美しい」でもなく、ただ「これすごい」と言ってもらうことかもしれない。有無を言わさず魅了するもの、言葉を失(な)くすほどの感動を呼び覚ますもの――そういうものでありたいと思うのだ。

ものづくりに携わる人間としての自己愛とロマンを承知で言えば、私にとって好き嫌いのレベルを超えた絶対的な存在こそが〝いいデザイン〟であり、※3美の黄金律もきっとどこかにあるはずだと信じている。シンプルに美しく、ひたすらにカッコよく、周囲が追いつけないくらいぶっちぎっていたい――デザインの世界でそれを求めてしまうのは、やはり私が根っからのドライバーで、なによりもレースを愛する人間のせいだろう。

そんな私の立場から今後の日本のものづくりについて提言させてもらうなら、まず「ものを簡単に作らない」ということを訴えたいと思う。そして職人たちが持つ手技に対してもっと尊敬の念を覚えるべきだと思う。人の心を動かすような美しいもの、素晴らしいものというのはそれほど簡単に手に入るものではない。それを生み出すためには時間もかかるし手間もかかる。技術も必要だし、それを継承する若者の養成もまた必要だ。まずは当たり前の前提を心に刻むことが第一だろう。

そして次に考えなければならないのは、これまで効率最優先で進めてきたやり方を見直すことである。とにかく効率、効率と、日本のものづくりはひたすら効率を追いかけてきた。ムダをなくし、遊びを削り、利益の最大化に邁進(まいしん)してきた。それによって日本の産業界がおおいに潤ったのは事実だが、効率最優先の行き着く先に待っていたのは一体何だったのだろう？

前にも述べたが、日本の自動車産業が誕生してほぼ100年が経(た)つ。それは欧米と肩を並べるほどの長い年月であるが、しかし今、日本と海外の間には自動車〝文化〟において一朝一夕では埋められないほど大きな格差が付いてしまっている。私はそれを思うたびに悲しい気分に襲われる。それはこれまで日本の産業界が、自動車をめぐる文化の醸成に充(あ)てるべき時間をすべて効率化につぎ込んできたことを意味する。自分たちのルーツを顧みず、技術者の技能に敬意を払わず、販路の拡大と目標台数の向上にひたすら力を注いできた。ずっと〝 A 〟としての車を追求するばかりで、〝 B 〟としての車はないがしろにされてきた。そうした選択の結果が、ここにきて目に見える形で表れているのだ。

マツダももうじき創立100周年を迎える。皮肉なことに、これまで日本が世界を席巻(せっけん)してきた効率至上のやり方で、今われわれは追い抜かれようとしている。「歴史は繰り返す」ではないが、より強大で、より勢いに満ちた新興国にかつて築いた地位を奪われようとしている。ならば今この瞬間こそ日本は立ち止まって、過去を見つめ直すタイミングではないだろうか。私たちがこれまで見過ごしてきたものは何なのか？　私たちは何を見失ったために、今このような事態に陥っているのか――？

金銭以外の価値について考えることをしなかった。カスタマー最優先を掲げ、ものづくりでは妥協を繰り返した。②目まぐるしく移り変わるトレンドを創出しながら、自らそれに振り回されてきた。自分たちのオリジンを継承するどころか破壊してきた。だから何の蓄積もないまま今を迎えてしまった……反省すべき点は数多い。耳が痛いことばかりだし、冷静に考えれば絶望的な気分になりそうだ。

しかしそこから目をそらさず、痛みに耐えて向き合わなければ、今グローバル市場で起こっているものづくり革命の荒波の中で生き残っていくことはできない。

私は「グローバル市場で起こっているものづくり革命」と書いた

ア　男が自分と同じ目的で旅をしていることは想像していた通りだが、再び同じ場所で出会ったことで自分と男の人生が切り離せないもののように感じ、他人とは思えなくなってきている。

イ　慰霊という重荷から解放されたことをきっかけとして、自分のことを気遣ってくれていた男の優しさに気づき、これまで男に対して無礼な態度でいたことを恥ずかしく思っている。

ウ　男の目的が自分と同じ慰霊であることには気づいていたが、ふなべりで出会ってしまったことは想定外であり、言葉少なに接することでその場の気まずさをやり過ごそうとしている。

エ　連絡船からの最後の慰霊という自身の目的を果たすことができたことで張りつめていた気持ちが緩むのと同時に、自分と同様に故人を悼(いた)む男にそれとない親近感を抱いている。

問七　本文の内容と表現についての説明として**適当でないもの**を次の中から一つ選び、記号で答えなさい。

ア　青函連絡船で出会った老婦人の姿と、故郷に残してきた母の姿が重なっていく「彼」の心情が、しみじみとした情感に満ちた筆致で描写されている。

イ　雪の降りしきるプラットホームや着ぶくれした人々が集う構内の様子を丁寧に描写することによって、冬の青森駅の情景が現実感をもってありありと描き出されている。

ウ　連絡船内の場面では賑やかな一般客とそれに背を向ける老婦人を対比的に描くことで、一人で慰霊に向かう老婦人の様子が印象的に表現されている。

エ　冒頭部分では登場人物についての情報はわずかしか示されていないが、読み進めていく中で必要な情報が次第にそろい、最終的に全体像が明らかになるように構成されている。

二　次の文章は、自動車メーカー・マツダ株式会社のデザイナーによって書かれたものです。本文を読み、後の問いに答えなさい。

私にとっていいデザインとは何か？

これは難しい質問だ。同じ質問を海外のメディアからもよく受けるが、いつも答えに苦労する。それは哲学的であり観念的な話だ。いささか質問が抽象的すぎるし、どんな解釈も許される。だが同時に、デザインを生業としている者にとっては無視して通れない※1命題でもある。

私にとってのいいデザイン――それはデザイナー本人が「これしかない」というところまで突き詰めて出してきたものである。顧客のニーズや世の中のトレンドとはまた別の話になる。作り手が考えに考え、悩みに悩んだ末に導き出したたったひとつの解こそがいいデザインだと思うのだ。

そもそも〝いいデザイン〟なんてものは存在するのか？　そんな疑問もぶつけられる。結局デザインというのは好みの問題ではないのか。個人の趣味に※2収斂(しゅうれん)する話ではないのか。だったらデザインには好悪こそあれ、優劣など付けられないのではないか――そう考える向きもあるようだ。

その答えに対し、私もある部分ではYESと思う。おおまかなデザインの方向性、テイストについては個人の好き嫌いが左右する。これカワイイ。これカッコいい。これ美しい。これキライ……そこに他人は口を挟めない。好き嫌いでは個人の感覚こそ絶対である。

しかしテイストの違いとは別に、デザインの質についてはプロしか作れない領域というものがある。①クオリティの絶対値というものは確かに存在する。

たとえばデザイナーでも職人でもいい、あるひとりの作家がものづくりに没頭する。彼は自分の引き出しをすべて開け、持てる技術の限りを尽くし、「これが限界だ。自分はこれ以上のものは作れない」というレベルの作品を創作する。その作品は外から見ても、あ

Ⅰ「見るともなしに」

ア　他人の視線を気にせずに

イ　大げさにならないように注意して

ウ　あえて意識することもなく

エ　なるべく平静を装いながら

Ⅱ「痺れを切らして」

ア　思い通りにならなくて

イ　たえきれなくなって

ウ　我慢するのをためらって

エ　他の人々に先がけて

問二　傍線部①「妙な気がした」とありますが、「彼」がこのように感じた理由として最も適当なものを次の中から選び、記号で答えなさい。

ア　郊外の自宅に帰るものと思っていた老婦人が、小さなバッグ一つだけの軽装で雪道を連絡船に向かって歩いていることが場違いに思われたから。

イ　花屋で紙筒の花を買っていた時から気になっていた老婦人が、自分と同じ連絡船に向かっていることを確認し、老婦人が自分の知り合いである可能性があると思ったから。

ウ　郊外の自宅に帰って亡夫に花を手向けるのだろうと思っていた老婦人が、意外にも花を持ったまま海峡を渡る連絡船に乗ろうとしていることに気づいたから。

エ　自分と同じ紙筒を持った老婦人が、自分と同じ目的で連絡船に乗ろうとしているのだということを悟り、自分と同じ行動をしようとする人物がいることに驚いたから。

問三　傍線部②「ほんとにお構いなく。放っといてください」とありますが、この時の「老婦人」の心情の説明として最も適当なものを次の中から選び、記号で答えなさい。

ア　慣れていない雪道で転倒したのは自分の不注意のせいであり、男が親切心で声をかけてくれていることはわかっているが、助けを借りることで惨めな気持ちになりたくないと訴えている。

イ　自分と同じ紙筒を持っている男には親近感が湧くものの、同情や手助けを求めていると思われるのは不本意で、これ以上他人と関わるべきではないと自分に言い聞かせようとしている。

ウ　横殴りの雪の中をなんとか一人で連絡船まで辿りつこうと必死に努力している自分に対して、気安く声をかけてきた男のぶしつけな態度に、強い不快感を抱いている。

エ　紙筒を確認したことで、男の旅の目的が自分と同じであることを察し、一人でやり遂げるべき自分の目的を邪魔されたくないという意志をはっきりと示そうとしている。

問四　傍線部③「彼は思わず、立ち止まりそうになった」とありますが、それはなぜですか。その理由を五十字以内で答えなさい。

問五　傍線部④「彼は浮かしかけていた腰を落ち着けた」とありますが、それはなぜだと考えられますか。その理由として最も適当なものを次の中から選び、記号で答えなさい。

ア　紙筒を持って席を立った老婦人の他人を寄せ付けない異様な雰囲気に圧倒され、同じタイミングで船室の外に出て鉢合わせしてしまうことが憚られたから。

イ　これまでの様子からみて老婦人の目的が自分と同様に肉親の慰霊にあるのだろうと判断し、老婦人が落ち着いた環境で慰霊ができるように配慮したから。

ウ　船は海峡の中ほどまで辿りついたが、対岸の港に到着するまでにはまだ時間的な余裕があり、老婦人が帰ってくるのを待ってからでも慰霊のための時間は足りると判断したから。

エ　自分と同じ紙筒を持ちながら船室を出ていった老婦人の行方が気になったが、青森駅で強く拒絶されている以上、もうこの婦人には自分から関わるべきではないと思い直したから。

問六　傍線部⑤「おさきに……」とありますが、ここから「老婦人」のどのような心情が読み取れますか。最も適当なものを次の中から選び、記号で答えなさい。

い待合室のなかをぶらぶら歩く。いつの間にか、胸に揃いの造花をつけた団体客が売店のまわりにひしめいている。隙間を探して覗いてみたが、記念に欲しくなるようなものが見当らないから、子供たちへの土産に、航行中の連絡船を空から写したテレフォンカードを三枚買って、人ごみを離れる。

入口を入ってすぐ左手にある婦人待合室の前を通ると、ドアを開け放した戸口から、床より一段高くなっている絨毯敷きの奥の太い角柱の蔭に、焦茶色の帽子を脱いだ老婦人がひとりぽつんと坐っているのが見えた。賑やかに談笑する車座のグループにまるくした背中を向けて、うつむき加減に、ひっそりと正坐している。

彼は、通り過ぎてから、ふと、誰かに似ていると思い、すぐに自分の死んだ母親を思い出した。顔や身なりは似ても似つかないが、やはり小柄だった母親も、生前、よく炉端に背中をまるめて、しんと正坐していたものであった。そんな、ひとりでなにかにじっと耐えているような恰好が、母親に似ていた。

それから、③彼は思わず、立ち止まりそうになった。この海峡で命を捨てた人は、ほかにも大勢いる。自分以外にもこっそり最後の慰霊にやってくる肉親がいても、すこしもおかしくはないのである。

定刻に出帆の銅鑼が鳴る。それに太い汽笛と、蛍の光。それらを船室の座席で忘れぬように耳をそばだてて聴く。老婦人は通路を隔てた窓際にいて、吹雪がはためく海に見入ったまま動かない。

海峡のむこうの港まで四時間足らずの航海である。はじめの一時間余りは湾の内、それから外海へ出て、潮流の急な海峡にさしかかるのは出港してからおよそ二時間後と思えばいい。船腹を叩く波音が高まり、船がひっきりなしに胴震いをして軋むようになれば、そろそろ海峡のなかほどである。

先に席を立ったのは老婦人の方であった。紙筒を目立たぬように腋の下から縦にして、そっと船室を出ていった。それが濡れた窓ガラスに映るのを見て、④彼は浮かしかけていた腰を落ち着けた。外はもうすっかり闇で、風は相変わらず強そうだが、さいわい雪は小降りになっている。

老婦人はなかなか戻ってこない。さっさと用を済ませて、船内の暖かいレストランでお茶でも飲んでいるのだろうか。Ⅱ痺れを切らして、寒さ凌ぎの身支度にかかると、隣の中年男が目を醒まして、もう海峡を渡り切ったのかと驚いたように窓をこすった。

照明を落としたデッキは無人で、刺すような風ばかりが吹き抜けていた。濡れた歩廊のところどころが窓から洩れる明りで氷の飛び石のように光っていた。そこをよろけながら船尾へ回る。船尾から細くて急な階段をもう一つ昇ると、最上階の狭いデッキで、巨大な煙突のすぐそばに、彼のいつものふなべりがある。

その最後の階段を昇りかけると、思いがけなく、上から降りようとして躊躇っている人のブーツが鈍く光って見えた。彼は後戻りして、下から、どうぞ、と声をかけた。

ブーツがゆっくり、一段々々踏み締めながら降りてくる。ベルトのついた黄土色の外套。銀髪が風に吹き乱れている。老婦人は手ぶらになっていて、その顔には重荷を下ろした人の安らぎが見えた。彼がそこに立っているのを見ても、驚かなかった。

「⑤おさきに……。」

老婦人のまなざしには、みちづれを見るような親しみが感じられた。彼は、無言で会釈してすれ違うと、老婦人がふらふらと船室への入口に辿りつくのを見届けてから、階段の昇り口にもたれて花の包み紙をむいた。

（三浦哲郎「みちづれ」新潮社より）

※1　外套…コートのこと。
※2　連絡船…青函連絡船のこと。青函トンネルの開業以前には、本州の青森と北海道の函館は青函連絡船という大型の貨客船によって結ばれていた。

問一　二重傍線部Ⅰ「見るともなしに」、Ⅱ「痺れを切らして」の意味として最も適当なものを後の中からそれぞれ選び、記号で答えなさい。

黄ばんで見える雪道である。そこを、海の方から雪が真横に吹き抜けている。

　彼は、その雪道のなかほどまできてから、首をすくめて前をゆくまばらな人影のなかに意外な後姿を見つけて、おやと思った。てっきり各駅停車の列車に乗って近郊へ帰るものとばかり思っていたあの老婦人が、焦茶色の帽子を雪のくる方へ傾けてのろのろと歩いている。ゆく手には、もはや連絡船の乗り場しかない。すると、おなじ船に乗るつもりなのだ、おなじ花の紙筒を抱えて――彼はそう思って、①妙な気がした。

　ここからあまり遠くない土地で育った彼は、雪道の歩き方を心得ている。危なっかしい足取りの人々を抜いて、ほどなく老婦人に追いついたが、なんとはなしに前へ出るのを躊躇っているうちに、目の前の焦茶色が、不意に沈んだ。まるで何者かにいきなり両足を払われたかのような転び方で、あ、と思ったときには、もう、雪の上に寝そべる形に倒れていた。彼は思わず駈け寄った。

「大丈夫ですか。」

「びっくり……とうとう転んじゃったわ。」

　老婦人は、思いのほか明るい、張りのある声でそういいながら身を起こすと、肩越しに彼を仰いだが、ふと怪訝そうな顔つきになって、確かめるように彼が抱えている紙筒へ目を移した。

「手を貸しましょうか。」

「いえ、結構。ひとりで立てます。」

　きっぱりとそういったが、すぐには立てなかった。ブーツのかかとが凍てついた雪を蹴っては滑るばかりである。見かねて、手を伸ばすと、

「②ほんとにお構いなく。放っといてください。」

　老婦人はちょっと身をもがくようにした。すると、その肘が、彼の手のひらを突いた。ほんの一瞬のことだが、同情や手助けのたぐいは一切拒否しようという頑な意志を伝える手応えがあった。

　彼は、ちいさな吐息を洩らすと、また歩き出した。

　広い連絡船の待合室には、立ち食い蕎麦の出し汁の匂いが籠っていた。色とりどりの椅子席は相変らず閑散としていて、桟橋や港の見える窓際だけがわずかに賑わっていた。身軽な防寒服の男たちが十数人もずらりと並んで、手に手に重そうなカメラを構えている。背後から覗いてみると、着いたばかりの連絡船がタグボートに押されながら向きを変えるところで、窓の正面に船首がくるとシャッターの音が高まった。

　この連絡船の航路は、あと一と月足らずで廃止されることになっている。海峡の下をくぐり抜けるトンネルが完成したからである。廃止の日が迫るにつれて、名残りを惜しむ客たちで船も港も混雑するだろうと思い、いまのうちに乗り納めをしようと早目に出かけてきたのだが、意外にも、いつもと様子が違うのはこの窓際だけであった。

　彼は、その窓とは反対側の奥までいって、隅っこのいつもの椅子に、ボストンバッグと紙筒を下ろした。この隅っこには、かつて脚の長い、緑色の羅紗張りが手許へゆるく傾いている書き物机が置いてあり、もう何十年も前の話だが、彼の肉親のひとりがそこでこの世に別れを告げる手紙を書いたのであった。その肉親は、手紙を投函してから船に乗り、海峡のまんなかあたりで身を投げた。遺体は遂に揚がらなかった。

　だから、彼は、この海峡こそ肉親の墓場だと思い、郷里を遠く離れて、時間と費用をどうにかやりくりできるようになってからは、命日の前後に、花を携えて墓参りに出かけてくるのを年中行事の一つにしていた。墓参りといっても、海峡のまんなかあたりで連絡船のふなべりから花を落とし、肉親の霊としばらく対話を試みてから、海峡のむこうの港町に一泊して、翌朝の飛行機で引き返すだけだが、肝腎の連絡船がなくなるのでは、そんな自分だけのささやかなならわしもこれが最後ということになる。

　荷物を椅子に残して、やがて取り毀されることになるかもしれな

二〇一九年度　佼成学園高等学校

【国語】（五〇分）〈満点：一〇〇点〉

（注意）　句読点や記号も一字にかぞえること。

一　次の文章は三浦哲郎の小説「みちづれ」の全文です。本文を読み、後の問いに答えなさい。

白菊、一本、二百六十円。少々高いような気もするが、これが最後だから、いつも通りに十本買って、花束だとわからぬように紙ですっぽり包んで貰う。

「これから墓参りかね？」

と駅前マーケットの花屋はいう。

強い津軽訛りが懐かしい。花は買っても、もはや誰も粋なたくらみだと思ってくれないのは情けないが、花屋の見当はあながち外れているわけでもないから、

「まあ、そんなところだ。」

「命日ならしょうがないけど、難儀なこったね、こんな天気で。」

外は横殴りの雪である。店の前を囲んでいる透明なビニールシートが、通路を吹き抜ける風を孕んでぱりぱりと音を立てている。

毎年のように、この店にきて、おなじ花をおなじように包んで貰うのだが、花屋の方にはまるで憶えがないらしい。年にいちどの客では無理もないが、花をすっぽり包ませたのも、ただ、あいにくの風雪から守るためだと思っているようである。

一見、なんでもなさそうな紙筒になった花と引き換えに、千円札を三枚渡すと、

「はい、どちらも菊が十本。おまけして、二千と五百円ずつ、いただきね。」

と花屋は店の奥の暗がりへ声をかけた。

そのとき、彼は、奥の石油ストーブのそばに、自分のとそっくりな紙筒を小脇に抱えた先客がいるのに、初めて気づいた。黄土色の※1外套を着た、品のいい顔立ちの小柄な老婦人で、黒いブーツに炎の色が映っていた。

女房からおつりを貰って、花屋を出る。また、どうぞ、という声を背中で聞いたが、もう、くることもない。

次の※2連絡船は午後三時の出航で、まだ一時間ほど間があった。街にはべつに用がないから、そのまま駅へ戻って、待合室の隅の軽食スタンドで一と息入れる。雪に濡れた頬をぬぐい、冷えた歯に滲みるコーヒーをちびちびと飲む。靴のなかに雪水が染み込んだのか、爪先が痛い。手袋をはめていた手も、指先の方がかじかんでいる。ふなべりの寒さが思いやられる。

北の玄関と呼ばれる駅の構内は、着ぶくれた人々で混雑していた。スタンドの彼の椅子からは、囲いのガラス越しに改札口の雑踏が見えた。この駅では、鉄道の客も船の客もおなじ改札口を出入りしている。列車が発着するプラットホームの一本がやけに長く伸びていて、その果てが連絡船の桟橋になっているからである。コーヒーカップのほとぼりで手を暖めながら、I見るともなしに眺めていると、さっき花屋で一緒だった老婦人が、銀髪に焦茶色の帽子をのせて改札口を通るのが目に入った。小振りなバッグを一つ提げ、例の紙筒は片手で胸に抱えている。街へ用足しに出てきたついでに、亡夫へ手向ける花を買って帰るのだろうか、と彼は思い、帽子を目深にしてとぼとぼと郊外の家路を辿る姿を想像した。

しばらくして、彼も途中下車した切符を見せて改札口を通った。切符は、東京から海峡のむこうの港町まで、一枚でとおしになっている。

桟橋への通路を兼ねている長いプラットホームは、屋根があるにも拘らず、すっかり雪道になっていた。わずかにコンクリートの地肌が覗いているのは、跨線橋の降り口のあたりと、売店や立ち食い蕎麦屋の前ばかりで、あとは、屋根裏の塗料のせいか一面に薄く

英語解答

1 問1　3
問2　隣の女の子に話しかけようと決めたこと。
問3　2　　問4　1　　問5　3
問6　1…○　2…×　3…×　4…×　5…○
問7　(1)　(例) I had a new student from America last year. At first I thought he could only speak English, but I decided to talk to him.
(2)　(例) He could speak Japanese. Now we are good friends.

2 問1　1　　問2　3→1→2→4
問3　1
問4　(A)　(例) have training for many years and high level language skills
(B)　(例) can use foreign languages to improve communication in everyday life
問5　2，4
問6　(例) I think many foreign people will visit Tokyo to watch the Olympic games. I will try to talk to them and if they have a problem, I will help them. I want to learn basic English skills and be a good interpreter.(42語)

3 1　known to　　2　the hottest
3　so well　　4　has won〔got〕
5　first〔only〕, to

4 ③　have　　⑤　coming〔who came〕
⑨　you will
⑪　richest countries
⑭　must〔should〕not

1〔長文読解総合―エッセー〕

≪全訳≫**1**オーストラリアの学校での最初の数日間は，私にとってひどいものだった。私は孤独を感じ，誰も私に話しかけなかった。「彼らは私のことが嫌いだから，私に話しかけないんだ」　私にはそれしか考えられなかった。それから数日後，何が起きたかはわからないのだが，私は隣の女の子に話しかけることに決めた。私は英語があまり上手ではなかった。私はこう言った。「私は日本です。初めまして」　彼女は笑ってこう言った。「私は本当にあなたに話しかけたかったんだけど，あなたが日本語しか話せないと思っていたの」　私が決してクラスメートたちに話しかけようとしなかったので，彼らは私が英語を話せるとは知らなかったのだ。それ以来，みんなが私と話してくれて，私は問題を理解したような気がした。私の英語は完璧ではなかったが，少しの勇気で，私は自分の世界を変えたのだ。**2**クラスメートも私も間違った考えを持っていた。私は「私はアジア人で，彼らとは違うから，彼らは私に話しかけないだろう」と思っていた。彼らもまた「彼女はアジア人だから，英語を話せないだろう」と思っていた。この考えのため，私たちは友達になれなかった。私たちはこうした考えを固定観念と呼ぶ。日本人は，特に外国から来た人々に関して，固定観念を持っていると思う。例えば，電車で外国人をじろじろ見たことはないだろうか？　もしくは，ニュースを読んだとき，薬物の売人はいつも外国人と伝えられることに気づいたことはないだろうか？　外国人の中には，部屋を借りるのに余分なお金を支払う必要がある人もいると知っていただろうか？　彼らをそのように扱うべきではない。私たちはどれだけ違うかを見るのをやめ，代わりにどれだけ同じかについて考え始めるべきなのだ。❸私が話した固定観念は，あなた方の中の小さな暗い場所のようなものだが，それが大きくなると，あなた方はその固定観念を正当化してしまうかもしれない。このようにして差別や殺人，さらには戦争が始まるので，あなた方は固定観念の奴隷になってはいけない。❹それでは，私たちに何ができるのだろうか？　そのとき私は，「私には夢がある」というマーティン・ルーサー・キング・ジュニアの有名なスピーチを思い出した。彼は差別と戦ったのだ。❺差別は固定観念から始まる。つまり，ある人々が他の人々よりも優れているという考え方だ。私は本当に，人々の物の見方を変える彼の力を尊敬している。彼の死から40年以上が過ぎたが，アフリカ系アメリカ人であるバラク・フセイン・オバマ氏がアメリカ合衆国の大統領になったとき，彼の夢は実現した。その結果は彼が勝ったということを示した。というのも，彼は人々の差別感情を打ち破ったからだ。あらゆる肌の色の人々が彼に投票したのだ。私たちはキング牧師が夢見た時代に生きている。しかし，きっと２人はどちらも，「変化を起こしたい！」と思っていただけではなく，実際に行動を起こしたのだろう。私たちが自分たちの状況をより良くしたいと思ったときに，変化は起きるのだ。❻私がクラスメートと話すことにした理由がわかった。それは，私が行動を起こさなければならなかったからだ。私たちは学ぶとき，間違えるかもしれない。しかし，私たちがやるべき最も大切なことは，一歩前に踏み出すことだ。私たちは前に踏み出すことで，より良くなる。❼キング牧師は夢を見て，道を開いた。オバマ大統領は夢を見て，人々を率いる道を探すつもりだった。では，私の夢は何だろうか？　私はただ，固定観念のない未来を，そのように考えるのは間違っているという未来を夢見ている。今が「変化」を起こす時であればいいと思う。

問１＜文脈把握＞第１段落第９文より，３.「彼女は英語を話すことができたのだが，クラスメートはそれを知らなかった」が適切。

問２＜語句解釈＞下線部を含む文は「私の英語は完璧ではなかったが，少しの勇気で，私は自分の世界を変えた」という意味。隣の席の女の子に話しかけようという勇気を出した結果，クラスメートと友達になれたという変化が生まれたのである。

問３＜適語句選択＞第２段落第２文や第６文から，自分と他者が違うと考えることが間違った固定観念につながるという筆者の考えが読み取れる。ここから，筆者が「私たちがどれだけ違っているかを見るのをやめ」，その代わりに「私たちがどれだけ同じかについて考え始める」べきだと考えていることがわかる。

問４＜語句解釈＞(3)の結果として「差別や殺人，さらには戦争が始まる」という文脈なので，固定観念を「正当化する」という意味だとわかる。

問５＜要旨把握＞２人について述べられているのは，第５段落。最後の２文から，３.「彼らは人々の状況をより良くするため，勇気を持って行動した」が適切。

問６＜内容真偽＞1.「筆者は一歩前に踏み出すことを決め，クラスメートと友達になることができた」…○　第１段落，第６段落に一致する。　**2**.「日本では，外国から来た人は皆，部屋を借りるのにより多くのお金を支払わなければならない」…×　第２段落第９文の some foreigners need to pay ～ より，全ての外国人が多くのお金を支払う必要はない。　**3**.「差別は人々をより悪くするが，ときには，より良くすることもある」…×　このような記述はない。　4．「バラク・フセイン・オバマはアメリカ合衆国の大統領になった。というのも，それがキング牧師の夢だったからだ」…×　because 以下の内容は，本文に書かれていない。　5．「筆者は固定観念が将来なくなればいいと思っている」…○　本文最後から２文目に一致する。

問7＜条件作文＞≪全訳≫❶ミキコ(M)：私は本当に筆者の考えが気に入ったわ。大切なのは前に一歩踏み出すことなのね。タケシ，あなたは似た経験をしたことがある？**❷タケシ(T)**：うん。(1)昨年，アメリカから新入生が来たんだ。最初，彼は英語しか話せないと思ったんだけれど，彼と話すことに決めた。**❸M**：それから何が起こったの？**❹T**：(2)彼は日本語を話すことができた。今ではぼくたちは良い友達だよ。**❺M**：それは良かったわ。行動を起こすことが大事ね。あなたはすばらしい経験をしたわね！

(1)タケシはミキコの「あなたは似た経験をしたことがある？」という質問に Yes. と答えているので，筆者のように外国人の生徒が来たという内容にする。　(2)ミキコの「あなたはすばらしい経験をしたわね！」という発言から，話しかけたことで良い結果につながった，という内容にする。

2　〔長文読解総合―エッセー〕

≪全訳≫❶ある言語を別の言語に通訳するのは，難しい仕事のように見える。また，何年も訓練して優れた言語技能を身につけた人だけがそれをできるのだと思うかもしれない。しかし，必ずしもそうとは限らないのだ。**❷**実際，誰もが通訳になれる――あなたでも。基礎的な英語力と勇気があれば，変化を起こすことができるのだ。何年も前，私は神戸で日本語を学んでいた。そこで，私は通訳として最初の経験をした。ある日，私が歩いていると，数名の日本人に話しかけているアメリカ人旅行客の集団を見かけた。彼らはコミュニケーションに問題を抱えているのだと思った。私は何が起きているのかを確かめるために彼らのところへ歩いていった。「僕たちは日本のお風呂に入ってみたいんだ」とアメリカ人たちが言った。「銭湯はどこで見つかるかな」　日本人たちは彼らが何について話しているのか理解できなかった。彼らは多くの言葉を聞いたが，「basu」という言葉しか理解できなかった。不幸なことに，彼らは間違えて，アメリカ人たちがバスに乗りたがっているのだと考えた。事態は悪化した。アメリカ人たちは「銭湯！　銭湯だよ！」と大きな声で言い始め，自分たちの言っていることを説明するため，服を脱ぎ始めた。当然のことながら，日本人たちは彼らの奇妙な行動に驚いた。彼らは「バス！　バス！」と大きな声で言い，近くのバス停を指さした。問題は明らかだった。アメリカ人たちは銭湯，すなわち公衆浴場に行きたがっていたのだが，日本語がわからなかった。日本人たちは助けてやりたかったが，英語がわからなかった。どちらの集団もコミュニケーションを図ろうとしたが，互いを理解できなかった。アメリカ人たちには，彼らの問題を解決してくれる通訳が必要だった。私は急いで通訳を探したが，見つからなかった。私はどうすべきだろうか？　ゆっくりと，私はあることについて考えた。たぶん，私が通訳になれるだろう。**❸**その考えは無茶なものに思えた。私は基礎的な日本語しか話せないほんの初心者だったのだ。通訳というのは高い技術を持つ人々だと，誰もが知っている。しかし，私は何かしなければならなかった。私は２つの集団の真ん中に向かって歩き，助けようとした。「君たちは日本の銭湯に行きたいんだよね？」　私はアメリカ人たちに尋ねた。彼らは同意した。私は簡単な日本語を使い，これを日本人たちに説明した。「じゃあ，それが彼らのしたかったことなんだね」と彼らは言った。「彼らはバスに乗りたいんだと思っていたよ！」　数分後，問題は解決した。その後すぐに，日本人たちはアメリカ人の旅行者たちを最寄りの銭湯に連れていった。**4**通訳には世界中に重要な仕事がある。しかし，日常生活でコミュニケーションを改善するために外国語を使うことができる人も世界には必要だ。人々の理解の架け橋になるために，何年も訓練して高い言語力を持つ必要はない。助けることができると思ったら，恥ずかしがらないことだ。進んで通訳になろう！

問１＜英文解釈＞下線部の直後に続く３文を参照。どちらの集団も大きな声で主張し，考えを身振りで示そうとしていることから，１．「アメリカ人たちと日本人たちは，自分たちの考えをより強く示した」が適切。

問２＜要旨把握＞第２段落第５文～第３段落を参照。３．「アメリカ人たちが日本人たちに公衆浴場への行き方を尋ねた」→１．「日本人たちはアメリカ人たちがバスに乗りたいのだと思った」→２．「筆者は２つの集団の間にある問題を理解した」→４．「筆者は問題を解決する方法について考え，そして解決できた」

問３＜英問英答＞「筆者は問題を解決するために何をしたか」－１．「アメリカ人の集団の望みを，基礎レベルの日本語力で説明した」　第３段落第２文および第５～12文を参照。

問４＜内容一致＞(A)第１段落第２文参照。長年訓練して，高いレベルの言語力を持つ通訳のこと。(B)第４段落第２文参照。日常生活でコミュニケーション改善のために外国語を使える通訳のこと。

問５＜内容真偽＞１．「筆者は神戸で初めてプロの通訳として働いた」…×　第２段落第３，４文参照。日本語を勉強中であり，プロの通訳ではなかった。　２．「アメリカ人たちは彼らがしたいことを，身振りを使って表現した」…○　第２段落第14文の started to take off their clothes to explain their meaning に一致する。　３．「日本人たちには基礎的な英語力はなかったが，『銭湯』という言葉を理解した」…×　第２段落第11，12文より，bath という言葉を bus と勘違いしたことがわかる。　４．「筆者には勇気があったので，日本人とアメリカ人を助けることができた」…○　第３段落の内容に一致する。　５．「アメリカ人たちは，彼らがいた場所からは遠くにある有名な銭湯に行くことができた」…×　第３段落最終文に the nearest *sento*「最寄りの銭湯」とある。

問６＜テーマ作文＞本文の内容を踏まえ，日本に訪れる外国人を通訳として助けようという主旨の文にすれば書きやすいだろう。

3〔書き換え―適語補充〕

１．「大谷翔平は二刀流の選手として野球をとても上手にプレーするので，誰もが彼を知っている」→「大谷翔平はすばらしい二刀流の野球選手としてみんなに知られている」　be known to ～「～に知られている」

２．「この前の７月，熊谷市ではとても高い気温を記録した。それは日本史上初の記録となった」→「この前の７月，熊谷市で，日本史上最も暑い日があった」　hot「暑い」の最上級が適する。

３．「日本のサッカーチームはうまくプレーし，コロンビアのチームに勝った」→「日本のサッカーチームはとてもうまくプレーしたので，コロンビアのチームとの試合に勝った」　‘so＋形容詞〔副詞〕＋that ～’「とても…なので～」を用いる。

４．「羽生善治は多くの将棋のタイトルを獲得した。あと１回勝てば，それがタイトル100期目になる」→「羽生善治は彼の将棋人生において99回タイトルを獲得している」　‘完了’用法の現在完了形にする。 win－won－won　または，get を用いて have got としてもよい。

5．「池江璃花子は2018アジア大会で6つの金メダルを獲得した。それまでにこのようなことをした水泳選手は，他にいなかった」→「池江璃花子は1つのアジア大会で6つの金メダルを獲得した最初〔唯一〕の水泳選手だった」 ‘the first〔only〕＋名詞＋to＋動詞の原形’「…した最初〔唯一〕の～」

4〔長文読解─誤文訂正─対話文〕

≪全訳≫❶タケル(T)：やあ，リョウタ。新しい学校の生活はどう？❷リョウタ(R)：やあ，タケル。とてもわくわくしているよ。次の秋に修学旅行へ行くんだ。僕は外国へ行ったことがないからね。外国を訪れることに興味があるんだ。君は外国に行ったことがある？❸T：うん，あるよ。中学2年生のとき，オーストラリアを訪れたんだ。❹R：ああ，本当に？　それについてもっと知りたいな。❺T：うん，オーストラリアはとても大きな国だよ。実際，日本よりかなり大きい。でもそこには2400万人の人しか住んでいないよ。日本の人口の5分の1だね。オーストラリアの人々はもともとイギリスから来たから，英語を話すんだ。でも最近，他の国々から来た人もたくさんいるよ。例えば，中国やベトナムのようなアジアの国々から来た人もいる。ヨーロッパから来た人や，アフリカの国々から来た人さえいる。だから，世界中からやってくるいろんな食べ物を食べることができるんだ。❻R：それはすごいね。いろんな種類の食べ物を食べてみたいよ。❼T：うん。多くの国からやってくるいろんな食べ物を食べるのはとても楽しいよ。ところで，修学旅行でどこに行くのか教えてくれない？❽R：シンガポールへ行くんだ。小さいけれどきれいな国だよ。❾T：うん。教育や経済，医療で有名だね。シンガポールはアジアで最も豊かな国の1つだ。昨年，そこで米朝首脳会談が開かれたんだ。変わったルールがあるって聞いたよ。ガムを持っていっちゃいけないんだ。それは法律に反する。通りに物を捨てると，高い罰金を払わなければならない。シンガポールは「罰金の国」といわれているよ。だから，そこでは通りに何も捨ててはいけないよ。❿R：わあ，それは知らなかったよ。教えてくれてありがとう。とにかく，シンガポールを訪れるのが楽しみだよ。

③Have you ～？に対する答えなので，did ではなく have を用いる。　⑤下線部以下は直前の名詞 many people を修飾するまとまりなので，現在分詞(～ing)の形容詞的用法か，関係代名詞の who〔that〕を用いて表す。　⑨where 以下は tell の目的語となる間接疑問なので，‘疑問詞(where)＋主語＋(助)動詞’の語順が正しい。　⑪‘one of the＋形容詞の最上級＋複数名詞’「最も～な…の1つ」　⑭文脈から，「～してはいけない」の意味になる must not が適切。もしくは，「～すべきでない」の意味になる should not を用いる。don’t have to ～ は「～する必要はない」。

数学解答

1 (1) $5\sqrt{3}-5\sqrt{2}$
(2) $(x+y+3)(x-y+3)$
(3) $x=-4,\ y=9$　(4) $y=3x-7$
(5) 8％　(6) $\frac{25}{216}$　(7) 34°
(8) 90cm³

2 (1) $\mathrm{A}(-2,\ 2),\ \mathrm{B}\left(3,\ \frac{9}{2}\right)$　(2) $\frac{15}{2}$
(3) $\frac{21}{4}$

3 (1) $8\sqrt{2}$　(2) $2\sqrt{2}$

4 (1) ア…2　イ…3
ウ…２組の辺の比とその間の角がそれぞれ等しい
エ…2
オ…３組の辺がそれぞれ等しい
カ…60　キ…30
(2) １辺の長さ…$\sqrt{3}$　面積…$\frac{3\sqrt{3}}{4}$
(3) １辺の長さ…$\frac{\sqrt{3}}{9}$　面積…$\frac{\sqrt{3}}{108}$

1〔独立小問集合題〕

(1)＜**平方根の計算**＞$(2\sqrt{3}-\sqrt{2})^2=12-4\sqrt{6}+2=14-4\sqrt{6}$ より，与式$=\frac{3+2\sqrt{6}}{\sqrt{3}}-\frac{14-4\sqrt{6}}{\sqrt{2}}=\frac{(3+2\sqrt{6})\times\sqrt{3}}{\sqrt{3}\times\sqrt{3}}-\frac{(14-4\sqrt{6})\times\sqrt{2}}{\sqrt{2}\times\sqrt{2}}=\frac{3\sqrt{3}+6\sqrt{2}}{3}-\frac{14\sqrt{2}-8\sqrt{3}}{2}=\sqrt{3}+2\sqrt{2}-(7\sqrt{2}-4\sqrt{3})=\sqrt{3}+2\sqrt{2}-7\sqrt{2}+4\sqrt{3}=5\sqrt{3}-5\sqrt{2}$ となる。

(2)＜**因数分解**＞与式$=(x+3)^2-y^2$ として，$x+3=A$ とすると，与式$=A^2-y^2=(A+y)(A-y)$となる。Aをもとに戻して，与式$=(x+3+y)(x+3-y)=(x+y+3)(x-y+3)$となる。

(3)＜**連立方程式**＞$7x+3y=-1$……①，$\frac{x}{2}+\frac{y}{3}=1$……②とする。②×6 より，$3x+2y=6$……②′　①×2−②′×3 より，$14x-9x=-2-18$，$5x=-20$　$\therefore x=-4$　これを②′に代入して，$-12+2y=6$，$2y=18$　$\therefore y=9$

(4)＜**関数―直線の式**＞傾きが3なので，直線の式は，$y=3x+b$とおける。点$(2,\ -1)$を通るから，$x=2$，$y=-1$を代入して，$-1=6+b$，$b=-7$となる。よって，求める直線の式は$y=3x-7$である。

(5)＜**一次方程式の応用**＞最初に入っていた容器Aの食塩水の濃度をx％とする。容器Aから容器Bに50gの食塩水を移すと，容器Aはx％の食塩水が$100-50=50$(g)残るので，含まれる食塩は$50\times\frac{x}{100}=\frac{1}{2}x$(g)である。容器Bは，$x$％の食塩水50gに10％の食塩水50gを加えるので，食塩水は$50+50=100$(g)となり，含まれる食塩は$50\times\frac{x}{100}+50\times\frac{10}{100}=\frac{1}{2}x+5$(g)となる。この後，容器Bから100gの食塩水のうちの50gを容器Aに戻すので，戻す食塩水には，$\left(\frac{1}{2}x+5\right)\times\frac{50}{100}=\frac{1}{4}x+\frac{5}{2}$(g)の食塩が含まれる。よって，容器Aは，食塩水が$50+50=100$(g)となり，含まれる食塩は$\frac{1}{2}x+\left(\frac{1}{4}x+\frac{5}{2}\right)=\frac{3}{4}x+\frac{5}{2}$(g)となる。この食塩水の濃度が8.5％だから，$\frac{3}{4}x+\frac{5}{2}=100\times\frac{85}{1000}$が成り立つ。これを解いて，$3x+10=34$，$3x=24$ より，$x=8$(％)となる。

(6)<確率―さいころ>大，中，小３個のさいころを同時に投げるとき，目の出方は全部で，$6\times6\times6=216$(通り)ある。このうち，出た目の数の和が９となるのは，大きいさいころの目が１のとき，(中，小)＝(2, 6)，(3, 5)，(4, 4)，(5, 3)，(6, 2)の５通りある。大きいさいころの目が２のとき，(中，小)＝(1, 6)，(2, 5)，(3, 4)，(4, 3)，(5, 2)，(6, 1)の６通りある。大きいさいころの目が３のとき，(中，小)＝(1, 5)，(2, 4)，(3, 3)，(4, 2)，(5, 1)の５通りある。以下同様にして，大きいさいころの目が４のとき４通り，５のとき３通り，６のとき２通りある。よって，出た目の数の和が９となる場合は$5+6+5+4+3+2=25$(通り)だから，求める確率は$\frac{25}{216}$となる。

(7)<図形―角度>右図１で，$\overset{\frown}{AB}=\overset{\frown}{AD}$より，$\overset{\frown}{BD}=2\overset{\frown}{AD}$である。これより，$\overset{\frown}{BD}$に対する円周角は$\overset{\frown}{AD}$に対する円周角の２倍だから，$\angle BCD=2\angle ABD=2\times28^\circ=56^\circ$となる。また，線分CDは円Oの直径だから，$\angle CBD=90^\circ$である。よって，△BCDにおいて，$\angle x=180^\circ-(\angle CBD+\angle BCD)=180^\circ-(90^\circ+56^\circ)=34^\circ$となる。

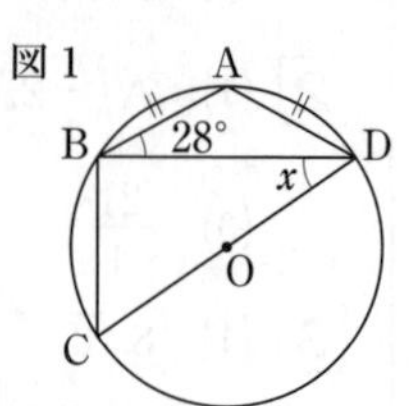

図１

(8)<図形―体積>右図２で，三角錐A-BCDと三角錐A-ECFは底面をそれぞれ△BCD，△ECFと見たときの高さが等しいので，〔三角錐A-BCD〕：〔三角錐A-ECF〕＝△BCD：△ECFである。２点D，Eを結ぶと，△BCDと△ECDは底辺をそれぞれBC，ECと見たときの高さが等しいから，△BCD：△ECD＝BC：EC＝2：1より，△BCD＝2△ECDとなる。同様に，△ECD：△ECF＝CD：CF＝(1+2)：1＝3：1だから，△ECD＝3△ECFとなる。よって，△BCD＝2×3△ECF＝6△ECFより，△BCD：△ECF＝6△ECF：△ECF＝6：1となるから，〔三角錐A-BCD〕：〔三角錐A-ECF〕＝6：1となり，〔三角錐A-BCD〕＝6×〔三角錐A-ECF〕＝6×15＝90(cm³)である。

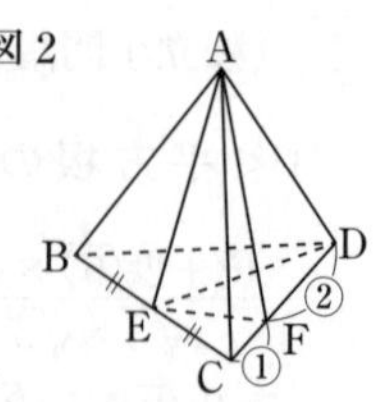

図２

2 〔関数―関数$y=ax^2$と直線〕

≪基本方針の決定≫(3)　直線A′Cと直線OBの交点のx座標を求める。

(1)<座標>右図で，２点A，Bは放物線$y=\frac{1}{2}x^2$と直線$y=\frac{1}{2}x+3$の交点だから，$\frac{1}{2}x^2=\frac{1}{2}x+3$より，$x^2=x+6$，$x^2-x-6=0$，$(x+2)(x-3)=0$となり，$x=-2$，３となる。よって，点Aの$x$座標は$-2$，点Bの$x$座標は３である。$y$座標は，それぞれ，$y=\frac{1}{2}\times(-2)^2=2$，$y=\frac{1}{2}\times3^2=\frac{9}{2}$となるから，$A(-2,\ 2)$，$B\left(3,\ \frac{9}{2}\right)$となる。

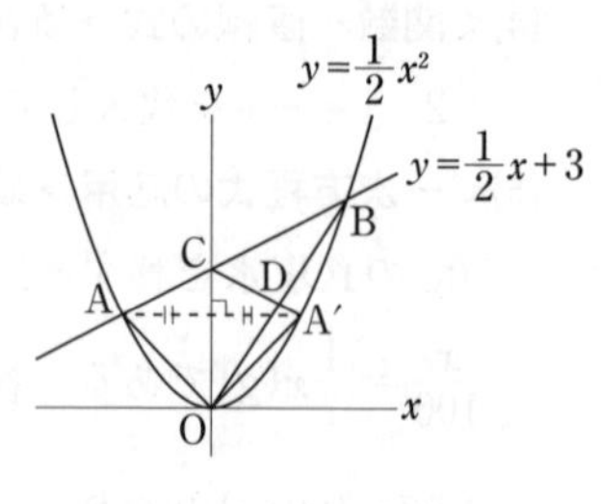

(2)<面積>右上図で，△OAB＝△OAC＋△OBCである。直線$y=\frac{1}{2}x+3$の切片より，OC＝3である。OCを底辺と見ると，２点A，Bのx座標より，△OACの高さは２，△OBCの高さは３だから，$\triangle OAB=\frac{1}{2}\times3\times2+\frac{1}{2}\times3\times3=3+\frac{9}{2}=\frac{15}{2}$となる。

(3)<面積>右上図で，A′CとOBの交点をDとすると，求める面積は，図形OA′DBCの面積であり，△OA′C＋△BDC＝△OAC＋△BDC＝△OAB－△ODCとなる。$A(-2,\ 2)$より，$A'(2,\ 2)$であり，

直線A′Cは，傾きが$\frac{2-3}{2-0}=-\frac{1}{2}$，切片が3となるから，直線A′Cの式は$y=-\frac{1}{2}x+3$である。また，$B\left(3,\ \frac{9}{2}\right)$より，直線OBの傾きは$\frac{9}{2}\div3=\frac{3}{2}$だから，直線OBの式は$y=\frac{3}{2}x$である。点Dはこの2直線の交点だから，$-\frac{1}{2}x+3=\frac{3}{2}x$，$-2x=-3$，$x=\frac{3}{2}$より，点Dの$x$座標は$\frac{3}{2}$となる。よって，△ODCで底辺をOCと見ると高さは$\frac{3}{2}$だから，$\triangle ODC=\frac{1}{2}\times3\times\frac{3}{2}=\frac{9}{4}$となる。(2)より$\triangle OAB=\frac{15}{2}$なので，求める面積は，$\triangle OAB-\triangle ODC=\frac{15}{2}-\frac{9}{4}=\frac{21}{4}$である。

3 〔空間図形―正四角錐と球〕

(1)＜長さ―三平方の定理＞右図1で，立体P-ABCDは正四角錐だから，頂点Pから底面の正方形ABCDに垂線PHを引くと，点Hは正方形ABCDの対角線AC，BDの交点と一致する。△ABHは直角二等辺三角形だから，$AH=\frac{1}{\sqrt{2}}AB=\frac{1}{\sqrt{2}}\times8=4\sqrt{2}$となる。よって，△PAHで三平方の定理より，$PH=\sqrt{AP^2-AH^2}=\sqrt{(4\sqrt{10})^2-(4\sqrt{2})^2}=\sqrt{128}=8\sqrt{2}$となる。

図1

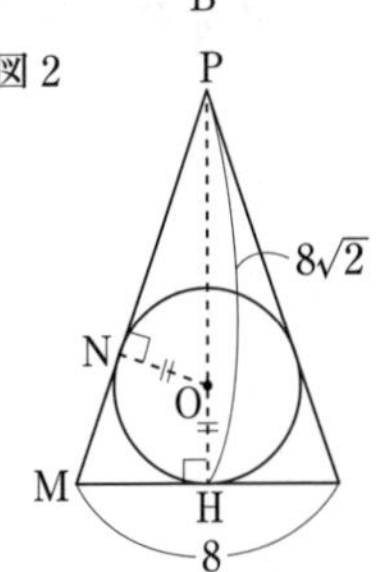

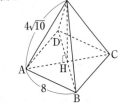

(2)＜長さ―三平方の定理，相似＞辺ABの中点をMとし，点P，H，Mを通る平面で正四角錐P-ABCDと球を切断すると，球の中心を通り，さらに，球と面PAB，PCDの接点も通るので，断面は右図2のようになる。円の中心をO，円とPMの接点をNとすると，△PMHと△PONで，∠PHM＝∠PNO＝90°，∠MPH＝∠OPNより，2組の角がそれぞれ等しいから，△PMH∽△PONである。よって，PM：PO＝MH：ONである。$MH=\frac{1}{2}\times8=4$だから，△PMHで三平方の定理より，$PM=\sqrt{PH^2+MH^2}=\sqrt{(8\sqrt{2})^2+4^2}=\sqrt{144}=12$となる。円Oの半径を$r$とすると，$OH=ON=r$，$PO=PH-OH=8\sqrt{2}-r$となる。したがって，$12:(8\sqrt{2}-r)=4:r$が成り立ち，これを解くと，$12r=4(8\sqrt{2}-r)$，$12r=32\sqrt{2}-4r$，$r=2\sqrt{2}$となるから，球の半径は$2\sqrt{2}$である。

図2

4 〔平面図形―正三角形〕

(1)＜論証―相似，合同＞右図で，$CC_1:AC_1=1:2$より，$AC_1:AC=2:(2+1)=2:3$だから，①は，$AM:AB=AC_1:AC=2:3$となる。$\triangle AMC_1$と△ABCにおいて，①と，②の∠Aは共通より，2組の辺の比とその間の角がそれぞれ等しいから，$\triangle AMC_1\backsim\triangle ABC$となる。よって，$MC_1:BC=AC_1:AC=2:3$だから，$MC_1=\frac{2}{3}BC=\frac{2}{3}\times3=2$である。次に，$\triangle AA_1C_1$と$\triangle MA_1C_1$において，③の$C_1A=C_1M$，④の$C_1A_1$は共通，⑤の$AA_1=MA_1$より，3組の辺がそれぞれ等しいから，$\triangle AA_1C_1\equiv\triangle MA_1C_1$となる。∠BAC＝60°だから，⑥は，$\angle C_1AA_1=\angle C_1MA_1=60°$である。また，$\triangle AMC_1\backsim\triangle ABC$より，$\angle AC_1M=\angle ACB=60°$だから，$\angle AC_1A_1=\angle MC_1A_1=\frac{1}{2}\angle AC_1M=\frac{1}{2}\times60°=30°$である。つまり，⑦は，$\angle AC_1A_1=\angle MC_1A_1=30°$となる。

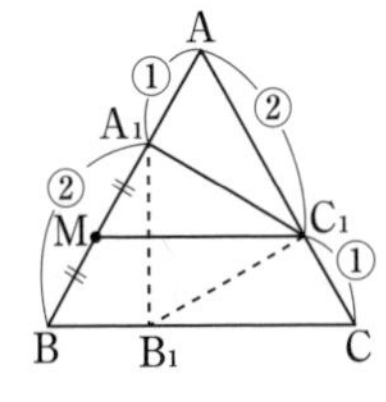

(2)＜長さ，面積―特別な直角三角形＞右上図で，$\triangle AA_1C_1$は，$\angle C_1AA_1=60°$，$\angle AC_1A_1=30°$，

$\angle AA_1C_1 = 90^\circ$より，3辺の比が$1:2:\sqrt{3}$の直角三角形である。$AA_1 : AB = 1:3$より，$AA_1 = \frac{1}{3}AB = \frac{1}{3} \times 3 = 1$なので，正三角形$A_1B_1C_1$の1辺の長さは，$A_1C_1 = \sqrt{3}AA_1 = \sqrt{3} \times 1 = \sqrt{3}$となる。このとき，正三角形$A_1B_1C_1$の高さは，$\frac{\sqrt{3}}{2}A_1C_1 = \frac{\sqrt{3}}{2} \times \sqrt{3} = \frac{3}{2}$となるから，$\triangle A_1B_1C_1 = \frac{1}{2} \times \sqrt{3} \times \frac{3}{2} = \frac{3\sqrt{3}}{4}$である。

(3)＜**長さ，面積—相似**＞(2)より，$\triangle ABC$と$\triangle A_1B_1C_1$の相似比は$AC : A_1C_1 = 3 : \sqrt{3}$だから，同様にして，$\triangle A_1B_1C_1$と$\triangle A_2B_2C_2$，$\triangle A_2B_2C_2$と$\triangle A_3B_3C_3$，……の相似比も$3 : \sqrt{3}$となる。よって，$\triangle A_5B_5C_5$の1辺の長さは，$A_5C_5 = \frac{\sqrt{3}}{3}A_4C_4 = \frac{\sqrt{3}}{3} \times \frac{\sqrt{3}}{3}A_3C_3 = \frac{\sqrt{3}}{3} \times \frac{\sqrt{3}}{3} \times \frac{\sqrt{3}}{3}A_2C_2 = \frac{\sqrt{3}}{3} \times \frac{\sqrt{3}}{3} \times \frac{\sqrt{3}}{3} \times \frac{\sqrt{3}}{3}A_1C_1 = \frac{\sqrt{3}}{3} \times \frac{\sqrt{3}}{3} \times \frac{\sqrt{3}}{3} \times \frac{\sqrt{3}}{3} \times \sqrt{3} = \frac{\sqrt{3}}{9}$となる。また，相似な図形の面積比は相似比の2乗に等しいから，$\triangle A_1B_1C_1$と$\triangle A_2B_2C_2$，$\triangle A_2B_2C_2$と$\triangle A_3B_3C_3$，……の面積比は$3^2 : (\sqrt{3})^2 = 3:1$となり，$\triangle A_5B_5C_5 = \frac{1}{3}\triangle A_4B_4C_4 = \frac{1}{3} \times \frac{1}{3}\triangle A_3B_3C_3 = \frac{1}{3} \times \frac{1}{3} \times \frac{1}{3}\triangle A_2B_2C_2 = \frac{1}{3} \times \frac{1}{3} \times \frac{1}{3} \times \frac{1}{3}\triangle A_1B_1C_1 = \frac{1}{3} \times \frac{1}{3} \times \frac{1}{3} \times \frac{1}{3} \times \frac{3\sqrt{3}}{4} = \frac{\sqrt{3}}{108}$となる。

国語解答

一　問一　Ⅰ…ウ　Ⅱ…イ　問二　ウ
問三　エ
問四　自分以外にもこの海峡で亡くなった人の肉親が最後の慰霊にやってくる可能性があることに気がついたから。(49字)〔亡き母と似通っていることを受け，老婦人が自分と同様に亡くなった肉親の慰霊に訪れていると気づいたから。(50字)〕
問五　イ　問六　エ　問七　ア

二　問一　1…ア　2…エ　問二　エ
問三　ウ　問四　イ
問五　愛着を持って所有するものから，単なる移動のための道具へと変わる。(32字)
問六　えていた。　問七　ウ，オ
問八　(例)高齢ドライバーによる交通違反や事故の増加が問題だ。対策として，運転者の体調や気分，行き先や道路状況を人工知能が読み取って自動的にドライバーを支援する車を開発し，事故の予防と運転を楽しめる年齢の引き上げを可能にする。

三　問一　a　うたがいなく　b　いて
問二　イ　問三　エ
問四　死を覚悟し，これが最後の演奏になると思ったから。(24字)
問五　ウ　問六　宗徒　問七　イ

四　①　しゅうぜん　②　じもく
③　ろうかく　④　はか
⑤　つつし　⑥　声援　⑦　文豪
⑧　経緯　⑨　研　⑩　頼

一〔小説の読解〕出典；三浦哲郎『みちづれ』。

問一<語句>Ⅰ.「見るともなしに」は，意識して見るというわけでもなく，という意味。　Ⅱ.「痺れを切らして」は，待ちきれず我慢できなくなって，という意味。

問二<文章内容>「彼」は，老婦人が「街へ用足しに出てきたついでに，亡夫へ手向ける花」を買って，「各駅停車の列車に乗って近郊へ帰る」のだと考えていた。だが，「彼」の想像に反して，老婦人が「おなじ花の紙筒」を持って，「連絡船の乗り場」へ向かったので，「彼」は意外だと感じた。

問三<心情>老婦人は，「彼が抱えている紙筒へ目を移した」ことで，「彼」が自分と同じ目的で連絡船に乗ることに気づいた。そのため，老婦人は，一人で果たすべきことを「彼」に邪魔されたくないと思い，「彼」の「同情や手助けのたぐい」を拒否する「頑な意志」を示した。

問四<文章内容>「彼」は，老婦人に「死んだ母親」を重ねたことで，「この海峡で命を捨てた人は，ほかにも大勢いる」ことに思い当たり，老婦人も「最後の慰霊」にやってきたのではないかと気づいた。

問五<文章内容>「彼」は，老婦人が紙筒を目立たぬように持って船室を出たのを見て，彼女も「最後の慰霊」にやってきたのだと確信し，老婦人が心ゆくまで死者を悼むことができるようにと気遣い，自分の慰霊を後回しにした。

問六<心情>老婦人は，「最後の慰霊」を果たし，重荷を下ろして安らいだ気持ちになっており，同じように慰霊に来た「彼」に対しても，「みちづれを見るような親しみ」を感じたのである。

問七<表現>駅の構内が「着ぶくれた人々で混雑して」いる様子や，「海の方から雪が真横に吹き抜けて」いて，プラットフォームが「すっかり雪道になって」いる様子など，冬の駅の情景が，臨場感を持って描かれている(イ…○)。連絡船に乗った老婦人が，「賑やかに談笑する車座のグループにまるくした背中を向けて，うつむき加減に，ひっそりと正坐している」様子が描かれることで，一人でひっそりと最後の慰霊に臨む老婦人の姿が，鮮やかに示されている（ウ…○）。老婦人の姿が「自分の死んだ母親」に似ていると感じたことをきっかけに，「彼」が，老婦人もまた自分と同じく，慰霊に訪れたのではないかと気づく様子が描かれている（ア…×）。「彼」や老婦人について，最初の方では花屋で花を買って，連絡船に乗ることしか情報が示されていないが，話が進むにつれて，二人とも「海峡で命を捨てた人」の肉親であることが示され，連絡船の廃止に伴って「最後の慰霊」にやってきたことがわかってくる（エ…○）。

二〔論説文の読解―政治・経済学的分野―産業〕出典；前田育男『デザインが日本を変える』。

≪本文の概要≫「私」にとってのいいデザインとは，デザイナーが持てる技術の限りを尽くし，限界まで努力してつくり出す，人の好き嫌いや流行を超えた絶対的な存在である。日本のものづくりについて，「私」は「ものを簡単に作らない」こと，効率最優先のやり方を見直すことを訴えたい。日本の自動車産業を見ると，技術者の技能に敬意を払わず，文化の醸成にあてる時間を効率化につぎ込んでしまっている。新興国に追い抜かれようとしている今こそ，日本は，立ち止まって，過去を見つめ直さなければならないのではないか。現在の自動車業界は，MaaSという動きが進んでおり，車は，個人の所有物から複数の人が共有する乗り物へと移行しつつある。将来，車は，完全に移動のための道具になって，愛情や思い出などの入り込む余地がなくなるだろう。だが，人間は，便利さ以上の魅力を道具に求めるものである。車を所有し，走らせること自体に喜びを感じたいという人は，必ず現れる。私たちは，今後もそうした「真の車好き」のために，車をつくり続けていくことになるだろう。

問一＜接続語＞1．「アメリカの配車サービス大手・Uberがボルボから２万４千台のSUV車を購入，自動運転サービスの構築を図る」というのは，「車が個人の所有物から公共の乗り物へと移行しようとしている」動きの例である。　　2．「近い将来，多くの人にとって車は単なる足となり，共有されたインフラの一部を必要なときだけ使うという形に落ち着く」だろうが，「そんな状況になっても『現状に満足できない』という人」は必ず現れる。

問二＜文章内容＞作家が，「自分の引き出しをすべて開け，持てる技術の限りを尽くし」て，「これが限界だ」というレベルまで努力してつくり出した作品が，人の「好き嫌いのレベル」を超えて，人を「有無を言わさず魅了する」ような「クオリティの絶対値」に達する存在になりうる。

問三＜文章内容＞日本は，「利益の最大化に邁進」したために，利益を生み出す売りものとしての車を追求するばかりで（…A），「職人たちが持つ手技」によって生み出されるすばらしいものとしての車をないがしろにしてきた（…B）。

問四＜文章内容＞「販路の拡大と目標台数の向上」を目指すためには，顧客の関心を引くような車を提案して，流行を次々と「創出」する必要があった。そのため，「ものづくり」では「妥協」を繰り返して，短い期間でどんどん新しい車をつくり出さなければならなかった。

問五＜文章内容＞MaaS以前は，「個人が車のオーナー」であり，車は，個人が「愛着」を持って所有するものだった。だが，MaaSによって車を複数の人間が共同使用するようになると，車は，個人の愛着といった感情が入り込む余地のない，ただの「移動のための道具」になると考えられる。

問六＜文脈＞時計業界にデジタル時計が出てきたとき，「機械式腕時計など，絶滅するのが当然だろうと誰もが考えていた」が，実際には「腕時計は死ななかった」のである。

問七＜要旨＞今までの日本の自動車産業は，「効率最優先」で，「技術者の技能に敬意を払わず，販路の拡大と目標台数の向上」に力を注いできたが，現在，その「効率至上のやり方」によって「新興国にかつて築いた地位を奪われようとしている」のである（ア・イ…×）。新興国に地位を奪われつつある今こそ，日本は立ち止まって，「私たちは何を見失ったために，今このような事態に陥っているのか」を「見つめ直すタイミング」である（ウ…○）。MaaSによって，車のモビリティ化が進み，車は「完全に移動のための道具になる」と思われるが，日本は，「真の車好き」のために，「便利さ以上の魅力」を持ち，「所有することで喜びを感じられる」車をつくるべきである(エ…×，オ…○)。

問八＜作文＞作文では，提示された条件をよく読んで書いていくこと。ここでは，単に「どのような車を開発するか」について意見を述べるだけではなく，「現在や近未来の自動車産業において克服すべき問題」としてどのようなことがあるかを，先に書く必要がある。

三〔**古文の読解―説話**〕出典；『十訓抄』十ノ二十七。

≪現代語訳≫和邇部用光という音楽家がいた。土佐のお舟遊びのために(土佐に)下って，京都に帰る途中，安芸の国の何とかという港で，海賊が押し寄せてきた。(用光は)弓矢の扱いも知らなかったので，防戦しようにも力がなくて，もう疑いなく殺されるだろうと思って，篳篥を取り出して，舟の屋根の上に座り込み，「そこにいる海賊たちよ。今はとやかく言っても始まらない。早く何でもお取りなさい。ただし，長年，私が心に懸けて思ってきた篳篥の，小調子という曲を，吹いて聞かせ申し上げよう。こんなことがあったぞと，後々の話の種となされるがよい」と言うと，海賊の首領が大きな声で，「お前たち，しばらく待ちなさい。このように言っているのだ。曲を聞け」と言ったので，(他の海賊たちが)自分たちの舟に待機して，それぞれ静まったところ，用光は，今はもう終わりだと思われたので，涙を流して，すばらしい音色を吹き出して，心を澄まして吹いていた。

折も良かったのだろうか，その調べは，波の上に響き渡って，(そのさまは)あの潯陽江のほとりで，(白居易が)琵琶を聞いた昔話と同じだった。海賊は，静まり返って，何も言うことはなかった。

(海賊たちが)しみじみと聞くうちに，曲が終わると，先ほどの声で「あなたの舟に狙いをつけて，漕ぎ寄せたけれども，曲の音色に涙が落ちたので，ここはやめた」と言って，(海賊たちは)漕ぎ去っていった。

問一＜歴史的仮名遣い＞a．歴史的仮名遣いの語頭以外のハ行は，現代仮名遣いでは，原則として「わいうえお」と読む。　b．歴史的仮名遣いの「ゐ」は，現代仮名遣いでは，「い」となる。

問二＜古文の内容理解＞用光は，海賊に対して「防ぎ戦ふ」だけの力がなかったため，自分は「殺されなむず」と予想して，覚悟を決めた。

問三＜古文の内容理解＞用光が，海賊に「年ごろ，思ひしめたる篳篥の，小調子といふ曲」を吹いて聞かせようと言ったことを受けて，海賊の首領が，仲間に「もの聞け」と呼びかけた。

問四＜古文の内容理解＞用光は，自分は海賊に「殺されなむず」と考えて，「今はかぎり」と覚悟している。そのため，今吹いている篳篥が，自分の最後の演奏だと感じて，涙を流したのである。

問五＜古文の内容理解＞用光が奏でる篳篥の「めでたき音」を，海賊たちは，何も言わずに静かに聞き入っていた。

問六＜古文の内容理解＞用光が，篳篥を聞かせると言うと，「宗徒」が「大きなる声」で，仲間に「もの聞け」と命じた。演奏が終わると，また先ほどの「宗徒」が，用光の舟を襲うのをやめたと言った。

問七＜古文の内容理解＞海賊の首領は，用光の演奏を聞いて「涙落ちて」というほどに感動した。そして，用光の舟を襲う気持ちが失せて，海賊の首領は「かたさりぬ」と言って，去っていった。

四〔**漢字**〕

①壊れている部分を直すこと。　②たくさんの人からの注目のこと。　③階を重ねた立派な建物。④音読みは「諮問」などの「シ」。　⑤音読みは「慎重」などの「シン」。　⑥声をかけて励ますこと。　⑦優れた業績を残した作家や文学者。　⑧それまでの物事の事情のこと。　⑨音読みは「研磨」などの「ケン」。　⑩音読みは「信頼」などの「ライ」。

●要点チェック●　図形編―相似と平行線

◎相似な図形

相似……一方の図形を拡大または縮小して，他方の図形と合同となるとき，２つの図形は相似である。

・**相似な図形の性質**

１．対応する線分の長さの比はすべて等しい。
２．対応する角の大きさはそれぞれ等しい。

・**三角形の相似条件**

２つの三角形は次のどれかが成り立つとき相似である。

１．３組の辺の比がすべて等しい。
２．２組の辺の比とそのはさむ角がそれぞれ等しい。
３．２組の角がそれぞれ等しい。

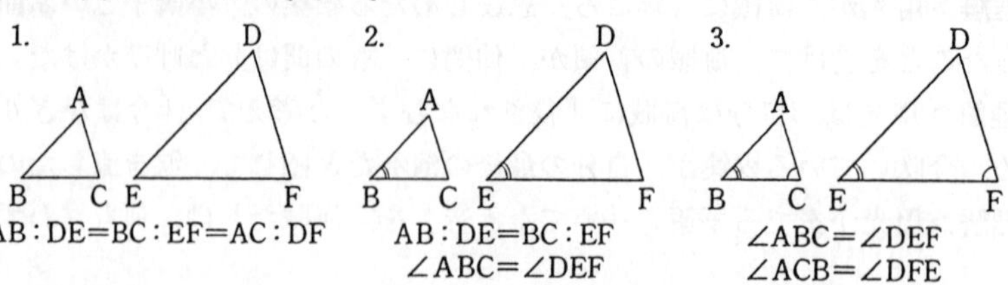

・**平行線と線分の比**

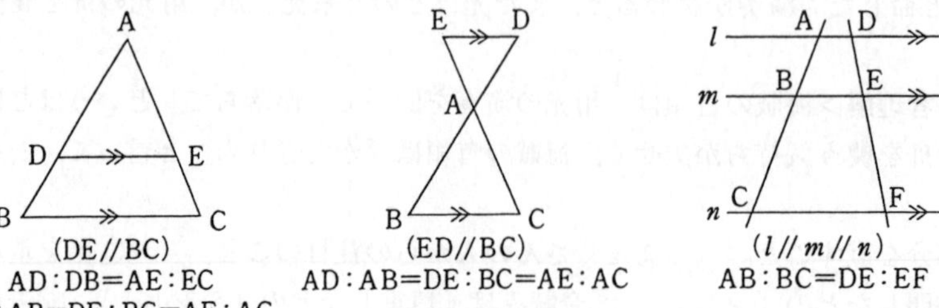

●要点チェック●　図形編—合同

◎図形の合同

合同……一方の図形を移動させて(ずらしたり(平行移動)，回したり(回転移動)，裏返したり(対称移動)して)，他方の図形に重ね合わせることのできるとき，この２つの図形は合同である。

- **合同な図形の性質**

1．対応する線分の長さは等しい。
2．対応する角の大きさは等しい。

- **三角形の合同条件**

２つの三角形は次のどれかが成り立つとき合同である。

1．３組の辺がそれぞれ等しい。
2．２組の辺とそのはさむ角がそれぞれ等しい。
3．１組の辺とその両端の角がそれぞれ等しい。

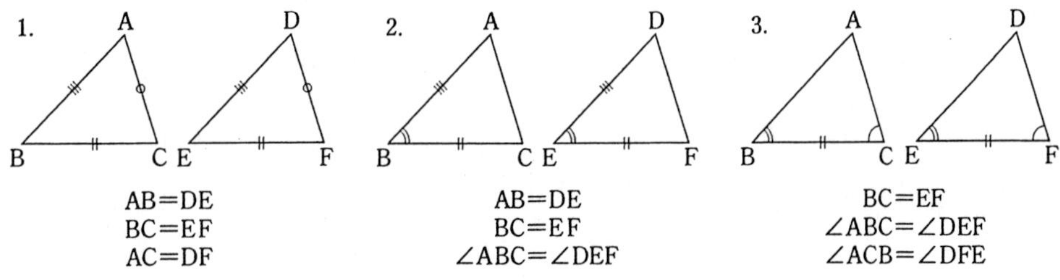

- **直角三角形の合同条件**

２つの直角三角形は次のどちらかが成り立つとき合同である。

1．斜辺と１鋭角がそれぞれ等しい。
2．斜辺と他の１辺がそれぞれ等しい。

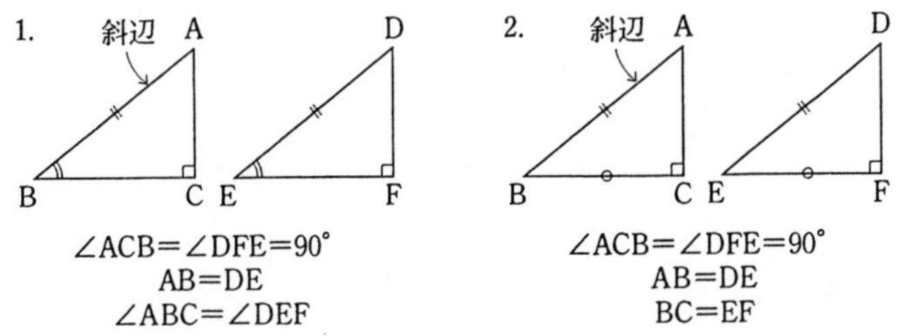

Memo

2025年度用

高校スーパー過去問

■編集人 声の教育社・編集部
■発行所 株式会社 声の教育社
〒162-0814 東京都新宿区新小川町8-15
☎03-5261-5061㈹ FAX03-5261-5062
https://www.koenokyoikusha.co.jp

※本書の内容についての一切の責任は当社にあります。内容・解説・解答その他の質問等は文書にて当社に御郵送くださるようお願いいたします。

校成学園高等学校

別冊 解答用紙

別冊解答用紙
丁寧に抜きとって、別冊
としてご使用ください。

★合格者最低点

2024年度	2023年度	2022年度	2021年度	2020年度	2019年度
165	163	162	169	165	165

※合格最低点は総合進学コース（2019～2022 年度は文理コース）のもの。

注意

○ 解答用紙は、収録の都合により縮小したものや、小社独自に作成したものもあります。
○ 学校配点は学校発表のもの、推定配点は小社で作成したものです。
○ 無断転載を禁じます。
○ 解答用紙を拡大コピーする場合、表示した拡大率に対応する用紙サイズは以下のとおりです。
101%～102%=B5　103%～118%=A4　119%～144%=B4　145%～167%=A3
（タイトルと配点表は含みません）

2024年度　　校成学園高等学校

英語解答用紙

番号		氏名	

評点	／100

1

問1				

問2	

問3	ChatGPTは

問4		問5	

問6	1		2		3		4		5	

2

問1	

問2	A		B		C		D	

問3			問4		問5		

問6	

3

1	When breakfast is included, it is .
2	If Yuta's birthday were in August, .
3	In August, for both hotels.

4

番号	適切な語(句)

（注）この解答用紙は実物を縮小してあります。A3用紙に164%拡大コピーすると、ほぼ実物大で使用できます。（タイトルと配点表は含みません）

推定配点		計
	1 問1，問2　各4点×2　問3　10点　問4，問5　各4点×2 問6　各3点×5 2 問1　4点　問2　各1点×4　問3　各3点×2　問4　4点 問5　各3点×2　問6　15点 3 各4点×3　4 各2点×4	100点

２０２４年度 佼成学園高等学校

数学解答用紙 No. 1

番号		氏名		評点	/100

※ 2 から 4 は答えが出るまでの過程もしっかり書きなさい。

1

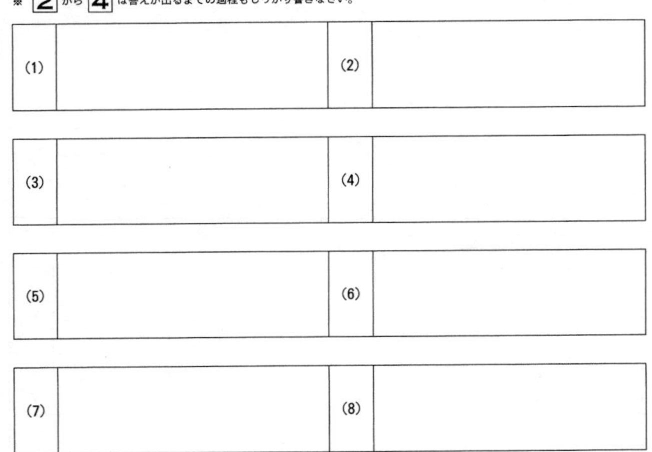

(1)		(2)	
(3)		(4)	
(5)		(6)	
(7)		(8)	

2

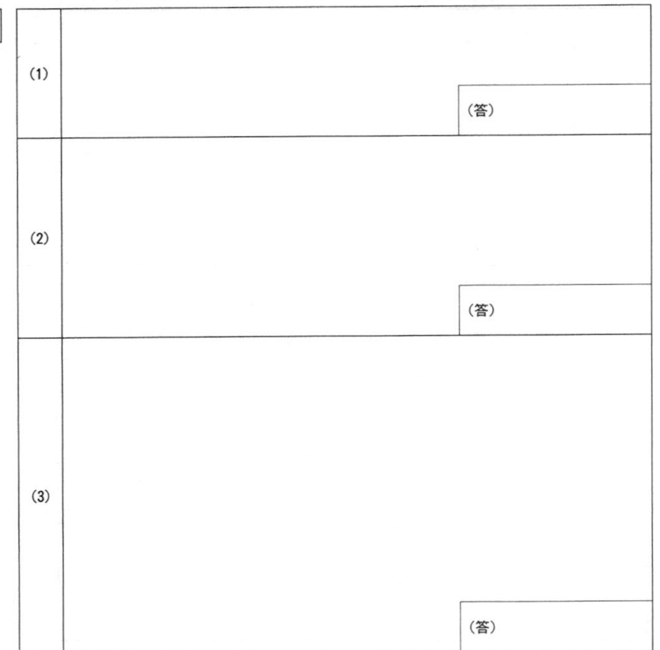

(1) （答）

(2) （答）

(3) （答）

2024年度　佼成学園高等学校

数学解答用紙　No. 2

4

(1)						
ア		イ		ウ		
エ		オ		カ		
キ		ク		ケ		
コ		サ				

(2)	

3

(1)		(答)
(2)		(答)
(3)		(答)

（注）この解答用紙は実物を縮小してあります。217%拡大コピーすると、ほぼ実物大で使用できます。（タイトルと配点表は含みません）

推定配点	
1 各5点×8 2 (1)、(2) 各6点×2 (3) 8点 3 (1)、(2) 各6点×2 (3) 8点 4 (1) 各1点×11 (2) 各3点×3	
計	100点

二〇二四年度　佼成学園高等学校

国語解答用紙

番号		氏名		評点	/100

一

問一 Ⅰ　Ⅱ
問二
問三
問四
問五
問六
問七
問八

二

問一 Ⅰ　Ⅱ　Ⅲ
問二
問三
問四
問五
問六
問七
問八

三

問一 a　b
問二 Ⅰ　Ⅱ
問三
問四
問五
問六

四

① 覆って
② 緩んで
③ 暫定
④ 懇意
⑤ 諮問
⑥ キフク
⑦ ルロウ
⑧ シツド
⑨ キテキ
⑩ ジッシ

（注）この解答用紙は実物を縮小してあります。A３用紙に167%拡大コピーすると、ほぼ実物大で使用できます。（タイトルと配点表は含みません）

推定配点	計
一 問一 各２点×２　問二 ３点　問三 ４点　問四 ３点　問五 ４点　問六 ５点　問七、問八 各４点×２　二 問一 各２点×３　問二～問四 各３点×３　問五 ５点　問六、問七 各３点×２　問八 10点　三 問一、問二 各２点×４　問三 ３点　問四 ４点　問五 ５点　問六 ３点　四 各１点×10	100点

２０２３年度　校成学園高等学校

英語解答用紙

番号		氏名		評点	／100

1

問1		問2	

問3 (20) (40) (45)

問4		

問5	1		2		3		4		5	

2

問1		問2			問3		問4		

問5

3

1 More people

for all categories.

2

difference between brick-and-mortar stores and online stores.

3 If you have decided

, you should use online stores.

4

番号	適切な語(句)

（注）この解答用紙は実物を縮小してあります。A3用紙に167%拡大コピーすると、ほぼ実物大で使用できます。（タイトルと配点表は含みません）

推定配点	1 問1，問2　各4点×2　問3　10点 問4　各4点×2　問5　各3点×5 2 問1～問4　各4点×6　問5　15点 3 各4点×3　4 各2点×4	計 100点

２０２３年度　佼成学園高等学校

数学解答用紙　No. 1

番号　　　氏名　　　評点　　／100

※ 2 から 4 は答えが出るまでの過程もしっかり書きなさい。

1

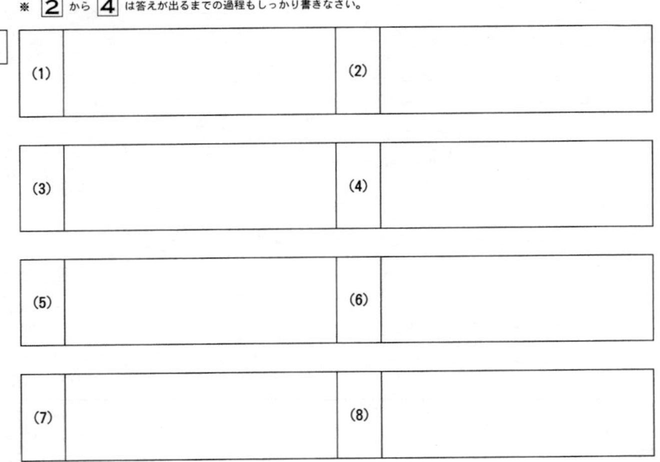

2

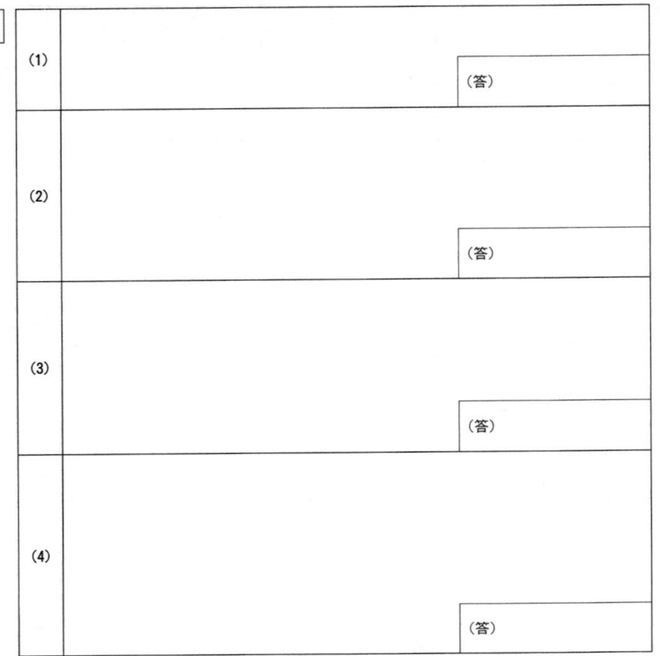

2023年度　佼成学園高等学校

数学解答用紙　No.2

3

(1)	ア		イ		ウ	
	エ		オ		カ	
(2)	(答)					

4

(1)	(答)
(2)	(答)
(3)	(答)

（注）この解答用紙は実物を縮小してあります。217%拡大コピーすると、ほぼ実物大で使用できます。（タイトルと配点表は含みません）

推定配点	
1 各5点×8 2 各6点×4 3 (1) 各2点×6　(2) 6点 4 各6点×3	
計	100点

二〇二三年度　佼成学園高等学校

国語解答用紙

番号　　氏名　　評点　/100

一
問一　Ⅰ　Ⅱ
問二　問三
問四
問五　問六
問七　問八

二
問一　Ⅰ　Ⅱ　Ⅲ
問二　問三　問四
問五
問六　問七
問八

三
問一　a　b
問二　Ⅰ　Ⅱ
問三　問四
問五
問六

四
①　高揚
②　誇張
③　享受
④　柔軟
⑤　凝らす
⑥　カイタク
⑦　スイイ
⑧　オンケン
⑨　ゼセイ
⑩　トげる

推定配点

一　問一　各2点×2　問二、問三　各4点×2　問四　5点
問五～問八　各4点×4　二　問一　各2点×3　問二～問四　各3点×3
問五　5点　問六、問七　各3点×2　問八　10点
三　問一、問二　各2点×4　問三、問四　各3点×2　問五　4点　問六　3点
四　各1点×10

計　100点

（注）この解答用紙は実物を縮小してあります。172%拡大コピーすると、ほぼ実物大で使用できます。（タイトルと配点表は含みません）

２０２２年度　佼成学園高等学校

英語解答用紙

番号		氏名		評点	／100

1

問1	

問2	20

問3		問4		問5	

問6	1		2		3		4		5	

2

問1		問2		問3	

問4	1		2		3		4	

問5	I want to say "thank you" to

3

1	You have to ... the Picking Up activity.
2	We should ... of the Picking Up activity in June.
3	More ... in May.

4

番号	適切な語句

（注）この解答用紙は実物を縮小してあります。Ａ３用紙に152%拡大コピーすると、ほぼ実物大で使用できます。（タイトルと配点表は含みません）

推定配点		計
	1 問１　5点　問２　6点　問３～問５　各４点×３　問６　各３点×５ 2 問１～問３　各４点×３　問４　各３点×４　問５　14点 3 各４点×３　4 各３点×４	100点

２０２２年度　佼成学園高等学校

数学解答用紙　No. 1

番号		氏名	

評点	/100

※【２】から【４】は答えが出るまでの過程もしっかり書きなさい。

1

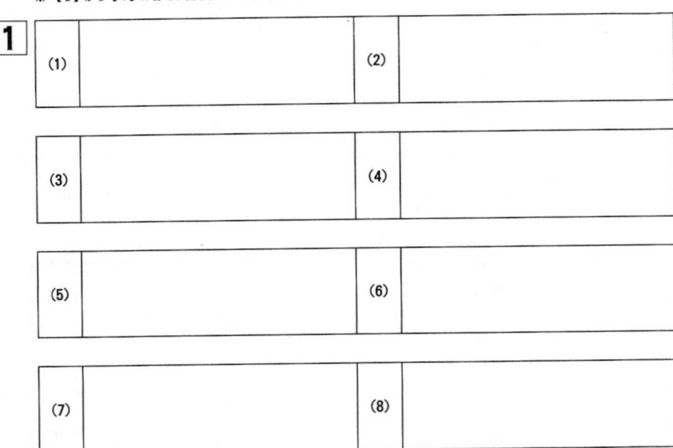

2

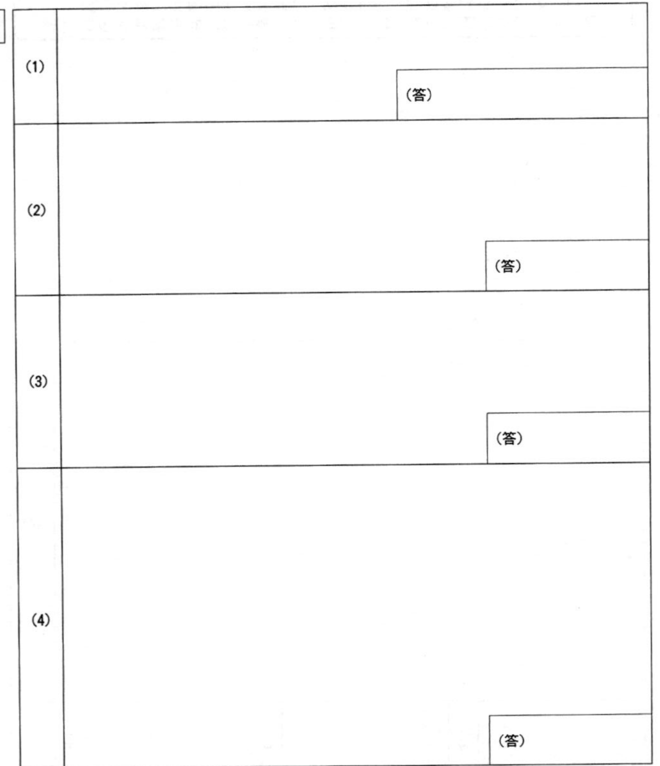

2022年度 校成学園高等学校

数学解答用紙 No.2

4

(1)	ア		イ		ウ	
	エ		オ		カ	
	キ		ク		ケ	
(2)					(答)	

3

(1)	(答)
(2)	(答)
(3)	(答)

（注）この解答用紙は実物を縮小してあります。217%拡大コピーすると、ほぼ実物大で使用できます。（タイトルと配点表は含みません）

推定配点	
1 各5点×8 2 各6点×4 3 (1) 6点 (2)、(3) 各7点×2 4 (1) 各1点×9 (2) 7点	
計	100点

二〇二二年度　佼成学園高等学校

国語解答用紙

番号　氏名　評点　/100

一
問一　Ⅰ　Ⅱ
問二　問三
問四　問五
問六
問七
問八　問九

二
問一　Ⅰ　Ⅱ
問二　問三
問四　問五　問六
問七

三
問一　a　b
問二　Ⅰ　Ⅱ　Ⅲ　問三　問四
問五
問六　問七

四
① 懇意
② 添削
③ 柔和
④ 隔年
⑤ 欺く
⑥ コフン
⑦ ケイコウ
⑧ カンルイ
⑨ ジッキョウ
⑩ オゴソかな

（注）この解答用紙は実物を縮小してあります。Ａ３用紙に167％拡大コピーすると、ほぼ実物大で使用できます。（タイトルと配点表は含みません）

推定配点	計
一 問一　各２点×２　問二～問五　各３点×４　問六　４点　問七　３点　問八、問九　各４点×２ 二 問一　各２点×２　問二～問六　各４点×５　問七　10点 三 問一　各２点×２　問二　各１点×３　問三　３点　問四、問五　各４点×２　問六　３点　問七　４点 四 各１点×10	100点

2021年度　　校成学園高等学校

英語解答用紙

番号		氏名		評点	／100

1

問1		問2	

問3	(25)
	(50)

問4	

問5	1		2		3		4		5	

2

問1		問2		問3		問4		

問5	

3

1	(According to Chart 1, in 2018) .
2	(According to Chart 2, between 2018 and 2040, the difference of) (energy).
3	(According to Chart 1 and Chart 2,) (, though the use of that energy went down in Japan from 2010 to 2015).

4

番号	適切な語句

（注）この解答用紙は実物を縮小してあります。A３用紙に161％拡大コピーすると、ほぼ実物大で使用できます。（タイトルと配点表は含みません）

学校配点		計
	1 問１，問２　各５点×２　問３　10点　問４　５点　問５　各３点×５ 2 問１～問４　各５点×５　問５　15点 3 各４点×３　4 各２点×４	100点

２０２１年度　佼成学園高等学校

数学解答用紙　No. 1

番号		氏名	

評点	/100

1

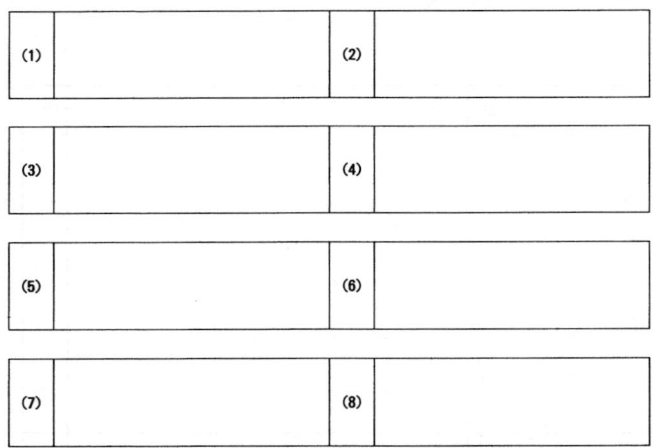

(1)		(2)	
(3)		(4)	
(5)		(6)	
(7)		(8)	

2

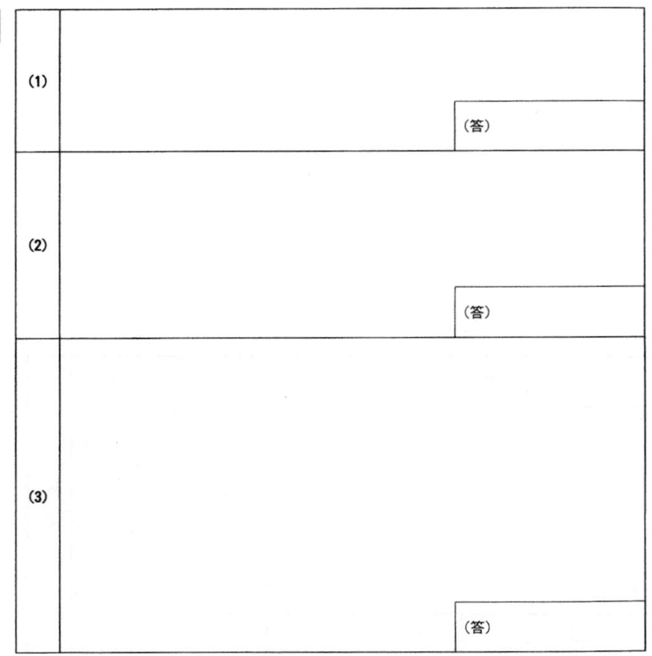

(1)		(答)
(2)		(答)
(3)		(答)

2021年度　佼成学園高等学校

数学解答用紙　No. 2

3

(1)	
(2)	(答)
(3)	(答)

4

(1)	ア		イ		ウ	
	エ		オ			
(2)	(答)					

(注) この解答用紙は実物を縮小してあります。217%拡大コピーすると、ほぼ実物大で使用できます。(タイトルと配点表は含みません)

学校配点
1 (1)～(3) 各6点×3　(4)、(5) 各7点×2　(6)～(8) 各6点×3
2 各6点×3
3 (1) 8点　(2)、(3) 各5点×2
4 (1) 10点　(2) 4点
計　100点

二〇二二年度　佼成学園高等学校

国語解答用紙

番号　　氏名　　評点 ／100

一
問一 1 2
問二　問三　問四
問五　問六
問七　問八　問九

二
問一 1 2　問二 ア イ ウ
問三　問四
問五　問六
問七 〔1〕 記述主義（初め）〜（終わり）
規範主義（初め）〜（終わり）
〔2〕 ことばは
問八

三
問一 a b
問二 Ⅰ Ⅱ Ⅲ　問三
問四
問五　問六

四
① 祈願　② 化粧　③ 採択　④ 手綱　⑤ 透 けて
⑥ コウカン　⑦ ゴウトウ　⑧ ケンヨウ　⑨ シバ る　⑩ ユカ

(注) この解答用紙は実物を縮小してあります。A３用紙に167%拡大コピーすると、ほぼ実物大で使用できます。(タイトルと配点表は含みません)

学校配点

一 問一　各２点×２　問二〜問四　各３点×３　問五、問六　各４点×２　問七、問八　各３点×２　問九　４点
二 問一　各２点×２　問二　各１点×３　問三〜問六　各３点×４　問七〔1〕　各３点×２　〔2〕　４点　問八　10点
三 問一　各２点×２　問二　各１点×３　問三〜問五　各３点×３　問六　４点
四 各１点×10

計 100点

２０２０年度　佼成学園高等学校

英語解答用紙

番号		氏名		評点	／100

1

問1		問2		問3		問4		問5	

問6	1		2		3		4		5	

2

問1		20 / 40

問2		問3	

問4	A	
	B	

問5		

問6	

3

1	According to CHART A, .
2	In CHART B, .
3	If a man and a woman go to a movie together, them .

4

番号	適切な語句

（注）この解答用紙は実物を縮小してあります。A３用紙に159％拡大コピーすると、ほぼ実物大で使用できます。（タイトルと配点表は含みません）

推定配点		計
	［1］ 問１～問５　各３点×５　問６　各４点×５ ［2］ 問１　６点　問２～問５　各４点×６　問６　15点 ［3］ 各４点×３　［4］ 各２点×４	100点

2020年度　佼成学園高等学校

数学解答用紙　No. 1

番号		氏名		評点	/100

1

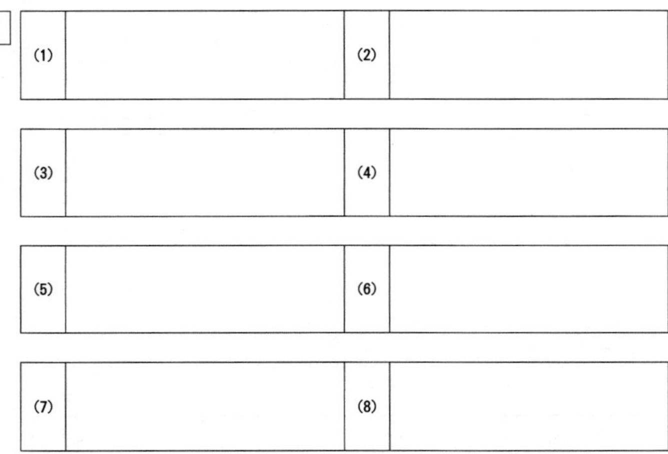

(1)		(2)	
(3)		(4)	
(5)		(6)	
(7)		(8)	

2

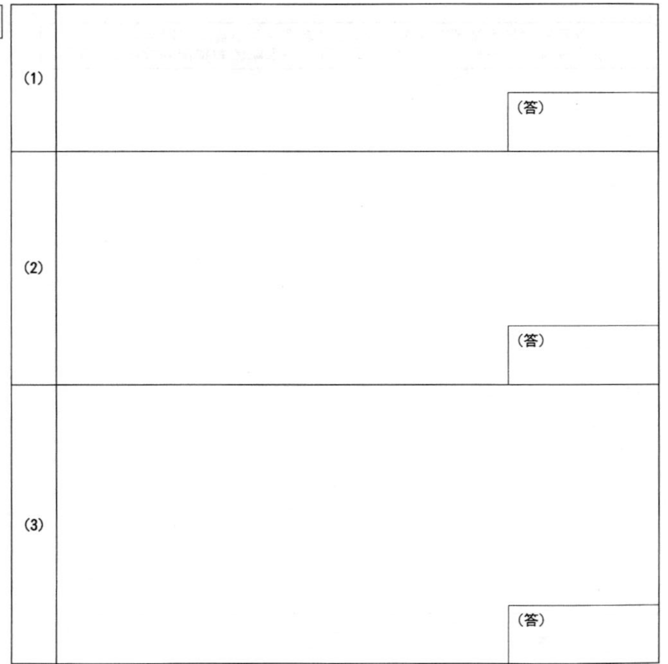

(1)		(答)
(2)		(答)
(3)		(答)

2020年度　佼成学園高等学校

数学解答用紙 No.2

4

(1)	ア		イ		ウ	
	エ		オ		カ	
(2)						(答)

3

(1)	(答)
(2)	(答)

（注）この解答用紙は実物を縮小してあります。213%拡大コピーすると、ほぼ実物大で使用できます。（タイトルと配点表は含みません）

推定配点	
1 各6点×8 2 (1)、(2) 各6点×2　(3) 8点 3 (1) 6点　(2) 8点 4 (1) 各2点×6　(2) 6点	
計	100点

二〇二〇年度　佼成学園高等学校

国語解答用紙

番号　　氏名　　評点　/100

一
問一　A　B
問二
問三
問四
問五
問六
問七
問八

二
問一　I　II　III
問二
問三
問四
問五
問六
問七
問八

三
問一　a　b
問二
問三
問四
問五
問六
問七

四
① 雑踏
② 制御
③ 家路
④ 携わる
⑤ 陥る
⑥ オンケイ
⑦ フキュウ
⑧ カンゲイ
⑨ ヒソむ
⑩ オモムく

（注）この解答用紙は実物を縮小してあります。Ａ３用紙に164%拡大コピーすると、ほぼ実物大で使用できます。（タイトルと配点表は含みません）

推定配点	
一 問一　各２点×２　問二～問四　各３点×３　問五　４点　問六　３点 問七　５点　問八　４点 二 問一　各２点×３　問二、問三　各４点×２　問四～問六　各３点×３ 問七　４点　問八　10点 三 問一　各２点×２　問二～問五　各３点×４　問六、問七　各４点×２ 四 各１点×10	計 100点

２０１９年度　校成学園高等学校

英語解答用紙

番号		氏名		評点	／100

1

問１	

問２																				

問３		問４		問５	

問６	1		2		3		4		5	

問７		
	(1)	
	(2)	

2

問１		問２	→ → →	問３	

問４		
	(A)	They are people who　.
	(B)	They are people who　.

問５		

問６	

3

1			2		
3			4		
5					

4

番号	適切な語句

（注）この解答用紙は実物を縮小してあります。Ａ３用紙に167％拡大コピーすると、ほぼ実物大で使用できます。（タイトルと配点表は含みません）

推定配点		計
	1 問１　３点　問２　４点　問３　３点　問４　２点 問５，問６　各３点×６　問７　各５点×２ 2 問１～問３　各４点×３　問４　各６点×２ 問５　各３点×２　問６　10点 3，4　各２点×10	100点

２０１９年度　　校成学園高等学校

数学解答用紙

番号		氏名	

評点	／100

1

（注意）**2**～**4** は答えが出るまでの過程もしっかり書きなさい。

(1)		(2)		(3)		(4)	
(5)		(6)		(7)		(8)	

2

(1)		(2)		(3)	

3

(1)		(2)	

4

(1)	ア：イ＝	ウ	(2)		(3)	
	エ	オ				
	カ	キ				

（注）この解答用紙は実物を縮小してあります。192％拡大コピーすると、ほぼ実物大で使用できます。（タイトルと配点表は含みません）

推定配点		計
	1 (1)～(4)　各６点×４　(5), (6)　各７点×２　(7), (8)　各６点×２ **2**　各６点×３　**3**　各７点×２　**4**　各６点×３	100点

二〇一九年度　佼成学園高等学校

国語解答用紙

番号　氏名　評点 /100

一
問一 Ⅰ Ⅱ
問二　問三
問四
問五　問六　問七

二
問一 1 2
問二　問三　問四
問五
問六
問七
問八

三
問一 a b
問二　問三
問四
問五　問六　問七

四
① 修繕
② 耳目
③ 楼閣
④ 諮る
⑤ 慎む
⑥ セイエン
⑦ ブンゴウ
⑧ ケイイ
⑨ トぐ
⑩ タノもしい

推定配点

一 問一　各2点×2　問二、問三　各4点×2　問四　5点
問五～問七　各4点×3
二 問一　各2点×2　問二～問四　各4点×3　問五　5点
問六　4点　問七　各3点×2　問八　10点
三 問一～問三　各2点×4　問四　4点　問五　2点
問六、問七　各3点×2　四 各1点×10

計　100点

（注）この解答用紙は実物を縮小してあります。172%拡大コピーすると、ほぼ実物大で使用できます。（タイトルと配点表は含みません）

社会情勢の影響で中止の可能性がございます。必ず弊社HPをご確認ください。

◯首都圏最大級の進学相談会

1都3県の有名校が参加!!

第43回　中・高入試
受験なんでも相談会

主催 声の教育社

会場 新宿住友ビル三角広場

交通●ＪＲ・京王線・小田急線「新宿駅」西口徒歩8分
●都営地下鉄大江戸線「都庁前駅」A6出口直結
●東京メトロ丸ノ内線「西新宿駅」2番出口徒歩4分

日時 6月22日(土)…**中学受験**のみ
6月23日(日)…**高校受験**のみ

中学受験 午前・午後の２部制
高校受験 90分入れ替え４部制

特設ページ

入場予約6/8～（先行入場抽選5/31～）
当日まで入場予約可能（定員上限あり）
詳しくは弊社ＨＰ特設ページをご覧ください。

新会場の三角広場は天井高25m、換気システムも整った広々空間

●参加予定の中学校・高等学校一覧

22日（中学受験のみ）参加校
麻布中学校
跡見学園中学校
鷗友学園女子中学校
大妻中学校
大妻多摩中学校
大妻中野中学校
海城中学校
開智日本橋学園中学校
かえつ有明中学校
学習院女子中等科
暁星中学校
共立女子中学校
慶應義塾中等部（午後のみ）
恵泉女学園中学校
晃華学園中学校
攻玉社中学校
香蘭女学校中等科
駒場東邦中学校
サレジアン国際学園世田谷中学校
実践女子学園中学校
品川女子学院中等部
芝中学校
渋谷教育学園渋谷中学校
頌栄女子学院中学校
昭和女子大学附属昭和中学校
女子聖学院中学校
白百合学園中学校
成城中学校
世田谷学園中学校
高輪中学校
多摩大学附属聖ヶ丘中学校
田園調布学園中等部
千代田国際中学校
東京女学館中学校
東京都市大学付属中学校
東京農業大学第一中等部
豊島岡女子学園中学校
獨協中学校
ドルトン東京学園中等部
広尾学園中学校
広尾学園小石川中学校
富士見中学校
本郷中学校
三田国際学園中学校
三輪田学園中学校
武蔵中学校
山脇学園中学校
立教女学院中学校
早稲田中学校
和洋九段女子中学校
青山学院横浜英和中学校
浅野中学校
神奈川大学附属中学校
カリタス女子中学校
関東学院中学校
公文国際学園中等部
慶應義塾普通部（午後のみ）
サレジオ学院中学校
森村学園中等部
横浜女学院中学校
横浜雙葉中学校
光英VERITAS中学校
昭和学院秀英中学校
専修大学松戸中学校
東邦大学付属東邦中学校
和洋国府台女子中学校
浦和明の星女子中学校
大妻嵐山中学校
開智未来中学校

23日（高校受験のみ）参加校
岩倉高校
関東第一高校
共立女子第二高校
錦城高校
錦城学園高校
京華商業高校
国学院高校
国際基督教大学高校
駒澤大学高校
駒場学園高校
品川エトワール女子高校
下北沢成徳高校
自由ヶ丘学園高校
潤徳女子高校
杉並学院高校
正則高校
専修大学附属高校
大成高校
大東文化大学第一高校
拓殖大学第一高校
多摩大学目黒高校
中央大学高校
中央大学杉並高校
貞静学園高校
東亜学園高校
東京高校
東京工業大学附属科学技術高校
東京実業高校
東洋高校
東洋女子高校
豊島学院・昭和鉄道高校
二松学舎大学附属高校
日本大学櫻丘高校
日本大学鶴ヶ丘高校
八王子学園八王子高校
文華女子高校
豊南高校
朋優学院高校
保善高校
堀越高校
武蔵野大学附属千代田高校
明治学院高校
桐蔭学園高校
東海大学付属相模高校
千葉商科大学付属高校
川越東高校
城西大学付属川越高校

22・23日（中学受験・高校受験）両日参加校
【東京都】
青山学院中等部・高等部
足立学園中学・高校
郁文館中学・高校・グローバル高校
上野学園中学・高校
英明フロンティア中学・高校
江戸川女子中学・高校
学習院中等科・高等科
神田女学園中学・高校
北豊島中学・高校
共栄学園中学・高校
京華中学・高校
京華女子中学・高校
啓明学園中学・高校
工学院大学附属中学・高校
麴町学園女子中学校・高校
佼成学園中学・高校
佼成学園女子中学・高校
国学院大学久我山中学・高校
国士舘中学・高校
駒込中学・高校
駒沢学園女子中学・高校
桜丘中学・高校
サレジアン国際学園中学・高校
実践学園中学・高校
芝浦工業大学附属中学・高校
芝国際中学・高校
十文字中学・高校
淑徳中学・高校
淑徳巣鴨中学・高校
順天中学・高校
城西大学附属城西中学・高校
聖徳学園中学・高校
城北中学・高校
女子美術大学付属中学・高校
巣鴨中学・高校
聖学院中学・高校
成蹊中学・高校
成城学園中学・高校
青稜中学・高校
玉川学園　中学部・高等部
玉川聖学院中等部・高等部
中央大学附属中学・高校
帝京中学・高校
東海大学付属高輪台高校・中等部
東京家政学院中学・高校
東京家政大学附属女子中学・高校
東京成徳大学中学・高校
東京電機大学中学・高校
東京都市大学等々力中学・高校
東京立正中学・高校
桐朋中学・高校
桐朋女子中学・高校
東洋大学京北中学・高校
トキワ松学園中学・高校
中村中学・高校
日本工業大学駒場中学・高校
日本学園中学・高校
日本大学第一中学・高校
日本大学第二中学・高校
日本大学第三中学・高校
日本大学豊山中学・高校
日本大学豊山女子中学・高校
富士見丘中学・高校
藤村女子中学・高校
文化学園大学杉並中学・高校
文京学院大学女子中学・高校
文教大学付属中学・高校
法政大学中学・高校
宝仙学園中学・高校共学部理数インター
明星学園中学・高校
武蔵野大学中学・高校
明治学院中学・東村山高校
明治大学付属中野中学・高校
明治大学付属八王子中学・高校
明治大学付属明治中学・高校
明法中学・高校
目黒学院中学・高校
目黒日本大学中学・高校
目白研心中学・高校
八雲学園中学・高校
安田学園中学・高校
立教池袋中学・高校
立正大学付属立正中学・高校
早稲田実業学校中等部・高等部
早稲田大学高等学院・中学部
【神奈川県】
中央大学附属横浜中学・高校
桐光学園中学・高校
日本女子大学附属中学・高校
法政大学第二中学・高校
【千葉県】
市川中学・高校
国府台女子学院中学・高等部
芝浦工業大学柏中学・高校
渋谷教育学園幕張中学・高校
昭和学院中学・高校
東海大学付属浦安高校・中等部
麗澤中学・高校
【埼玉県】
浦和実業学園中学・高校
開智中学・高校
春日部共栄中学・高校
埼玉栄中学・高校
栄東中学・高校
狭山ヶ丘高校・付属中学校
昌平中学・高校
城北埼玉中学・高校
西武学園文理中学・高校
東京農業大学第三高校・附属中学校
獨協埼玉中学・高校
武南中学・高校
星野学園中学校・星野高校
立教新座中学・高校
【愛知県】
海陽中等教育学校

※上記以外の学校や志望校の選び方などの相談は

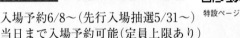